Betriebsräte als neue Tarifakteure

Forschung aus der Hans-Böckler-Stiftung **114**

Herausgegeben von der Hans-Böckler-Stiftung, Düsseldorf

Thomas Haipeter

Betriebsräte als neue Tarifakteure

Zum Wandel der Mitbestimmung bei Tarifabweichungen

edition sigma

Bibliografische Information der Deutschen Nationalbibliothek

Die Deutsche Nationalbibliothek verzeichnet diese
Publikation in der Deutschen Nationalbibliografie;
detaillierte bibliografische Daten sind im Internet
über http://dnb.d-nb.de abrufbar.

ISBN 978-3-8360-8714-8

Umschlaggestaltung: Gaby Sylvester, Düsseldorf. Umschlaggrafik: Makysm Yemelyanov – Fotolia.com.

Druck: Rosch-Buch, Scheßlitz

Printed in Germany

Inhalt

Vorwort

Dieses Buch fasst die Ergebnisse eines Forschungsprojektes zusammen, das unter dem Titel „Neue Tarifakteure im Betrieb – Tarifabweichungen und die Mitbestimmung der Betriebsräte“ im Zeitraum von Juni 2007 bis Mai 2009 durchgeführt und von der Hans-Böckler-Stiftung finanziert worden ist. Der Hans-Böckler-Stiftung gebührt deshalb besonderer Dank, denn ohne ihre Finanzierung hätte die Forschungsarbeit nicht geleistet werden können. Doch nicht nur die Finanzierung, auch die organisatorische und fachliche Begleitung durch die Stiftung war unerlässlich für den – hoffentlich auch in den Augen des Lesers – erfolgreichen Abschluss des Projekts. Hervorheben möchte ich in diesem Zusammenhang zum einen die im besten Sinne unprätentiöse Betreuung des Projekts durch *Karsten Schneider*, der stets geduldig zeitliche Verzögerungen im Forschungsprozess hinnahm und dessen Vertrauen mir jederzeit den Rücken gestärkt hat. Unersetzlich waren zum anderen aber auch die zahlreichen konstruktiven Hinweise und Kommentare, die ich von den Mitgliedern des Projektbeirates erhalten habe. Sie haben sowohl den Forschungs- als auch den Schreibprozess in vielfältiger Weise beeinflusst, sei es bei der Schärfung der Fragestellung, bei der Klärung methodischer Probleme oder bei der Diskussion inhaltlicher Fragen.

Die Forschung an dem politisch für Gewerkschaften und Betriebsräte – aber auch für die Unternehmen – durchaus nicht unsensiblen Thema der Tarifabweichung wäre zudem ohne die Unterstützung der beiden Gewerkschaften meiner Untersuchungsbranchen, der IG BCE und der IG Metall, schlechterdings unmöglich gewesen. Die Gewerkschaften haben mein Projekt jederzeit mitgetragen und die Zugänge zu den Fallbetrieben geöffnet, und zwar vor allem in Person von *Martin Weiss* aus der Tarifabteilung der IG BCE und von *Hilde Wagner* aus der Tarifabteilung der IG Metall. Auf dieser Grundlage haben dann die Betriebsratsvorsitzenden und die gewerkschaftlichen Betreuer der Betriebe den Staffelstab übernommen und mir sowohl selber ihre knapp bemessene Zeit für Interviews geopfert als auch den Weg zu den übrigen Interviews in ihren Betrieben geebnet. Ihnen, die im Zentrum dieser Untersuchung stehen, gilt mein besonderer Dank. Dank möchte ich aber auch den Interviewpartnern der Unternehmensseite sagen, die mit mir das Thema offen und interessiert diskutiert haben (nur in einem meiner Untersuchungsfälle war die Unternehmensseite nicht zu einem Interview bereit, weil sich im Betrieb ein aktueller Konflikt entzündet hatte, der eng mit der Frage der Tarifabweichung zusammenhing). Gleiches gilt für die Interviewpartner der Arbeitgeberverbände, denen ich an dieser Stelle ebenfalls für ihre Unterstützung danken möchte. Schließlich sind noch die wichtigen Hinweise zu erwähnen, die ich in der Diskussion meines Projekts und des

Endberichts von den Mitgliedern unserer Forschungsabteilung Arbeitszeit und Arbeitsorganisation (AZAO) im Institut Arbeit und Qualifikation (IAQ) erhalten habe und die ohne Zweifel zur Verbesserung dieses Buches beigetragen haben. Last but not least danke ich *Oliver Thünken* und *Lisa Schlänger* für die aufmerksame Korrektur der Druckfahnen. Die Verantwortung für alle Mängel liegt selbstverständlich alleine beim Autor.

Duisburg, Januar 2010 *Thomas Haipeter*

1. Einleitung: Tarifabweichungen und Mitbestimmung

1.1 Verlagerungen zwischen den Arenen

Gegenstand dieser Untersuchung ist die Mitbestimmungspraxis der Betriebsräte *als Tarifakteure im Betrieb.* Von Betriebsräten als Tarifakteuren zu sprechen scheint auf den ersten Blick kaum mit den altbekannten institutionellen Strukturen des deutschen Systems der industriellen Beziehungen vereinbar zu sein. Denn diese beruhten lange Jahrzehnte auf der institutionellen Trennung von Tarifautonomie und Betriebsverfassung. Die Aushandlung von Tarifverträgen und die durch das Betriebsverfassungsgesetz prozedural und inhaltlich geregelte Mitbestimmung der Betriebsräte bildeten zwei unterschiedliche „Arenen" (Müller-Jentsch 1995) der Konfliktaustragung und -lösung, die auch von unterschiedlichen Akteuren bevölkert wurden.

In der *Arena der Tarifautonomie* waren Gewerkschaften und Arbeitgeberverbände unumstritten die dominierenden Akteure als Arbeitsmarktparteien. Sie verhandelten und garantierten die Flächen- oder Verbandstarifverträge, die jeweils für die meisten Beschäftigten in den jeweiligen Organisationsbereichen der Arbeitgeberverbände Geltung beanspruchen konnten. Und sie entschieden in diesem Rahmen über die Prozessregeln, denen die Tarifverhandlungen zu folgen hatten, einschließlich der Anwendung von Arbeitskampfmitteln. Nur in Ausnahmefällen traten die Unternehmen als Tarifakteure auf, nämlich dann, wenn für sie gesonderte Haustarifverträge abgeschlossen wurden. Diese wurden aber mit der Gewerkschaft als Tarifpartei auf der anderen Seite vereinbart und wichen zudem kaum vom Flächentarifvertrag ab; in vielen Fällen wurden in den Haustarifverträgen die flächentariflichen Regelungen früher oder später nachvollzogen und nicht selten in ihrem materiellen Niveau auch überschritten.

Betriebsräte kamen bei den Verhandlungen zu Flächentarifverträgen nur als Akteure von überbetrieblichen Tarifkommissionen ins Spiel. In dieser Rolle waren sie zwar an maßgeblicher Stelle an der Aushandlung von Tarifvereinbarungen beteiligt. Doch bekleideten sie diese Rolle nicht in erster Linie in ihrer Funktion als Betriebsräte, sondern in ihrer Eigenschaft als Gewerkschaftsfunktionäre. Dabei bestimmte sich das Gewicht ihrer Stimme in den Kommissionen wesentlich nach der Bedeutung des Betriebes, aus dem sie kamen. Sofern sie als Kommissionsmitglieder zu Tarifakteuren wurden, agierten die Betriebsräte aber außerhalb und nicht, wie als Mitbestimmungsakteur, innerhalb des Betriebes. Von dieser Regel wurde nur bei den Haustarifverträgen abgewichen, bei denen die Betriebsräte des betreffenden Unternehmens naturgemäß einen größeren Einfluss auf die Tariffindung in den jeweiligen betrieblichen Tarifkommissionen ausüben konnten. Wegen der schon erwähnten weitgehenden Deckungsgleichheit der Arbeitsstandards zwischen Flächen- und Haustarifvertrag aber blieb auch in diesem Rahmen der Einfluss der Betriebsräte als Tarifakteure äußerst begrenzt.

In der *Arena der Betriebsverfassung* wiederum waren Betriebsräte und Unternehmens- oder Werksleitungen die zentralen Akteure, weil sie die Autorität hatten, Betriebsvereinbarungen abzuschließen. Die wichtigste Grundlage dafür waren die im Betriebsverfassungsgesetz festgelegten Rechte der Betriebsräte, die zumindest im Falle der echten Mitbestimmungsrechte von den Betriebsräten dazu genutzt werden konnten, mit ihren Unternehmensleitungen verbindliche Vereinbarungen zu treffen, sei es direkt zu den Mitbestimmungsthemen oder indirekt zu anderen betrieblichen Themen, die von den Betriebsräten häufig unter Zuhilfenahme ihrer Mitbestimmungsrechte auf anderen Feldern besetzt werden konnten. Die Gewerkschaft als Tarifpartei war zwar in den größeren Betrieben nicht selten – zumindest in den Industriebranchen des verarbeitenden Gewerbes – durch die eigenen Betriebsorganisationen der Vertrauensleute im Betrieb präsent, doch fungierten diese zumeist als verlängerter Arm der Betriebsräte ohne eigenständigen Einfluss auf die Praxis der Interessenvertretung im Betrieb.

Zuweilen wurde bei der Betrachtung dieser Arena übersehen, dass auch niedrigere Managementebenen und schließlich auch die Belegschaften wichtige Akteure in der Arena der Betriebsverfassung sind. Dieses Versäumnis wurde schließlich dadurch korrigiert, dass diese Akteure einer anderen, dritten Arena der industriellen Beziehungen – der Arena der Arbeitsverfassung – zugewiesen wurden (Müller-Jentsch 2008). Die beiden betrieblichen Arenen sind eng miteinander verschränkt. Dies liegt nicht zuletzt daran, dass auch die Arena der Arbeitsverfassung durch das Betriebsverfassungsgesetz eine rechtliche Grundlage erhält. So werden den Beschäftigten nach dem Betriebsverfassungsgesetz Beschwerde- und Beteiligungsrechte eingeräumt (in den Paragraphen 81-86). Außerdem kann der Betriebsrat seit der Reform des Betriebsverfassungsgesetzes von 2001 Arbeitnehmer zur Beratung hinzuziehen (§ 80 [3]) oder betriebsverfassungsrechtliche Aufgaben an Arbeitsgruppen übertragen (§ 28a) (dazu Becker et al. 2009). Führungskräfte schließlich sind wichtige Adressaten der Betriebsräte im täglichen Geschäft der Vertretung von Arbeitnehmerinteressen und der Umsetzung von betrieblichen Regelungen.

Wegen der formalen Eigenständigkeit der tariflichen und der betrieblichen Arena – und der geringen Bedeutung, die zunächst der Arena der Arbeitsverfassung zukam oder zugemessen wurde – ist im Zusammenhang mit den deutschen industriellen Beziehungen seit den 1970er Jahren auch von einem „dualen System der Interessenvertretung" (so Bergmann/Müller-Jentsch 1975) und von einer „widersprüchlichen Einheit" (Streeck 1979) gesprochen worden. Das duale Sys-

ISBN 978-3-8360-8714-8 – Presseexemplar – (c) edition sigma – 08102015

tem galt als in besonderer Weise stabil, weil sich zwischen den Arenen, respektive ihren Akteuren, eine Arbeitsteilung eingespielt hatte, die jeweils handlungsentlastende Wirkungen hatte. Dies konnte insbesondere für Gewerkschaften und Betriebsräte nachgezeichnet werden. Auf der einen Seite legten die Gewerkschaften durch den Abschluss von Tarifverträgen verbindliche und einklagbare Arbeitsstandards fest, auf die sich die Betriebsräte berufen konnten, und zudem offerierten sie den Betriebsräten vielfältige Bildungsangebote und unterstützten sie durch Beratungsdienste. Auf der anderen Seite kontrollierten die Betriebsräte in den Betrieben die Umsetzung der Tarifverträge und übernahmen das Geschäft der Mitgliederrekrutierung für die Gewerkschaften. Obwohl vom Gesetzgeber ursprünglich als Gegeninstitution zu gewerkschaftlichen Betriebsorganisationen gedacht, sind in der geschichtlichen Entwicklung die betriebliche und die gewerkschaftliche Interessenvertretung in der Institution der Betriebsräte verschmolzen.

Eine wichtige Vorbedingung für diese Art der Arbeitsteilung zwischen tariflicher und betrieblicher Arena war die rechtlich begründete Hierarchie der beiden Arenen. Nach § 77 (3) des Betriebsverfassungsgesetzes gilt der Tarifvorrang. Dieser besagt, dass Arbeitsbedingungen, die in Tarifverträgen tatsächlich oder üblicherweise behandelt werden, nicht Gegenstand einer Betriebsvereinbarung sein dürfen. Davon gibt es nur zwei Ausnahmen: Im Betrieb können günstigere Bedingungen für die Arbeitnehmer ausgehandelt werden, als sie der Flächentarifvertrag vorsieht (wie im Falle betrieblicher Sonderzahlungen beispielsweise), oder die Tarifvertragsparteien ermächtigen die Betriebsparteien ausdrücklich dazu, Verhandlungen zu Arbeitsstandards durchzuführen, die üblicherweise durch den Tarifvertrag geregelt sind oder es zumindest bis dahin waren.

Der rechtliche Vorrang des Tarifvertrages hatte zwei entscheidende praktische Konsequenzen für die Mitbestimmung der Betriebsräte (dazu Müller-Jentsch 2008). Die erste Konsequenz lautete, dass Konflikte um Kernthemen der Arbeitsstandards wie Löhne und Arbeitszeiten in der Arena der Tarifautonomie ausgetragen wurden, zumal nur die Tarifvertragsparteien auch auf die Mittel des Arbeitskampfes zurückgreifen dürfen. Im Umkehrschluss bedeutete dies, dass die Betriebsparteien sich nicht mit der verteilungspolitischen Dimension des Klassenkonflikts beschäftigen mussten, sondern sich auf seine Dimension der betrieblichen Herrschaft konzentrieren konnten. Diese Entlastung der Betriebsparteien führte in zweiter Konsequenz dazu, dass die Voraussetzungen günstig für die Betriebsräte waren, sich als „intermediäre Akteure" zu entwickeln, die getreu den Gesetzesvorgaben in vertrauensvoller Zusammenarbeit mit den Arbeitgebern die Interessen der Beschäftigten zum Wohle des Unternehmens vertreten.

Bis Ende der 1980er oder Anfang der 1990er Jahre hätte sich die Frage, ob und inwiefern die Betriebsräte in ihrer betrieblichen Mitbestimmungspraxis auch Tarifakteure sind, nicht gestellt oder wäre allenfalls als Randthema abgetan worden. Das duale System war in seinen institutionellen Grundfesten intakt, und es waren keine Entwicklungen absehbar, die diese nachhaltig hätten erschüttern können. Allerdings waren bereits zu dieser Zeit erste Anzeichen einer Verschiebung zwischen den beiden Arenen *zugunsten der Arena der Betriebsverfassung erkennbar.* Im Zentrum dieser Entwicklung stand die *Verbetrieblichung der Arbeitszeitregulierung* (Schmidt/Trinczek 1999). Diese beruhte auf den seit 1984 in vielen Branchen abgeschlossenen Manteltarifverträgen zur Arbeitszeitverkürzung, in denen neben den Arbeitszeitverkürzungen auch Arbeitszeitflexibilisierungen eingeführt wurden. Regelungsgrundlage für die Flexibilisierung der Arbeitszeiten war die Festlegung von Ausgleichszeiträumen für Schwankungen der Regelarbeitszeit und die Delegation ihrer organisatorischen Ausgestaltung an die Betriebsparteien. Die Betriebsparteien wurden also von den Tarifvertragsparteien beauftragt, im Betrieb entsprechende Regelungen zu entwickeln. Mit dieser tariflichen Bestimmung sollte zunächst dem von den Betrieben artikulierten gesteigerten Bedarf an interner Flexibilisierung des Arbeitskräfteeinsatzes Rechnung getragen werden. In der Konsequenz jedoch zog dies zugleich einen Ausgestaltungsauftrag an die Betriebsparteien nach sich.

Tarifakteure wurden die Betriebsräte deshalb aber nicht. Die Delegation von Regelungsthemen bedeutete eine Anreicherung der betrieblichen Mitbestimmung und ihrer Handlungsfelder, nicht aber die Übernahme einer tarifpolitischen Funktion durch die Betriebsräte. Die Tarifparteien haben einen tariflichen Rahmen gesteckt, in dem sich nun die Betriebsräte als Akteure der Mitbestimmung bewegen konnten oder mussten und in dem sie sich auf die starken Mitbestimmungsrechte stützen konnten, die ihnen der Gesetzgeber gerade in Arbeitszeitfragen zugestanden hatte. Die Verbetrieblichung der Arbeitszeiten ist daher als eine Form der Dezentralisierung im deutschen System der industriellen Beziehungen zu betrachten, die in der Logik der beschriebenen Arbeitsteilung zwischen tariflicher und betrieblicher Arena steht und die den Vorrang des Flächentarifvertrages nicht in Frage stellt.

Anders ist dies hingegen bei zwei weiteren Entwicklungen einzuschätzen, die zu Beginn der 1990er Jahre einsetzten und mit denen eine Dezentralisierung des Tarifsystems zugunsten der betrieblichen Arena eingeleitet wurde. Die erste Entwicklung, die in diesem Zusammenhang zu nennen ist, ist die *Herausbildung betrieblicher Beschäftigungsbündnisse* zwischen den Betriebsparteien. Ausgangspunkt der betrieblichen Bündnisse für Arbeit war die seinerzeit stark diskutierte Tarifvereinbarung zur Standort- und Beschäftigungssicherung, die 1993 bei Volkswagen abgeschlossen wurde. Hier wurden erstmals eine in dieser Höhe bis dahin einmalige Reduzierung der Arbeitszeiten von 20% sowie äquivalente Lohnsenkungen, Beschäftigungssicherungszusagen des Unternehmens und Maßnahmen der Arbeitszeitflexibilisierung und Produktivitätssteigerung vereinbart (Haipeter 2000; Promberger et al. 1997). Dieses Muster von Konzessionen der Arbeitnehmer und Gegenleistungen der Unternehmen wurde von da an zum zentralen Merkmal der vielen betrieblichen Bündnisse, die sich in alle Bereiche der deutschen Wirtschaft ausbreiteten.

Der neuartige Charakter betrieblicher Bündnisse und ihr Impuls zur Dezentralisierung des Tarifsystems kommt darin zum Ausdruck, dass sie Themen wie die Dauer der Arbeitszeiten oder auch die Höhe der Entgelte enthalten, die üblicherweise in den Flächentarifvertragen behandelt werden (Seifert 2002). Bei Volkswagen war das Verhältnis von Tarifvertrag und Betriebsvereinbarung unproblematisch; wegen des dort geltenden Haustarifvertrages konnten die ausgehandelten Vereinbarungen als Tarifvertrag geregelt werden. Bei den flächentariflich gebundenen Unternehmen hingegen stellte sich die Frage, inwieweit Themen wie Arbeitszeitverkürzungen und Entgeltsenkungen mit dem § 77 (3) des Betriebsverfassungsgesetzes und dem darin enthaltenen Tarifvorrang zu vereinbaren sind. Die Vereinbarkeit wurde schließlich auf zweierlei Wegen hergestellt. Zum einen haben die Tarifparteien in einzelnen Branchen wie der Metall- und Elektroindustrie tarifliche Regelungen zur Standort- und Beschäftigungssicherung eingeführt, die es den Betriebsparteien erlauben, Arbeitszeitverkürzungen gegen Entgeltabsenkungen als Betriebsvereinbarungen tarifvertragskonform zu verhandeln. Zum anderen bezogen sich die betrieblichen Bündnisse auf übertarifliche Leistungen der Unternehmen oder auf Themen wie Arbeitszeitflexibilisierung, Qualifizierungen oder organisatorische Innovationen, zu deren Behandlung die Betriebsparteien nach Tarifvertrag ermächtigt waren oder die nicht Gegenstand der Tarifverträge waren.

Allerdings gab es seit Begründung der betrieblichen Bündnisse in Einzelfällen auch eine informelle Praxis der Betriebsparteien, in Beschäftigungsbündnissen den Tarifvorrang nicht – oder zumindest nicht genau – einzuhalten. Diese fand sich vor allem bei lohnsenkenden Bündnissen, in denen teilweise Unterschreitungen tariflicher Standards ausgehandelt wurden (Rehder 2003). Aber auch Arbeitszeitflexibilisierungen gingen in nicht wenigen Fällen über die tariflich festgelegten Ausgleichszeiträume hinaus. Diese Fälle einer „wilden Dezentralisierung“ der Tarifvertragsnormen nahmen zwar an Bedeutung im Laufe der Zeit zu, doch handelte es sich dabei nicht um einen systematischen Prozess, und weniger noch wurden die Betriebsparteien damit zu Tarif*akteuren* im Betrieb. Berechtigter wäre es, diese Betriebsparteien als Tarif*brecher* im Betrieb zu bezeichnen. Sie handelten – bewusst oder auch in Unkenntnis der jeweils geltenden Arbeitsstandards – gegen die Tarifverträge und schufen keine neuen tariflichen Normen für den Betrieb.

Dies ist anders bei der zweiten Entwicklung in Richtung Verlagerung tariflicher Regelungen auf die betriebliche Ebene, der *betrieblichen Tarifunterschreitung durch Tarifabweichung.* Die flächentariflichen Regelungen zur Tarifabweichung entstanden ebenfalls seit der ersten Hälfte der 1990er Jahre zunächst in Form regional, thematisch oder betrieblich eng begrenzter Abweichungsmöglichkeiten. Eine der ersten Regelungen dieser Art war die Härtefallklausel, die in der Metall- und Elektroindustrie für die ostdeutschen Tarifgebiete vereinbart worden war (Schroeder 2000). Sie erlaubte es den Betriebsparteien dieser Region, Abweichungen vom Flächentarifvertrag zu beantragen, über die von den Tarifvertragsparteien zu entscheiden war. Die betriebliche Voraussetzung dafür war der Nachweis gravierender wirtschaftlicher Probleme des Betriebes. In der chemischen Industrie wurde bald darauf der Arbeitszeitkorridor tariflich fixiert, demzufolge die Betriebsparteien die Arbeitszeiten um jeweils bis zu 2,5 Stunden verlängern oder verkürzen konnten, wobei die Verlängerung an die Zustimmung der Tarifparteien gebunden war, sofern ihr Geltungsbereich relevante Betriebsteile abdecken sollte. Regelungen ähnlicher und anderer Art sind dann auch in vielen weiteren Branchen getroffen worden (ein Überblick bei Bispinck 2004).

Tarifabweichungen stellen ohne Frage die derzeit weitestgehende Form der Dezentralisierung des Tarifsystems dar. Zwar werden auch bei der Verbetrieblichung der Arbeitszeitregulierung oder den betrieblichen Beschäftigungsbündnissen originär tarifliche Themen in der betrieblichen Arena verhandelt. Doch in beiden Fällen wird dadurch die Normsetzungsmacht der Tarifvertragsparteien nicht – oder, wie im Falle wilder Dezentralisierungen bei betrieblichen Bündnissen, zumindest nicht offiziell – in Frage gestellt, denn die in den Tarifverträgen ausgehandelten Mindestnormen der Arbeitsstandards bleiben erhalten. Bei der Tarifabweichung hingegen werden einzelne Tarifvertragsnormen betriebsbezogen unterschritten. Die tarifliche Normsetzung wird damit auf die betriebliche Ebene verlagert.

Die Schlussfolgerung, dass mit Tarifabweichungen der Flächentarifvertrag ausgedient hätte, wäre aber voreilig. Die Tarifabweichung hat das duale System nicht ersetzt, sondern nur ergänzt. Wenn in der bisherigen Darstellung vom dualen System der industriellen Beziehungen in der Vergangenheitsform gesprochen wurde, so sollte damit nicht zum Ausdruck gebracht werden, dass es dieses System nicht mehr gäbe oder dass es keine Ausstrahlungskraft mehr für die soziale Wirklichkeit der kollektiven Arbeitsregulierung hätte. Dies ist mitnichten der Fall. Flächentarifverträge gibt es weiterhin, und sie prägen noch immer die Arbeitsbedingungen für die Mehrzahl der abhängig Beschäftigten in Deutschland. Und Tarifabweichungen finden sich nicht etwa in allen tarifgebundenen Unternehmen, sondern kommen, wie im Verlauf der Studie für die beiden Untersuchungsbranchen noch gezeigt wird, in etwa 10% dieser Unternehmen vor. Sie haben sich damit zu einem festen Bestandteil des Tarifsystems entwickelt, ohne jedoch zu einem allgegenwärtigen Phänomen geworden zu sein oder gar den Flächentarifvertrag zerstört zu haben und ganz an seine Stelle getreten zu sein (was auch bedeuten würde, dass die Tarifabweichung keine Abweichung mehr von einem übergeordneten Tarifvertrag wäre, sondern die einzige Ebene der Tarifregulierung).

Allerdings ist heute das Tarifsystem aufgrund der Tarifabweichung ein anderes als zu Beginn der 1990er Jahre; deshalb wurde die Vergangenheitsform in der Darstellung gewählt. Der entscheidende Punkt dabei ist, dass es zwar betriebsbezogene Normsetzungen und die Konkurrenz zwischen unterschiedlichen Tarifnormen nicht überall gibt, aber dass es sie in allen tarifgebundenen Betrieben geben *könnte*, deren Flächentarifverträge Tarifabweichungen erlauben. Dass Tarifabweichungen nicht weiter verbreitet sind und bislang keine stärkere Erosionskraft für die Flächentarifvertragsnormen entfaltet haben, liegt vor allem daran, dass die Tarifakteure, die ein Interesse am Erhalt der Flächentarifverträge haben, dies zumindest bislang haben verhindern können. Tarifabweichungen erfordern also neuartige Situationsdefinitionen und Handlungsstrategien von den Tarifakteuren auch dort, wo sie zunächst gar nicht angewendet werden. Deshalb haben sie eine einschneidende Auswirkung auf das Tarifsystem insgesamt und sind nicht nur als marginales Phänomen zu betrachten. Sie sind integrierter Bestandteil und dauernde Herausforderung des Tarifsystems zugleich.

Damit zusammenhängend ist festzuhalten, dass mit der Verlagerung der Normsetzung auf die *betriebliche Ebene der Regulierung* nicht unbedingt auch eine vollständige Verlagerung der Verhandlungen in die *betriebliche Arena der Konfliktaustragung* einhergeht. Beide Entwicklungen wären nur dann deckungsgleich, wenn die Verhandlungen zur Tarifunterschreitung vollständig in die Hände der Betriebsparteien gelegt würden. Dies aber ist nicht der Fall. In den tariflichen Regelungen zur Tarifabweichung ist ganz überwiegend die Vorgabe enthalten, dass betriebsbezogene Unterschreitungen von Tarifstandards an die Zustimmung der Tarifvertragsparteien gebunden bleiben oder dass sie von diesen sogar selber ausgehandelt werden. Mit dieser Vorgabe versuchen die Gewerkschaften, die Kontrolle über Tarifabweichungen – oder zumindest die Möglichkeit dazu – in der Hand zu behalten und so die Prägekraft der Tarifnormen bewahren zu können. Auch sind deshalb bis heute Tarifunterschreitungen, über die von den Betriebsparteien alleine entschieden werden kann, auf wenige und inhaltlich stark begrenzte Regelungsthemen und -spielräume begrenzt. Beispiele dafür sind die Möglichkeiten der Arbeitszeitverlängerung für Minderheitengruppen im Betrieb in der chemischen Industrie oder die Option der Verschiebung eines geringen Anteils der Entgelterhöhungen in der Metall- und Elektroindustrie. Im Ergebnis konnten die Gewerkschaften damit auch die noch vor wenigen Jahren starken politischen Bestrebungen zur Einrichtung gesetzlicher Öffnungsklauseln für betriebliche Beschäftigungsbündnisse abwehren, in denen eine solche vollständige Verlagerung zugunsten der betrieblichen Verhandlungsarena angedacht war. Für die Gewerkschaften ergibt sich daraus im Umkehrschluss die Herausforderung, die Prozesse und Standards der Tarifabweichungen als Ak-

ISBN 978-3-8360-8714-8 – Presseexemplar – (c) edition sigma – 08102015

teure der Verhandlungen so zu kontrollieren, dass sie die Prägekraft der Flächentarifverträge nicht bedrohen (Haipeter 2009).

Trotz dieser Einbindung der Gewerkschaften bleiben die Arenen der Konfliktaustragung und ihre Akteure von der Verschiebung der Normsetzungsebenen nicht unberührt. Denn auch wenn die Gewerkschaften im Nachhinein einem Verhandlungsergebnis zustimmen müssen oder sie sogar selber mit als Verhandlungsakteure am Tisch sitzen, so werden die Betriebsparteien doch in jedem Fall in die Verhandlungen und die Umsetzung der Tarifabweichungen einbezogen. Für die Unternehmen gilt dies, wie sich zeigen wird, ohne jede Einschränkung, denn sie sind die maßgeblichen Verhandlungsakteure auf Arbeitgeberseite. Die Arbeitgeberverbände haben in der Regel – wenn überhaupt – nur eine beratende Funktion in diesen Verhandlungen. Aber auch die Betriebsräte entwickeln sich in der Tarifabweichung zu *Tarifakteuren*.

Grundsätzlich lassen sich bei der Tarifabweichung zwei Varianten der Verlagerung zugunsten der betrieblichen Arena der Konfliktaustragung unterscheiden. Die erste davon ist die weitergehende. Hier hat die Tarifabweichung den Status einer *Betriebsvereinbarung*. In dieser Variante sind es die Betriebsparteien, welche die mit der Tarifabweichung verbundenen Verteilungskonflikte alleine verhandeln müssen; die Tarifparteien treten erst am Ende des Prozesses auf. Zwar können bei konkreten Konflikten die Tarifparteien auch in den Verhandlungsprozess eingeschaltet werden. Doch hat dies zunächst keinen systematischen Charakter. Die Arbeitsteilung zwischen den Arenen verändert sich deshalb grundlegend; Verteilungskonflikte werden nicht länger externalisiert, und die Betriebsparteien erhalten eine tragende Rolle als Tarifakteure. Diese Variante findet sich in der chemischen Industrie, einer der beiden Untersuchungsbranchen dieser Studie.

Die andere Variante der Tarifabweichung, die sich in der Metallindustrie als zweiter Untersuchungsbranche dieser Studie herausgebildet hat, sieht zumindest formal eine stärkere Rolle der Gewerkschaft vor. Hier werden Tarifabweichungen als *Ergänzungstarifverträge* und nicht als Betriebsvereinbarungen verhandelt. Damit verbunden ist die Verhandlungsführerschaft der Gewerkschaft als Tarifvertragspartei. Betriebsräte treten als Mitglieder betrieblicher Tarif- und Verhandlungskommissionen in den Verhandlungen auf, die Verhandlungsführerschaft liegt aber bei der Gewerkschaft. Auf den ersten Blick also scheint die alte Arbeitsteilung zwischen den Verhandlungsarenen gewahrt, denn die Tarifpartei Gewerkschaft hat als Akteur der Tarifarena die Federführung auch auf der tariflichen Normsetzungsebene des Betriebs. Doch sitzen sich auch bei dieser Variante die Betriebsparteien Management und Betriebsrat als Verhandlungsakteure am Verhandlungstisch gegenüber und verhandeln über Verteilungsfragen. Verteilungskonflikte lassen sich deshalb nicht aus der betrieblichen Arena heraushalten. Hinzu kommt, dass die Tarifpartei Gewerkschaft im Betrieb kaum eine autonome Tarifpolitik entwickeln und umsetzen kann, die nicht eng mit dem Betriebsrat abgesprochen ist. Denn die Betriebsräte sind nach wie vor die Schaltstellen der gewerkschaftlichen Betriebspolitik; ohne sie wäre die Gewerkschaft kaum in der Lage, Mitglieder zu aktivieren und notfalls auch zu mobilisieren. Die Wirkungsmächtigkeit der Gewerkschaft als Verhandlungspartei hängt also wesentlich von den Betriebsräten und ihrer Stellung im Betrieb ab. Nur wenn die Betriebsräte sich als Akteure der Tarifpolitik begreifen, kann daher auch die Gewerkschaft ihrerseits Tarifauseinandersetzungen im Betrieb bestehen. Auch in ihrer Regelungsform der Ergänzungstarifverträge sind die Betriebsräte daher als Tarifakteure in Tarifabweichungen gefordert.

Die Tarifabweichung ist mithin nicht nur die bislang weitestreichende Form der Dezentralisierung des Tarifsystems und der Verlagerung zwischen den Verhandlungsarenen, sie macht damit – neben den Unternehmen – die Betriebsräte zu Tarifakteuren. In welchen konkreten Formen und Vereinbarungstypen auch immer verhandelt, bedeutet die Tarifabweichung, dass sich die Betriebsräte mit tariflichen Themen beschäftigen und diese mit ihren Unternehmensleitungen bearbeiten müssen. Erschwerend kommt hinzu, dass mit der Rolle als Tarifakteur eine Fülle weiterer Herausforderungen für die Betriebsräte verbunden ist. Die Betriebsräte nehmen nicht nur direkt an den Verhandlungen teil. Sie sind auch die ersten Adressaten für Forderungen der Unternehmensleitungen nach Tarifabweichungen, sie müssen diese Forderungen mit ihrer Gewerkschaft koordinieren, sie müssen die Unterstützung der Beschäftigten für ihren Kurs gewinnen, und sie müssen schließlich die Umsetzung von Tarifabweichungen im Betrieb kontrollieren.

Wie gehen die Betriebsräte mit diesen Herausforderungen um? Welche Folgen haben die Verlagerung zwischen den Arenen der Konfliktaustragung und der damit verbundene Rollenwandel zu Tarifakteuren für die Mitbestimmung der Betriebsräte? Entwickeln die Betriebsräte neue Praktiken oder ein neues Selbstverständnis der Mitbestimmung? Nehmen in den betrieblichen Arbeitsbeziehungen zwischen Betriebsrat und Management Konflikte und Konfliktorientierungen zu? Intensivieren sich die Beziehungen zwischen Betriebsrat und Gewerkschaft, oder distanzieren sich die Arbeitnehmervertreter stärker voneinander wegen unterschiedlicher Auffassungen über tarifpolitische Strategien? Und haben Tarifkonflikte im Betrieb schließlich Auswirkungen auf das Verständnis von Interessenvertretung, das die Betriebsräte gegenüber den Beschäftigten haben? Zusammengefasst lässt sich das Erkenntnisinteresse dieser Studie in folgender Frage bündeln: *Welche Folgen hat die Tarifabweichung für die Mitbestimmung der Betriebsräte an der Schnittstelle zu Management, Gewerkschaft und Beschäftigten?*

1.2 Widersprüchliche Einschätzungen

Eindeutige Hypothesen zu dieser Frage lassen sich auf der Grundlage der bestehenden Literatur kaum ableiten. Dies liegt vor allem daran, dass die Tarifabweichung generell und ihre Folgen für die Mitbestimmung im Besonderen bislang kaum empirisch erforscht sind. Aussagen dazu haben deshalb zwangsläufig spekulativen Charakter. Nicht von ungefähr hat deshalb Müller-Jentsch (2008) auch zwei alternative und ziemlich gegenläufige mögliche Entwicklungspfade der Tarifabweichung benannt: Entweder führe die Tarifabweichung zu einer Überforderung der Betriebsräte und zu einem Bedeutungsverlust der Gewerkschaften, in deren Folge die Arbeitsteilung zwischen den Arenen kollabiere und sich die Akteure nicht mehr wechselseitig unterstützen würden. Oder es komme zu einer stärkeren Vernetzung der beiden Ebenen und zu einer engeren Kooperation zwischen ihren Akteuren.

Für beide Szenarien lassen sich auf den ersten Blick in der Literatur gute Argumente finden. Für das optimistische Szenario sprechen einige langfristige Trends der Stärkung der betrieblichen Mitbestimmung. Ein erster zentraler Punkt in diesem Zusammenhang ist die *Infragestellung tradierter betrieblicher Herrschaftsmuster* durch die Betriebsräte. Diese Entwicklung hatte die 1970er und 1980er Jahre nach der Reform des Betriebsverfassungsgesetzes geprägt. In teilweise intensiven Konflikten haben die Betriebsräte despotische, patriarchische oder autokratische Herrschaftsformen im Betrieb aufgebrochen und sich Respekt und Anerkennung als Interessenvertretungen der Beschäftigten erkämpft. Mit der Ausweitung industrieller Bürgerrechte einher ging ein Zugewinn an Wirksamkeit der Interessenvertretung als Machtfaktor im Betrieb (Kotthoff 1994).

Der Zugewinn an Wirkungsmächtigkeit wurde von den Betriebsräten zweitens nicht in Konfliktstrategien mit den Betriebsräten eingebracht, sondern in *kooperative Mitbestimmungsformen* der „kooperativen Konfliktverarbeitung" (Weltz 1977) umgesetzt, in denen die Betriebsräte mit dem Management Probleme definierten und auf der Grundlage einer gemeinsamen Orientierung an den wirtschaftlichen Notwendigkeiten des Unternehmens häufig auch lösten. Diese Form der Kooperation erlaubte durchaus eine gewisse Spannbreite an kooperativeren oder konfliktorientierten Strategien, denen die Akteure im Einzelnen folgen konnten. Die gemeinsame Bezugsgrundlage der Interaktion jedoch führte zu einer zumeist geräuschlosen Abarbeitung von Problemen, die als Rationalisierung im Umgang mit Problemen sowie als Versachlichung der Arbeitsbeziehungen gewertet wurde (Bosch 1997).

Die dritte Entwicklungslinie schließlich ist die *Professionalisierung* des Betriebsrates im Umgang mit den Handlungsfeldern der betrieblichen Mitbestimmung und die sukzessive *Ausweitung* dieser Felder auch über die Grenzen des Betriebsverfassungsgesetzes hinaus. Dabei werden, so lautet eine weitere Annahme, die Betriebsräte zu „Co-Managern" (Müller-Jentsch 1998), die zunehmend Einfluss auf wirtschaftliche Entscheidungsfelder wie die Arbeitsorganisation oder die Geschäftsstrategien der Unternehmen gewinnen können und in den Unternehmen entscheidend an der geräuschlosen Umsetzung von Reorganisationsmaßnahmen mitwirken. Als Co-Manager sind die Betriebsräte Krisenmanager, Agenten des Wandels und Promotoren der Modernisierung (Müller-Jentsch 2007).

In der optimistischen Lesart kann die Rolle der Betriebsräte als Tarifakteure in der Tarifabweichung im Sinne einer natürlichen Fortsetzung oder sogar als Voraussetzung eines erweiterten Co-Managements interpretiert werden. Denn in der Auseinandersetzung mit Tarifabweichungen werden die Betriebsräte gezwungen, sich noch intensiver mit der wirtschaftlichen Lage des Unternehmens und den Strategien der Geschäftsleitung auseinanderzusetzen, sich neue Themenfelder zu erschließen und eigene Handlungskonzepte zu entwickeln. Ferner vermutet Kotthoff (1998), dass die kooperativen Muster der Konfliktbewältigung in den Arbeitsbeziehungen auch bei der Aushandlung von materiellen Konzessionen erhalten bleiben, sofern die Betriebsräte diese als ökonomisch sinnvolles und zumutbares Zugeständnis in schweren Zeiten werten, auf die auch wieder bessere Zeiten folgen werden. Mehr noch, die Betriebsräte erhielten in Kernbelegschaften eine deutliche Unterstützung für die Aushandlung „interessenpolitischer Rückschritte", sofern dadurch die Zukunft des Unternehmens und die Beschäftigung gesichert werden können.

Gegenüber dieser optimistischen Lesart sind in der Literatur aber auch pessimistische Argumente geltend gemacht worden. Schmidt und Trinczek (1999) führen drei strukturelle Gründe an, warum die Verbetrieblichung – und dies gälte umso mehr für die Tarifabweichung – negative Folgen für die Mitbestimmung der Betriebsräte nach sich zieht. Erstens sei die Macht- und Verhandlungsposition des Betriebsrates wegen seiner Verpflichtung auf die Einhaltung des Betriebsfriedens, wegen seiner Nähe zur Belegschaft mit ihren differenzierten Interessen und wegen der integrativ wirkenden kontinuierlichen Kontakte zum Management strukturell schwächer als die der Gewerkschaft. Zweitens drohe mit der Verlagerung neuer Verhandlungsgegenstände in die betriebliche Arena eine Überlastung und Überforderung der Betriebsräte, zumal sie für Erfolge auf diesen neuen Feldern Konzessionen auf ihren angestammten Politikfeldern der Mitbestimmung machen müssten. Und drittens schließlich führe die wachsende Komplexität der Verhandlungsgegenstände zu einem erhöhten Qualifizierungs- und Beratungsbedarf durch die Gewerkschaften, den diese aufgrund der eigenen Ressourcenknappheit immer weniger würden befriedigen können.

Nach Bergmann (2001) haben sich in den letzten Jahren diese strukturellen Asymmetrien deutlich verschärft. In den meisten Betrieben existiere kein Co-Management der Betriebsräte. Dieses beschränke sich auf wenige Leuchtturmbetriebe der Automobilendhersteller. Für die anderen Betriebe empfehle es sich vielmehr, von einer *„erzwungenen Kooperation“* zu sprechen, weil die Betriebsräte einem neuartigen Dauerdruck aus Kostensenkungszielen, Verlagerungsdrohungen und Renditeforderungen ausgesetzt seien, auf den sie nur mehr mit Konzessionen reagieren könnten. Die Unternehmensleitungen hätten im Zuge von Standortkonkurrenz und Shareholder-Value eine neue Definitionsmacht über die ökonomische Situation der Unternehmen gewonnen und die Interessenvertretungen in eine Defensive gedrängt, in der sie erpressbar würden.

Der grundlegende Wandel der Machtstrukturen zu Ungunsten der Betriebsräte wird von Dörre (2002) unterstrichen. Zwar zeigten die tradierten kooperativen Mitbestimmungskulturen Beharrungskraft, und die Kooperationsbeziehungen zwischen Betriebsleitungen und Interessenvertretungen würden teilweise sogar noch intensiver. Doch sei die Orientierung der Betriebsräte an etablierten Handlungsorientierungen als Zeichen ihrer Schwäche zu werten, angesichts des Machtverlusts neue Situationsdefinitionen zu entwickeln und neue institutionelle Lösungen zu verfolgen. Verantwortlich dafür sei die Durchsetzung des *marktzentrierten Kontrollmodus* in den Unternehmen, der Beschäftigte und Interessenvertretungen einem neuartigen Marktdruck aussetzt und Arbeitsstandards systematisch in Frage stellt. Auf diese Weise vollziehe sich eine Rückkoppelung der Arbeit und ihrer Regulierung an das Marktrisiko. Tarifabweichungen sind demnach ein Versuch, diese Entwicklung noch in den alten institutionellen Formen der industriellen Beziehungen abzubilden und ihre offene Erosion durch wilde Formen der Dezentralisierung zu verhindern. Erschwerend komme für die Betriebsräte hinzu, dass ihnen zunehmend die Interaktionspartner für langfristige kooperative Beziehungen auf der Unternehmensseite ausgingen, weil sich in den Unternehmen ein neuer Managertypus ausbreite, der sich durch häufige Stellenwechsel und kurzfristige Rendite- und Gehaltsorientierungen auszeichne.

In Beschäftigungsbündnissen verhandeln die Betriebsräte nicht nur Themen jenseits ihrer gesetzlichen Mitbestimmungsrechte, sondern dokumentieren damit auch eine ausgeprägte Orientierung an der Wettbewerbsfähigkeit des Unternehmens, die ihnen als Voraussetzung für die Beschäftigungssicherung gilt. Damit symbolisieren sie nach Rehder (2006) den Prototyp des Co-Managements. Das Co-Management in Beschäftigungsbündnissen aber birgt Rehder zufolge die Gefahr der *Vernachlässigung der Repräsentationsaufgaben* gegenüber der Belegschaft. Insbesondere in Unternehmen, in denen seit langen Jahren Beschäftigungsbündnisse praktiziert werden, erschöpfe sich die Beschäftigungssicherung als Legitimationsquelle des Betriebsratshandelns, denn für kurzfristige Beschäftigungszusagen müssen die Beschäftigten immer neue Konzessionen eingehen. Es komme bei den Beschäftigten zu einer klassentheoretischen Umdeutung der Konflikte. Die Kritik oppositioneller Gruppen und der Belegschaften wachse, und die Betriebsräte könnten die Bündnisse immer weniger über ihren Output legitimieren. In dieser Situation stünden die Betriebsräte vor dem Dilemma, die Beschäftigten für offensivere Forderungen zu mobilisieren und zugleich gegenüber der Arbeitgeberseite konsensfähig zu bleiben. Eine mögliche Lösung dieser Probleme sieht Rehder darin, dass die Betriebsräte die Legitimität ihres Handelns durch Einbeziehung und Beteiligung der Beschäftigten in die Prozesse der Entscheidungsfindung erhöhen. Damit aber wären wiederum Folgeprobleme verbunden. So müssten sich die Interessenvertretungen dann auch durch das Mehrheitsvotum der Beschäftigten binden lassen, was dazu führe, dass sie wegen der Aufwertung der Mitgliedschaftslogik an Einflusslogik als autonomer Verhandlungsakteur gegenüber ihren Geschäftsleitungen verlören.

Zu diesen pessimistischen Interpretationen passen auch die beiden statistischen Befunde, die Auskunft darüber geben, wie die Betriebsräte selber die Dezentralisierung der Flächentarifverträge bewerten. Nach den Ergebnissen der Betriebsrätebefragung des WSI des Jahres 2005 stehen die Betriebsräte der Dezentralisierung mehrheitlich skeptisch gegenüber (dazu Bispinck 2005). Eine Mehrheit von 53% der Betriebsräte findet die Verbetrieblichung der Tarifpolitik – hierzu zählen sowohl die Verbetrieblichung der Arbeitszeitflexibilisierung als auch die tariflichen Regelungen zur Tarifabweichung – generell problematisch, und weitere 30% stehen dieser Entwicklung „zwiespältig" gegenüber. Weiter sind 81% der befragten Betriebsräte der Meinung, dass die Dezentralisierung dem Arbeitgeber die Möglichkeit gibt, seine Interessen im Betrieb durchzusetzen.

Zu ähnlichen Ergebnissen kommt die Betriebsrätebefragung von Nienhüser und Hoßfeld (2008). Dort befürworten nur knapp 31% der Betriebsräte eine Aushöhlung der Tarifverträge auf Rahmenvorschriften, und nur gut 22% sprechen sich dafür aus, Tarifverhandlungen auf die betriebliche Ebene zu verlagern. Fast 91% der Befragten erwarten, dass eine stärkere Abkehr vom Flächentarifvertrag dem Management größere Einfluss- und Gestaltungsmöglichkeiten gibt, aber nur knapp 43% sehen vergleichbare Chancen für die Betriebsräte. Die Folgen für Arbeitsstandards und Arbeitsbedingungen werden skeptisch beurteilt. Rund 79% der Betriebsräte verbinden mit der Abkehr vom Flächentarifvertrag sinkende Löhne, 78% eine Zunahme von Konflikten im Betrieb und knapp 64% eine Überforderung des Betriebsrates. Zudem prognostizieren 83% einen Machtverlust der Gewerkschaften als Folge der Schwächung der Tarifverträge.

Sowohl die optimistischen und als auch die pessimistischen Interpretationen der Dezentralisierung beruhen auf plausiblen Argumenten, und es erscheint schwierig, eine geeignete Bewertungsgrundlage für ihre Beurteilung zu finden. Dies gilt insbesondere mit Blick auf die Auswirkungen der Tarifabweichung für die Mitbestimmung der Betriebsräte. Problematische oder positive Folgen der Dezentralisierung des Tarifsystems müssten sich bei der Tarifabweichung am ehesten abzeichnen. Denn nur im Zusammenhang mit der Tarifabweichung werden die Betriebsräte tatsächlich zu Tarifakteuren im Betrieb.

Die Bedeutung der Tarifabweichung als Speerspitze der Dezentralisierung des Tarifsystems wird auch nicht dadurch geschmälert, dass es mit der wilden Dezentralisierung eine zweite Variante der Dezentralisierung mit Tarifunterschreitungen gibt. Indirekt werden Betriebsräte auch zu Tarifakteuren, wenn die Unternehmen aus ihrem jeweiligen Arbeitgeberverband flüchten oder ihm fernbleiben und sie mit den Unternehmensleitungen über Löhne und Arbeitszeiten verhandeln oder wenn durch Betriebsvereinbarungen oder stillschweigende Praxis informell Tarifnormen im Betrieb unterschritten werden. Diese Entwicklung ist wichtig zu untersuchen, weil sie Aufschluss über die Erosion des dualen Systems der industriellen Beziehungen an seinen Rändern und die damit verbundenen Folgen für die Betriebsräte gibt. Entsprechenden Forschungsergebnissen zufolge bestehen gerade in Ostdeutschland deutliche Anzeichen einer solchen Erosion (Artus et al. 2000), für die insbesondere auch eine schwache gewerkschaftliche Anbindung der Betriebsräte verantwortlich ist (Artus 2003).

Allerdings sind die Betriebsräte in diesem Zusammenhang streng genommen nicht als Tarifakteure im Tarifsystem zu betrachten, sondern als – sei es freiwillig oder sei es von ihren Unternehmen erzwungen – Tarifbrecher, die der Erosion des Tarifsystems auf teilweise illegitime Weise Vorschub leisten. Tarifakteure werden sie in der Tarifabweichung hingegen deshalb, weil sie von den Tarifakteuren ausdrücklich dazu ermächtigt wurden, Tarifnormen zu verändern. Umso mehr stellt sich die Frage, wie sie diese Rolle annehmen und welche Auswirkungen damit für das Tarifsystem verbunden sind. Dass Betriebsräte als Tarifbrecher das Tarifsystem schwächen, liegt auf der Hand. Wie aber wirken sie als Tarifakteure?

Die Bedeutung dieser Frage wird durch einen weiteren Aspekt unterstrichen. Eine Besonderheit der Tarifabweichung gegenüber der wilden Dezentralisierung besteht darin, dass die Tarifabweichung von den Gewerkschaften immer auch als eine Reaktion – sei es prophylaktisch oder nachträglich – auf die Gefahren der wilden Dezentralisierung betrachtet und verhandelt wurde. Auf diese Weise sollte *für die Unternehmen* die Attraktivität des Flächentarifvertrags gesteigert werden und zugleich *den Gewerkschaften* Instrumente in die Hand gegeben werden, den als unvermeidlich betrachteten Prozess der Dezentralisierung kontrollieren und aktiv gestalten zu können. Nach den oben angeführten Überlegungen liegt die Vermutung nahe, dass die gewerkschaftlichen Ziele der Kontrolle und Gestaltung der Tarifabweichung sich nur dann realisieren lassen werden, wenn die Betriebsräte zu kompetenten und handlungsmächtigen Tarifakteuren in der Aushandlung und Umsetzung der Tarifabweichung werden. Denn ohne die Betriebsräte können die Gewerkschaften kaum wirkungsvoll auf Betriebsebene Tarifauseinandersetzungen mit den Unternehmen führen und betriebliche Normänderungen nachhalten. Die gewerkschaftliche Kontrolle der Tarifabweichung steht und fällt deshalb mit den Betriebsräten.

1.3 Die Forschungslücke

Das zentrale Problem der bisherigen Analysen zur Dezentralisierung durch Tarifabweichungen ist ihre *schwache empirische Grundlage.* Häufig nämlich sind die angeführten Argumente wenig mehr als plausible Hypothesen. So sind zwar langfristige Entwicklungstrends der Betriebsräte wie ihre demokratische Emanzipation von den Unternehmensleitungen, die Dominanz kooperativer Mitbestimmungsformen oder die Professionalisierung der Betriebsräte empirisch durch zahlreiche Studien gut belegt; für die optimistischen Einschätzungen der Dezentralisierung des Tarifsystems gilt dies aber nicht. Ähnlich ist die Ausgangslage bei den skeptischen Bewertungen. Auch hier finden sich gute empirische Belege für wachsende Machtasymmetrien und zunehmende Schwächungen kollektivvertraglicher Regulierungen im Gefolge neuer Unternehmensstrategien, doch herrschen ebenso spekulative Hypothesen vor, wenn es um die konkreten Auswirkungen der Tarifabweichungen für betriebsbezogene Aushandlungen und die Mitbestimmungspraxis der Betriebsräte geht. Systematische Untersuchungen von Tarifabweichungen existieren nicht. Von den drei Fällen, anhand derer Rehder (2006) die Legitimationsprobleme des Co-Managements diskutiert, wurde nur in einem eine Tarifabweichung (als Haustarifvertrag zur Beschäftigungssicherung) abgeschlossen, und im Sample von Dörre (2002) finden sich nur Fälle informeller und damit wilder Unterschreitungen der Tarifnormen, aber keine Tarifabweichungen im hier gemeinten Sinne.

Empirisch gestützte Bewertungen der Tarifabweichung und ihrer Folgen für die Betriebsräte sind deshalb auf dieser Grundlage kaum möglich. Zu viele empirische Fragen sind bislang offen. Ein erstes Beispiel dafür ist die Frage der *Situationsdefinitionen* der Betriebsräte. Hier wäre zu untersuchen, warum Betriebsräte überhaupt Beschäftigungsbündnisse eingehen, in denen sie materielle Konzessionen der Beschäftigten zugestehen müssen. Welche Gründe führen sie dazu an, welche Probleme hoffen sie damit zu lösen, und warum entwickeln sie keine Handlungsalternativen? Liegt dies an der Eingespieltheit überkommener Interaktionsmuster, wie Dörre (2002) vermutet? Oder betrachten, wie Kotthoff (1998) anführt, die Betriebsräte die Konzessionen als angemessenes Zugeständnis in schweren Zeiten und hoffen im Sinne eines sozialen Tauschs auf eine Rückzahlung der Konzessionen durch die Unternehmen in der – vermeintlich besseren – Zukunft? Eine dritte Möglichkeit schließlich wäre, dass mit der Aushandlung von Tarifabweichungen möglicherweise doch neue Handlungsorientierungen und -praktiken der Betriebsräte verbunden sind, die sich nicht umstandslos mit den alten Mustern kooperativer Beziehungen beschreiben lassen. So könnten die Betriebsräte den Wunsch der Unternehmensleitungen nach Tarifunterschreitungen als Erpressung betrachten. Verhandlungen würden sie dann nicht mit dem Ziel eingehen, die bestehenden Mitbestimmungsmuster zu erhalten, sondern um in einer schwierigen Situation für die Beschäftigten das Beste – so wenig Konzessionen und so viel Gegenleistungen des Unternehmens wie möglich – herauszuholen. Dabei könnte auch konfliktorientiertes Handeln einen höheren Stellenwert einnehmen, als es ihm vorher zukam. Auf diese Weise fände eine Transformation der Mitbestimmungspraxis im formalen Rahmen eingespielter Aushandlungsprozesse statt.

In jedem Fall ist festzuhalten, dass diese Aspekte der Mitbestimmungspraxis der Betriebsräte in der Tarifabweichung bislang kaum beleuchtet sind. Freilich lassen sich Fälle, in denen Betriebsräte Forderungen nach Tarifabweichungen zurückgewiesen haben, auch in dieser Studie nicht systematisch untersuchen, denn im Fokus der Analyse stehen nur Fälle, in denen eine Tarifabweichung abgeschlossen wurde. Die Kooperationsverweigerung wäre eine zusätzliche Reaktionsform der Betriebsräte. Wohl aber können Aussagen von Tarifexperten danach gefiltert werden, ob solche Fälle ihrer Erfahrung nach existieren und welche Bedingungen für die Kooperationsverweigerung von Bedeutung sind. Außerdem befinden sich im Untersuchungssample auch zwei Fälle, in denen immerhin der Wunsch einer Verlängerung der Tarifabweichung zurückgewiesen wurde.

Ein zweites Beispiel für offene Fragen betrifft die Haltung der Beschäftigten und die *Legitimationsgrundlagen* der Mitbestimmungspraxis bei den Wählern der Betriebsräte. Hierzu finden sich konträre Einschätzungen in der Literatur. Auf der einen Seite vertritt Kotthoff (1998) die These, dass die Betriebsräte auch deshalb interessenvertretungspolitische Rückschritte in der Logik bewährter Kooperationsformen bearbeiten, weil sie damit die Orientierungen der Belegschaftsmehrheiten repräsentieren würden. Dort gebe es ein verbreitetes Interesse an ausgehandelter Beschäftigungssicherung. Dem entgegen steht auf der anderen Seite die Einschätzung von Rehder (2006), dass ein Co-Management der Betriebsräte in der Form von Beschäftigungssicherungsvereinbarungen und materiellen Konzessionen umso mehr an Legitimation bei den Beschäftigten einbüßt, je länger es dauert und je häufiger abweichende Vereinbarungen auf abweichende Vereinbarungen folgen. Unter dem Druck wachsender Legitimationsdefizite aber könnten die Betriebsräte diese Praxis des Co-Managements nicht unverändert fortsetzen. Auch in dieser Frage stellt sich mithin das Problem, dass zu wenig über die in den Belegschaften dominierenden Situationsdefinitionen und die Interaktionen zwischen Betriebsrat und Beschäftigten bekannt ist. Haben Betriebsräte und Beschäftigte am Ausgangspunkt ähnliche Situationsdefinitionen, und bleiben diese stabil oder ändern sie sich in der Zeit? Oder sind die Deutungsmuster unterschiedlich? Eine Möglichkeit in dieser Situation wäre, dass der Betriebsrat versucht, die Beschäftigten von der Sinnhaftigkeit seines Deutungsmusters zu überzeugen und um Unterstützung für seinen Weg zu werben; eine andere Möglichkeit wäre, dass er die Deutungsmuster der Beschäftigten aufnimmt und versucht, sie für die Verhandlungen mit der Unternehmensseite zu nutzen, indem er z.B. auf einen möglichen Widerstand der Beschäftigten hinweist. Im Verhältnis der Deutungsmuster zwischen Betriebsrat und Beschäftigten ist also eine dynamische Komponente angelegt, über die bislang wenig bekannt ist.

Auch die wenigen statistischen Erhebungen zur Tarifabweichung schließlich geben nur bedingt Aufschluss über die Folgewirkungen der Tarifabweichungen. Zwar liefern sie Evidenz für die verbreitete Skepsis der Betriebsräte hinsichtlich der Folgewirkungen der Dezentralisierung des Tarifsystems. Doch wird in der Betriebsrätebefragung des WSI nicht zwischen der Tarifabweichung und anderen Formen der Dezentralisierung wie der Verbetrieblichung der Arbeitszeitregulierung unterschieden; trennscharfe Aussagen zur Tarifabweichung finden sich daher dort nicht. Außerdem werden dort und in der Erhebung von Nienhüser und Hoßfeld (2008) die Betriebsräte nur zu möglichen Folgen einer Verlagerung tariflicher Themen auf die betriebliche Ebene befragt, nicht jedoch die Erfahrungen erhoben, die von den Betriebsräten *tatsächlich* im Umgang mit Tarifabweichungen gemacht wurden.

1.4 Anlage der Studie und Gliederung

Die Frage nach den Folgen der Tarifabweichung für die Mitbestimmung der Betriebsräte stößt in eine *Forschungslücke.* Die vorliegende Studie ist der erste Versuch einer systematischen Analyse der Betriebsräte in ihrer neuen Rolle als Tarifakteure, die sie bei Tarifabweichungen spielen können oder vielmehr – wohl oder übel – müssen. Der Fokus der Untersuchung liegt dabei sowohl auf den konkreten betrieblichen Rahmenbedingungen und Aushandlungsprozessen der Tarifabweichung als auch auf den Konsequenzen, die damit für die Betriebsräte als betrieblichem Akteur an der Schnittstelle zu Management, Gewerkschaft und Belegschaft verbunden sind.

Für die Untersuchung wurden mit der *chemischen Industrie* und der *Metall- und Elektroindustrie* zwei der wichtigsten Branchen des deutschen Industriesektors ausgewählt. Diese Branchen bilden zusammen nach Kennzahlen wie Beschäftigung, Wertschöpfung oder Exportvolumen den Kern der „deutschen Exportmaschine“. Sie weisen zugleich ein hohes Niveau der Produktionsinternationalisierung auf, so dass beide Branchen mögliche Auswirkungen von Produktionsverlagerungen und Standortkonkurrenz auf die Aushandlung von Tarifabweichungen zu analysieren erlauben.

Doch nicht nur ihre Bedeutung als Motoren des deutschen Exportmodells und als Vorreiter der Globalisierung, sondern auch ihre *Leitfunktion* für die tarifliche Regulierung von Tarifabweichungen lassen sie als geeignete Forschungs-

ISBN 978-3-8360-8714-8 – Presseexemplar – (c) edition sigma – 08102015

felder für das Erkenntnisinteresse dieser Studie erscheinen. Beide Branchen fungieren traditionell als Leitbranchen des „Pattern Bargaining" (Traxler et al. 2001) im deutschen Tarifsystem. Die dort ausgehandelten Tarifabschlüsse hatten und haben noch immer eine wichtige Orientierungsfunktion sowohl für die anderen Branchen des verarbeitenden Gewerbes als auch für die binnenmarktorientierten Dienstleistungsbranchen (Markovits 1986). Zwar hat sich inzwischen die Bindung zwischen den Branchen und die Leitfunktion der Exportsektoren gelockert (Bosch et al. 2007). Tarifliche Innovationen gingen und gehen jedoch nach wie vor meistens von diesen beiden Industriebranchen aus. Zu denken ist dabei an ein breites Spektrum neuer tariflicher Themen und Errungenschaften wie die Arbeitszeitverkürzungen der 1980er Jahre, die tariflichen Vorruhestands- und Altersteilzeitregelungen, Qualifizierungs- und Demografietarifverträge und nicht zuletzt eben auch die Regelungen zur Tarifabweichung. In beiden Branchen wurden von den Tarifvertragsparteien besonders frühzeitig entsprechende Regelungen vereinbart; in der Metallindustrie erstmals mit der Härtefallklausel für die ostdeutschen Tarifgebiete des Jahres 1993, in der chemischen Industrie erstmals mit dem Arbeitszeitkorridor des Jahres 1994. Und in beiden Branchen wurden dann, jeweils auf unterschiedliche Weise und mit unterschiedlichen Zielsetzungen der Tarifvertragsparteien, diese Regelungen in den folgenden Jahren immer stärker ausgeweitet. Inhaltliche oder thematische Begrenzungen von Tarifabweichungen sind dabei zunehmend abgeschliffen worden.

Außerdem stehen beide Branchen schließlich zumindest formal für *unterschiedliche Verlagerungstiefen* zwischen den Arenen der industriellen Beziehungen. In der chemischen Industrie werden laut tariflichen Regelungen Tarifabweichungen als Betriebsvereinbarungen ausgehandelt, bevor sie den Tarifparteien zur Zustimmung vorgelegt werden. Dort ist deshalb die Verlagerung tariflicher Themen in die betriebliche Verhandlungsarena weiter fortgeschritten. In der Metallindustrie hingegen haben Tarifabweichungen die Form von Ergänzungstarifverträgen. Weil dabei auf Seiten der Interessenvertretungen der Arbeitnehmer – zumindest offiziell – die Gewerkschaft die führende Rolle in den Verhandlungen beansprucht, ist dort die Verlagerung der Verhandlungen in die Verantwortung der Betriebsparteien weniger weitgehend. Der Branchenvergleich lässt deshalb Aufschlüsse darüber erhoffen, ob die Unterschiede in den tariflichen Regelungsformen der Tarifabweichung auch Unterschiede in der betrieblichen Mitbestimmungspraxis der Betriebsräte als Tarifakteure nach sich ziehen.

Freilich kann auch diese Studie nicht alle aufgeworfenen Fragen abschließend und umfassend klären. Branchenweite Repräsentativbefragungen der Betriebsräte von Unternehmen mit Tarifabweichungen beispielsweise, die statistisch generalisierbare Ergebnisse zur Mitbestimmungspraxis hätten liefern können, wurden aus Ressourcengründen nicht durchgeführt. Die Aufgaben der Identifizierung der Unternehmen, der Organisation der Befragung (sei es telefonisch oder schriftlich) und der Auswertung der Fragebögen hätten zu hohe Opportunitätskosten für den qualitativen Kern der Untersuchung, die Analyse betrieblicher Fallbeispiele der Tarifabweichung, nach sich gezogen; diese wären dann wohl nur auf dem Niveau explorativer Kurzanalysen durchführbar gewesen. So aber konnten in jeder der beiden Branchen sechs intensivere Fallstudien erarbeitet werden. Auf dieser Grundlage lassen sich zwar keine statistischen Generalisierungen vornehmen. Wohl aber können – im Sinne theoretischer Generalisierungen (Yin 1988) – Aussagen zu den betrieblichen Ausgangsbedingungen der Tarifabweichung gemacht werden, es können unterschiedliche Muster und Problemlagen der Mitbestimmungspraxis der Betriebsräte als Tarifakteure bestimmt werden, und aus den Fallstudien können schließlich Bedingungen herausgefiltert werden, die Voraussetzungen für eine *gute Praxis der Tarifabweichung* in den Betrieben bilden. Das entscheidende Kriterium einer guten Praxis ist dabei die Stärkung oder Schwächung der Stellung des Betriebsrates an den Schnittstellen zu Management, Belegschaft und Gewerkschaft. Können die Betriebsräte ihre Machtposition in den Arbeitsbeziehungen mit dem Management erhalten oder ausbauen? Gewinnen sie an Legitimation in der Belegschaft? Werden die Bande zur Gewerkschaft intensiviert und wird die Gewerkschaft breiter in der Belegschaft verankert? Dies sind die Leitfragen, denen die Analyse und Bewertung der Mitbestimmungspraxis der neuen Tarifakteure folgen wird.

Die Fallstudienanalyse wurde zudem durch Experteninterviews mit Tarifexperten der beiden Gewerkschaften und ihrer Verhandlungspartner, der Arbeitgeberverbände, ergänzt. Auf diese Weise konnten sowohl Daten zur Verbreitung der Tarifabweichung in den Branchen und zu ihren materiellen Ergebnissen gesammelt als auch Informationen über die formellen verbandlichen Koordinierungsverfahren und die tatsächliche Koordinierungspraxis – beides muss nicht deckungsgleich sein – bis hinunter zur Ebene des Betriebes gewonnen werden. Dabei kann die Analyse auch an die Ergebnisse einer Vorgängerstudie des Verfassers zur Tarifabweichung in der Metall- und Elektroindustrie anschließen, in der ebenfalls mehrere Expertengespräche dieser Art geführt wurden und alle abweichenden Tarifvereinbarungen ausgewertet wurden, die von 2004 bis 2006 in der Branche abgeschlossen worden waren (Haipeter 2009).

Die Untersuchung der Betriebsräte als neue Tarifakteure ist wie folgt gegliedert. Im anschließenden Kapitel werden die unterschiedlichen tariflichen Regelungsgrundlagen zur Tarifabweichung und ihre historische Genese in den beiden Untersuchungsbranchen beschrieben. Beruhend auf den Interviews mit den Tarifexperten werden die Regeln und Prozeduren vorgestellt, mit denen die Tarifparteien – und unter ihnen faktisch nur die Gewerkschaften – versuchen, die Tarifabweichung verbandlich zu koordinieren. Das Kapitel wird abgerundet durch eine kurze Darstellung der Verbreitung der Tarifabweichungen und ihrer Regelungsinhalte. Dabei zeigt sich, dass sowohl hinsichtlich der Koordinierungsverfahren als auch hinsichtlich der Dynamik, mit der sich Tarifabweichungen verbreitet haben, zwischen beiden Branchen erstaunliche Parallelen existieren (Kapitel 2).

Anschließend werden die theoretischen Grundlagen der Mitbestimmungspraxis der Betriebsräte genauer ausgeleuchtet. Dabei greife ich auf das Konzept des Betriebsrates als Grenzinstitution zurück und schlüssele auf, welche allgemeinen Beziehungsmuster des Betriebsrates zu Management, Beschäftigten und Gewerkschaft in der Literatur diskutiert wurden und welche Fragestellungen sich daraus für die Analyse der Betriebsräte als Tarifakteure ergeben. Auf dieser Grundlage kann die Fragestellung der Untersuchung präzisiert und differenziert werden. Die Tarif- und Mitbestimmungspraxis der Betriebsräte wird dabei als Beitrag einer aktiven Strukturierung dieser Beziehungsmuster in den drei Strukturdimensionen Herrschaft, Signifikation und Legitimation konzipiert (Kapitel 3).

Die folgenden Kapitel sind der Fallstudienanalyse gewidmet. In diesem Rahmen werden zunächst Methode und Gang der Fallstudienuntersuchung eingehender dargestellt. Dabei werden insbesondere die Interviews und das Problem der Fallauswahl beleuchtet. Im Anschluss daran werden die zwölf Betriebsfälle des Untersuchungssamples kurz beschrieben, bevor die Regelungen der abweichenden Vereinbarungen vorgestellt werden, die dort jeweils abgeschlossen wurden (Kapitel 4). Kapitel 5 beschäftigt sich mit den Motiven, den Aushandlungen der Tarifabweichungen und ihren Folgen für die Arbeitsbeziehungen zwischen Betriebsrat und Management. Es wird untersucht, wer eigentlich die Initiative zur Aushandlung von Tarifabweichungen hat, welche Argumente dafür herangezogen werden, welche Typen von Arbeitsbeziehungen in den Betrieben vorliegen und wie sich diese im Verlauf und Ergebnis der Verhandlungen möglicherweise verändert haben. Die Beziehungen zu den Beschäftigten, ihren Situationsdefinitionen und ihrer Einbindung in die Verhandlungen – in Form von Information, Beteiligung oder Mobilisierung – wird im darauf folgenden Kapitel analysiert. Besonderes Augenmerk gilt dabei der Frage, ob der Betriebsrat eine eigenständige Politik der Legitimierung seines Handelns betrieben hat, wie diese aussieht und welche Folgen sie hat (Kapitel 6). Kapitel 7 untersucht, welche Impulse von Tarifabweichungen für die Beziehungen zwischen den beiden Interessenvertretungen, der gewerkschaftlichen und der betrieblichen, ausgehen. Denkbar sind sowohl eine Zunahme der Konflikte als auch eine Intensivierung der Kontakte. Dieser Frage wird mit Blick auf die Zusammenarbeit in den Verhandlungen, aber auch mit Blick auf die generelle Stellung der Gewerkschaft im Betrieb – Vertrauenskörper, Organisationsgrad – und das gewerkschaftliche Engagement der Betriebsräte nachgegangen. Hier taucht übrigens auch das Beteiligungsthema wieder auf, denn in der Metallindustrie findet Beteiligung vor allem für Gewerkschaftsmitglieder statt. Die Analyse der Fallstudien wird mit einem

Kapitel abgeschlossen, das die Organisation und Mitbestimmungspraxis der Betriebsräte zum Thema hat. Es wird untersucht, welche Deutungsmuster und welches Selbstverständnis als Interessenvertreter die Betriebsräte antreiben, wie sich beides möglicherweise im Zuge der Tarifabweichung verändert hat, welche Kompetenzen die Betriebsräte aufweisen und auf welche Ressourcen sie zurückgreifen können, und schließlich wie die Tarifabweichung in ihren Gremien diskutiert und koordiniert wurde (Kapitel 8). Die Studie endet mit einem Schlusskapitel, das die Befunde unter drei verschiedenen Blickwinkeln zusammenfassend beleuchtet (Kapitel 9).

2. Regelung, Verbreitung und verbandliche Koordinierung der Tarifabweichung

2.1 Das Kontrollproblem der Tarifabweichung für die Gewerkschaften

Die Tarifabweichung ist mit guten Gründen dem Typus der *kontrollierten* oder organisierten Dezentralisierung des Tarifsystems zugeordnet worden (Bispinck/ Schulten 2003). Die kontrollierte Dezentralisierung zeichnet sich dadurch aus, dass sie von den Tarifvertragsparteien selber angestoßen wird. Bei der Tarifabweichung vereinbaren die Tarifvertragsparteien in der Arena der Tarifautonomie materielle oder prozedurale Normen, die eine Verlagerung von vormals überbetrieblichen Regelungsgegenständen nach unten vorsehen und dadurch legitimieren. Dabei kann die Verlagerung sowohl auf den Betrieb als Regelungsebene als auch auf die Arena der Betriebsverfassung als Verhandlungsebene abzielen. Im ersten Fall würden die Gegenstände von den Tarifvertragsparteien für den Betrieb behandelt, im zweiten Fall lägen die Verhandlungskompetenzen bei den Betriebsparteien.

Als Variante der kontrollierten Dezentralisierung steht die Tarifabweichung in einer Reihe mit den bereits angesprochenen Entwicklungen der Verbetrieblichung der Arbeitszeitregulierung, bei der die Betriebsparteien im Rahmen festgelegter Ausgleichszeiträume flexible Arbeitszeitregelungen vereinbaren können, und der tariflich geregelten Standort- und Beschäftigungssicherung, die den Betriebsparteien die Möglichkeit gibt, Arbeitszeitverkürzungen und entsprechende Lohnkürzungen gegen Zusagen der Beschäftigungssicherung zu vereinbaren. Die Tarifabweichung reicht freilich weiter als diese beiden Varianten der Dezentralisierung, weil sie die einzige ist, die tatsächlich betriebsbezogene *Unterschreitungen* der Flächentarifvertragsnormen zulässt. Bei der Verbetrieblichung handelt es sich um betriebliche Ausgestaltungen in einem vom Flächentarifvertrag definierten Regelungsrahmen. Die tariflichen Regelungen zur Standort- und Beschäftigungssicherung ermöglichen den Betriebsparteien kollektive Teilzeitvereinbarungen bei Erhalt der tariflich festgelegten Stundenlöhne. In beiden Fällen haben die Tarifvertragsparteien die Regelungskompetenzen ganz in die betriebliche *Arena* verlagert. Dies hat insbesondere bei der Arbeitszeit dazu geführt, dass die Gewerkschaften als Akteure der Arbeitszeitpolitik stark an Bedeutung verloren haben; das Heft des Handelns liegt bei den Betrieben, und die Gewerkschaften bemühen sich erst seit kurzem, als gestaltende Kraft der Arbeitszeitpolitik wieder wahrgenommen zu werden (Haipeter/Lehndorff 2007).

Dennoch aber hat die Verbetrieblichung, ebenso wie die Tarifvereinbarungen zur Standort- und Beschäftigungssicherung, die Geltungskraft bestehender

Tarifnormen nicht entscheidend beeinträchtigt, weil sie keine Konkurrenz zwischen Tarifnormen schafft. Genau dies aber ist das Funktionsprinzip der Tarifabweichung. Die bloße Existenz einer zweiten Ebene niedrigerer tariflicher Arbeitsstandards auf betrieblicher Ebene bedeutet eine Gefährdung für die Wirksamkeit der überbetrieblichen Tarifnormen. Denn erstens übt die Möglichkeit der Tarifunterschreitung eine große Anziehungskraft auf Unternehmen aus, sei es, weil sie in wirtschaftlichen Krisensituationen sind, oder sei es, weil sie die Rendite des bei ihnen eingesetzten Kapitals zu steigern versuchen. Zudem kehrt zweitens mit der Tarifabweichung die Lohnkonkurrenz zwischen den Betrieben zurück, die durch den Flächentarifvertrag ausgeschaltet worden war. Betriebe mit Tarifabweichung gewinnen Konkurrenzvorteile gegenüber Betrieben derselben Branche ohne Abweichung, und diese könnten dann ihrerseits Tarifunterschreitungen fordern, um ihre Konkurrenznachteile zu beseitigen. Auf diese Weise entstehen starke Impulse zur branchenweiten Ausbreitung von Tarifabweichungen.

Trotz der Unterschiede zwischen den einzelnen Varianten spricht für die Einordnung der Tarifabweichung unter den Begriff der kontrollierten Dezentralisierung, dass damit eine Abgrenzung zu den wilden Formen der Dezentralisierung des Tarifsystems bestimmbar wird. Denn es macht ohne Zweifel einen Unterschied, ob in einem Betrieb Tarifnormen unterschritten werden, weil der Betrieb aus dem Arbeitgeberverband ausscheidet oder die Betriebsparteien informell und stillschweigend mit den Tarifnormen brechen, oder weil die Tarifunterschreitungen von den Tarifvertragsparteien ausdrücklich erlaubt worden sind. Nicht nur ist die wilde Dezentralisierung nicht regelkonform und fördert in jedem Fall die Erosion des Tarifsystems. Sie ist auch für die Tarifvertragsparteien – und unter ihnen insbesondere die Gewerkschaften – kaum kontrollierbar. Über informelle Unterschreitungen der Tarifnormen würde nur etwas bekannt, wenn darüber Informationen aus dem Betrieb dringen würden. Und Austritte aus dem Arbeitgeberverband könnte die Gewerkschaft nur durch einen betrieblichen Konflikt um die Tarifbindung sanktionieren; dafür aber müsste sie im Betrieb auf ein Mindestmaß an Organisationsmacht – mobilisierungsbereite Mitglieder – bauen können. Unternehmen treten aber erfahrungsgemäß vor allem dann aus, wenn sie sich davor nicht fürchten müssen (Haipeter/Schilling 2006).

Im Gegensatz dazu erscheint die Tarifunterschreitung im Rahmen der Tarifabweichung tatsächlich kontrolliert. Zum einen setzen die Tarifvertragsparteien einen materiellen Rahmen, in den sich die Tarifunterschreitungen einfügen müssen. Beispiele hierfür sind thematische Begrenzungen wie der Arbeitszeitkorridor in der chemischen Industrie oder Einschränkungen des Geltungsbereichs wie bei den Härtefallregelungen der Metallindustrie, die eben nur von Härtefällen genutzt werden können. Zum anderen können die tariflichen Regelungen auch Prozessnormen enthalten, die ihre Kontrolle erleichtern können. Eine solche Vorgabe wäre, dass die Unternehmen ihre wirtschaftliche Situation offen legen, so dass die wirtschaftliche Notwendigkeit von Tarifabweichungen und möglicherweise auch ihre Brancheneffekte – also die Auswirkungen auf die Konkurrenzsituation zu anderen Unternehmen der Branche – geprüft werden können. Eine andere Vorgabe könnte lauten, dass sich die Tarifvertragsparteien in den Verhandlungsprozess einzuschalten haben und dabei Verantwortlichkeiten zwischen den Entscheidungsebenen der Verbände einzuhalten sind.

Aber auch solche Regelungen bedeuten nicht, dass die Kontrolle der Tarifabweichung damit bereits ein abgeschlossener Prozess wäre. Vielmehr müssen, um bei den genannten Beispielen zu bleiben, Überprüfungen der wirtschaftlichen Lage und der Branchenauswirkungen der Tarifabweichung auch tatsächlich durchgeführt werden, die Einschaltung der Tarifvertragsparteien muss auch tatsächlich erfolgen, und in den Verbänden müssen Zuständigkeiten geschaffen werden und Informationsflüsse auch tatsächlich in Gang kommen. Die Kontrolle der Tarifabweichung ist keine Selbstverständlichkeit, die sich automatisch aus der Existenz entsprechender Regelungsnormen im Tarifvertrag ergibt. Ob die Tarifabweichung tatsächlich ein kontrollierter Prozess ist, kann deshalb erst nach Untersuchung der damit verbundenen sozialen Praktiken und ihrer materiellen Ergebnisse beurteilt werden. Kontrolle entsteht nur als Ergebnis einer *aktiven Ordnungsleistung der Tarifakteure.* Gibt es eine solche Kontrolle nicht, bestünde in ihren Auswirkungen kaum ein Unterschied zwischen der Tarifabweichung und der wilden Dezentralisierung. Zwar wäre die Tarifabweichung durch die Tarifvertragsparteien legalisiert und die wilde Dezentralisierung nicht, Transparenz und Kontrolle würden jedoch weder in dem einen noch in dem anderen Fall existieren.

Die Kontrolle der Tarifabweichung hat zwei eng miteinander verbundene Dimensionen. Die erste Dimension ist die *inhaltliche Kontrolle.* Damit ist die Kontrolle der Anzahl der Tarifabweichungen und ihrer Inhalte gemeint. Je weniger Tarifabweichungen abgeschlossen werden und je geringer die damit verbundenen materiellen Konzessionen im Vergleich zu den Flächentarifvertragsstandards, umso eher kann von einer *kontrollierten* Dezentralisierung gesprochen werden und umso geringer sind die negativen Auswirkungen der Tarifabweichungen auf die Prägekraft der Flächentarifvertragsnormen. Ein wichtiger Aspekt hierbei sind auch die Gegenleistungen der Unternehmen wie Beschäftigungs- und Standortsicherung oder Investitionszusagen, in denen materielle Konzessionen zumindest teilweise aufgewogen werden können und zugleich die Perspektive einer Rückkehr zu den Flächentarifvertragsnormen angelegt sein kann.

Die zweite Dimension ist die *Prozesskontrolle.* Sie bezieht sich auf das Problem der Artikulation von Tarifabweichungen zwischen den Organisationsebenen der Tarifverbände (Crouch 1993), also auf die Frage, wie in den Verbands-

ISBN 978-3-8360-8714-8 – Presseexemplar – (c) edition sigma – 08102015

organisationen Zuständigkeiten und Kommunikationswege gestaltet werden und welche Sanktionsmöglichkeiten auf welche Weise genutzt werden. Prozesskontrolle umfasst sowohl die Fragen der Transparenz von Verfahren und der Entscheidung über die Einleitung von Verfahren – also die Bewertung der Ausgangsbedingungen in den Unternehmen – als auch die Kontrolle der Verhandlungsdynamik und ihrer Ergebnisse. Darunter fällt schließlich auch die Koordination unterschiedlicher Unternehmen einer Branche oder unterschiedlicher Standorte in einem Konzern, die dem Ziel der Eindämmung einer Konkurrenz über Arbeitskosten dient.

2.2 Tarifliche Regelungen zur Tarifabweichung in den Branchen

In den beiden Untersuchungsbranchen, der chemischen Industrie und der Metall- und Elektroindustrie, wurden die ersten tariflichen Regelungen zur Tarifabweichung bereits in der ersten Hälfte der 1990er Jahre in den Flächentarifverträgen verankert. In den folgenden Jahren wurden diese Regelungen zudem in beiden Branchen schrittweise ausgedehnt. Dies war der Fall sowohl hinsichtlich der Festlegung der Themen, die in betriebsbezogenen Abweichungen behandelt werden können, als auch hinsichtlich der Geltungsbereiche und der Bedingungen, unter denen solche Tarifunterschreitungen überhaupt vereinbart werden dürfen. Die tarifpolitischen Vorzeichen und Interessen der Tarifvertragsparteien waren jedoch in den beiden Branchen sehr verschieden, und dementsprechend auch unterschied sich der Charakter der Aushandlungen der tariflichen Regelungen zur Tarifabweichung grundlegend.

2.2.1 Chemische Industrie

In den Tarifverträgen der chemischen Industrie existieren mehrere Regelungen zur Tarifabweichung. Sie werden als Öffnungsklauseln oder Flexibilisierungsinstrumente bezeichnet und von den Tarifparteien sehr offensiv nach außen vertreten. Der offensive Umgang mit dem Thema hängt vor allem damit zusammen, dass mit den Regelungen ein starkes Bekenntnis beider Tarifparteien zur Sozialpartnerschaft und zur Sicherung der Flächentarifverträge verbunden wird. Dieses ist in einer gemeinsamen Erklärung als Sozialpartner-Vereinbarung im Jahr 2004 auch öffentlich gemacht worden (zu finden unter: http://www.chemie-sozialpartner.de/uploads/media/header.jpg). Darin bekennen sich die Tarifvertragsparteien zu einer „pragmatischen Sozialpartnerschaft“ und zu einer „Tarifpolitik der Flexibilisierung“. Ziele dieser Tarifpolitik sind nach Angabe der Tarifparteien sowohl die Sicherung der Beschäftigung und die Verbesserung der Wettbewerbsfähigkeit als auch das Bestreben, tarifpolitische Innovationen mit Leitbildcharakter zu entwickeln und auf diese Weise die Tarifverträge zu modernisieren und zukunftsfähig zu gestalten.

Die Sozialpartner-Vereinbarung richtet sich zugleich ausdrücklich gegen eine gesetzliche Einführung betrieblicher Bündnisse, wie sie in den Jahren 2004 und 2005 insbesondere von den damaligen Oppositionsparteien CDU und FDP in Gesetzgebungsvorschlägen gefordert worden war. Die Vorschläge sahen vor, betriebliche Unterschreitungen vom Flächentarifvertrag durch die Betriebsparteien rechtlich zu ermöglichen, sofern sich dafür in den Betrieben eine bestimmte Mehrheit der Beschäftigten aussprechen sollte. Demgegenüber betonen die Sozialpartner der chemischen Industrie, dass die Rückbindung abweichender Vereinbarungen an die Tarifvertragsparteien durch das Zustimmungserfordernis unverzichtbar sei, weil die Tarifvertragsparteien nur so ihre Basisnähe erhalten und Mitgliederbindung und Legitimation sicherstellen könnten.

In der chemischen Industrie wurden die Regelungen zur Tarifabweichung vor dem Hintergrund einer hohen Tarifbindung abgeschlossen. Der Organisationsgrad der Arbeitgeberverbände nach Unternehmen liegt bei über 50%, und der nach Beschäftigten nach Angaben der IG BCE bei knapp 90%; legt man die Daten des IAB zugrunde, bewegt sich Letzterer in 2007 für Westdeutschland zwischen 81% (Bergbau und Energie) und 64% (Grundstoffverarbeitung) (Ellguth/Kohaut 2008). Der Erhalt der Tarifbindung war für die IG BCE ein entscheidendes Motiv, mit dem Bundesarbeitgeberverband Chemie (BAVC) – dem Dachverband der regionalen Arbeitgeberverbände – Verhandlungen einer tariflichen Regelung zu Tarifabweichungen bei der Arbeitszeit einzugehen. Denn seinerzeit gab es Bestrebungen einzelner Branchen, aus dem Chemietarifvertrag auszuscheren. Diesen Bestrebungen sollten die Regelungen zu Tarifabweichungen den Wind aus den Segeln nehmen.

> „Wir haben im Bereich der Faserindustrie damals eine Situation gehabt, die es schwierig machte, unter wirtschaftlich vernünftigen Rahmenbedingungen in Deutschland zu produzieren. Vor diesem Hintergrund haben wir gesagt, um die Faserindustrie hier zu halten, beugen wir uns dieser Situation und haben die Flexibilität geschaffen, die Arbeitszeiten nach 35 Stunden abzusenken und nach 40 Stunden zu erhöhen. Das hat immerhin dazu geführt, dass wir in 2008, wenn auch nur noch wenige, aber immerhin noch vereinzelte produzierende Faserunternehmen in Deutschland haben." (Tarifexperte IG BCE)

Insgesamt gibt es fünf tarifliche Regelungen, die betriebsbezogene Unterschreitungen von Tarifnormen erlauben. Drei dieser Regelungen zeichnen sich durch folgende Besonderheiten aus. Sie legen erstens Themen für Tarifabweichungen fest; zu diesen Themen werden zweitens Bandbreiten für betriebliche Abweichungen definiert; und sie sehen drittens Verhandlungen der Betriebsparteien sowie einen Zustimmungsvorbehalt der Tarifvertragsparteien vor. Die vierte der

Regelungen löst die Bandbreitenvorgabe auf, schränkt aber den Geltungsbereich auf so genannte „tarifkonkurrierende Betriebe“ ein. Und die fünfte Regelung schließlich erlaubt Tarifabweichungen jenseits der thematischen und geltungsbezogenen Begrenzungen, die allerdings dann von den Tarifvertragsparteien selber auszuhandeln sind.

1. *Arbeitszeitkorridor:* Die seit 1994 geltende Regelung erlaubt die Arbeitszeitverlängerung oder -verkürzung um bis zu 2,5 Stunden mit Entgeltausgleich. Erstreckt sich die Geltung der Abweichung auf größere Betriebe oder Betriebsteile, ist die Zustimmung der Tarifvertragsparteien verpflichtend.
2. *Entgeltkorridor:* Die Anfang 1998 in Kraft getretene Regelung eröffnet die Möglichkeit einer Entgeltabsenkung um bis zu 10%. Sie ist geknüpft an Bedingungen wie die Beschäftigungssicherung, die Verbesserung der Wettbewerbsfähigkeit „und insbesondere“ – so heißt es in der Regelung – wirtschaftliche Schwierigkeiten des Unternehmens. Als beschäftigungssichernde und wettbewerbsfördernde Maßnahmen werden Investitionen sowie die Vermeidung von Entlassungen, Verlagerungen oder Ausgliederungen genannt. Der Abbau übertariflicher Leistungen soll – soweit möglich – Vorrang vor der Tarifabweichung haben.
3. *Jahresleistung/Einmalzahlung:* Die Anfang 2002 vereinbarte Regelung lässt eine Veränderung der Höhe und des Auszahlungszeitpunktes der Jahresleistung (oder anderer Einmalzahlungen wie des Urlaubsgeldes) für das laufende Kalenderjahr zu. Diese Regelung kann bei „tiefgreifenden wirtschaftlichen Schwierigkeiten“ von den Betriebsparteien getroffen werden. Auch hier ist eine wirtschaftliche Begründung des Unternehmens erforderlich, und Reduzierungen übertariflicher Leistungen sollten Vorrang haben. Bei betriebsbedingten Kündigungen sind die Einmalzahlungen an die ausscheidenden Beschäftigten ungekürzt zu leisten.
4. *Tarifkonkurrierende Betriebe:* Nach der seit Mitte 2002 gültigen Regelung können die Betriebsparteien mit Zustimmung der Tarifvertragsparteien zur Sicherung der Beschäftigung und Verbesserung der Wettbewerbsfähigkeit für einzelne Betriebe oder Betriebsteile befristet niedrigere Entgeltsätze aushandeln, sofern diese in einer Tarifkonkurrenz zu anderen Tarifverträgen stehen. Die Abweichung kann nach Betriebsvereinbarung auch unbefristet weiter gelten. Diese Regelung bezieht sich faktisch vor allem auf einfache Dienstleistungstätigkeiten in den Unternehmen wie Kantinen-, Reinigungs- oder Wachschutzpersonal.
5. *Firmenbezogene Verbandstarifverträge:* Mit der Regelung für tarifkonkurrierende Betriebe wurde auch die Möglichkeit geschaffen, eine vom Verbandstarifvertrag abweichende Tarifvereinbarung für ein Unternehmen analog einem Haustarifvertrag zu treffen. Ziele sind auch hier wiederum die Si-

cherung der Beschäftigung und die Verbesserung der Wettbewerbsfähigkeit. Dieses Instrument soll der Ergänzung dienen und erst nach Prüfung anderer Möglichkeiten genutzt werden. Abweichungen können zu allen tariflichen Themen vereinbart werden und sind durch die Tarifvertragsparteien abzuschließen.

2.2.2 Metallindustrie

In der Metallindustrie waren die Verhandlungen zur Tarifabweichung im Unterschied zur chemischen Industrie durch Konflikte und Auseinandersetzungen geprägt. Die Tarifabweichung wurde von den Tarifvertragsparteien nicht als gemeinsames und sozialpartnerschaftliches Projekt verstanden und diskutiert. Zu konträr waren die Interessen und Situationsdefinitionen der Akteure. Während die IG Metall zumindest in der frühen Phase der Entwicklung Tarifabweichungen eigentlich ganz verhindern wollte und ihnen nur unter starkem äußeren Druck zustimmte, plädierten die Arbeitgeberverbände der Branche – oder zumindest einige unter ihnen – für weitergehende Abweichungsspielräume, als sie die Korridorregelungen der chemischen Industrie vorsahen. So erklärt es sich auch, dass die 1993 vereinbarte *Härtefallklausel* nur durch die vorzeitige Kündigung der ostdeutschen Tarifverträge und das Drängen der Arbeitgeberverbände auf Einführung einer Regelung zur Tarifabweichung zu Stande kam und auf die ostdeutschen Tarifgebiete beschränkt blieb. Zwar wurden danach seit Mitte der 1990er Jahre auch in einigen westdeutschen Tarifgebieten Regelungen zur Tarifabweichung, die so genannten *Sanierungsklauseln,* eingeführt. Doch blieben diese regional beschränkt, sie begrenzten die Tarifabweichung auf Krisenfälle, und sie waren sehr heterogen. So konnte manchen Klauseln zufolge lediglich eine Tariferhöhung betrieblich verschoben werden, anderen zufolge hingegen blieb gänzlich unbestimmt, welche inhaltlichen Maßnahmen die Tarifvertragsparteien vereinbaren können. Mit diesen Klauseln wurde zudem nur eine Praxis der Tarifabweichung bei Sanierungen nachvollzogen, die es in den Bezirken seit mehreren Jahren gab. Für eine breitere Einführung von Härtefallregelungen setzten sich die Arbeitgeberverbände in den westdeutschen Tarifgebieten nicht ein. Dies lag vor allem daran, dass sie dort für weitergehende Regelungen ohne Einschränkungen des Geltungsbereichs plädierten, damit aber am Widerstand der IG Metall scheiterten.

Es waren dann der offene politische Druck der damaligen rot-grünen Bundesregierung und die Drohung zur Verabschiedung gesetzlicher Regelungen für betriebliche Bündnisse, in denen Tarifunterschreitungen durch die Betriebsparteien erlaubt werden sollten, die in den Jahren 2003 und 2004 schließlich Bewegung in die Verhandlungen zur Tarifabweichung brachten. Die Gefahr gesetzlicher Regelungen schwebte wie ein Damoklesschwert über der Gewerkschaft, und es breitete sich die Einschätzung aus, dass eine tarifliche Regelung zur Tarifabweichung unvermeidbar sei, sollten betriebliche Bündnisse ohne Einflussmöglichkeiten der Tarifvertragsparteien vermieden werden. In dieser Einschätzung trafen sich die Interessen der IG Metall auch mit denen der Arbeitgeberverbände. Denn auch diese wollten mehrheitlich keine gesetzlichen Regelungen, weil sie fürchteten, dass betriebliche Bündnisse nach den Vorschlägen des Gesetzgebers die Betriebsräte derart aufwerteten, dass diese rechtlich die Streikfähigkeit hätten einfordern können. Auch wird von Verbandsseite die ordnungspolitische Seite des Tarifvertrages betont, einheitliche Bedingung für die Betriebe eines Tarifgebietes zu schaffen.

> „Aber ich denke, das gesamte System kollektiver Arbeitsbeziehungen hat schon zu Recht die Rolle der Verbände einbezogen. Es ist ja auch die Frage: Welcher Flickenteppich würde denn entstehen, wenn überall und jeder seine betrieblichen Bündnisse zurechtbasteln würde?" (Tarifexperte Hessen Metall)

Auf dieser Grundlage haben die Tarifvertragsparteien dann 2004 die so genannte Pforzheimer Vereinbarung ausgehandelt, die nicht nur einen deutlich erweiterten Geltungsbereich gegenüber ihren Vorläufern aufwies, sondern die auch die Regulierung der Tarifabweichung für die gesamte Metall- und Elektroindustrie vereinheitlichen und standardisieren sollte. Mit der Pforzheimer Vereinbarung wurden die bis dahin bestehenden Härtefall- und Sanierungsklauseln hinfällig.

Der enge Zusammenhang zwischen politischem Druck und Abschluss des Pforzheimer Tarifvertrages darf allerdings nicht darüber hinwegtäuschen, dass gerade die Pforzheimer Vereinbarung auch eine Reaktion auf wachsende Probleme der Tarifpraxis in der Branche war. Dazu zählten sowohl die Ausweitung der wilden Dezentralisierung (vor allem in Ostdeutschland) als auch die Intransparenz und mangelnde Kontrolle über Tarifabweichungen in Westdeutschland. Erschwerend hinzu kam eine starke Abnahme der Tarifbindung der Betriebe, die nach Beschäftigten zwischen 1990 und 2007 von deutlich über 70% auf nur noch gut 56% zurückging. Die Pforzheimer Vereinbarung galt vor diesem Hintergrund auch als neues Instrument, mit dessen Hilfe diese Probleme des Flächentarifvertrages in der Branche bearbeitet werden sollten, und zwar erstens durch Steigerung der Attraktivität des Flächentarifvertrages und zweitens und vor allem durch Schaffung einer neuen Regelungsgrundlage für die formelle Abweichungspraxis.

Insgesamt zeichnen sich die flächentarifvertraglichen Regelungen zur Tarifabweichung in der Metall- und Elektroindustrie – im Unterschied zur chemischen Industrie – dadurch aus, dass sie keine thematischen Beschränkungen vornehmen, dass sie keine Schwellenwerte für das Ausmaß materieller Konzessionen festlegen und dass sie nicht als Betriebsvereinbarungen zu verhandeln sind, sondern den Status von *ergänzenden Tarifvereinbarungen* haben. Die Mitte der

1990er Jahre abgeschlossenen Tarifvereinbarungen zur Standort- und Beschäftigungssicherung, die den Betriebsparteien Möglichkeiten der Arbeitszeitverkürzung ohne Lohnausgleich zur Beschäftigungssicherung bieten, werden hierbei nicht als Tarifabweichungen verstanden. Sie haben zwar den Verhandlungsspielraum für betriebliche Bündnisse erweitert, garantieren jedoch die Konstanz der Stundenentgelte. Diese Form der Arbeitszeitverkürzung bedeutet deshalb keine materielle Konzession im Sinne einer Tarifunterschreitung, sondern definiert eine Art erzwungene kollektive Teilzeit. Die Regelungen zur Tarifabweichung haben im Einzelnen folgenden Inhalt.

1. *Härtefallklauseln:* Die seit Frühjahr 1993 für die ostdeutschen Tarifgebiete geltenden Härtefallklauseln erlauben Tarifabweichungen durch die Tarifvertragsparteien ohne thematische Einschränkungen. Bedingung dafür ist aber der ausführliche Nachweis einer wirtschaftlichen Krisensituation durch das Unternehmen.
2. *Sanierungsregelungen:* Seit Mitte der 1990er Jahre wurden in mehreren westdeutschen Tarifgebieten Öffnungsklauseln vereinbart, die unternehmensbezogene Abweichungen im Falle von wirtschaftlichen Schwierigkeiten erlaubten. Teilweise waren diese Regelungen auf bestimmte Themen – wie die Verschiebung von Entgelterhöhungen – beschränkt, teilweise waren sie auch thematisch offen. Im Tarifvertrag zur Beschäftigungssicherung des Tarifgebietes Nordrhein-Westfalen von 1995 heißt es beispielsweise im § 6 nur, dass „in besonders gravierenden Fällen, z.B. zur Abwendung einer Insolvenz", und als „Beitrag zum Erhalt der Unternehmen und der Arbeitsplätze" von den Tarifvertragsparteien Sonderregelungen vereinbart werden können. Prozessregelungen analog der Härtefallklausel wie der Nachweis der wirtschaftlichen Notlage durch das Unternehmen finden sich hier nicht.
3. *Pforzheimer Vereinbarung:* In der Pforzheimer Vereinbarung des Jahres 2004 wird die Begrenzung auf Sanierungsfälle aufgehoben. Als Bedingung für den Abschluss einer Tarifabweichung gelten die Sicherung oder der Ausbau der Beschäftigung sowie die Verbesserung der Innovations- und Wettbewerbsfähigkeit und der Investitionsbedingungen. Die Vereinbarung sieht dafür die Prüfung von Maßnahmen durch die Betriebsparteien unter Hinzuziehung der Tarifvertragsparteien vor. Die Unternehmen sind zu einer umfassenden Information und Bereitstellung entsprechender Unterlagen verpflichtet, in denen auch die Auswirkungen einer Tarifabweichung auf Wettbewerb und Beschäftigung in der jeweiligen (Teil-)Branche untersucht werden, für die das Unternehmen produziert.

2.3 Anzahl und Inhalte der Tarifabweichung

Die Datenlage zur Verbreitung von Tarifabweichungen und ihren Inhalten ist für die beiden Branchen unterschiedlich. Im Falle der chemischen Industrie liegen Daten der Gewerkschaft und des Arbeitgeberverbandes zur Nutzung der Tarifabweichung für den gesamten Zeitraum der Geltung der entsprechenden Tarifregelungen bis einschließlich des Jahres 2007 vor. Allerdings beziehen sich diese Daten nur auf die Verbreitung der einzelnen oben vorgestellten Instrumente, nicht aber auf die Verbreitung abweichender Vereinbarungen. Da in einer Vereinbarung mehrere Instrumente genutzt werden können, lässt sich von der Zahl der Instrumente nicht auf die Zahl der Vereinbarungen oder der Betriebe zurückschließen, in denen diese angewandt werden. Auch existieren keine weiteren Informationen über die genauen Inhalte der Abweichungen oder die Gegenleistungen der Unternehmen. Es kann deshalb nicht bestimmt werden, in welchem Umfang z.B. die Arbeitszeiten bei Nutzung des Arbeitszeitkorridors tatsächlich angehoben wurden oder ob und in welcher Zahl in den Vereinbarungen Investitionen oder Standortsicherungen festgelegt wurden.

Für die Metallindustrie kann auf meine Analyse der Tarifabweichungen nach Pforzheim im Zeitraum von 2004 bis 2006 zurückgegriffen werden. Die Auswertung ermöglicht Aussagen sowohl zur Anzahl der Vereinbarungen und zu Zahl und Umfang der materiellen Konzessionen als auch zu den Gegenleistungen, die in den Vereinbarungen definiert wurden (im Detail Haipeter 2009). Im Unterschied zu den Daten der chemischen Industrie lassen sich aber für die Metallindustrie keine genauen Angaben zur Nutzung der Tarifabweichung von 2004 machen; dies war ein gewichtiger Teil des Problems, das schließlich zum Pforzheimer Tarifvertrag geführt hat. Auch Daten für 2007 sind bislang nicht von der Gewerkschaft veröffentlicht worden.

2.3.1 Chemische Industrie

In der chemischen Industrie waren die Anteile der Instrumente zur Tarifabweichung Ende 2006 wie folgt verteilt (siehe Abb. 1). Das am meisten genutzte Instrument war der Arbeitszeitkorridor mit einem Anteil von 41%, gefolgt vom Entgeltkorridor mit 33%. Mehr als jede fünfte Nutzung entfällt auf die firmenbezogenen Verbandstarifverträge, die von den Tarifvertragsparteien abgeschlossen werden und die Tarifabweichungen enthalten, die nicht mit den Korridorregelungen abgedeckt werden können. Die Einmalzahlung rangiert mit einem Anteil von 13% auf dem vierten Platz. Tarifkonkurrierende Regelungen für Dienstleistungsbereiche der Unternehmen spielen nur eine untergeordnete Rolle.

ISBN 978-3-8360-8714-8 – Presseexemplar – (c) edition sigma – 08102015

Abb. 1: Anteile der Instrumente der Tarifabweichung Ende 2006 (Angaben des BAGV Chemie)

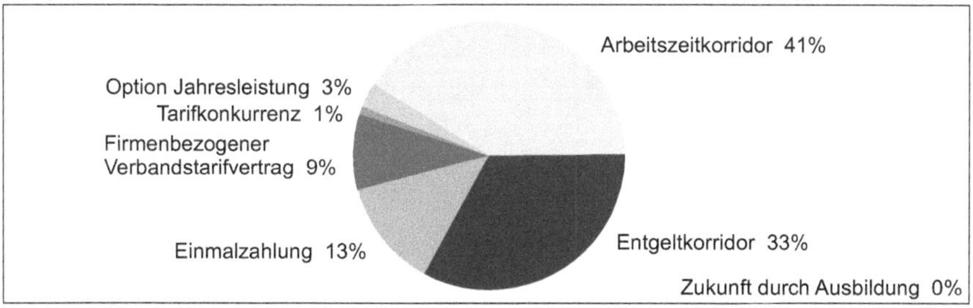

Aus den Interviews und Fallstudien ist bekannt, dass die Abweichungsinstrumente häufig auch gemeinsam genutzt wurden. Besonders beliebt dabei war die Verbindung von Arbeitszeitverlängerung und Entgeltkürzung. Dass dies von der IG BCE als problematisch für die Bindekraft des Flächentarifvertrages betrachtet wurde, wird noch auszuführen sein. Doch auch der Arbeitgeberverband BAVC plädiert für eine kritische Prüfung der Forderung von Arbeitszeitverlängerungen ohne Entgeltausgleich, zumindest sofern die betreffenden Unternehmen keinen Bedarf einer Kapazitätserweiterung oder erweiterten Kapazitätsnutzung haben.

> „Aber wir wehren uns gegen pauschale Forderung, eine Pauschalität in der Forderung nach der 40-Stunden-Woche ohne Lohnausgleich. Wir hätten beispielsweise Probleme, wenn auf der einen Seite Stellen abgebaut werden sollen, und auf der anderen Seite 40 Stunden ohne Lohnausgleich gefordert werden. Das beißt sich dann.“ (Tarifexperte BAVC)

Unter den Arbeitszeitabweichungen dominierte in 2006 dementsprechend die Arbeitszeitverlängerung mit einem Anteil von fast 80%, und darunter sahen fast drei Viertel eine Verlängerung von 37,5 auf 40 Wochenstunden vor. Zu den Inhalten der firmenbezogenen Verbandstarifverträge wie auch der tarifkonkurrierenden Regelungen liegen keine Informationen vor. Es ist jedoch davon auszugehen, dass in diesen Vereinbarungen die Grenzen der Korridore überschritten wurden und damit das materielle Niveau der Konzessionen höher ist, weil ansonsten auch die Korridorregelungen hätten genutzt werden können.

Das Muster der zeitlichen Dynamik der Tarifabweichung ist für die Korridorregelungen und die Jahresleistung – nur zu diesen Instrumenten existieren Zahlen – ähnlich (siehe Abb. 2). Einer zunächst geringen Nutzung folgen in 2004 ein starker Anstieg mit Scheitelpunkt in 2005 und danach ein Rückgang in den Jahren 2006 und 2007 auf ungefähr das Niveau des Jahres 2004.

Abb. 2: Erteilte Genehmigungen für die Instrumente Arbeitszeitkorridor, Entgeltkorridor und Jahresleistung (Angaben der IG BCE)

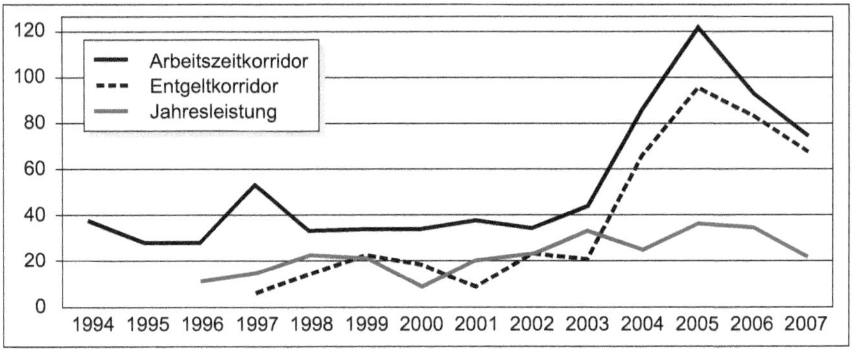

2.3.2 Metallindustrie

In der Metallindustrie weist der zeitliche Verlauf der Tarifabweichung deutliche Parallelen zu dem der chemischen Industrie auf. Auch hier schnellte die Anzahl der Tarifabweichungen zunächst in 2005 hoch, um dann in 2006 wieder deutlich abzusinken. Von den im Zeitraum von 2004 bis 2006 abgeschlossenen insgesamt 850 abweichenden Vereinbarungen entfielen 48% auf das Jahr 2005, aber nur 32% auf 2006 und 20% auf 2004. Sowohl für die Metallindustrie als auch für die chemische Industrie lässt sich der Rückgang in 2006 zwar teilweise mit konjunkturellen Effekten erklären. Doch deutet in beiden Branchen aber auch viel auf eine Verbesserung der inhaltlichen Kontrolle durch die Gewerkschaften hin. Darauf wird noch zurückzukommen sein.

Auch die Abweichungsquote, also die Anzahl der Betriebe mit Tarifabweichungen bezogen auf alle tarifgebundenen Unternehmen der Branche, ähnelt sich in beiden Branchen sehr stark. In der Metallindustrie liegt diese Quote für das Jahr 2006 bei gut 10%. Auf gut 10% schätzen die Tarifexperten der IG BCE auch die Abweichungsquote in der chemischen Industrie ein (Förster 2008). Für beide Branchen gilt daher, dass sich die Tarifabweichung zu einem Phänomen mit Breitenwirkung entwickelt hat und inzwischen zur Tarifrealität und -normalität gehört. Dies bedeutet jedoch nicht, dass deshalb ein Flächenbrand zu befürchten wäre mit der Konsequenz, dass früher oder später die meisten Unternehmen Tarifabweichungen einführen würden. Vielmehr scheint sich die Abweichungsquote auf eine – wenn auch bedeutende – Minderheit der Unternehmen zu beschränken. Dafür sprechen sowohl der zeitliche Verlauf der Abschlüsse mit ihrem starken Rückgang nach 2005 als auch die Übereinstimmung der Abweichungsquoten zwischen den Branchen. Ein stärkerer Anstieg der Nutzung in der aktuellen Wirtschafts- und Finanzkrise ist damit freilich keineswegs ausgeschlossen; Daten dazu liegen aber derzeit nicht vor.

Anders als in der chemischen Industrie weisen in der Metall- und Elektroindustrie Arbeitszeit und Entgelt als wichtigste Konzessionsthemen etwa die gleiche Verbreitung auf (siehe Abb. 3). Von wachsender Bedeutung ist das Thema der neuen Entgeltrahmenabkommen (ERA), dessen Anteile an den abweichenden Vereinbarungen sich im Untersuchungszeitraum mehr als verdoppelt haben, was zum einen an den ERA-Einführungsterminen lag, die in einzelnen Tarifgebieten für 2006 – in anderen auch für später – vorgesehen waren. Zum anderen haben sich Abweichungen zum ERA aus Sicht der Gewerkschaft auch gut für Kostensenkungen geeignet, weil die damit verbundenen Eingriffe in die tariflichen Entgelte für die Beschäftigten nicht unmittelbar spürbar waren. Kürzungen der in den ERA-Regelungen vorgesehenem Einmalzahlungen oder die Auflösung der Anpassungsfonds beinträchtigen die laufenden Entgelte nicht.

Abb. 3: Anteile der Regelungsthemen materieller Konzessionen an den abweichenden Vereinbarungen (eigene Auswertung)

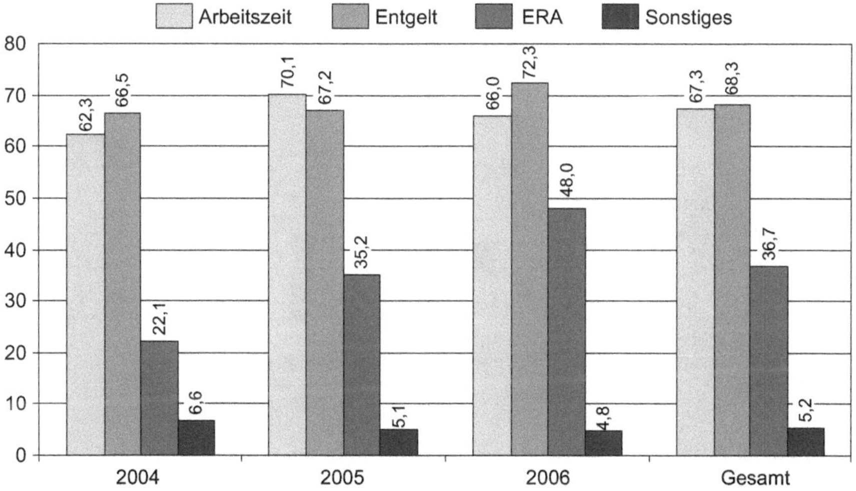

Das wichtigste Einzelthema der materiellen Konzessionen aber war die Arbeitszeitverlängerung ohne Entgeltausgleich, die in gut 58% aller Vereinbarungen enthalten war. 60% darunter bestanden wiederum aus Verlängerungen der Wochenarbeitszeit. Andere Formen waren zusätzliche Arbeitszeitkontingente oder Qualifizierungszeiten. Im Durchschnitt betrug die in den abweichenden Vereinbarungen festgelegte zusätzliche Wochenarbeitszeit etwa 3,5 Stunden, mit einer deutlichen Abnahme von 3,7 auf 3,4 Stunden zwischen 2004 und 2005. Dies kann als Hinweis auf einen Kontrollanstieg der Gewerkschaft gewertet werden, ebenso wie auch die Zunahme von Rückkehrregelungen, in denen verbindliche Schritte zur Rückkehr der Arbeitszeiten auf das Flächentarifvertragsniveau während der Laufzeit der Vereinbarung definiert werden. Ihr Anteil an den Wochenarbeitszeitverlängerungen betrug in 2006 fast 30%.

Insbesondere bei den Gegenleistungen der Unternehmen sind Verhandlungserfolge der Gewerkschaft unübersehbar. Alle in den Tarifabweichungen ausgehandelten Gegenleistungen mit Ausnahme von Bonusregelungen, die besondere Leistungen für Gewerkschaftsmitglieder definieren, weisen stark steigende Anteile auf (siehe Abb. 4).

Abb. 4: Anteile der Gegenleistungsthemen an den abweichenden Vereinbarungen (eigene Auswertung)

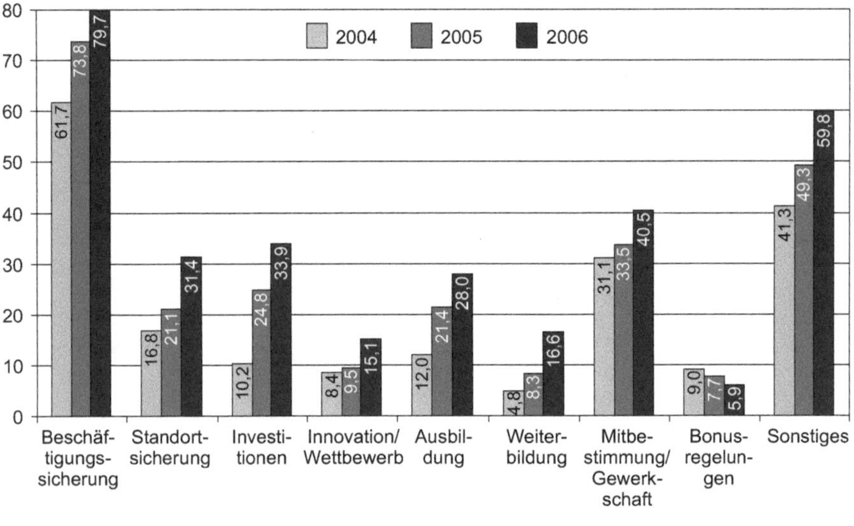

Inzwischen gibt es kaum mehr eine Tarifabweichung, die keine Beschäftigungssicherung enthält. Auch Standortsicherungen, die entweder die Existenz der Standorte garantieren oder Produkt- und Produktionszusagen umfassen, finden sich 2006 bereits in fast jedem dritten Fall. Hoch einzuschätzen ist der Anstieg der Investitionszusagen, die wegen ihres Beitrags zur Verbesserung der Wettbewerbsfähigkeit eine Perspektive der Rückkehr zu den Flächentarifvertragsnormen enthalten (freilich ohne diese zu garantieren), zumal die durchschnittliche Investitionssumme pro Vereinbarung im Untersuchungszeitraum vervielfacht werden konnte. Dazu beitragen können auch die verbesserten Mitbestimmungsrechte der Arbeitnehmervertreter, hinter denen sich vor allem Kontrollrechte für die Umsetzung der Tarifabweichung verbergen. Damit werden die Betriebsräte zugleich verpflichtet, sich aktiv als Kontrollorgan in die Umsetzung der Tarifabweichung einzuschalten. Ob und in welcher Form sie diesen Verpflichtungen nachkommen, wird auch Gegenstand dieser Studie sein.

2.4 Die Kontrollpraxis der Gewerkschaften (und der Arbeitgeberverbände)

Die Parallelen zwischen den beiden Untersuchungsbranchen betreffen nicht nur die Dynamik der Verbreitung von Tarifabweichungen. Auch die Praxis der Tarifvertragsparteien – oder unter diesen zumindest der beiden Gewerkschaften – im Umgang mit der Tarifabweichung und ihrer Entwicklung weist deutliche Übereinstimmungen auf. Dazu gehört zunächst, dass in beiden Branchen die Ausweitung der Tarifabweichung von Problemen der Artikulation (Crouch 1993) zwischen den unterschiedlichen Ebenen der Gewerkschaften begleitet war. Eine weitere wichtige Parallele besteht aber auch darin, dass in beiden Branchen die Gewerkschaften daraufhin versucht haben, eine eigenständige Kontrollpraxis zu entwickeln und die Kontrollmöglichkeiten ihrer zentralen Organisationsebenen zu verbessern.

In beiden Branchen wurde nach Abschluss der tariflichen Regelung zur Tarifabweichung zunächst der Frage der Artikulation, also der Koordinierung von Informations- und Entscheidungsflüssen zwischen den Organisationsebenen, keine größere Beachtung geschenkt. In der chemischen Industrie lag die Handlungsinitiative ganz bei den Betriebsparteien. In vielen Fällen wurden Vereinbarungen betrieblich verhandelt und dann der Gewerkschaft als Vorlage zur Unterschrift zugeschickt, die diese erst dann – und damit nachträglich – prüfte und zumeist auch akzeptierte. In der Metallindustrie wiederum herrschte zumindest kurzfristig die Hoffnung der Gewerkschaftsspitze vor, dass mit der Pforzheimer Vereinbarung das drängende Kontrollproblem gelöst wäre, das insbesondere bei den Sanierungsvereinbarungen aufgelaufen war. Dazu sollten der verpflichtende Nachweis der wirtschaftlichen Situation und die aktive Rolle der Tarifvertragsparteien bei der Tarifabweichung entscheidend beitragen.

Doch diese Hoffnung trog, und auch bei der IG BCE erwies sich die Praxis der nachträglichen Zustimmung zunehmend als untaugliches Verfahren. Verantwortlich dafür war zunächst der explosionsartige Anstieg der Anträge auf Tarifabweichungen in den Jahren 2004 und 2005. In der chemischen Industrie hatten die Tarifabweichungen bis dahin eher ein Mauerblümchendasein geführt, und in der Metallindustrie gab es gar keine einheitliche Erfahrungsgrundlage mit dem Problem. Beides änderte sich ab 2004 auf für die Akteure dramatische Weise.

ISBN 978-3-8360-8714-8 – Presseexemplar – (c) edition sigma – 08102015

Damit verbunden waren zugleich in beiden Branchen neuartige Kontrollprobleme, die für die Gewerkschaften im Zuge des Anstiegs der Tarifabweichungen aufbrachen. Den Hintergrund dazu bildete die Forderung nach Arbeitszeitverlängerung ohne Entgeltausgleich, die von vielen Arbeitgeberverbänden und Unternehmen – und mit ihnen auch von den bürgerlichen Parteien oder dem damaligen sozialdemokratischen Wirtschaftsminister – im Stile einer politischen Kampagne propagiert wurde. Arbeitszeitverlängerungen ohne Lohnausgleich aber rüttelten wie kaum eine andere Forderung an den Grundfesten des tarifpolitischen Selbstverständnisses beider Gewerkschaften. Für beide war die Arbeitszeitverkürzung der 1980er Jahre die letzte Phase unbestrittener tarifpolitischer Erfolge, und für beide war die Wirkungsmächtigkeit ihrer Flächentarifverträge und ihrer gesamten Tarifpolitik entscheidend damit verknüpft, dass diese noch die Dauer der Arbeitszeiten tariflich garantieren konnten. Rückschritte in der Arbeitszeitverkürzung wären deshalb nicht nur als tarifpolitische Niederlage empfunden worden, sondern zugleich als augenfälliges Symbol gewerkschaftlichen Machtverfalls.

Umso mehr wurde deshalb in den Gewerkschaften mit Sorge betrachtet, dass sich in den Jahren 2004 und 2005 Fälle häuften, in denen Betriebsräten Tarifabweichungen durch Drohungen wie Standortverlagerungen oder Outsourcing abgerungen wurden. Auf diese Weise gelang es auch wirtschaftlich erfolgreichen Unternehmen, Arbeitszeitverlängerungen ohne Entgeltausgleich auszuhandeln. In einem Fall der chemischen Industrie wurde sogar eine bereits getroffene Vereinbarung von der Unternehmensleitung widerrufen und Standortschließung sowie Beschäftigungsabbau verkündet. Jede Branche hatte ihre Symbolfälle, sei es die Siemens-Handysparte mit den Standorten Bocholt und Kamp-Lintfort auf der Seite der Metall- und Elektroindustrie, sei es Continental auf der Seite der chemischen Industrie. In beiden Branchen wurde von den Gewerkschaften vor allem die Praxis kritisiert, dass Betriebsräte von den Unternehmensleitungen unter Druck gesetzt wurden und die Gewerkschaften im Nachhinein kaum Handhabe hatten, einmal zugestandene Konzessionen wieder rückgängig zu machen.

Auf diese neue Problemwahrnehmung haben beide Gewerkschaftsspitzen mit dem Versuch reagiert, die Informationsflüsse über Tarifabweichungen in der Gewerkschaft transparent zu machen und die Entscheidungen zu zentralisieren. Dazu gehörte sowohl, dass Informationen über Anträge auf Tarifabweichungen bereits vor Einsetzen von Verhandlungen von der betrieblichen Basis bis in die Tarifabteilungen des Vorstands gelangen sollten, als auch, dass die Zustimmung, ob überhaupt Verhandlungen geführt werden, der Zentrale vorbehalten ist und dass die Verhandlungen aktiv von der Gewerkschaft koordiniert werden sollte.

Diese Punkte waren in der IG BCE im Verlauf des Jahres 2005 vom Vorstand der Gewerkschaft in einer so bezeichneten „interne Verabredung" entwickelt worden. Sie hatte zum Ziel, die prozedurale Kontrolle der Tarifabweichung zu verbessern. Das darin skizzierte idealtypische Verfahren sah folgende Stufen vor: der Betriebsrat des Betriebes mit Abweichungswunsch informiert den Gewerkschaftsbezirk, dieser dann den Landesbezirk und dieser dann die Tarifabteilung im Vorstand; die Tarifabteilung entscheidet nach Prüfung der wirtschaftlichen Ausgangsbedingungen über den Beginn von Verhandlungen und schaltet sich bei größerer Bedeutung des Falls selber ein; die Verhandlungen finden im Betrieb mit Teilnahme eines gewerkschaftlichen Vertreters statt (in kleineren Unternehmen handelt es sich dabei um einen Vertreter von Bezirk oder Landesbezirk, in größeren Unternehmen wird er zumeist durch einen Tarifsekretär der Tarifabteilung ergänzt); Verhandlungen und Ergebnisse sind in Mitgliederversammlungen den Mitgliedern zu kommunizieren; und schließlich wird die Tarifabweichung der Tarifabteilung vorgestellt und von dieser entschieden. In der Praxis sollte damit eine zentrale Kontrolle bei Genehmigung sowohl der Verhandlung als auch des Verhandlungsergebnisses sichergestellt und generell die Präsenz der Gewerkschaft in den Verhandlungen gestärkt werden.

Nach Aussage des gewerkschaftlichen Tarifexperten entspricht die tatsächliche Regelungspraxis inzwischen den Vorgaben in hohem Maße. Die Gewerkschaft sei bei vielen Verhandlungen präsent, Vereinbarungen würden schärfer formuliert und inakzeptable Verhandlungsergebnisse würden nicht genehmigt. Der Tarifexperte wertet dies als Lernprozess, den die Gewerkschaft in der Auseinandersetzung mit den Erfahrungen der Jahre 2004 und 2005 erfolgreich durchlaufen habe.

> „Damit erwischen wir eine Tiefe von Beteiligung. Ich behaupte mal eine Tiefe von 80 % der Fälle, wenn man das auf die Beschäftigtenzahlen umrechnen würde, wahrscheinlich 95 % der Beschäftigten oder 96 % der Beschäftigten, die davon betroffen sind, weil es natürlich vor allem die größeren Unternehmen sind, die dann mit so was kommen und dann das machen. ... Wo es schief gelaufen ist, das sind ja in der Regel kleinere Unternehmen, deswegen habe ich versucht das an den Beschäftigten festzumachen. ... Das waren definitiv Lernprozesse." (Tarifexperte IG BCE)

Eindeutige inhaltliche Kriterien für Ablehnungen wurden dabei nicht formuliert. Es wurde aber vorgegeben, dass Tarifabweichungen, die offensichtlich vornehmlich dem Ziel der Steigerung der Rendite dienen, nicht zu genehmigen sind. Bei der Prüfung des Einzelfalls werden inzwischen zudem die Auswirkungen der Tarifabweichung auf Wettbewerb und Beschäftigungslage bei den Konkurrenten in den Vordergrund gestellt. Vereinbarungen, die absehbar Abweichungswünsche bei Konkurrenten oder konkurrierenden Standorten nach sich ziehen, sind nach Möglichkeit nicht zu genehmigen.

> „(Ablehnungen, T. H.) Ja, das kommt vor. Also das haben wir vor allen Dingen in den Situationen, in denen wir tatsächlich nicht beteiligt waren. Wo wir dann ein-

ISBN 978-3-8360-8714-8 – Presseexemplar – (c) edition sigma – 08102015

fach auch teilweise überhaupt keinen Sinn drin sehen, den diese Vereinbarungen machen können außer der weiteren Maximierung von Gewinn. ... Ja, also es gibt keine festen Kriterien im Sinne einer Checkliste, also, so dass man sagt, so und so muss das sein und... sondern wir haben, also erstens intern viel Kommunikation darüber unter den Leuten, die das begleiten, zweitens haben wir gemeinsame Rahmenbedingungen, weil wir den Dominoeffekt aus diesen Situationen natürlich kennen, so nach dem Motto: ,Guck mal, ihr habt das gemacht und jetzt wollen wir das auch haben' und das bundesweit aufgrund unseres Verhaltens zu irgendwelchen Irritationen führt. Da versuchen wir sehr sauber zu sein, sowohl die Branchen im Überblick zu behalten, als auch die einzelnen Unternehmen." (Tarifexperte IG BCE)

In der Metallindustrie hatte die neue Regelung der Tarifabweichung nach Pforzheim zunächst den Effekt, dass die Kontrollprobleme offen zu Tage traten, die zuvor durch den Schleier der Intransparenz verdeckt worden waren. Wie in der chemischen Industrie mehrten sich auch dort in den Jahren 2004 und 2005 Fälle, in denen Betriebsräte ohne Beteiligung der Gewerkschaft weitgehende materielle Konzessionen – insbesondere der Arbeitszeitverlängerung ohne Entgeltausgleich – zusagten, die von der Gewerkschaft kaum mehr rückgängig gemacht werden konnten. Die IG Metall hat in dieser Situation – ähnlich der IG BCE, aber ganz unabhängig von dieser – im Jahr 2005 „Koordinierungsregeln" entwickelt, die Informationspflichten, Verfahrensabläufe und Entscheidungskompetenzen für die Aushandlung von Abweichungen festlegten. Dazu gehörten folgende Punkte: Anträge auf Verhandlung von Abweichungen sind an die Bezirksleitungen zu stellen und von diesen auf der Grundlage umfassender Informationen des Betriebes zu entscheiden; Bezirksleitungen können die Verwaltungsstellen zu Verhandlungen ermächtigen; Verhandlungen sind von betrieblichen Tarifkommissionen zu begleiten, die eine Beteiligung der Mitglieder sicherstellen sollen; und Verhandlungsergebnisse sind schließlich an den Vorstand weiterzuleiten, der sie zu genehmigen und zu verantworten hat.

In diesem Zusammenhang wurden auch die Kriterien für die Zustimmung oder Ablehnung einer Tarifabweichung präzisiert. So wurde angemahnt, dass nur Abweichungen zu genehmigen sind, die keine Verzerrungen der Wettbewerbsbedingungen nach sich ziehen und die auf Branchen- oder Konzernebene Wettbewerbsvorteile begründen. Tarifabweichungen sollen Perspektiven der Fortführung des Unternehmens und der Rückkehr zur Flächentarifvertragsbindung enthalten, die in Standort- oder Sanierungskonzepten zu belegen sind. Ferner sollen Gegenleistungen der Unternehmen zur Beschäftigungs- und Standortsicherung sowie zu Investitionen, Innovationen oder Ausbildung klar definiert werden und in einem angemessenen Verhältnis zu den materiellen Konzessionen der Beschäftigten stehen. Und schließlich sollen vor Abschluss einer Tarifabweichung alle anderen Möglichkeiten wie der Abbau übertariflicher Leistungen ausgeschöpft worden sein und klare Rückkehrregelungen zum Tarifvertrag festgelegt werden.

Insgesamt ähneln sich damit nicht nur die Problemlagen und -wahrnehmungen der Gewerkschaften beider Branchen stark, sondern auch die Versuche, die Artikulation zwischen den Organisationsebenen aktiv zu koordinieren. In beiden Fällen geht es um die zentrale Kontrolle von Informations- und Entscheidungsflüssen sowohl bei der Zustimmung zu Verhandlungen als auch zu den Verhandlungsergebnissen. Die neuen Verfahrensrichtlinien haben sich mittlerweile in beiden Branchen fest etabliert. Abweichungen werden zentral angekündigt, es finden kaum mehr Verhandlungen ohne Beteiligung der Tarifparteien statt, und die Tarifparteien haben das letzte Wort bei der Entscheidung über Annahme oder Ablehnung eines Verhandlungsergebnisses (vgl. für die Metallindustrie die ausführliche Darstellung in Haipeter 2009). Freilich ist einschränkend anzumerken, dass dies nur für formelle Tarifabweichungen und nicht für die wilde Dezentralisierung gilt. Für die Metallindustrie aber lässt sich nach Aussage von Tarifexperten beider Tarifparteien sagen, dass mit der Pforzheimer Vereinbarung und den neuen Verfahrensrichtlinien auch das Ausmaß der wilden Dezentralisierung – zumindest zunächst – rückläufig ist. In der chemischen Industrie hat die wilde Dezentralisierung nie eine größere Rolle gespielt und konnte möglicherweise durch die Tarifabweichung frühzeitig unterbunden werden; dort waren die Ausgangsprobleme der Tarifabweichung jedenfalls eher durch die Separationsbestrebungen einzelner Teilbranchen geprägt.

Jenseits der zahlreichen Gemeinsamkeiten in den Problemlagen der Tarifabweichung sowie der Entwicklung und Umsetzung von gewerkschaftlichen Kontrollpraktiken gibt es jedoch auch Unterschiede zwischen den Branchen, von denen zwei kurz anzusprechen sind. Der erste Unterschied betrifft die Rolle der Arbeitgeberverbände in der Tarifabweichung. Der Bundesarbeitgeberverband BAVC spielt in der chemischen Industrie eine stärkere Rolle in der Koordinierung der Tarifabweichungen als dies für die Arbeitgeberverbände der Metall- und Elektroindustrie gilt. Zu einem gewissen Teil gründet sich dieser Unterschied auf der besonderen Stellung, die der BAVC in der chemischen Industrie gegenüber dem Dachverband der Metallarbeitgeberverbände, Gesamtmetall, im Tarifgeschehen der Branche traditionell hat. Anders als Gesamtmetall fungiert der BAVC nämlich als aktive Verhandlungspartei in Tariffragen (zum Tarifsystem der chemischen Industrie auch Kädtler/Hertle 1997), die nach regionalen Vorverhandlungen zentral mit der IG BCE die Tarifvereinbarungen für die gesamte Branche aushandelt. Daraus und aus seinem oben zitierten Bekenntnis zum Flächentarifvertrag und zur Sozialpartnerschaft ergibt sich ein starker Regulierungsanspruch, den der Verband auch auf die Tarifabweichungen ausdehnt. So hat der BAVC den Unternehmen, ähnlich wie die IG BCE den Betriebsräten, eine Berichts- und Zustimmungspflicht auferlegt. Der befragte Verbandsexperte

ISBN 978-3-8360-8714-8 – Presseexemplar – (c) edition sigma – 08102015

betont in diesem Zusammenhang, dass der Verband ein eigenständiges Interesse an der Erfassung der Tarifabweichungen habe, weil er nur so Problembereiche und Nutzungsdefizite identifizieren kann und auch gegenüber den Unternehmen und Einzelbranchen auf ungenutzte Potenziale des Flächentarifvertrages verweisen kann.

> „Das haben wir bewusst so gestaltet, dass wir eine vollständige Berichtspflicht haben. Das hat man bei allen Instrumenten stringent so gehalten, dass die Zustimmung über den BAVC läuft, um eben zu schauen: Haben wir einen Sättigungsgrad erreicht, oder haben wir eben den Peak, den Kipppunkt, wo man sagen kann jetzt haben wir eine gewisse Löchrigkeit der Fläche, die wir nicht wollen. Sind bestimmte Bedürfnisse, die immer wieder von Einzelsparten innerhalb der Chemie zu vernehmen sind, gerechtfertigt? Da kann man den Spiegel vorhalten und kann sagen: Bevor ihr bestimmte Forderungen erhebt, nutzt doch erstmal die vorhandenen Instrumente. Nach unserer Auswertung ist das so und so." (Tarifexperte BAVC)

Dem Verband liegt die Aufrechterhaltung der Tarifnormen am Herzen. Allerdings ist damit eine eigenständige Kontrollpraxis nach dem Vorbild der Gewerkschaft nicht verbunden. Der Arbeitgeberverband verlässt sich vielmehr ganz auf die aktive Kontrollleistung der Gewerkschaft. Von den beiden Tarifparteien versteht sich – wenig überraschend – die Gewerkschaft als *Wahrer der Flächentarifvertragsnormen* und ihrer Bindekraft, nicht der Arbeitgeberverband. Die Gewerkschaft kontrolliert und prüft die Tarifabweichungen nach ihrer Verträglichkeit und ihren Folgewirkungen für die Tarifnormen. Der Arbeitgeberverband hält lediglich die Vereinbarungen nach und erfasst sie. Allerdings geht damit auch eine Unterstützung der Gewerkschaft einher, denn diese kann die Erfassung des Arbeitgeberverbandes zur Vervollständigung ihrer Information über Abweichungen nutzen, weil die Tarifparteien die Vereinbarungen abgleichen. Im Einzelfall jedoch werden die Tarifabweichungen vom BAVC ohne ausführliche Prüfung unterschrieben und an die Unternehmen zurückgesendet. Auch an den Verhandlungen nimmt der Verband selber nicht teil; sofern es eine solche Teilnahme gibt, sind dafür die regionalen Arbeitgeberverbände zuständig. Ihnen obliegt es aus Sicht des Dachverbandes, die tarifpolitische Tragfähigkeit der Abweichung einzuschätzen.

> „Zu uns wird quasi eine unterschriebene Vereinbarung geschickt. Sowohl zwischen Arbeitgeber als auch Betriebsrat, und manchmal unterschreiben auch noch der lokal handelnde auf der Seite der IG BCE und unser Vertreter, wobei es sich dabei nicht um einen Vertreter unseres Verbandes handelt, sondern des regionalen Arbeitgeberverbandes. Wenn das Ding unterschrieben zu uns kommt, und alle waren damit einverstanden, dann gibt es erstmal keinen Grund, das anzuzweifeln" (Tarifexperte BAVC)

In der Metall- und Elektroindustrie findet diese Art der Erfassung bei den Arbeitgeberverbänden nicht statt. Darin liegt der zentrale Unterschied des Umgangs mit Tarifabweichungen zwischen den Arbeitgeberverbänden beider Branchen. Dieser Unterschied gründet sich nicht zuletzt darauf, dass es eine Zustimmungspflicht der Arbeitgeberverbände zu den Tarifabweichungen in der Metall- und Elektroindustrie, anders als in der chemischen Industrie, nicht gibt. Der Dachverband Gesamtmetall sammelt nur die Vereinbarungen, die ihm von seinen regionalen Mitgliedsverbänden zugesendet werden, bei denen ohnehin alle Kompetenzen der Tarifverhandlung liegen. Mehr noch als für die chemische Industrie gilt daher für die Metall- und Elektroindustrie, dass die Kontrolle der Tarifabweichungen Aufgabe der Gewerkschaft ist. Wie die IG BCE in der chemischen Industrie, so versteht sich auch die IG Metall in ihrer Branche als Wahrerin der Flächentarifvertragsnormen und ihrer Bindekraft. Die Arbeitgeberverbände haben kein explizites Kontrollinteresse und könnten eine aktive Kontrolle nach eigener Aussage schon aus Ressourcengründen gar nicht leisten. Hinzu kommt, dass sie die Kontrolle der Wettbewerbsbedingungen entgegengesetzt zur Gewerkschaft interpretieren. Aus ihrer Sicht bedeutet Kontrolle der Wettbewerbsbedingungen nicht, Lohnkonkurrenz durch Abweichungen nach untern zu vermeiden, sondern betroffenen Unternehmen die Möglichkeit einzuräumen, auf Konkurrenznachteile, die durch Lohnsenkungen konkurrierender Unternehmen ausgelöst wurden, ihrerseits mit Lohnsenkungen reagieren zu können. In dieser Interpretationsfolie nimmt der Erhalt der Flächentarifvertragsnormen und ihrer Bindekraft zwangsläufig einen untergeordneten Stellenwert ein. Die Arbeitgeberverbände verstehen sich als Dienstleister für ihre Mitglieder. Ihre primäre Aufgabe bei Unternehmen, die Abweichungen verhandeln wollen, besteht deshalb darin, erstens die Unternehmen – so sie dies einfordern – fachlich und arbeitsrechtlich zu beraten und dabei zweitens mit dem Unternehmen die Abweichungsforderungen so abzustimmen, dass sie für die Verhandlungspartei IG Metall prinzipiell zustimmungsfähig sind. Daraus entsteht im Selbstverständnis der Verbände eine *Ordnungspolitik nach innen,* gerichtet auf die eigenen Mitglieder und die tarifpolitische Verträglichkeit ihrer Forderungen.

> „Also, wir haben aus Arbeitgeberverbandssicht keine richtige Koordinierung, haben aber schon eine Aufgabe, und diese wird in NRW auch in den allermeisten Fällen bewusst wahrgenommen, nämlich nach innen ordnend zu wirken. Dass eine Firma kommt und sagt, ich will jetzt auch 40-Stunden haben, ist heute nicht ungewöhnlich. Wir versuchen dann, darüber zu reden und dies auf die Bahnen zu bringen, die gegenüber der IG Metall auch transportabel sind. Den Unternehmen ist es ja meistens egal, auf welchem Wege man von A nach B kommt." (Tarifexperte Metall NRW)

Nicht die Prägekraft der Tarifnormen spielt für den Arbeitgeberverband die zentrale Rolle, sondern die machtpolitische Durchsetzbarkeit der Forderungen. Freilich gibt es in diesen Fragen auch Unterschiede zwischen den einzelnen Tarifgebieten und Arbeitgeberverbänden der Metall- und Elektroindustrie, doch handelt es sich dabei letztlich um Nuancen. So liegt nach Aussage des Tarifexperten von Metall NRW die Verhandlungsführung in „seinen“ Fällen zumeist beim Unternehmen und nicht bei ihm, während demgegenüber der Tarifexperte von Hessen Metall für eine Führungsrolle des Arbeitgeberverbandes als Tarifvertragspartei plädiert. Hierbei handelt es sich um Unterschiede in der *Verhandlungspraxis,* aber nicht in der *Kontrollpraxis* der Tarifabweichungen; es geht um die Formulierung technisch sauberer Vereinbarungen, nicht um ihre tarifpolitische Überprüfung.

> „Der Idealfall ist, dass wir im Vorfeld unsere Mitgliedsfirma kraft unseres Know-hows beraten und dann auch offiziell als Verhandlungspartner den Vorgang weiter begleiten bis zu dem firmenbezogenen Ergänzungstarifvertrag. Wir führen dann die Verhandlungen zusammen mit der IG Metall. Das sind meistens gemeinsame Verhandlungen, auch mit Firmenleitungen, auch mit Betriebsräten, aber da haben wir dann schon die führende Rolle. Wir haben den Flächentarifvertrag geschlossen, und jetzt weichen wir ab von dem Flächentarifvertrag.“ (Tarifexperte Hessen Metall)

Der zweite Unterschied zwischen beiden Branchen besteht in der Bedeutung und Rolle der Gewerkschaftsmitglieder in den Verfahren der Tarifabweichung. In der chemischen Industrie wird die Information der Gewerkschaftsmitglieder über Verhandlungen und ihre Ergebnisse in Mitgliederversammlungen empfohlen. Eine systematische Mitgliederbeteiligung im Sinne ihrer Einbindung in Entscheidungsverfahren schließt sich daran jedoch nicht an. In der Metallindustrie hingegen ist die Bildung von betrieblichen Tarifkommissionen vorgesehen, die von den Gewerkschaftsmitgliedern zu wählen sind. Zudem sollen Mitgliederentscheidungen über die Aufnahme von Verhandlungen und/oder die Annahme eines Ergebnisses abgehalten werden. Diese Verfahren zielen darauf ab, mit der Tarifabweichung eine „betriebsnahe Tarifpolitik“ zu entwickeln und auf diese Weise die gewerkschaftliche Organisationsmacht in den Betrieben durch erfolgreiche Mitgliederbindung und -rekrutierung zu stärken (Huber et al. 2006). Welche tatsächlichen Auswirkungen diese unterschiedlichen Koordinierungsvorgaben für die Verhandlungsverfahren haben, die in den Betrieben praktiziert werden (und ob sie überhaupt Unterschiede nach sich ziehen), wird im weiteren Verlauf der Untersuchung noch zu diskutieren sein.

Zusammenfassend lässt sich festhalten, dass die Dynamik der Tarifabweichung in beiden Branchen große Probleme für die Prägekraft der Flächentarifverträge erzeugt hat, dass die Gewerkschaften weitgehend übereinstimmende Problemwahrnehmungen entwickelt haben, dass beide Gewerkschaften daraufhin versucht haben, die Tarifabweichung prozedural und inhaltlich besser zu koordinieren und dass sie in der Umsetzung ihrer Koordinierungsrichtlinien schließlich deutliche Lernerfolge haben erzielen können. Von der Seite der verbandlichen Koordinierung und Artikulation her ist die Hypothese gut begründbar, dass die Tarifabweichungen durch die Gewerkschaften aktiv kontrolliert werden und dass die Gewerkschaften dabei ihre Rolle als Wahrer der Tarifvertragsnormen und ihrer Bindekraft neu definiert haben (dazu auch Haipeter 2009).

Doch was bedeutet dies für die Mitbestimmungspraxis der Betriebsräte? Inwieweit erstreckt sich die verbandliche Kontrolle auch auf die Akteure der Betriebsverfassung? Diese Frage ist für das Kontrollproblem der Tarifabweichung von zentraler Bedeutung. Denn eine erfolgreiche Kontrolle der Tarifabweichungen ohne die Betriebsräte ist kaum vorstellbar. Zu wichtig sind die Betriebsräte als Akteure in den Verhandlungen zu Tarifabweichungen, und zu wichtig sind sie als Kontrolleure der Umsetzung der Tarifabweichungen im Betrieb. Tarifabweichungen lassen sich nicht gegen, sondern nur mit den Betriebsräten verhandeln. Denn die Betriebsräte bilden die unverzichtbare Machtbasis der Gewerkschaft im Betrieb. Und als verlängerter Arm der Gewerkschaft im Betrieb waren und sind die Betriebsräte schon bei der Umsetzungskontrolle der Flächentarifverträge unverzichtbar, und dies gilt ohne Zweifel und umso mehr auch für die betriebsbezogenen Tarifabweichungen.

Betriebsräte werden damit unweigerlich zu Tarifakteuren der Verhandlung und Umsetzung von Tarifabweichungen. Die folgenden Kapitel werden beleuchten, welche Folgen damit für ihre Mitbestimmungspraxis, aber auch für ihr Rollenbild als Betriebsräte und ihre Ressourcen- und Kompetenzprofile verbunden sind. Welche Veränderungen, so ist zu fragen, ergeben sich für den Betriebsrat an den Schnittstellen zu Management, Gewerkschaft und Belegschaft? Kehrt mit der Tarifabweichung mehr Konflikt in die betrieblichen Arbeitsbeziehungen zwischen Betriebsrat und Management ein? Werden die Bindungen zwischen Betriebsrat und Gewerkschaft gestärkt, oder treten Interessenkonflikte zwischen der Beschäftigungssicherung auf der einen und dem Erhalt überbetrieblicher Tarifnormen auf der anderen Seite zu Tage? Findet die Tarifabweichung Unterstützung durch die Beschäftigten, oder erzeugen die Tarifunterschreitungen Legitimationsprobleme für die Interessenvertretungen, und wie gehen diese gegebenenfalls damit um?

Bevor diese empirischen Fragen eingehender diskutiert werden, soll im anschließenden Kapitel zunächst das Konzept des Betriebsrates als Grenzinstitution vorgestellt und der aktuelle Forschungsstand zu den Beziehungsmustern zusammengefasst werden, in denen die Betriebsräte mit Management, Gewerkschaft und Belegschaft stehen. Auf dieser Grundlage wird die Fragestellung der Untersuchung differenziert und präzisiert. Daran anschließend wird der Betriebsrat als Akteur konzipiert, der seine sozialen Beziehungen auf der Grundlage sozialer Regeln und Ressourcen aktiv strukturiert – und dadurch reproduziert und transformiert.

3. Betriebsräte als Grenzinstitution und die Strukturierung der Interaktionsmuster

3.1 Das Konzept der Grenzinstitution

In ihrem Überblick über die weit gespannte Mitbestimmungsliteratur machen Minssen und Riese (2007) zwei Schwerpunkte aus, um die sich die Mitbestimmungsforschung seit den 1980er Jahren konzentriert habe. Dabei handele es sich um die Interaktionsbeziehungen der Betriebsräte zum Management auf der einen und die Mitgestaltung der Betriebsräte auf der anderen Seite. Vor allem zu diesen beiden Fragestellungen sei die Forschung der Zielsetzung gefolgt, die Vielfalt der Mitbestimmungspraxis der Betriebsräte analytisch einzufangen und in Form von Betriebsratstypologien zu systematisieren. Mit Blick auf die Bandbreite von Betriebsrats- und Interaktionstypologien, die zu den beiden Schwerpunkten entwickelt wurden, ist dieser Einschätzung sicherlich nicht zu widersprechen. Doch in der „dritten Welle" der empirischen Mitbestimmungsforschung nach dem Zweiten Weltkrieg (Funder 1999) finden sich auch weitere Forschungsschwerpunkte, die über den von Minssen und Riese gezeichneten Rahmen hinausgehen. Zu diesen Schwerpunkten gehören die Beziehungen zwischen Betriebsräten und Gewerkschaften ebenso wie Analysen zum Verhältnis von Betriebsräten und Belegschaften, deren gewählte Interessenvertreter die Betriebsräte sind. Zwar sind einprägsame und systematisierende Typologien in diesen Schwerpunkten weit weniger verbreitet, doch enthalten sie nichtsdestotrotz zahlreiche Befunde, die für das Verstehen und Erklären der Mitbestimmungspraxis von Betriebsräten wichtig sind. Dies gilt insbesondere für das Problem der Tarifabweichung und ihrer Folgen für die Mitbestimmung.

Nicht wenige dieser Arbeiten beziehen sich zumindest implizit, teilweise aber auch explizit, auf ein analytisches Konzept, das bereits in den 1950er Jahren von Fürstenberg zur Untersuchung des Betriebsrates als sozialer Institution im Betrieb entwickelt worden war (Fürstenberg 2000). Nach Fürstenberg besteht die Kernfunktion von Betriebsräten darin, vormals ungeregelte und unkontrollierbare Auseinandersetzungen zwischen Arbeitgebern und abhängig Beschäftigten in Beziehungsmuster zu transformieren, die nach formal anerkannten Verfahren ausgetragen werden und ein „System von Ausschüssen und Beratungen" bilden (Fürstenberg 2000: 20). Auf der Grundlage seines Mitbestimmungsrechtes – das zugleich eine Einschränkung der Weisungsbefugnis der Betriebsführung bedeutet – kann der Betriebsrat den betrieblichen Konflikt als Zwischeninstanz abschwächen und schlichten. Der Betriebsrat ist damit ein wichtiges Glied einer gesetzlich geregelten institutionellen Isolierung des Klassenkonflikts (Dahrendorf 1959).

Als Zwischeninstanz ist der Betriebsrat nach Fürstenberg eine *Grenzinstitution,* die sich im Schnittpunkt dreier Interessengruppen bewegt: der Betriebsleitung, an deren Entscheidungen der Betriebsrat zum Wohl der Beschäftigten und des Betriebes mitwirken soll, den Beschäftigten, von denen der Betriebsrat in geheimer Wahl gewählt wird und deren Interessen er zu vertreten hat, und schließlich der zuvorderst überbetrieblich arbeitenden Gewerkschaft, die tarifliche Rahmenbedingungen des Betriebes aushandelt und nicht zuletzt dadurch dem Betriebsrat zusätzliche Autorität verleiht. Die Orientierung des Betriebsrates gegenüber diesen Interessengruppen bestimmt Fürstenberg zufolge die Wirksamkeit des Betriebsrates als Belegschaftsvertretung. Jede der sozialen Beziehungen enthält aber Spannungsmomente, die eine wirksame Mitbestimmungspraxis erschweren. Diese drei Momente fasst Fürstenberg prägnant zusammen als das Integrationsproblem gegenüber der Betriebsleitung, das Repräsentationsproblem gegenüber der Belegschaft und das Solidaritätsproblem gegenüber der Gewerkschaft. Er differenziert die Probleme im Einzelnen wie folgt.

Das *Integrationsproblem* des Betriebsrats zum Management hängt mit der – auch rechtlich festgelegten – Notwendigkeit zusammen, unterschiedliche Interessen im Sinne des Betriebswohls zu integrieren. Dabei können Betriebsrat und Betriebsleitung zwar auf ein gemeinsames Interesse am Fortbestand des Betriebes – das auf Seiten des Betriebsrats mit dem Erhalt der Arbeitsplätze begründet wird – bauen. Doch ergeben sich zwangsläufig Konflikte um die Mittel und die Wege, mit bzw. auf denen dieses Ziel erreicht werden soll. In dieser Situation kann die Betriebsleitung – auf den Betriebsrat geht Fürstenberg hierbei weniger ein – zwischen drei strategischen Optionen wählen. Sie kann erstens Entscheidungen vorgeben, riskiert dabei aber kritische Reaktionen des Betriebsrats und betriebliche Konflikte. Sie kann zweitens den Betriebsrat einbinden, sei es durch Information oder sei es durch tatsächliche Teilhabe an Entscheidungen. Dadurch werden mögliche Konflikte in kontinuierliche Mitarbeit umgelenkt und das Integrationsproblem durch faktische Integration des Betriebsrates in die Formalorganisation gelöst. Fürstenberg favorisiert diese Strategie eindeutig, weil sie zum Erhalt des Betriebsfriedens beiträgt. Eine dritte Strategie der Betriebsleitung schließlich ist die Gewährung taktischer Erfolge, durch die der Betriebsrat sich als erfolgreicher Interessenvertreter gegenüber der Belegschaft präsentieren kann. Aber auch damit löst sich für den Betriebsrat das strategische Dilemma nicht, dass er als Interessenvertreter nur dann langfristig erfolgreich sein kann, wenn er sich nicht zu eng in die Betriebszwecke und die betriebliche Formalorganisation einbinden lässt.

Das *Solidaritätsproblem* gegenüber der Gewerkschaft hat seine Grundlage in der formalrechtlichen Trennung von Gewerkschaft und Betriebsrat. Als Arbeitnehmervertretungen haben beide zwar komplementäre Zielsetzungen und arbeiten eng zusammen. Betriebsräte informieren die Gewerkschaften über innerbetriebliche Vorgänge und bilden eine Rekrutierungsquelle für gewerkschaftliche Führungskräfte. Gewerkschaften wiederum schulen und beraten die Betriebsräte und stärken ihnen in Verhandlungen den Rücken; in Tariffragen sind sie der entscheidende Verhandlungspartner. Doch bestehen trotz dieser Zusammenarbeit Spannungen, die bei konkreten Betriebsproblemen dann zu Tage treten, wenn betriebsegoistische Interessen der Betriebsräte auf übergeordnete Interessen der Gewerkschaft treffen. Außerdem ist die Gewerkschaft als Arbeitnehmerorganisation auf eine funktionsfähige Organisation im Betrieb angewiesen. Angesichts der Schwäche der Vertrauenskörper kann diese Organisation nur der Betriebsrat sein, der allerdings als Repräsentant aller Beschäftigten auf seine Eigenständigkeit gegenüber der Gewerkschaft bedacht sein muss.

Das *Repräsentations- oder Legitimationsproblem* ergibt sich daraus, dass der Betriebsrat als repräsentative Interessenvertretung die Interessen einer heterogenen Belegschaft mit vielfältigen Partikularinteressen bündeln und vertreten muss. Erschwerend kommt hinzu, dass sich die Partikularinteressen auch in den Mitgliedern des Betriebsratsgremiums widerspiegeln. Dies hat zur Folge, dass sich eine einheitliche Repräsentation erst als Ergebnis von Anpassungs- und Aushandlungsprozessen erzielen lässt. Und zudem hat der Betriebsrat immer mit der Gegnerschaft oppositioneller Gruppen in der Belegschaft zu rechnen. Ein zweites großes Problem der Legitimation entsteht daraus, dass die Vertretungspraxis der Betriebsräte in „abgeschlossener Ausschussarbeit" und „bürokratischen Prinzipien gehorchenden Verwaltungsakten" (Fürstenberg 2000: 22) erfolgt. Auf diese Weise wird die Beteiligung der Wähler an der Tätigkeit ihrer Repräsentanten unterbunden, und der Betriebsrat droht den Kontakt zu seiner Wählerschaft zu verlieren. Diese Entfremdung wird durch die zahlreichen Aufgaben und sozialpolitischen Funktionen erzwungen, die der Betriebsrat wahrzunehmen hat. Die Entwicklung formaler Routinen ist Voraussetzung seiner Arbeitsfähigkeit, und durch seine sozialpolitischen Funktionen fungiere der Betriebsrat faktisch als „Filiale der Personalabteilung" (Fürstenberg 2000: 23).

Das Konzept der Grenzinstitution gewinnt seine Attraktivität daraus, dass es die Problemfelder betont, mit denen der Betriebsrat an der Schnittstelle verschiedener Interessengruppen zwangsläufig konfrontiert ist. Ein weiterer Vorzug besteht aber auch darin, dass auf diese Weise Probleme beleuchtet werden können, die sich aus der Verbindung der Problemfelder ergeben. Denn die Lösung eines Problems kann durchaus – und mit nicht geringer Wahrscheinlichkeit – dazu führen, dass neue Probleme in den anderen beiden Problemfeldern aufbrechen. Fürstenberg selbst hat ein Folgeproblem der *Integration* angesprochen. Betriebsräte können ihre Konturen als Interessenvertretungen und damit als Repräsentanten gegenüber der Belegschaft verlieren, wenn sie sich durch die Betriebsleitung zu eng in die Formalorganisation und die Betriebszwecke einbinden lassen. Daraus erwächst dann ein Legitimationsdefizit der betrieblichen

ISBN 978-3-8360-8714-8 – Presseexemplar – (c) edition sigma – 08102015

Interessenvertretung. Zugleich droht aber auch das Solidaritätsproblem zur Gewerkschaft verschärft zu werden, weil der Betriebsrat möglicherweise bereit ist, für den Betriebszweck gewerkschaftliche Standpunkte oder tarifliche Arbeitsbedingungen preiszugeben. Ein Folgeproblem einer starken *Legitimation* des Betriebsrats bei den Beschäftigten könnte eine Intensivierung des Konflikts mit der Betriebsleitung sein, die wiederum dazu führt, dass der Betriebsrat weniger in Entscheidungen einbezogen wird und an Wirksamkeit als Interessenvertreter verliert. Gegenüber der Gewerkschaft kann damit das Problem verbunden sein, dass der Betriebsrat zum Spielball partikularistischer Belegschaftsinteressen wird und überbetriebliche Zielstellungen der Gewerkschaft aus dem Blick verliert. Aus einer starken *solidarischen* Bindung des Betriebsrats an die Gewerkschaft schließlich kann eine Intensivierung des Integrationsproblems folgen, sofern der Betriebsrat nun überbetriebliche Arbeitnehmerinteressen stärker gewichtet als die Förderung des Betriebswohls. Aber auch die Legitimation des Betriebsrates kann darunter leiden, dass er die Interessen von Gewerkschaftsmitgliedern gegenüber Nichtorganisierten privilegiert; dieses Problem dürfte umso größer sein, je geringer der Organisationsgrad der Belegschaft ist.

Die Beziehungskonstellationen zwischen den Akteuren und den Problemfeldern lässt sich noch weiter dadurch auffächern, dass die sozialen Beziehungen der im Betrieb relevanten Akteure nicht nur aus der Perspektive des Betriebsrates unter die Lupe genommen werden, sondern auch die *Einzelbeziehungen zwischen den anderen Akteuren* in die Betrachtung Eingang finden. Darauf hat Tietel (2006) aufmerksam gemacht. Er spricht in diesem Zusammenhang von Beziehungsdreiecken und triadischen – im Unterschied zu den von Fürstenberg aufgezeigten dyadischen – Beziehungslinien. Auch aus den Beziehungen zwischen *Betriebsleitung und Gewerkschaft, Betriebsleitung und Belegschaft oder Belegschaft und Gewerkschaft* können sich erhebliche Konsequenzen für den Betriebsrat und die Wirksamkeit seiner Mitbestimmungspraxis ergeben. So kann durch gewerkschaftliche Konfliktstrategien die Kooperation zwischen den Betriebsparteien beeinträchtigt werden; umgekehrt kann aber auch die Gewerkschaft mäßigend auf einen konfliktbereiten Betriebsrat einwirken. Versuche der Betriebsleitung, die direkte Partizipation der Beschäftigten in der Arbeitsorganisation zu stärken, können die Legitimation der repräsentativen Interessenvertretung Betriebsrat bei den Beschäftigten schwächen; umgekehrt wäre es für den Betriebsrat problematisch, bei starkem Unmut in der Belegschaft gegenüber der Geschäftsführung eine kooperative Mitbestimmungspolitik aufrecht zu erhalten, weil er damit an Legitimation verlieren dürfte. Und schließlich erschwert eine schwache Verankerung der Gewerkschaft bei den Beschäftigten solidarische Strategien des Betriebsrates, wie auch eine enge Bindung der Belegschaft zur Gewerkschaft die Orientierung des Betriebsrates an betrieblichen Einzelinteressen behindern dürfte.

Mit dem Konzept der Grenzinstitution lässt sich die *Vielfalt* der Beziehungs- und Problemfelder analytisch aufschlüsseln, mit denen sich die Betriebsräte nolens volens schon aufgrund der Konstruktionsweise ihrer Institution auseinandersetzen müssen. Die Beschränkung der Perspektive allein auf die Gestaltungspolitik der Betriebsräte oder auch auf die Interaktionsbeziehungen zum Management würde wichtige Beziehungs- und Problemfelder ausblenden. Dies gilt insbesondere auch für die Untersuchung der Tarifabweichung und ihrer Folgewirkungen für die Betriebsräte. Ohne Thematisierung der Beziehungen zwischen Betriebsrat und Gewerkschaft könnten die Folgen von Tarifabweichungen nicht untersucht werden. Denn die Gewerkschaft gibt als Tarifakteur nicht nur den Regulierungsrahmen für betriebliche Verhandlungen vor, sondern ist zumeist auch Akteur der betrieblichen Verhandlungen von Tarifabweichungen. Mit der Tarifabweichung wird deshalb nicht nur – wenn auch je nach Regelungsform in unterschiedlichem Umfang – Regelungskompetenz in die betriebliche Aushandlungsarena importiert, sondern es wird auch einer engeren Anbindung des tariflichen Akteurs Gewerkschaft an diese Arena Vorschub geleistet. Zugleich wird damit auch die Legitimationsfrage zu einer kritischen Größe. Auf welche Legitimationsbasis kann oder sollte sich die Aushandlung tariflicher Themen im Betrieb stützen – auf die der gesamten Belegschaft oder nur auf die der Gewerkschaftsmitglieder? Der Betriebsrat ist Repräsentant der Belegschaftsinteressen, die Gewerkschaft Vertreter der Mitgliederinteressen, und streng genommen ist der Tarifvertrag eine Dienstleistung der Gewerkschaft gegenüber ihren Mitgliedern. Es ist daher eine offene und für die Legitimation des Betriebsrates möglicherweise zentrale Frage, welche Legitimationsbasis in den Verhandlungen im Vordergrund steht. Dies gilt umso mehr, als Tarifabweichungen Verschlechterungen der Arbeitsstandards bedeuten. Die Legitimation des Betriebsrates hängt auch davon ab, ob die Beschäftigten Tarifunterschreitungen unterstützen, weil sie damit eine größere Sicherheit ihrer Arbeitsplätze verbinden, oder ob sie diese ablehnen, weil sie eine Senkung der Arbeitsstandards als ungerecht ansehen. Ist der Betriebsrat verhandlungsbereit, müsste er im zweiten Fall deshalb versuchen, Verhandlungen und Verhandlungsergebnisse gegen die Mehrheitsmeinung der Beschäftigten zu legitimieren.

In der Betonung der Beziehungs- und Problemdimensionen der Mitbestimmungspraxis ist das Konzept der Grenzinstitution deshalb sowohl für die Mitbestimmungsanalyse im Allgemeinen als auch für die Analyse der Tarifabweichung und ihrer Folgen im Besonderen äußerst wertvoll. Dies gilt auch dann, wenn man die Schlussfolgerungen Fürstenbergs zur Wirksamkeit der Mitbestimmung durch die Betriebsräte nicht teilt. Fürstenberg hat nämlich den Standpunkt vertreten, dass die Wirksamkeit des Betriebsrates beschränkt sei und bleibe. Der Betriebsrat habe aufgrund der aufgezeigten Problemfelder nur eine schwache Eigenautorität und müsse „Realpolitik“ (Fürstenberg 2000: 27) betreiben, ohne langfristige Prinzipien verfolgen zu können. Wirksame Interessenvertretung erfordere ein diplomatisches Geschick, das nur wenige Betriebsräte – deren qualifikatorische Voraussetzungen Fürstenberg generell kritisch sieht – aufbringen könnten. Deshalb werde der Betriebsrat als Interaktionspartner der Geschäftsleitungen selten anerkannt, seine Mitwirkungsmöglichkeiten blieben begrenzt, und häufig scheitere er schon bei der Beschaffung von Informationen. Daraus ergebe sich eine „zwiespältige" Stellung (Fürstenberg 2000: 29): Der Betriebsrat verhandle zwar mit der Geschäftsleitung, sein Einfluss entspräche aber nur der einer mittleren Abteilung. Eine wirksame Autorität auf die Gestaltung und Verbesserung der Arbeitsbedingungen könne er nicht ausüben.

Dieser Pessimismus hinsichtlich der Wirksamkeit betrieblicher Interessenvertretungen ergibt sich nicht zwangsläufig aus dem Konzept der Grenzinstitution. Er ist vielmehr aus dem Erfahrungskontext der 1950er Jahre gespeist. In dieser Zeit war das Betriebsverfassungsgesetz erst wenige Jahre alt, und die Betriebsräte waren eine Institution, die sich noch in einer frühen Phase ihrer Entwicklung befand. Deshalb können die Schwächen der Mitbestimmung auch als Ausdruck von Geburtswehen der Institution interpretiert werden, die in späteren Jahren überwunden wurden. Erschwerend kommt hinzu, dass Fürstenbergs Pessimismus eher eine Hypothese als ein harter empirischer Befund ist.

Grundsätzlich zumindest spricht wenig dagegen, dass Betriebsräte eine Grenzinstitution sind und trotzdem – oder möglicherweise sogar deswegen – eine wirksame Mitbestimmungspraxis entwickeln. Die drei Spannungsfelder definieren eine für die Betriebsräte unhintergehbare *Handlungskonstellation* (Schmidt/Trinczek 1999), die vielfältige Formen der Mitbestimmungspraxis zulässt, zu denen auch wirksame Formen gehören können. So wäre es denkbar, dass die Betriebsräte in kooperative Beziehungen zum Management integriert sind und auf dieser Grundlage Vertretungserfolge erzielen, die ihnen eine hohe Legitimation bei den Beschäftigten einbringen und zugleich eine enge Bindung an die Gewerkschaft sichern, weil sie die Einhaltung der Tarifverträge effektiv kontrollieren. Ebenso könnte der Betriebsrat seine Legitimation dadurch sichern, dass er die Beschäftigten in die Interessenvertretungsarbeit einbindet, ohne deshalb zwangsläufig in eine prinzipielle Konfrontation zum Management zu gehen und an Einfluss in den Arbeitsbeziehungen zu verlieren. Nicht auszuschließen ist aber auch, dass der Betriebsrat in konfliktorientierten Beziehungen zum Management eine hohe Wirksamkeit als Interessenvertreter erreicht, wenn er sich dabei auf den Rückhalt der Belegschaft und der Gewerkschaft stützen kann.

Neben problematischen sind mithin auch *positive Rückkoppelungen* zwischen den Spannungsfeldern denkbar, die eine wirksame Interessenvertretung erlauben. So kann ein hohes Maß an Integration die Grundlage sein für eine gefestigte Legitimation in der Belegschaft und eine enge Bindung an die Gewerkschaft, und Legitimation und Solidarität wiederum stärken die Position des Betriebsrates in den kooperativen Beziehungen zum Management und erhöhen seine Wirksamkeit weiter. Doch eine wirksame Interessenvertretung durch die Betriebsräte erfordert nicht unbedingt positive Rückkoppelungen zwischen allen drei Spannungsfeldern. Sie kann auch entstehen, wenn der Betriebsrat *nur zwei* der Spannungsfelder erfolgreich bearbeitet. Dies zeigt das Beispiel hohe Legitimation in der Belegschaft und feste Bindung an die Gewerkschaft, die Verhandlungserfolge auch in konflikthaften Beziehungskonstellationen zum Management ermöglichen können. Vorstellbar aber wäre auch, dass Betriebsräte eine starke Stellung in kooperativen Beziehungen haben, die sich nur auf die Legitimation der Belegschaft, nicht aber auf die Bindung an die Gewerkschaft stützt.

Nicht von ungefähr sind die Ergebnisse der neueren Mitbestimmungsforschung seit den späten 1970er Jahren hinsichtlich der Wirksamkeit betrieblicher Interessenvertretung vielfach deutlich optimistischer als noch die Analyse Fürstenbergs. Dies ist nicht zuletzt das Ergebnis einer historischen Entwicklung der Institution Betriebsrat, die Fürstenberg nicht vorhersehen konnte. Von einer generellen Wirkungslosigkeit der Betriebsräte und ihrer Mitbestimmung würde heute wohl niemand mehr ernstlich sprechen. Das wiederum bedeutet nicht, dass die Spannungsfelder, die Fürstenberg aufgezeigt hatte, an Bedeutung verloren hätten. Sie stellen sich den Betriebsräten nach wie vor. Auch wirkungsvolle Formen der Interessenvertretung sind davor nicht gefeit. Falls Erfolge in kooperativen Beziehungen ausbleiben, können Legitimationsprobleme des Betriebsratshandelns aufbrechen; falls der Betriebsrat keine Bindung an veränderte Belegschaftsstrukturen oder Interessenkonstellationen findet, kann seine Wirksamkeit gegenüber der Geschäftsleitung in Frage gestellt werden; und falls der Betriebsrat mit der Geschäftsleitung – und möglicherweise der Unterstützung der Belegschaft – gegen tarif- oder andere gewerkschaftspolitische Ziele verstößt, können sich Konflikte mit der Gewerkschaft ergeben, die sowohl die Kohärenz des Betriebsrates als auch seine betriebliche Wirksamkeit gefährden.

Es steht zu vermuten, dass gerade mit der Tarifabweichung eine *Verschärfung* der Spannungen auf den drei Problemfeldern eintritt. Denn die Tatsache, dass Betriebsräte in Tarifabweichungen nicht zusätzliche materielle Leistungen, sondern materielle Konzessionen der Beschäftigten verhandeln, deutet auf eine *Veränderung in den Machtbeziehungen* zugunsten des Managements und zuungunsten des Betriebsrates hin. Die Integration zum Management bei Tarifabweichungen wäre dann Ausdruck einer abnehmenden Wirksamkeit der Mitbestimmung. Umgekehrt könnten Tarifabweichungen aber auch integrationsmindernde Wirkungen entfalten, falls in den Verhandlungen dazu *Verteilungskonflikte* entstehen, die im Betrieb lange nachwirken können. Zugleich können Tarifabweichungen *Solidaritätskonflikte mit der Gewerkschaft* über die Tarifstandards nach sich ziehen, sofern der Betriebsrat für Tarifunterschreitungen als Maßnahme der Beschäftigungssicherung plädiert, die Gewerkschaft aber den Erhalt der Tarifnormen wünscht. Und schließlich können *Legitimationsdefizite* auftreten, sei es, weil die materiellen Konzessionen in der Belegschaft als Schwäche des Betriebsrats ausgelegt werden, oder sei es, weil die Beschäftigten den Erhalt der kollektiven Arbeitsstandards höher bewerten als die temporäre Sicherung der Beschäftigung.

Forschungsergebnisse zu den Auswirkungen der Tarifabweichung auf die Beziehungsmuster und die Vertretungswirksamkeit der Betriebsräte liegen bislang nicht vor. Wohl aber sind in der Mitbestimmungsliteratur seit den frühen 1980er Jahren zahlreiche empirische Befunde erarbeitet worden, aus denen sich Aussagen zu den Entwicklungstrends der Beziehungsmuster und Spannungsfelder der Mitbestimmung ableiten lassen. Ein wichtiger Aspekt dabei ist auch die in Fürstenbergs Konzept der Grenzinstitution unterbelichtete Frage der Entwicklung des Betriebsrates mit Blick auf seine Mitbestimmungspolitik und seine innere Organisation. Die Forschungsergebnisse dazu und zu den drei Beziehungsmustern werden in den folgenden Abschnitten kurz zusammengefasst.

3.2 Management und Arbeitsbeziehungen

Die ersten Studien zum Wandel der Interessenvertretung und der Interaktionsbeziehungen zum Management in den frühen 1980er Jahren waren inspiriert von der Frage, welche Veränderungsimpulse für die Mitbestimmung von der weitreichenden Reform des Betriebsverfassungsgesetzes ausgehen, die von der sozialliberalen Koalition 1972 verabschiedet worden war. Die Einschätzungen dazu waren zunächst skeptisch. So weist Dybowski-Johannson (1980; ähnlich Weber 1981) auf ein *Dilemma zwischen Integration und Konfliktfähigkeit* hin. Das Management habe demnach zwar ein Interesse an einem funktionsfähigen Betriebsrat als Verhandlungsinstanz und an seiner Integration, weil damit Verhandlungen versachlicht und die Kooperationsbereitschaft der Beschäftigten erhöht werden könnten. Dafür nehme es auch materielle Konzessionen in Kauf. Doch stünden dem Betriebsrat wegen der gesetzlich geforderten Friedenspflicht und der Orientierung am Betriebswohl keine eigenen Machtmittel zur Verfügung, Arbeitnehmerinteressen effektiv zu vertreten. Materielle Zugeständnisse des Managements seien deshalb nur durch kooperative Integration erzielbar; erfolgreiche Interessenvermittlung bleibe aber an eine latente Kampf- und Konfliktbereitschaft der Belegschaft gebunden, die wiederum der Kooperation abträglich sein kann. Aufgrund der betrieblichen Machtasymmetrie entwickelten die Betriebsräte eine pragmatische Orientierung. Ein Zentralproblem der Kooperation bestehe für die Betriebsräte darin, dass Auseinandersetzungen mit dem Management argumentativ und auf der Grundlage von Sachverstand – und nicht durch Arbeitskampf – zu führen seien. Dabei aber hätte die Unternehmensseite klare

ISBN 978-3-8360-8714-8 – Presseexemplar – (c) edition sigma – 08102015

Kompetenzvorteile. Wissen und Sprache als strategische Instrumente der Interessendurchsetzung begründeten die *Kräfteasymmetrie* zugunsten des Managements auf neue, diskursive Weise.

Die weit geteilte Annahme einer starken Verbreitung des Beziehungsmusters der „kooperativen Konfliktbewältigung" (Weltz 1977) wurde von Kotthoff (1981) in Frage gestellt, der auf der Grundlage zahlreicher Fallstudien erstmals eine Typologie betrieblicher Beziehungsmuster entwickelt hat. Kotthoff unterscheidet insgesamt sechs Betriebsratstypen – die immer auch Interaktionstypen sind – in einem Spektrum vom „ignorierten Betriebsrat" bis zum „Betriebsrat als kooperativer Gegenmacht". In seiner Untersuchung geht er von der Hypothese aus, dass Vertrauen die zentrale Interaktionsressource der Arbeitsbeziehungen sei. Vertrauen sei der Grundstock für die Entwicklung von Partizipationsmustern, in denen Betriebsräte eine *wirksame Mitbestimmungspraxis* entwickeln können. Solche Muster aber kommen nach Kotthoff nur dort zum Vorschein, wo Management und Betriebsrat auch einen Willen zur Partizipation entwickeln. Entscheidender Anstoß dafür sei die Machtbildung in Belegschaften. Wirksame Mitbestimmung funktioniert demnach nur als positiver Rückkoppelungsprozess zwischen Legitimation und Integration. Rückkoppelungen dieser Art aber gibt es in Kotthoffs Sample nur in einer Minderheit von einem Drittel seiner Untersuchungsfälle. In den anderen zwei Dritteln dominiert die Unternehmensleitung den Betriebsrat und die Mitbestimmung ist „defizient". Auch hier fügt sich der Betriebsrat zumeist in Kooperationsbeziehungen; dies geschieht aber auf der Grundlage von Schwäche und resignativen Deutungsmustern der Unabänderlichkeit der herrschenden Verhältnisse. Entwickelt der Betriebsrat aber „jenseitige", auf Teilhabe und Gleichberechtigung abzielende Deutungsmuster, komme ein Konfliktprozess in Gang, an dessen Ende mit hoher Wahrscheinlichkeit partizipative Beziehungsformen stehen. Diese wiederum erfordern den Erwerb von Sach- und Kommunikationskompetenz.

Mit seiner Folgestudie von 1994 präsentierte Kotthoff eine Neubewertung der Betriebsräte und ihrer Wirksamkeit. Nicht mehr der defiziente Vertretungstypus dominierte in seinen Fallbetrieben (die mit Ausnahme der in der Zwischenzeit geschlossenen Betriebe identisch waren mit denen der Vorgängerstudie), sondern Formen der wirksamen Mitbestimmungspraxis. Ihr Anteil stieg von vormals einem Drittel auf nunmehr zwei Drittel der Fälle. Kotthoff erklärt diesen Wandel mit der Veränderung des Klimas mitbestimmungspolitischer Diskurse in den Betrieben im Gefolge der Reformdebatten der 1970er Jahre. Gegen den Widerstand der Unternehmensleitungen haben zahlreiche Betriebsräte – zumeist wenige Protagonisten in den Gremien – des defizienten Typs einen Kampf um Anerkennung als Betriebsbürger aufgenommen. Anerkennungskonflikte, nicht Verteilungskonflikte waren die Triebkräfte der sozialen Dynamik. Auf diese Weise konnten die Protagonisten die „Fesseln des Despotismus" abstreifen und den „Niedergang des Patriarchats" (Kotthoff 1994: 162) einleiten. Auf die dramatische Phase des Konflikts folgte aber nicht die Verstetigung des Klassenkonflikts, sondern die Befriedung der Arbeitsbeziehungen und mit ihr der Übergang zu kooperativen Interaktionsmustern. Die *Normalisierung* der Beziehungen beruht Kotthoff zufolge auf ihrer *Versachlichung und Formalisierung.* Diese Entwicklungen wurden entscheidend geprägt durch die Herausforderungen des Personalabbaus und der Rationalisierung. Mehr als an anderen Themen zuvor waren die Betriebsräte am Verlauf der Personalanpassung beteiligt worden; dabei entwickelte sich durch wechselseitige Lernprozesse ein Common Sense zwischen den Betriebsparteien über die soziale Gestaltbarkeit des Personalabbaus, der nach Kotthoff entscheidend dazu beitrug, dass der Personalabbau weitgehend geräuschlos und konfliktfrei vollzogen werden konnte. Das damit verbundene „ökonomistische" (Kotthoff 1994: 54) Vertretungsverständnis – das Kotthoff keinesfalls kritisch sieht – prägte auch den Umgang der Betriebsräte mit technisch-organisatorischer Modernisierungen und wachsender Leistungsverdichtung in den Betrieben. Trotz ihrer negativen Arbeitsplatzeffekte und ihrer problematischen Konsequenzen für die Arbeitsbedingungen haben die Betriebsräte beide Entwicklungen nach Kotthoff akzeptiert, weil sie ihnen als Voraussetzungen für den Erhalt der wirtschaftlichen Wettbewerbsfähigkeit des Unternehmens galten.

Kotthoffs Trendaussagen zur Entwicklung der Interaktionsbeziehungen werden von Bosch (1997) weiter zugespitzt. Demnach kommt es nicht nur zu einer Normalsierung und Versachlichung der Beziehungen zwischen Management und Betriebsrat, sondern insgesamt zu einer neuen „Kultur der Rationalität", die sich durch einen wachsenden *Pragmatismus* der Orientierungen und durch zunehmende *Perspektivübernahmen* und Interessenverschmelzungen der Betriebsparteien auszeichnet. Die Unternehmensseite verfolge zunehmend soziale Ziele, während sich der Betriebsrat mehr und mehr die wirtschaftlichen Ziele des Unternehmens zu Eigen mache. Auf der einen Seite vollzöge sich eine „Versozialwissenschaftlichung" (Bosch 1997: 77) des Managements – zumindest des Personalmanagements –, auf der anderen Seite thematisiere der Betriebsrat als „Co-Manager" wirtschaftliche und strategische Entscheidungen des Managements. Dies führe zu einer „Entgrenzung der Ausgabenfelder" zwischen den Betriebsparteien und es entstünde – ganz im Gegensatz zu den Einschätzungen der älteren Analysen – „eine *kommunikative Egalität".* Die Betriebsparteien hätten ein wechselseitiges Interesse an starken Verhandlungspartnern als Verbündete gegenüber den eigenen Reihen, weil sie dadurch ihre internen Machtspielräume ausweiten könnten. In diesem Interaktionsmuster würden den Betriebsparteien Ideologie und Politik als überkommene Lasten der Vergangenheit gelten; ihre Deutungsmuster seien auf versachlichte und entpolitisierte Problemlösungen ausgerichtet, die effizienter und damit überlegener seien. Dazu trüge die Intensivierung und Veralltäglichung von Kontakten ebenso bei wie die Praxis der Problemlösung im Vorfeld offizieller Verhandlungen.

Nach Minssen und Riese (2007) gibt es einen bestimmten Betriebsratstypus, der eine besonders hohe Beziehungsqualität zum Management aufweist. Dieser Typus ist der Co-Manager. Seine Beziehungen zum Management seien durch wechselseitigen Respekt geprägt. Er habe sich eine auf *Kompetenz beruhende Anerkennung* verschaffen können, die sich in intensiven Kontakten und einer breiten Einbeziehung des gesamten Betriebsratsgremiums in die Arbeitsbeziehungen niederschlüge. Dem Co-Manager ist nach Minssen und Riese jedoch nur eine Minderheit der Betriebsräte zuzuordnen.

Deutlich skeptischer beurteilen Schmidt und Trinczek (1999) die Entwicklung der betrieblichen Arbeitsbeziehungen. Sie argumentieren, dass angesichts der großen Spannbreite der Interaktionsmuster allgemeine Trendaussagen schwierig seien. An anderer Stelle (Bosch et al. 1999) haben die Autoren eine Typologie von insgesamt sechs Interaktionsmustern oder politischen Kulturen der Austauschbeziehungen entworfen. Sie spannt sich auf zwischen den Polen des „konfliktorischen Typus" auf der einen und des „autoritär-hegemonialen Regimes" auf der anderen Seite. Unter den sechs Typen aber repräsentiere die „integrationsorientierte Kooperation" den „Normal-Typus" der bundesdeutschen Betriebsverfassung. Sie zeichnet sich durch die Anerkennung unterschiedlicher Interessen, die gemeinsame Orientierung an Sachlichkeit und Kompromissbereitschaft, eingeschränkte Konfliktstrategien sowie eine „gebremste betriebspartikularistische Kooperationsneigung" (Bosch et al. 1999) aus. Schmidt und Trinczek führen drei Gründe für die *Dominanz kooperativer Interaktionsbeziehungen* an (Schmidt/Trinczek 1999: 115f.). Erstens sei den Vertragsbeziehungen ein beiderseitiges Interesse und Kompromissbereitschaft der Vertragsparteien immanent. Zweitens habe der Mitbestimmungsgedanke als Kern der Wirtschaftsdemokratie in den Gewerkschaften eine lange Tradition und sei mit einem Mitgestaltungsanspruch verbunden. Und drittens setzten die Informations-, Beratungs- und Mitbestimmungsrechte des Betriebsverfassungsgesetztes einen ständigen Dialog zwischen den Betriebsparteien voraus. Auch bei gegensätzlichen Interessen und Interpretationen wiesen die Betriebsparteien aus Gründen der Ressourcenschonung zumindest ein Minimum an Kompromissbereitschaft auf. Trinczek führt an anderer Stelle an, dass für die Entwicklung der betrieblichen Interaktionsmuster nicht nur die Deutungsmuster der Betriebsräte, sondern auch die im Management vorherrschenden „kollektiven Orientierungsmuster" von ausschlaggebender Bedeutung seien (Trinczek 2004). Trinczek unterscheidet insgesamt sechs Leitbilder, von denen drei in offener oder zumindest latenter Weise betriebsratsfeindlich sind. Das konsensorientierte „partnerschaftlich-kooperative" Muster entspricht dabei ziemlich genau den Merkmalen der integrationsorientierten Kooperation.

Die skeptische Lesart der aktuellen Entwicklungen wird durch Analysen unterstrichen, die einen zunehmenden Machtverfall der Betriebsräte feststellen. Bereits erwähnt wurde in diesem Zusammenhang die Analyse Dörres (2002). Demzufolge zeigen zwar auf der einen Seite die tradierten kooperativen Mitbestimmungskulturen Beharrungskraft, und Kooperationsbeziehungen zwischen Betriebsleitungen und Interessenvertretungen würden teilweise sogar noch intensiver. Auf der anderen Seite jedoch gerieten Beschäftigte und ihre Interessenvertretungen in eine machtpolitische Defensive, weil die Ausbreitung des *marktzentrierten Kontrollmodus* einen neuartigen Marktdruck erzeuge und Arbeitsstandards systematisch in Frage stelle. In ähnlicher Weise argumentiert Tietel (2006), dass durch Globalisierung und Standortkonkurrenz, aber auch durch die wachsende Bedeutung finanzmarktorientierter Steuerungsformen der Interessengegensatz zwischen Betriebsrat und Belegschaft seine vormals strukturierende Funktion verloren habe. Unter dem Druck des Erhalts von Standorten und Beschäftigung habe sich die Auseinandersetzungslinie zwischen Kapital und Arbeit in die Betriebsräte und ihre Gremien hinein verlagert. Der einzelne Betriebsrat oder die Gremien konfrontieren sich selber mit der Frage, welche Auswirkungen das eigene Handeln für die Konkurrenzfähigkeit des Standortes oder Unternehmens hat. Die gestiegene institutionelle Bedeutung des Betriebsrates ginge aber mit einem zunehmenden *Anerkennungsdefizit* einher, weil sich das Management mehr und mehr an kurzfristigen Renditezielen und den eigenen Karrierechancen orientiere und dabei die soziale Verantwortung gegenüber den Beschäftigten vernachlässige. Der Betriebsrat lasse sich auf die wirtschaftlichen Ziele ein, das Management kenne aber keine sozialen Ziele mehr. Daraus ergebe sich eine *Beziehungsasymmetrie* zwischen Betriebsrat und Management: Ein „strategisches Management der industriellen Beziehungen" (Braun 2002) durch das Management fände nicht statt. Betriebsräte fühlten sich missachtet, weil ihr Angebot zu problemlösungsorientierten Aushandlungsprozessen so wenig Anklang fände.

Zu diesem Befund passt die Beobachtung von Behrens und Kädtler (2008), der zufolge die Information und Beteiligung der Betriebsräte durch das Management in Rationalisierungsansätzen des „strategischen Grenzmanagements" deutlich schlechter sind als im Rationalisierungsmuster der „operativen Dezentralisierung". Während Betriebsräte beim Abbau von Hierarchieebenen oder der Einführung von Gruppenarbeit (das ist mit operativer Dezentralisierung gemeint) häufig einbezogen werden und dazu auch eigene Gestaltungsvorschläge machen, ist dies bei der Auslagerung oder der Verlagerung ins Ausland (dem strategischen Grenzmanagement) weit seltener der Fall. Weil aber diese Muster der Rationalisierung gegenüber denen der operativen Dezentralisierung immer bedeutsamer werden, lässt sich den Autoren zufolge auch von einem Ende des Co-Managements sprechen – als Folge des Wandels der Rationalisierungskonzepte.

3.3 Gewerkschaft

Das Solidaritätsproblem zwischen Betriebsrat und Gewerkschaft wird nach Dybowski-Johannson (1980) durch eine Ambivalenz der Betriebsverfassung geprägt. Diese schaffe auf der einen Seite eine von den Gewerkschaften formal unabhängige Loyalitätsbasis und statte den Betriebsrat mit Ressourcen aus, Mitbestimmungspolitik auch gegen den Widerstand der Gewerkschaften zu betreiben. Auf der anderen Seite aber würde der Gesetzgeber den Gewerkschaften den Tarifvorrang und das alleinige Streikrecht einräumen und auf diese Weise den Aktionsspielraum der Betriebsräte einengen. Außerdem könnten die Gewerkschaften auf mehreren Wegen Einfluss auf die Betriebsräte nehmen: durch Schulungen, durch Teilnahme an Betriebsratssitzungen, durch Vertrauensleutekörper oder durch Beteiligung an Betriebsratswahlen mit eigenen Listen. Im Übrigen sei die Betriebsrätebewegung der Bundesrepublik Teil der Gewerkschaftsbewegung gewesen und die rasche Ausbreitung von Gewerkschaftsmitgliedern in Betriebsräten Ausdruck einer starken organisatorischen und personellen Verflechtung. Betriebsräte konnten sich so zur *zentralen Repräsentanz der Gewerkschaft* im Betrieb entwickeln. Sie organisieren faktisch die Mitgliederrekrutierung, sie stellen einen Großteil der Verwaltungsstellenvorstände und Tarifkommissionsmitglieder, sie kontrollieren die Einhaltung der Tarifverträge im Betrieb, und sie versorgen die Gewerkschaft mit Informationen über die wirtschaftliche Lage der Betriebe und die Mobilisierungsbereitschaft der Beschäftigten. Durch Aushandlung übertariflicher Lohnanteile in betrieblichen Lohnrunden konnten sie zudem den Lohninteressen der Beschäftigten auch in wirtschaftlich starken Unternehmen Rechnung tragen, die von der zentralisierten Lohnfindung in Tarifverträgen nicht berücksichtigt wurden. Allerdings hat dies nach Dybowski-Johannson auch einen Syndikalismus der Betriebsräte verstärkt; Bemühungen einzelner Gewerkschaften zur Entwicklung einer *betriebsnahen Tarifpolitik* scheiterten demnach nicht nur am Widerstand der Zentralisten in den Gewerkschaften, sondern auch am Widerstand der Betriebsräte, die sich die Aushandlung übertariflicher Leistungen als Legitimationsquelle nicht nehmen lassen wollten (Streeck 1979). Zudem hätten die Vertrauensleutekörper als genuin gewerkschaftliche Betriebsorganisation keinen Einfluss auf Entscheidungen entwickeln können; sie seien zu Handlangern und Unterstützern der Betriebsräte abgestiegen. In der Wahrnehmung der Betriebsräte werde die Gewerkschaft als wichtige Unterstützung, als „großer Bruder", aber auch als *außerbetriebliche Instanz* betrachtet.

Gegenüber der Autonomiethese weist Kotthoff (1981) in seinen Fallstudien nach, dass die gewerkschaftliche Organisation im Betrieb eine entscheidende Bedingung für die Entstehung wirksamer Betriebsräte ist. *Bevor* Betriebsräte kompetent und autonom im Betrieb handeln konnten, mussten sie sich erst vom Patriarchat emanzipieren, und dazu war die Gewerkschaft unabdingbar. Denn es

ISBN 978-3-8360-8714-8 – Presseexemplar – (c) edition sigma – 08102015

war die Gewerkschaft, die den Betriebsräten emanzipative Deutungsmuster bereitstellte, aus denen die Betriebsräte Partizipationsansprüche ableiten konnten. Eine zentrale Rolle dabei spielten aktive *Vertrauensleutekörper* in den Betrieben. Sofern sie die Kandidaten für den Betriebsrat stellten und an der Arbeit des Betriebsrates beteiligt wurden, waren die wichtigsten Voraussetzungen für eine emanzipative Mitbestimmungspraxis geschaffen. Allerdings hätten sowohl Gewerkschaften als auch Betriebsräte die Vertrauensleuteorganisationen seit den 1950er Jahren sträflich vernachlässigt.

Nachdem sich die Betriebsräte einmal emanzipiert haben, spielen die Vertrauensleute nach Kotthoff aber keine wichtige Rolle mehr. In seiner Nachfolgestudie (1994) stellt Kotthoff fest, dass die Vertrauensleutekörper den Charakter einer Kontroll- und Initiativinstanz verloren haben. Wenn jemals ein Konkurrenzkampf existiert habe, sei er zugunsten der Betriebsräte entschieden worden. Ein entscheidender Grund dafür lag demnach darin, dass die Gewerkschaften selber den Betriebsräten den Vorzug als gewerkschaftliche Repräsentanz im Betrieb gegeben hätten. Vertrauensleute würden nur dann für die Gewerkschaften von Bedeutung sein, wenn die Betriebsräte diese Funktion nicht ausüben würden oder könnten. Inzwischen aber hätten sich Betriebsräte zu „glaubhaften Gewerkschaftsrepräsentanten im Betrieb und einflussreichen Mitspielern auf der Managementebene“ (Kotthoff 1994: 43) entwickelt. In der Folge wären die Betriebsräte sowohl gewerkschaftsnäher als auch autonomer geworden. Einerseits seien sie stärker als zuvor in die Organisationsstrukturen der Gewerkschaft eingebunden, nicht zuletzt durch die ausgeweitete gewerkschaftliche Unterstützung und Betreuung; andererseits fühlten sie sich in ihrem Handeln gegenüber ihrer Gewerkschaft „selbstbewusster und selbständiger“ (Kotthoff 1994: 43). Dazu trüge insbesondere ihre Kontrollgewalt über die Mitgliederwerbung als Lebensader der Gewerkschaften bei. Damit seien die Betriebsräte von Juniorpartnern zu gleichrangigen Akteuren aufgestiegen, die freilich ein starkes Interesse an der Aufrechterhaltung der festen Bande zur Gewerkschaft behalten würden.

Die engen personellen und organisatorischen Verflechtungen zwischen Betriebsräten und Gewerkschaften bringen Schmidt und Trinczek (1999) auf den Begriff der „Vergewerkschaftung der Betriebsräte“ und der „Verbetrieblichung der Gewerkschaften“. Betriebsräte sind in ihrer überwiegenden Mehrheit Gewerkschafter. Allerdings gerieten dabei die Gewerkschaften durch den faktischen Ausschluss aus dem betriebspolitischen Alltagsgeschäft und einen nur indirekten Zugang zu den Mitgliedern in eine strukturelle Abhängigkeit zu den Betriebsräten. Es sind die Betriebsräte, die Mitgliederwerbung und -pflege betreiben, die Mitglieder für Tarifkonflikte mobilisieren und sie auch zur Umsetzung der Tarifvereinbarungen verpflichten. Betriebsräte seien deshalb „Transmissionsriemen wie Puffer“ (Schmidt/Trinczek 1999: 108) zwischen der Gewerkschaftsorganisation und ihren Mitgliedern. Damit würde eine *strukturelle Asymmetrie* begründet. Denn die Betriebsräte könnten ihre Aufgaben notfalls auch ohne die Gewerkschaften bestreiten, nicht aber umgekehrt. Zudem hätten die Gewerkschaften keine wirksamen Kontrollmittel gegenüber den Betriebsräten. Gewerkschaftliche Gegenlisten bei Betriebsratswahlen beispielsweise könnten kaum mit etablierten Betriebsräten konkurrieren. Enge Bande zwischen Gewerkschaft und Betriebsräten seien auch nicht generalisierbar. In der Typologie der betrieblichen Interaktionsmuster weisen von den sechs Typen nur zwei ein enges Verhältnis zur Gewerkschaft auf, als *Avantgarde* der Gewerkschaft im „konfliktorischen Interaktionsmuster" sowie als *verlängerter Arm* der Gewerkschaft in der „interessenbezogenen Kooperation". Im Normaltypus der integrationsorientierten Kooperation hat der Betriebsrat stärker partikularistische Züge; die Gewerkschaft fungiert hier als *Service-Abteilung* der Betriebsräte (Bosch et al. 1999).

Tietel (2006) beobachtet in seinen Fallstudien eine Abnahme gewerkschaftlich organisierter Betriebsräte. Ein wichtiger Faktor für die *abnehmende Bindung* zwischen Betriebsräten und Gewerkschaft sei die Erosion der Vertrauensleutekörper in den untersuchten Betrieben. Damit sei die Gewerkschaft nicht mehr Bestandteil des Betriebes, sondern würde als die betriebsexterne Kraft wahrgenommen, die schon Dybowski-Johannson in ihr vermutete. Erfahrungen mit der Gewerkschaft würden deshalb mehr und mehr durch außerbetriebliche Kontakte geprägt, und die Erfahrungen mit Hauptamtlichen – insbesondere den betreuenden Gewerkschaftssekretären – zum „Nadelöhr" (Tietel 2006: 276) für den Gewerkschaftsbezug der Betriebsräte. Tietel stützt Dörres Befund (2002), dass die Kluft zwischen betrieblicher und gewerkschaftlicher Interessenvertretung wachse und ein Loyalitätsverfall gegenüber gewerkschaftlicher Politik festzustellen sei. Für Betriebsräte würde es aufgrund der stärkeren Einbindung in die Unternehmensentwicklung zunehmend schwieriger, zugleich als Betriebsräte und als Gewerkschaftler aufzutreten. Es sei eine realistische Gefahr für die Gewerkschaften, dass dieser Rollenkonflikt von den Betriebsräten durch Abstreifen der „beengenden Kampfjacke des Gewerkschafters" (Tietel 2006: 277) gelöst werde.

3.4 Belegschaft

Das Verhältnis des Betriebsrates zur Belegschaft ist nach Dybowski-Johannson (1980) zunächst geprägt durch die geringen Einflussmöglichkeiten, die den Beschäftigten, abgesehen von der turnusmäßigen Wahl der Betriebsräte durch die Beschäftigten, eingeräumt werden. Das Aktivitätsniveau der Belegschaften sei deshalb gering. Vor allem die Bürokratisierung und Spezialisierung der Betriebsrätearbeit – beides Ausdruck der Professionalisierung – hätten zu einer Entfernung der Betriebsräte von den Beschäftigten geführt. Kritik aus der Belegschaft werde als Unkenntnis umgedeutet, und die Passivität der Belegschaft diene als Rechtfertigung für das eigene Rollenbild. In der Folge werde auch die Integration der Belegschaftsinteressen nicht durch horizontale Kommunikation, sondern durch vertikale Zentralisierung vorangetrieben. Interessen würden selektiv aufgenommen und in tragfähige und verhandlungsfähige Kompromisse transformiert. Aber auch in dieser Rolle als *Stellvertreter der Interessen* könne der Betriebsrat auf die Aktivierung der Belegschaft nicht ganz verzichten; diese erfolge aber nicht systematisch und nur mehr als latentes Drohpotenzial in Verhandlungen. Dabei sei der Informationsfluss einseitig von oben nach unten ausgerichtet. Der Betriebsrat hole nicht Meinungen ein, sondern informiert, rechtfertigt seine Tätigkeit und bereitet Mobilisierung vor, aber nur dann, wenn er diese auch wirklich als Drohkulisse in Verhandlungen zu benötigen glaubt.

Weber (1981) betont darüber hinaus, dass der Betriebsrat nicht nur die individuellen oder kollektiven Partikularinteressen der Belegschaft selektiv aufgreife, sondern dass er im Extremfall auch nur seine eigenen Interessen vertreten könne, die er als objektive Interessen der Belegschaft deklariere. Oder er definiere ein Gesamtinteresse gegen Partikularinteressen der Beschäftigten, wie z.B. die Arbeitszeitverkürzung oder den Abbau bezahlter Mehrarbeit gegen das Interesse einzelner Beschäftigter an Entgeltsteigerungen. Die Unabhängigkeit der Interessendefinition und -artikulation ende dort, wo der Betriebsrat die Belegschaft als Sanktionspotenzial brauche. Für den Betriebsrat läge es nahe, nur noch solche Interessen im Betrieb zum Gegenstand von Konflikten zu machen, die ihm *erfolgversprechend* erscheinen. Die Konsequenz ist ein Zirkel, wie ihn auch Dybowski-Johannson beschrieben hat: Die Belegschaft zieht sich zurück in politische Apathie, die wiederum dem Betriebsrat als Rechtfertigung seiner Stellvertreterpolitik dient.

Kotthoff zeichnet zunächst ein anderes Bild der Belegschaft (Kotthoff 1981). Nach Einschätzung seiner ersten Studie ist die *Einbeziehung der Belegschaft* neben der aktiven Rolle der Vertrauensleute die wichtigste Voraussetzung für das Entstehen eines Partizipationswillens. Ohne diesen Willen bei den Vertretenen gebe es auch keinen solchen Willen bei den Vertretern. Teilnahmslosigkeit der Beschäftigten schwäche die Interessenvertretung; nur mit der Belegschaft im Rücken sei sie stark. Auch in seinen Fallbetrieben klagen die Betriebsräte verbreitet über ein Desinteresse der Belegschaft; doch dort, wo die Betriebsräte umfassend über ihre Tätigkeit und ihre Ziele *informieren* und wo sie und die Vertrauensleute eine betriebliche Öffentlichkeit strukturieren würden, entstünde eben doch Belegschaftsinteresse und, mehr noch, eine Bereitschaft zur Unterstützung des Betriebsrates. Als negativen Beweis dafür wertet Kotthoff die Forderung vieler Manager seines Samples, der Betriebsrat möge nicht umfassend informieren und standfest gegenüber seinen Beschäftigten sein (Kotthoff 1981: 263f.).

In seiner zweiten Studie hingegen verschiebt sich der Akzent; hier gewinnt der Betriebsrat seine Unterstützung und Anerkennung weniger aus seiner Infor-

ISBN 978-3-8360-8714-8 – Presseexemplar – (c) edition sigma – 08102015

mationspolitik als vielmehr aus seiner *Autorität,* die er gegenüber den Beschäftigten entwickeln kann (Kotthoff 1994). Die Befreiung aus dem Patriarchat, aber auch der Erhalt einer wirksamen Interessenvertretung ist in seinen Augen das Werk weniger Protagonisten im Betriebsrat. Sie seien die herausragenden Einzelpersonen, die gegenüber den Beschäftigten – dem Kollektiv – eine personale Autorität aufbauen könnten, die zugleich „Medium der Kompromissbildung und Identifikation" sei (Kotthoff 1994: 257). Die Autorität ruht Kotthoff zufolge auf drei Pfeilern: auf einem hohen Maß an Selbstgewissheit und Selbstvertrauen, auf der Fähigkeit zur sozialen Integration als Repräsentant der betrieblichen Lebenswelt und schließlich auf Zielen, die das Kollektiv zu neuen Ufern – nämlich zu einer wirksamen Interessenvertretung – führen. Bei dieser Betonung des Charisma – das nach Kotthoff im Weberschen Sinne auch veralltäglicht werden kann – spielt die Partizipation der Beschäftigten als eigenständiges Ziel der Interessenvertretungspolitik keine tragende Rolle mehr (Sterkel 1997).

Die personale Autorität scheint daher gut mit der *„Marginalisierung der Belegschaften"* vereinbar zu sein, die Schmidt und Trinczek zufolge in den Betrieben der Bundesrepublik weit verbreitet ist; nicht von ungefähr prägt dieses betriebspolitische Muster auch ihren Normaltypus der integrationsorientierten Kooperation. Der Betriebsrat agiert dabei als „ideeller Gesamtbeschäftigter" (Schmidt/Trinczek 1999: 111), der die unterschiedlichen Interessen im Betrieb bündelt. Gute Wahlergebnisse und eine wohlwollende Zustimmung bei Betriebsversammlungen genügten dem Betriebsrat in seiner Stellvertreterrolle. Auch das Management habe ein Interesse an diesem Modell, weil Verhandlungen vereinfacht werden und die Belegschaft ruhig gestellt wird. Zur relevanten Größe werde die Belegschaft nur im Verhandlungsritual als *potenzielle Drohkulisse,* die zuweilen durch Inszenierungen des Missfalls auf Betriebsversammlungen verschärft wird, aber keine wirkliche Einbindung der Beschäftigten bedeutet. Einzig in konfliktorischen Interaktionsmustern werde die Belegschaft als Machtressource des Betriebsrates und als Ausdruck eines beschäftigtennahen Politikstils vom Betriebsrat aktiv einbezogen.

Bosch (1997) weist darauf hin, dass die Selektivität der Interessenbildung durch den Betriebsrat nicht unwesentlich durch sein *Rekrutierungsmuster* bedingt ist. Zwar seien viele Betriebsräte bestrebt, bei Wahlen möglichst Kandidaten aus allen Bereichen ihres Betriebes aufstellen zu können, um im Betrieb eine breite Verankerung und Repräsentanz zu haben. Faktisch jedoch setze sich der aktive Kern der Betriebsratsgremien häufig nach wie vor – wie bereits Weber (1981) herausgearbeitet hatte – aus relativ homogenen, gewerkschaftlich organisierten und politisch interessierten Beschäftigtengruppen zusammen, die aus den Facharbeiterabteilungen kommen. Männliche Angestellte, Frauen oder ausländische Beschäftigte seien nicht selten unterrepräsentiert (ein Befund, der von Wassermann/Rudolf [2007] gestützt wird), und zudem stünden die hohe perso-

ISBN 978-3-8360-8714-8 – Presseexemplar – (c) edition sigma – 08102015

nelle Kontinuität im Betriebsrat sowie die traditionellen Rekrutierungsmuster über Vertrauensleutekörper dem Wandel von Kulturen entgegen.

Die Repräsentanz der Belegschaft und ihrer Interessen wird Tietel (2006) zufolge auch dadurch erschwert, dass die *Heterogenität der Belegschaften* zunimmt. Grund dafür sei die wachsende Differenzierung arbeitskultureller Milieus sowie die steigende Vielfalt arbeits- und tarifvertraglicher Regelungen. Insbesondere verbreitere sich die Kluft zwischen der zumeist gewerkschaftlich geprägten Kultur des Betriebsrates und der leistungsorientierten Arbeitskultur in den Angestelltenbereichen. Dort könne die kollektive Schutzpolitik der Betriebsräte in Konflikt zu den individuellen Arbeits- und Leistungszielen der Beschäftigten treten, vor allem sofern die Beschäftigten kollektivvertragliche Regelungen in eigener Regie unterlaufen, weil sie ihnen in der Konfrontation mit „Konkurrenz, Kunden und Kennziffern“ (Lehndorff/Voss-Dahm 2006) als Hindernis erscheinen. Ein Beispiel dafür ist die Umgehung von Arbeitszeitregelungen (dazu auch Haipeter/Lehndorff 2004). Deshalb auch funktioniere die Exklusion einzelner Beschäftigtengruppen nicht mehr so wie zuvor.

Der Wandel der Arbeitsorganisation ist auch von Müller-Jentsch als wichtiger Impuls für die Veränderung der Mitbestimmungspraxis hervorgehoben worden (Müller-Jentsch 2007). Anders als Tietel bezieht er sich dabei aber weniger auf die neuen Leistungsorientierungen subjektivierter und vermarktlichter Beschäftigter, sondern vor allem auf die *wachsenden Partizipationsansprüche* der Beschäftigten, die mit der Ausbreitung neuer Formen der partizipativen Arbeitsorganisation wie Gruppenarbeit, Qualitätszirkel oder Projektteams unweigerlich verbunden seien. Für das Management sei gerade in Zeiten der Reorganisation die Beteiligung der Beschäftigten ein wirtschaftliches Gebot der Stunde. Das System der industriellen Beziehungen würde nach unten durch eine „Mitbestimmung in erster Person“ (Müller-Jentsch 2007: 102) erweitert. Dadurch aber würde das Vertretungsmonopol des Betriebsrates in Frage gestellt. Weil ein direktes Beteiligungsmuster zwischen Management und Beschäftigten entstehe, könnten die Betriebsräte nur dann eine wichtige betriebspolitische Stellung wahren, wenn sie als *„Interessenmanager“* (Müller-Jentsch 1998) die Beschäftigten bei der Wahrnehmung ihrer individuellen Teilhabeinteressen unterstützten. Allerdings erschöpft sich ihre Bedeutung darin nicht. Denn die Betriebsräte hätten auch eine zentrale Funktion bei der *Einführung und Umsetzung neuer Managementkonzepte.* In den meisten Fällen seien diese nämlich keine einseitigen Erfindungen eines wirtschaftlich rationalen Managements. Vielmehr stehe und falle die Stabilisierung und Verbreitung partizipativer Organisationsformen mit der Unterstützung des Betriebsrates. Der Betriebsrat spiele eine entscheidende Rolle als Treiber der Reorganisation in Modernisierungskoalitionen mit bestimmten Managementfraktionen (Dörre 2002; Kotthoff 1995). Dies gelte umso mehr, als mit der Durchsetzung des marktzentrierten Steuerungsmodus in den

Unternehmen Partizipationskonzepte unter Rationalisierungsdruck gerieten und „arbeitspolitische Rückschritte" (Schumann 1998) und ein „Rückschwung des arbeitsorganisatorischen Pendels" (Dörre 2002) drohe.

Becker et al. (2009) weisen darauf hin, dass sich die rechtlichen Grundlagen für die Einbeziehung der Beschäftigten in die Betriebsratsarbeit mit der letzten Reform des Betriebsverfassungsgesetzes verbessert haben. Schon zuvor wurden den Beschäftigten Beschwerde- und Beteiligungsrechte eingeräumt (in den Paragraphen 81-86). Seit der Reform kann der Betriebsrat zudem Arbeitnehmer zur Beratung hinzuziehen (§ 80 [3]) oder betriebsverfassungsrechtliche Aufgaben an Arbeitsgruppen übertragen (§ 28a). Die ersten Befunde deuten darauf hin, dass diese Verfahren insbesondere unter den Bedingungen von Restrukturierungen oder Verlagerungen Anwendung finden und dass sie die Legitimation der Interessenvertretungen steigern können.

Dem steht die bereits angeführte Analyse Rehders (2006) entgegen, der zufolge mit dem Co-Management in Wettbewerbsbündnissen die Gefahr einer *Vernachlässigung der Repräsentationsaufgaben* gegenüber der Belegschaft sowie die Erschöpfung der Beschäftigungssicherung als Legitimationsquelle des Betriebsratshandelns verbunden sein kann. Nach Rehder besteht eine mögliche Lösung dieser Probleme darin, dass die Betriebsräte die Legitimität ihres Handelns durch Einbeziehung und Beteiligung der Beschäftigten in die Prozesse der Entscheidungsfindung erhöhen.

3.5 Mitbestimmungspraxis und Organisation der Betriebsräte

Die Mitbestimmungspraxis und die Organisation der Betriebsräte sind entscheidend durch den rechtlichen Rahmen des Betriebsverfassungsgesetzes geprägt. Das Betriebsverfassungsgesetz gibt der Arbeit der Betriebsräte eine einklagbare Rechtsgrundlage durch die Ressourcen – Freistellungen, Budgets oder Infrastruktur – und die Informations-, Beratungs- und Mitbestimmungsrechte, die es festlegt oder auch nicht festlegt. Aus der gesetzlichen Verpflichtung der Interessenvertretung auf das Betriebswohl folgt für den Betriebsrat ein „intermediäres Programm" der Vermittlung von wirtschaftlichen Betriebsinteressen und Beschäftigteninteressen (Müller-Jentsch 2008: 171). Der Ausschluss des Arbeitskampfes verpflichtet den Betriebsrat auf eine diskursive Interessenvertretung. Deshalb wird der Aufbau von Kompetenzen und Wissen als notwendige Voraussetzung für eine wirksame Interessenvertretung betrachtet, und deshalb empfehle sich für den Betriebsrat auch eine fachliche Spezialisierung und Funktionsdifferenzierung im Gremium (Weber 1981).

Es gibt zwei Topoi, die in der Bewertung der Mitbestimmungspraxis und ihrer Entwicklungstendenzen eindeutig dominieren. Der erste ist die *Professio-*

nalisierung der Betriebsräte. Bereits Dybowski-Johannson hatte die Professionalisierung als Reaktion der Betriebsräte auf die Herausforderungen des Argumentationskampfes mit dem Management gedeutet (1980). Professionalisierung ist demnach eine Vorbedingung für wirksame Interessenvertretung. Sie habe aber die bereits angesprochene Kehrseite einer wachsenden Distanz der Betriebsräte zu den Belegschaften. Bei Kotthoff und Bosch hingegen spielt die Ambivalenz der Professionalisierung keine größere Rolle mehr. Nach Kotthoff (1994) geht die Professionalisierung einher mit dem Aufbau von Autorität und von pragmatischen, entideologisierten Arbeitsbeziehungen zum Management. Und auch Bosch (1997) sieht die Professionalisierung im Zusammenhang mit der Rationalisierung der Problemlösung zwischen Betriebsrat und Management, ohne damit negative Nebenfolgen für die Beziehungsmuster zwischen Betriebsräten und Beschäftigten zu vermuten.

Voraussetzungen der Professionalisierung sind zum einen die Verberuflichung der Betriebsräte – denn nur als langjährige Mitglieder des Betriebsrates können sie sich intensiv in Themen einarbeiten – und zum anderen der wachsende Spezialisierungsbedarf bei der Behandlung unterschiedlicher Themen. Die Funktionsdifferenzierung kann freilich sehr unterschiedlich ausgeprägt sein, abhängig vor allem von den Beziehungen im Betriebsratsgremium. Bosch unterscheidet dabei *drei Typen von Macht- und Arbeitskulturen* im Betriebsrat (1997). Der „autokratische Typus“ zeichnet sich durch die Schlüsselstellung eines „Betriebsratsfürsten“ aus, der langjährig im Amt ist, alle Kontakte zur Geschäftsleitung monopolisiert und die Informationen kontrolliert. Das Kompetenzgefälle im Betriebsrat ist hoch und die Weiterbildungsaktivitäten gering. Die Arbeitsteilung ist gering ausgeprägt und Sitzungen finden nur nach Bedarf statt. Der „arbeitsteilig-dezentrale Typus“ ist das Gegenbild dazu, mit einem Vorsitzenden als Moderator, einem hohen Bildungsstand der einzelnen Betriebsräte, einer ausgeprägten fachlichen Spezialisierung zwischen den Betriebsräten und egalitären Diskussionskulturen, was aber auch die Herausbildung einer besonders aktiven Kerngruppe nicht ausschließt. Der „zentralistisch-arbeitsteilige Typus“ schließlich ist eine Art Mischform, bei der Entscheidungen in einer kleinen Kerngruppe von Betriebsräten zentralisiert werden. Arbeitsteilung und Egalität herrschen zwischen den Mitgliedern der Kerngruppe, nicht aber zwischen allen Betriebsräten.

Die Professionalisierung ist die historische Vorbedingung für den zweiten Topos, das *Co-Management* der Betriebsräte. Anders als die Professionalisierungsthese ist der Topos des Co-Managements in der Literatur umstritten. Nach Müller-Jentsch zeichnet sich das Co-Management der Betriebsräte durch die „Einbeziehung in Prozesse der kooperativen Modernisierung“ aus (Müller-Jentsch 2007: 101). Dabei seien sie „Kritiker, Agenten und Promotoren“ des betrieblichen Wandels (ebenda). Im Co-Management komme die intermediäre Funktion des Betriebsrats als Interessenvertreter, der zugleich das Betriebswohl

ISBN 978-3-8360-8714-8 – Presseexemplar – (c) edition sigma – 08102015

im Auge haben muss, voll zur Geltung. Allerdings bleibt damit die jeweilige Reichweite der Einbeziehung und des tatsächlichen Einflusses der Betriebsräte noch weitgehend unbestimmt. Müller-Jentsch und Seitz konkretisieren das Co-Management anhand zweier Merkmale (Müller-Jentsch/Seitz 1998): Die Betriebsräte behandeln erstens neue Themen, darunter vor allem die Arbeitsorganisation, aber auch Weiterbildung oder Outsourcing, und schließen dazu Betriebsvereinbarungen ab (dazu auch der Überblick von Heidemann 2000). Und zweitens üben die Betriebsräte Einfluss auf die Gestaltung der Arbeitsorganisation aus. Dort, wo sowohl Betriebsvereinbarungen zu den neuen Feldern abgeschlossen werden und der Betriebsrat an der Umsetzung der Reorganisation beteiligt ist, liegt nach Müller-Jentsch und Seitz ein Co-Management vor. Nach der Betriebsrätebefragung im Maschinenbau gibt es Co-Manager zwar nur in knapp 8% der Betriebe, dafür aber in über 30% der Betriebe mit mehr als 500 Beschäftigten. Der Co-Manager ist demnach ein Großbetriebsphänomen. Die Autoren betonen, dass mit dem Co-Management keine Distanzierung von der Gewerkschaft einhergeht. Die Kontakte würden vielmehr zunehmen, schon weil mit der Erschließung neuer Themen der Beratungsbedarf und die Unterstützungserwartung an die Gewerkschaften stiegen.

Ähnlich argumentieren Minssen und Riese (2007). In ihrer Studie zur Organisationspraxis von Betriebsräten des Nahverkehrs haben sie nicht nur einen höheren Anteil von Co-Managern (etwa 15%, diese aber auch vor allem in Großbetrieben) beobachtet, sondern der Co-Manager erweist sich zugleich als überlegener – die Autoren nennen ihn einen „besonderen" – Betriebsratstypus. Er dezentralisiere seine Arbeit in Ausschüssen, er gehe planvoller und strukturierter vor, er unterhalte kontinuierlichere Kontakte zur Geschäftsleitung, er bilde sich umfassender weiter, er arbeite enger mit der Gewerkschaft zusammen, er kommuniziere mehr mit der Belegschaft und binde sie stärker in seine Arbeit ein, und er könne sich der Unterstützung seiner Belegschaft sicher sein. Dabei vollziehe sich ein Mechanismus der Isomorphie: Der Co-Manager bilde sich vor allem als Reaktion auf betriebliche Modernisierung und Reorganisation heraus. Für diese Prozesse sei er die überlegene Form der Interessenvertretung, weil er Expertise mit Verhandlungsmacht vereine. Allerdings setze er sich damit der Gefahr der Mitverantwortung für Folgen von Rationalisierungsentscheidungen aus, an denen er selber nicht beteiligt war.

Über diese kritischen Aspekte hinaus kritisieren Schmidt und Trinczek den inflationären Gebrauch des Topos. Sofern sich die Mitwirkung nur auf einige Erweiterungen der Mitbestimmungstatbestände des Betriebsverfassungsgesetzes bezöge, könne man nicht vom Co-Management, sondern allenfalls von einer „leicht erweiterten Mitbestimmung" (Schmidt/Trinczek 1999: 117) sprechen. Co-Management sei letztlich gebunden an die zentralen Managemententscheidungen über Investitionen und die Fortführung oder Schließung des Betriebes.

Auch die Übernahme einer Managementperspektive alleine sei kein Merkmal des Co-Managers, weil sie mit defizitären Vertretungsformen einhergehen kann. In diesem Zusammenhang ist die Typologie instruktiv, die Rehder (2003) zum Co-Management entwickelt hat. In ihrer Interpretation ist bereits der Abschluss einer Vereinbarung zur Beschäftigungssicherung als Akt des Co-Managements zu werten. Dabei unterscheidet sie drei Formen des Co-Managements: Der Junior-Partner ist eine Art Erfüllungsgehilfe des Managements, als Gegenmacht übt der Co-Manager Einfluss auf Managemententscheidungen ohne größere Interessenkonvergenzen aus, und als Geschäftspartner schließt er bindende Verträge mit dem Management, in denen Leistungen und Verpflichtungen beider Seiten festgelegt werden.

Nach den Befunden Tietels (2006) schließlich ist die Distanz der Betriebsräte zum Begriff des Co-Managements recht groß, sei es, weil nach ihrem Eindruck die Reichweite der Mitgestaltung eher begrenzt bleibt, sei es, weil sie sich für echte strategische Entscheidungen nicht kompetent fühlen oder sei es, weil das Management sie nur als Träger der Mitverantwortung (aus-)nutzen will. Vor allem aber sei bei den Betriebsräten die Anerkennung der Herrschaftsverhältnisse und der Autorität der Geschäftsleitung weit weniger umstritten, als dies mit dem Co-Management suggeriert würde. Die Euphorie um das Co-Management erkläre sich vor allem daraus, dass es ein positives Betriebsratsbild in Zeiten „interessenpolitischer Rückschritte“ zeichne, das von Verteidigern der Institution nur zu gerne aufgegriffen worden sei.

3.6 Offene Forschungsfragen

Die Aussagen und Befunde der Literatur zur Entwicklung der Mitbestimmungspraxis der Betriebsräte und ihrer Beziehungsmuster sind hinsichtlich ihrer Einschätzungen und Trendaussagen alles andere als einheitlich. Problemzentrierte Deutungen mit eher pessimistischen Entwicklungshypothesen stehen chancenorientierten Deutungen und eher optimistischen Perspektiven gegenüber. Das pessimistische Bild setzt sich aus Problemen wie den Machtasymmetrien zum Management, der Entfremdung der Betriebsräte gegenüber der Belegschaft, der strukturellen Abhängigkeit der Gewerkschaft von den Betriebsräten und den neuen Bedrohungen der Globalisierung und der marktzentrierten Reorganisation zusammen; das positive Szenario hingegen betont die zunehmende Vertretungswirksamkeit der Betriebsräte und die wachsende Integration zwischen Betriebsrat und Management, die Unterstützungsleistungen der Gewerkschaft, die Förderung neuer Partizipationsansätze durch die Betriebsräte und die wachsende Professionalität der Betriebsräte (Tabelle 1).

Tab. 1: Beziehungs- und Mitbestimmungsmuster und ihre Entwicklungen

Deutungen	Beziehungen zum Management (Integrationsproblem)	Beziehungen zur Gewerkschaft (Solidaritätsproblem)	Beziehungen zur Belegschaft (Legitimationsproblem)	Mitbestimmungspraxis und Organisation
Problemorientierte Deutungen	• Keine eigenen Machtmittel – Kooperative Orientierung und Asymmetrie im Argumentationskampf • Überlastung durch Verbetrieblichung • Durch Globalisierung und Auslagerung Interessenkonflikt in Betriebsrat verlagert • Interessenpolitische Rückschritte im marktzentrierten Kontrollmodus • Anerkennungsdefizit und Beziehungsasymmetrie durch Abkehr des Managements von sozialer Verantwortung	• Betriebsrat zentrale Repräsentanz der Gewerkschaft im Betrieb – Vertrauensleute als Hilfsdienste und Gewerkschaft als außerbetriebliche Instanz • Abnehmende Bindung durch Erosion Vertrauenskörper • Loyalitätsverfall und Kluft zwischen betrieblicher und gewerkschaftlicher Interessenvertretung • Strukturelle Asymmetrie Betriebsrat – Gewerkschaft	• Repräsentationsprinzip: Geringe Einflussmöglichkeiten Beschäftigten außer Wahl • Betriebsrat kann Partikularinteressen selektiv aufgreifen und allgemeine Interessen definieren (Stellvertreterpolitik) – Konstanz Rekrutierungsmuster und Dominanz Interessen männlicher Facharbeiter • Beschäftigte nur potenziell als Drohkulisse • Marginalisierung der Belegschaft – Betriebsrat als Gesamtarbeiter • Zunehmende Heterogenität der Belegschaften; Leistungsorientierung Angestellte • Legitimationsprobleme des Co-Managements	• Spezialisierungs- und Differenzierungsbedarf • Keine echte Mitbestimmung bei Investitionsentscheidungen oder Betriebsschließungen • Vielfalt Mischungsformen Hierarchie und Arbeitsteilung in den Gremien • Co-Management als temporäre Utopie • Krise des Co-Management
Chancenorientierte Deutungen	• Vordringen wirksamer Mitbestimmungspraxis • Versachlichung und Formalsierung der Beziehungen • Ökonomismus der Betriebsräte: Akzeptanz von Personalabbau und Leistungsintensivierung • Perspektivübernahmen und kommunikative Egalität • Integrationsorientierte Kooperation als Normalform	• Formal unabhängige Loyalitätsbasis des Betriebsrates • Entlastung durch Tarifvorrang und Streikrecht Gewerkschaft • Tragende Rolle Vertrauensleute bei Auszug aus dem Patriarchat • Unterstützungs- und Beratungsleistungen Gewerkschaft – Service-Funktion Gewerkschaft	• Einbeziehung der Belegschaft durch Information wichtige Rolle für Entwicklung Partizipationswillen • Legitimation des Betriebsrates durch personale Autorität • Direkte Partizipation – Betriebsrat als Interessenmanager • Zentrale Rolle Betriebsrat bei Einführung neuer Managementkonzepte • Aktivierung Beschäftigte als Machtressource in konfliktorischen Beziehungsmustern	• Intermediarität des Betriebsrates als Quelle der Stärke • Trend der Professionalisierung durch Verberuflichung und Spezialisierung • Trend des Co-Management: Ausweitung der Mitbestimmungspraxis über Rechtsrahmen des Betriebsverfassungsgesetzes hinaus – Schwerpunkt Arbeitsorganisation • Verschiedene Typen des Co-Management

ISBN 978-3-8360-8714-8 – Presseexemplar – (c) edition sigma – 08102015

Die Vielfalt der Deutungen lässt sich dahingehend interpretieren, dass es derzeit wohl nicht weniger offene Forschungsfragen als gesicherte Erkenntnisse zu Beziehungsmustern und Mitbestimmungspraxis der Betriebsräte gibt. Um nur einige offene Fragen zu nennen: Was bedeutet die Ausbreitung markzentrierter Steuerungsformen und globalisierter Standortkonkurrenz für die Wirksamkeit der Interessenvertretungsformen und die beobachtete Zunahme kommunikativer Egalität zwischen den Betriebsparteien? Werden die Betriebsräte ihren Aufgaben als zentraler gewerkschaftlicher Repräsentanz im Betrieb gerecht, oder dominiert ein Loyalitätsverfall in Folge des Auseinanderdriftens betrieblicher und gewerkschaftlicher Interessen? Woher bezieht der Betriebsrat eigentlich seine Legimitation, und welche Auswirkungen haben darauf neue Managementkonzepte? Und kann das Co-Management als neues Leitbild den Niedergang emanzipatorischer Mitbestimmungsprojekte – wie sie Kotthoff beschrieben hat – ausgleichen, oder bricht es sich an einer wachsenden Ohnmacht der Betriebsräte im Getriebe der Standortkonkurrenz und an zunehmenden Legitimationsproblemen?

Diese Studie ist weit von dem Anspruch entfernt, die offenen Forschungsfragen klären zu können. Dazu ist ihre Fragestellung zu speziell und sind ihre Methoden zu begrenzt. Wohl aber sollte der Leser diese offenen Fragen im Hinterkopf behalten, denn sie spielen für die Untersuchung der Tarifabweichung und ihrer Folgewirkungen für die betriebliche Mitbestimmung eine wichtige Rolle als *allgemeine Hintergrundprobleme.* Die Fragestellung dieser Studie setzt auf diesen Hintergrundproblemen auf und spitzt sie auf die Folgen der Tarifabweichung zu. *Welche Veränderungen, so wird gefragt, ergeben sich für die bestehenden betrieblichen Beziehungsmuster und die Mitbestimmungspraxis der Betriebsräte daraus, dass die Betriebsräte zu Tarifakteuren im Betrieb werden?*

Mit dieser Fragestellung ist weder der Anspruch verbunden, eine neue allgemeine Typologie der jeweiligen Beziehungsmuster zu entwickeln, noch generelle Einschätzungen zur Entwicklung der Mitbestimmungspraxis zu erarbeiten. Sie zielt vielmehr auf die möglichen *Veränderungen,* die sich aus der Tarifabweichung für die in den Untersuchungsbetrieben bestehenden Beziehungsmuster ergeben. Diese Veränderungen könnten freilich sehr einschneidend sein. Denn die Tarifabweichung stellt die Betriebsräte vor ganz neue Herausforderungen als Tarifakteure, die sowohl die Entwicklung ihrer Kompetenzen und Ressourcen betreffen als auch ihre Stellung in den betrieblichen Beziehungsmustern.

Hinsichtlich der *Arbeitsbeziehungen zum Management* könnte vermutet werden, dass sich diese unter der Last neuer Verteilungskonflikte verschlechtern. Nicht auszuschließen ist aber auch, dass kooperative Interaktionsmuster auf neue Felder ausgedehnt werden. In diesem Rahmen kann die Tarifabweichung als Ausdruck einer Machtverschiebung zugunsten des Managements gedeutet werden. Möglicherweise aber kann der Betriebsrat im Konflikt auch neue Ressourcen erschließen, die seine Position stärken.

Mit Blick auf die *Beziehungen zur Belegschaft* lässt sich die Hypothese formulieren, dass sich die Beziehungen im Zeichen des gemeinsamen Interesses für Beschäftigungssicherung intensivieren; es könnten aber auch neue Legitimationsprobleme auftauchen, sofern die Beschäftigten Tarifabweichungen nicht mittragen. Auch wäre zu fragen, ob die Betriebsräte die Tarifabweichung mit den Instrumenten einer traditionellen Stellvertreterpolitik behandeln, oder ob und wie sie die Beschäftigten in die Verhandlung und Umsetzung der Tarifabweichung einbinden. Dies dürfte nicht zuletzt abhängig sein von den Interessen und Deutungsmustern, die in der Belegschaft artikuliert werden.

Die *Beziehungen zur Gewerkschaft* könnten sich eintrüben, sofern Betriebsräte zu weitergehenden materiellen Konzessionen der Beschäftigten mit dem Ziel der Beschäftigungssicherung bereit sind, als sie die Gewerkschaft mit ihrem Ziel des Erhalts der Prägekraft der Flächentarifverträge für vereinbar erachtet. Zugleich könnten aber auch bestehende Bindungen zwischen Betriebsräten und Gewerkschaften intensiviert oder neue Bindungen geschaffen werden, weil sich die Interessenvertretungen im Prozess der Situationsdeutungen und der Verhandlungen näher kommen. Wichtig sind in diesem Zusammenhang die Fragen, wie die Rollenverteilung in den Verhandlungen ist und welche Bedeutung die gewerkschaftlichen Vertrauenskörper und die Gewerkschaftsmitglieder in den Prozessen der Tarifabweichung haben.

Schließlich könnte hinsichtlich der *Organisations- und Mitbestimmungspraxis* die Rolle der Betriebsräte als Co-Manager gestärkt werden, sofern die Betriebsräte erweiterte Mitbestimmungs- und Beteiligungsrechte in den Tarifabweichungen vereinbaren können; ebenso könnte die Tarifabweichung aber auch Kompetenzprobleme und Überforderungen hervorrufen, die den Beteiligungsanspruch der Betriebsräte unterminieren. Auch wäre es möglich, dass sich unter dem Druck der Tarifabweichung die interne Arbeitsteilung in den Betriebsratsgremien zugunsten weniger hierarchischer Formen wandelt, weil auf diese Weise mehr Ressourcen mobilisiert werden können oder nur so auch der Konsens innerhalb der Gremien sichergestellt werden kann. Ebenso ist aber nicht auszuschließen, dass sich hierarchische Strukturen verfestigen, weil der Betriebsratsvorsitzende die Verhandlungen auf sich monopolisiert.

Mit der Tarifabweichung werden deshalb, so lässt sich vermuten, die Karten für die Betriebsräte neu gemischt. Welche Entwicklungstrends durch die Tarifabweichung verstärkt oder auch neu angestoßen werden ist aber nicht im Vorhinein prognostizierbar. Die Tatsache, dass die Betriebsräte in Verhandlungen über Tarifunterschreitungen mit ihrem Management eintreten, lässt noch keine Rückschlüsse darüber zu, wie sie ihre Interessen definieren, welche Strategien sie in diesen Verhandlungen entwickeln, ob und auf welche Weise sie die Beschäftigten einbinden, wie sie die Zusammenarbeit mit der Gewerkschaft und der betrieblichen Gewerkschaftsorganisation gestalten und wie sie ihre eigene

Arbeit organisieren. Für die Behandlung dieser Fragen bestehen für die Betriebsräte mithin *Freiheitsgrade.*

Mit Blick auf die empirische Analyse der Betriebsräte als Tarifakteure reicht der bloße Verweis auf Freiheitsgrade allerdings nicht aus. Denn die Freiheitsgrade können enger oder weiter gezogen sein. Ihr mögliches Spektrum wird aufgespannt zwischen dem Pol geringer Spielräume im Rahmen gegebener struktureller Bedingungen – dann wären die Handlungen wenn nicht ganz, so doch weitgehend strukturell determiniert – und dem Gegenpol eines voluntaristischen „Anything Goes", bei dem die Akteure keinen wesentlichen strukturellen Restriktionen unterliegen. Freiheitsgrade des Handelns erklären also für sich betrachtet sehr wenig. Deshalb ist ein theoretisches und begriffliches Instrumentarium unverzichtbar, mit dessen Hilfe die Handlungsspielräume der Betriebsräte empirisch analysiert werden können.

Prinzipiell stünden für diese Aufgabe einige Entwürfe integrativer Sozialtheorien zur Verfügung (für einen Überblick siehe Joas/Knöbl 2004). Ich werde mich für die Zwecke dieser Untersuchung auf das von Giddens entwickelte Konzept der *Strukturierung* stützen, weil sich damit erstens das Verhältnis von Struktur und Handlung gut analysieren lässt und weil dabei zweitens Strukturen in ihren vielfältigen kognitiven, normativen und materiellen Dimensionen erfasst werden können. Betriebsräte, so lässt sich daraus ableiten, *strukturieren* ihre Beziehungsmuster zu den anderen betrieblichen – und überbetrieblichen – Akteuren ebenso aktiv wie auch ihre Organisation und Mitbestimmungspraxis. Und ihre Strukturierungspraxis hängt sowohl von den Deutungs- und Interaktionsmustern der anderen Akteure ab als auch von ihren relativen Machtressourcen. Diese Zusammenhänge möchte ich im folgenden Abschnitt etwas ausführen.

3.7 Betriebsräte als Akteure der Strukturierung

Um das Problem der Strukturierung – auch wenn es nicht explizit als solches bezeichnet wurde – ist vor einigen Jahren eine kleine Auseinandersetzung in der Mitbestimmungsliteratur geführt worden. Dabei standen sich zwei Ansätze und ihre Vertreter gegenüber, nämlich Kotthoff mit seinem (zusammen mit Reindl [1990] entwickelten) Ansatz der „Sozialordnung" und Schmidt und Trinczek mit ihrem Ansatz der „politischen Kultur der Austauschbeziehungen" (Schmidt/Trinczek 1999; Bosch et al. 1999). Beiden Ansätzen geht es um dasselbe Ziel einer Konzeption des Betriebes als Ort sozialer Interaktionen. Ein wichtiger Kritik- und Ausgangspunkt war, dass die Mitbestimmungsforschung den Betriebsrat zumeist als „isolierten Akteur" (Trinczek 1989) betrachtet und untersucht hat und auf diese Weise in das Dilemma geriet, Unterschiede in den betrieblichen Arbeitsbeziehungen entweder voluntaristisch anhand der Person des Betriebsratsvorsitzenden zu erklären, oder sie objektivistisch aus vorgegebenen Rahmenbedingungen wie der wirtschaftlichen Lage, der Branchenzugehörigkeit, der Produktions- und Produktstruktur oder der Struktur und dem Organisationsgrad der Belegschaft abzuleiten. Sowohl der Ansatz der Sozialverfassung als auch der der politischen Kultur haben den expliziten Anspruch, das Problem der Beziehung zwischen Handlung und Struktur interaktionistisch aufzulösen.

In der Kotthoffschen *Sozialordnung* geschieht dies unter Betonung gemeinsam geteilter Deutungsmuster, durch die im Betrieb Ordnung erzeugt wird, sowie der Prozesse der sozialen Interaktion, in denen diese Deutungsmuster reproduziert oder verändert werden. Eine zentrale Bedeutung in diesem Zusammenhang hat für Kotthoff die moralische Kategorie der Anerkennung. Die betriebliche Herrschaft des Managements muss von den anderen Akteuren durch Anerkennung legitimiert werden, ansonsten steht sie auf tönernen Füßen, und es entstehen Anerkennungskonflikte. Ihren eigentlichen Halt und ihre Beständigkeit gewinnen die Deutungsmuster dadurch, dass sie den affektiven sozialen Bedürfnissen der betrieblichen Akteure entsprechen und eine betriebliche Gemeinschaft erzeugen können (zusammenfassend Kotthoff 2005).

Bei der *politischen Kultur der Austauschbeziehungen* wird hingegen der strukturelle Kontext des Verhältnisses von Kapital und Arbeit betont. In diesem Rahmen gebe es jeweils „betriebsspezifische Organisations- und Verhandlungskulturen mit einem nebeneinander von Machtbeziehungen und Verständigungshandeln“ (Bosch et al. 1999: 29). Die Kulturen bestehen sowohl aus Regeln und Normen als auch aus Mustern der Problemwahrnehmung. Ihre jeweilige Ausgestaltung wird als „Sediment der strukturell asymmetrischen innerbetrieblichen Machtauseinandersetzung“ (ebenda) betrachtet, das aber nicht durch das Verhältnis von Kapital und Arbeit bereits determiniert wäre, sondern von vielen weiteren objektiven und subjektiven Faktoren abhinge. Das Entscheidende dabei sei, dass die Austauschbeziehungen nur als Ergebnis eines historischen Prozesses und aktiver Konstruktionen durch die betrieblichen Akteure zu verstehen sind.

In ihrer Betonung sozialer Interaktionen, historischer Entwicklungen, kognitiver Deutungsmuster und aktiver Konstruktionsleistungen der betrieblichen Akteure ähneln sich beide Ansätze deutlich. Dennoch ist zwischen ihren Urhebern ein offener Konflikt um den richtigen theoretischen Weg entstanden. Dabei werfen sie sich jeweils Verkürzungen und Einseitigkeiten vor. Am Ansatz der politischen Kultur der Austauschbeziehungen wird bemängelt, dass er die betrieblichen Akteure einseitig als zweckrational und strategisch motiviert betrachtet, die in sozialen Austauschprozessen ihre Machtressourcen ausnutzen und optimieren würden (Kotthoff 1994: 19). Umgekehrt wird der Ansatz der Sozialordnung dafür kritisiert, einseitig die symbolische und moralische Dimension der betrieblichen Interaktionen zu betonen und dabei die strukturellen Asymmetrien zu vernachlässigen, die sich aus dem Klassenverhältnis zwischen Kapital und Arbeit ergeben (Bosch et al. 1999: 27).

Beide Ansätze spiegeln daher – schon im Urteil ihrer Autoren – die jeweiligen Leerstellen ihres Gegenübers wider. Konflikte im Betrieb können offensichtlich sowohl moralisch motivierte Anerkennungskonflikte als auch Konflikte um die Verbesserung der eigenen Machtressourcen oder andere Verteilungsfragen sein. Ebenso dürften längerfristige Herrschafts- oder Kooperationsmuster sowohl darauf beruhen, dass sich die Akteure wechselseitig anerkennen, als auch darauf, dass sie die gegebenen Verteilungen der Machtressourcen im Betrieb nicht zugunsten einer möglichen Verbesserung der eigenen Position in Frage stellen. Viel spricht daher dafür, die Stärken beider Ansätze zusammenzuführen und sowohl moralische als auch strategische Handlungsmotive als unterschiedliche, aber gemeinsame Dimensionen der sozialen Strukturierung zu betrachten.

Dieses Vorhaben lässt sich mit der Giddensschen Theorie der Strukturierung einlösen. Der Giddenssche Ansatz ist in der Soziologie industrieller Beziehungen nicht unbekannt. Von Bosch et al. (1999) wurde er beispielsweise zur Betonung entlastender und ordnungsstiftender Routinen in eingespielten Interaktionsmustern bemüht, und auch in anderen Fragestellungen der Mitbestimmungsforschung ist bereits auf Giddens zurückgegriffen worden (so bei Braun [2002] für die Analyse des strategischen Managements oder bei Windeler und Sydow [2001] zur Analyse der Mitbestimmung bei strategischen Vernetzungen zwischen Unternehmen). Seine besondere Attraktivität im Vergleich zu anderen Sozialtheorien gewinnt dieser Ansatz durch seine Integrationskraft und die damit verbundene Überwindung des Dualismus von Struktur und Handlung.

Im Zentrum der Giddensschen Theorie steht der Gedanke der *Dualität von Struktur*, den Giddens als Gegenentwurf zur traditionellen Gegenüberstellung von Struktur und Handlung konzipiert hat (zum Folgenden Giddens 1991). *Strukturen* sind demnach sowohl Bedingungen als auch Folgen des Handelns von Akteuren in sozialen Situationen; sie existieren nicht außerhalb des Handelns, sondern bilden Regeln und Ressourcen des Handelns und werden nur im sozialen Handeln aktualisiert, reproduziert oder transformiert. Auf diese Weise strukturieren die Akteure das soziale Handeln in Zeit und Raum. Sofern soziale Beziehungen als regelmäßige soziale Praktiken in größeren Raum-Zeit-Zusammenhängen – über die lokalen Begrenzungen der Ko-Präsenz von Akteuren hinweg – reproduziert werden, bilden sie ein *System.* Dies ist nur auf der Grundlage von *Institutionen* möglich, die soziale Praktiken in längeren historischen Episoden und in größeren Räumen stabilisieren (dazu auch Giddens 1979: 65). *Strukturelle Zwänge* ergeben sich nicht unmittelbar aus Strukturen, sondern entfalten sich nur durch die Motive und Gründe des Handelns sozialer Akteure, das sich zu Bedingungen und Folgen verdichten kann, die wiederum die Handlungsoptionen anderer Akteure beschränken. Strukturelle Zwänge werden in der sozialen Interaktion konstruiert und virulent.

Dies gilt auch für das Verhältnis von Kapital und Arbeit, das Bosch et al. (1999) als strukturierende Rahmenbedingung hervorgehoben haben. Klassenherrschaft und Asymmetrien der Machtressourcen kommen, gestützt auf das Privateigentum an Produktionsmitteln, dann zum Tragen, wenn sie von den Herrschenden – in diesem Fall den Unternehmen – auch aktiv eingesetzt werden und sie ihre Interessen auch gegen den möglichen Widerstand der Beherrschten durchsetzen können. Mit seinem Konzept der *Dialektik der Herrschaft* betont Giddens, dass aber auch die Beherrschten über eigene Machtressourcen verfügen, weil ohne sie die Herrschenden nicht herrschen könnten. Im Falle der Mitbestimmung konnten die Beherrschten im Klassenkonflikt sogar eigene Machtressourcen in Form wirtschaftlicher Bürgerrechte rechtlich verankern und damit institutionalisieren (freilich ohne dass damit Herrschaft und Klassenkonflikt im Betrieb aufgehoben oder die Machtasymmetrien beseitigt worden wären, dazu Giddens 1987: 206ff.).

Hierbei ist die Unterscheidung von *autoritativen* und *allokativen Ressourcen* wichtig, die Giddens getroffen hat. Autoritative Ressourcen entstehen aus der Herrschaft von Akteuren über Akteure, die es ermöglicht, sich die Aktivitäten von Menschen verfügbar zu machen; allokative Ressourcen beruhen auf der Herrschaft des Menschen über die Natur, also die natürliche Umwelt und physische Artefakte. Allokative Ressourcen begründen ökonomische Institutionen, autoritative Ressourcen politische Institutionen. Diese institutionellen Ordnungen bestehen aber nicht unabhängig voneinander, sondern sind eng miteinander verzahnt. So ist der kapitalistische Betrieb sowohl eine ökonomische Organisation als auch eine politische Herrschaftsinstitution. Unter diesem Aspekt lässt sich feststellen, dass im kapitalistischen Betrieb die allokativen Ressourcen hochgradig ungleich verteilt sind. Denn die Dispositionsrechte über das konstante Kapital liegen ganz beim Unternehmer; er entscheidet über Investitionen und Allokation dieser Ressourcen. Bei den autoritativen Ressourcen ist dies, vor allem aufgrund der Mitbestimmung, nicht mehr ganz so eindeutig. Zwar galt auch hier ursprünglich die Feststellung von Korsch (1973), dass mit dem Eintritt in die Produktion die betriebliche Herrschaft des Unternehmers beginnt und die formale Freiheit endet, die der Arbeiter als Eigentümer seiner Arbeitskraft hat und die sich im Arbeitsvertrag institutionalisiert. Doch verfügen durch die Betriebsverfassung auch die Beschäftigten über institutionalisierte autoritative Ressourcen, die der Herrschaft des Unternehmers in bestimmten Punkten Grenzen setzen. Die autoritativen Ressourcen sind freilich an die Personen der Betriebsräte gebunden, die – im Unterschied zur Unternehmensleitung – ihrerseits ihr Handeln vor den Beschäftigten zumindest periodisch und zu Wahlen legitimieren müssen. Durch die Mitbestimmung sind die Ressourcen im Unternehmen umverteilt worden, und es ist eine offene empirische Frage, wie diese als *Machtressourcen* von den Akteuren in ihrer sozialen Praxis genutzt werden.

Doch Strukturen haben nicht nur die Dimension der Herrschaft, und sie werden im Handeln nicht nur als Macht*ressourcen* wirksam, sondern sie bestehen auch aus *Regeln.* Giddens unterscheidet zwei Typen von Regeln, solche der Signifikation und solche der Legitimation. Die *Signifikation* bezieht sich auf Konstitution von Bedeutung und sozialem Sinn in symbolischen Ordnungen und Diskursformen. Diese halten den Akteuren einen standardisierten und durch Erfahrungen gespeisten Wissensvorrat in Form von Interpretationsschemata bereit, mit dessen Hilfe sie soziale Situationen deuten und definieren und mit anderen Akteuren kommunizieren können. Regeln haben aber auch die Form der *Legitimation* als normativer Konstitution der sozialen Interaktion. Normen stellen Ansprüche an Rechte und Verpflichtungen dar, auf die sich Akteure berufen können, die aber nur dann Wirksamkeit entfalten, wenn ihre Einhaltung auch durch Sanktionen sichergestellt werden kann. Die stärksten Formen solcher Normen sind Gesetze, weshalb Giddens den Normen auch die rechtlichen Institutionen zuordnet. Ähnlich wie für die politischen und ökonomischen Institutionen gilt auch für die Interpretationsschemata und die rechtlichen Institutionen, dass sie nur *im Zusammenhang* und nicht separat – und damit „substantiell“ (Giddens 1991: 87) – gedacht werden sollen. Jede soziale Praxis umfasst alle Dimensionen von Struktur und betrifft alle institutionellen Ordnungen. Interpretationsschemata können Herrschaftsordnungen stabilisieren – insbesondere in Form von Ideologien, die Partikularinteressen der herrschenden Klassen als allgemeine Interessen umdeuten –, die wiederum wesentlich auf der Durchsetzungsfähigkeit geltender Normen beruhen. Anders herum beruht die Legitimation geltender Normen entscheidend darauf, dass es Akteure mit Machtressourcen gibt, die soziale Praktiken entsprechend den Normen sanktionieren können und dass diese Praktiken von den Akteuren auch als sinnhaft und richtig anerkannt werden. Zugleich kann ein Wandel der bestehenden institutionellen Ordnungen dadurch eingeleitet werden, dass sich – warum auch immer – die Machtverteilungen verschieben; dies wäre aber nur dann der Fall, wenn die Akteure damit auch neue sinnhafte Situationsdefinitionen entwickeln und tatsächlich die bestehenden sozialen Normen zu verändern versuchen würden.

Dass institutionelle Ordnungen überhaupt über längere Phasen stabil zu bleiben pflegen, hängt nach Giddens – dabei schließt er an die Überlegungen der Ethnomethodologie an – vor allem damit zusammen, dass die Akteure *Handlungsroutinen* entwickeln, die für sie handlungsentlastend sind und die sie deshalb nicht grundlos in Frage stellen. Giddens unterscheidet in diesem Zusammenhang zwischen dem *praktischen* und dem *diskursiven* Bewusstsein der Akteure. Während das diskursive Bewusstsein sich auf das Wissen bezieht, das die Akteure über soziale Beziehungen und die Bedingungen des eigenen Handelns haben und das sie auch umstandslos kommunizieren können, bezieht sich das praktische Bewusstsein auf die Wissensbestände über diese Sachverhalte, die die Akteure haben oder zu haben glauben, die sie aber nicht in Worten ausdrücken können. Insbesondere das praktische Bewusstsein ist ordnungsstiftend, weil damit die Handlungen des Alltagslebens in einer Weise als selbstverständlich hingenommen werden, die den Akteuren Rückhalt und Gewissheit gibt und ihre soziale Position als natürlich erscheinen lässt.

Allerdings können die eingespielten Situationsdefinitionen auch aufbrechen. Dies geschieht vornehmlich in Problemsituationen, die sich dadurch auszeichnen, dass bestimmte soziale Praktiken nicht mehr ohne weiteres mit den gewohnten Interpretationsschemata sinnhaft gemacht werden können (hier knüpft Giddens an die amerikanischen Pragmatisten und ihre Gedanken der Unterbrechung des Handlungsflusses an, dazu Joas [1992]). In dieser Lage können die Akteure versuchen, entweder die alten Interpretationsmuster zu dehnen und die neuen Phänomene darin zu integrieren, oder sie können nach neuem Sinn und neuen Definitionen suchen. Auch hierbei gilt freilich wieder, dass die kognitive Neuorientierung nicht unabhängig von Machtbeziehungen und normativen Ordnungen ist; Neuinterpretationen, die sich mit den Machtbeziehungen nicht vereinbaren lassen, könnten nur im Konflikt – und dann unterfüttert mit Machtressourcen – durchgesetzt werden, andere hingegen können auch im Rahmen der bestehenden Ordnungen ausgehandelt werden.

Die Theorie der Strukturierung leitet zu einer weiteren Präzisierung der Fragestellung dieser Untersuchung an. Sie legt nahe, darauf zu achten, welche Situationsdefinitionen die Betriebsräte mit Blick auf die betrieblichen Beziehungsmuster und ihre Mitbestimmungspraxis haben, wie sich die Machtressourcen zwischen den Akteuren entwickeln, in welcher Form sie Machtressourcen nutzen und inwieweit sie in der Lage sind, Normen zu entwickeln und auch zu sanktionieren. Im Einzelnen ist dabei zu fragen, welche *Motive* und *Gründe* hinter der Forderung nach Tarifabweichungen stehen und inwieweit dadurch für die Betriebsräte *strukturelle Zwänge* geschaffen werden; ob die Betriebsräte als Reaktion auf diese Forderungen oder als Ergebnis der Verhandlungen zu Tarifabweichungen ihre *Situationsdefinitionen* verändern, oder ob sie die Tarifabweichung in ihre bestehenden Interpretationsschemata zu integrieren versuchen; ob sich durch die Forderungen nach und Verhandlungen zu Tarifabweichungen die *Machtverteilungen* im Betrieb verändern, welche vorhandenen Machtressourcen der Betriebsrat mobilisiert und welche neuen Machtressourcen der Betriebsrat möglicherweise erschließen kann (gerade auch im Verhältnis zur Gewerkschaft und zu den Beschäftigten); welche neuen *Normen* mit den Tarifabweichungen verbunden sind, ob der Betriebsrat diese im Notfall auch sanktionieren kann und ob er durch die Normen selber zusätzliche Machtressourcen gewinnt (beispielsweise durch neue Beteiligungsrechte); und schließlich welche *Mitbestimmungs-*

ISBN 978-3-8360-8714-8 – Presseexemplar – (c) edition sigma – 08102015

praktiken die Betriebsräte bei möglichen Veränderungen von Situationsdefinitionen, Machtrelationen und tariflichen Normen im Zusammenhang mit der Tarifabweichung verfolgen.

4. Die Fälle und die abweichenden Vereinbarungen

4.1 Verlauf der Untersuchung

Den Kern der empirischen Analyse dieser Untersuchung bilden Betriebsfallstudien. In den beiden Untersuchungsbranchen sind jeweils sechs Fallstudien in Betrieben durchgeführt worden, in denen entweder eine oder möglicherweise auch mehrere Tarifabweichungen ausgehandelt wurden. Die Methodenwahl fiel auf dieses Instrument, weil Fallstudien am besten geeignet sind, die Mitbestimmungspraxis der Betriebsräte als Tarifakteure nachzuzeichnen und die möglichen Veränderungen und Herausforderungen zu analysieren, die sich für die Betriebsräte und ihre Beziehungen zu Management, Gewerkschaft und Beschäftigten daraus ergeben. Die Fallstudie als Methode eröffnet einen vertiefenden Einblick in die betrieblichen Sozialbeziehungen und den Wandel von Deutungsmustern, Machtverhältnissen und Normen des Handelns der betrieblichen Akteure, der mit anderen Methoden kaum in ähnlicher Weise zu gewinnen wäre. Freilich hat die Methode ihren altbekannten Preis. Statistische Generalisierungen sind auf dieser Grundlage nicht möglich. Anhand von sechs Fällen pro Branche lassen sich weder alle möglichen Folgewirkungen der Tarifabweichung für die Mitbestimmung der Betriebsräte aufdecken, die sich in den 400-500 derzeit laufenden Tarifabweichungen der Metallindustrie und den etwa 200-300 Tarifabweichungen der chemischen Industrie ergeben haben, noch lassen sich genaue Aussagen zu ihrer Verbreitung treffen. Dieser Preis aber wurde bewusst in Kauf genommen, weil für das Verstehen und Erklären möglicher Veränderungen der Mitbestimmungspraxis ein gründlicherer Blick auf die *Dynamik der sozialen Interaktionen* im Betrieb unverzichtbar ist, und dieser Blick ist nur durch Fallstudien möglich, in denen die Akteure im Betrieb zu Wort kommen. Außerdem ist die in der Untersuchung bearbeitete Zahl der Fallstudien immerhin groß genug, um *typische gemeinsame Entwicklungen und Problemlagen,* aber möglicherweise auch *typische Unterschiede in der Mitbestimmungspraxis* der Betriebsräte als Tarifakteure herauszuarbeiten.

Nach der ursprünglichen Projektplanung sollten im Rahmen der Fallstudien *Interviews* mit Betriebsräten, Management, Vertrauensleuten und dem gewerkschaftlichen Betreuer des Betriebes geführt werden. Konkret vorgesehen waren jeweils zwei Interviews mit Betriebsräten, darunter möglichst der Betriebsratsvorsitzende und ein weiteres Mitglied des Betriebsratsgremiums. Falls die betreffende Tarifabweichung auf Unternehmensebene ausgehandelt wurde, ein Gesamtbetriebsrat existiert und der befragte Vorsitzende darin nicht zumindest Mitglied ist – eine wenig wahrscheinliche Situation –, sollte auch ein separates

Interview auf der Ebene des Gesamtbetriebsrates geführt werden. Die Interviews mit den *Betriebsräten* bildeten den Kern der Fallstudienplanung, denn mit ihrer Hilfe sollten sowohl die Situationsdefinitionen, das Selbstverständnis und die interne Organisation der Betriebsräte beleuchtet als auch Expertenwissen zu den Verhandlungen und ihren betrieblichen Hintergründen sowie zu den Beziehungsmustern zu Management, Gewerkschaft und Beschäftigten gewonnen werden. Das Interview mit dem *Management* – möglichst dem Personalleiter oder einem anderen Mitglied, das verantwortlich an den Verhandlungen zur Tarifabweichung teilgenommen hat – sollte die Interpretationsmuster des Managements, die Motive der Tarifabweichung, den Verlauf der Aushandlungen und die Bewertung der betrieblichen Arbeitsbeziehungen durch das Management behandeln. Die Konfrontation beider Deutungsmuster versprach ein differenziertes Bild der betrieblichen Arbeitsbeziehungen. Das Interview mit dem *gewerkschaftlichen Betreuer* des Betriebes sollte Einblick in die gewerkschaftliche Bewertung der Ausgangslage, die Zielsetzungen der Gewerkschaft als Verhandlungsakteur und insbesondere in die Zusammenarbeit zwischen Betriebsrat und Gewerkschaft aus gewerkschaftlicher Sicht geben. Die Interviews mit den *gewerkschaftlichen Vertrauensleuten* schließlich sollten – so weit möglich – als Gruppeninterviews geführt werden. Die Vertrauensleute sollten sowohl zur Stellung des Vertrauenskörpers im Betrieb und zu ihrer Rolle in der Tarifabweichung befragt werden als auch – gewissermaßen stellvertretend – zur Bewertung der Tarifabweichung durch die Beschäftigten. Die Vertrauensleute waren damit in ihrer Doppelrolle als aktive Gewerkschaftsmitglieder und als Beschäftigte angesprochen. In Betrieben ohne Vertrauensleutekörper sollten stellvertretend mehr „einfache" Betriebsräte aus den Gremien befragt werden. Gruppeninterviews sollten bei den Vertrauensleuten bevorzugt werden, um auf diese Weise erstens möglichst viele Personen mit möglichst geringem Aufwand interviewen zu können. Zweitens wurde hiermit die Hoffnung verbunden, mögliche Differenzierungen in den Situationsdefinitionen und Einschätzungen der Beschäftigten im Verlauf der Gesprächsdynamik ausfindig machen zu können.

Wie so häufig entsprach auch in dieser Untersuchung die schnöde Wirklichkeit nicht immer den Planungen und ihren Vorgaben. Wie aus Tabelle 2 ersichtlich, musste ich, teilweise gezwungenermaßen und teilweise gewollt, in einigen Punkten vom angestrebten Fallstudienideal abweichen.

Interviews mit den Betriebsratsvorsitzenden konnte ich in allen Fällen durchführen. In zwei Fällen, Chemie 4 und Metall 1, habe ich ergänzend auch Interviews mit Gesamtbetriebsratsvorsitzenden gemacht. Chemie 4 ist ein komplex strukturierter internationaler Konzern mit zwei zentralen Geschäftsfeldern und zahlreichen inländischen Standorten; hier diente das Interview dazu, die Bandbreite der Tarifabweichungspraxis, die zentrale Koordinierung durch den

Tab. 2: Fälle und Interviews

Betrieb	*Betriebsrats-vorsitzende*	*Management*	*Betriebsräte*	*Vertrauensleute*	*Gewerkschaft-licher Betreuer*
Chemie 1	1	1 (Personalleiter)	1	2	1
Chemie 2	1	1 (Personalleiter Werk)	Betriebsratssitzung	1 (Vertrauenskörperleiter in Betriebsratssitzung)	1
Chemie 3	1	1 (Personalleiter Unternehmen)	Gruppeninterview (6 Teilnehmer)	1 (Vertrauenskörperleiter im Rahmen des Gruppeninteriews)	1 (Tarifabteilung)
Chemie 4	2 (Betriebsratsvorsitzender und Gesamtbetriebsratsvorsitzende)	1 (Personalleiter Werk)	Gruppeninterview (4 Betriebsräte und der Vorsitzende)	1 (im Rahmen des Gruppeninterviews)	1
Chemie 5	1	1 (Personalleiter)	Betriebsratssitzung und Stellvertretender Betriebsratsvorsitzender (separat)	Nicht vorhanden	1
Chemie 6	1	1 (Geschäftsführer)	1	Nicht vorhanden	1
Metall 1	2 (Betriebsratsvorsitzende und Gesamtbetriebsratsvorsitzender)	1 (Personalleiter Konzerngeschäftsfeld)	1 (zusammen mit der Betriebsratsvorsitzenden)	Kein Interview	1 (Bezirksleitung)
Metall 2	1	3 (Gruppeninterview Management: Personalleiter Werk, Werkleiter, Vice President)	2 (1 Interview separat, eines [Stellvertretende Vorsitzende] zusammen mit dem Vorsitzenden)	1 (zusammen mit dem Betriebsrat)	1
Metall 3	1	1 (Personalleiter Unternehmen)	2 (darunter ein Interview separat, eines zusammen mit dem Vorsitzenden)	Nicht vorhanden	1
Metall 4	1	1 (Personalleiter Werk)	Kein Interview	1	2 (Gewerkschaftlicher Betreuer und Betreuer des anderen Hauptwerks)
Metall 5	1	1 (Personalleiter Unternehmen)	1	Nicht vorhanden	1 (Tarifabteilung)
Metall 6	1	Kein Interview	1 (zusammen mit Vertrauenskörperleiter)	1 (zusammen mit Betriebsrat)	1

Gesamtbetriebsrat und insbesondere die Arbeitsbeziehungen und ihre Veränderungen auf Konzernebene einzufangen. Bei Metall 1 wiederum hatte sich im Interview die Koordinierung der Verhandlungen zur Tarifabweichung zwischen den Standortbetriebsräten als spannende Frage herauskristallisiert, weshalb ein Interview mit dem Gesamtbetriebsratsvorsitzenden nahe lag; zugleich bot es sich an, mit der Betriebsratsvorsitzenden eines anderen Werkes zu sprechen, weil hier die Arbeitsbeziehungen und Verhandlungspraktiken eine im Unternehmen sehr besondere und sehr einflussreiche Note hatten. In den fünf Fällen Metall 3-6 und Chemie 5 war der von mir befragte Betriebsratsvorsitzende zugleich auch Vorsitzender des Gesamtbetriebsrates. In den Fällen Chemie 2, Chemie 3 und Metall 2 lag der Fokus der Analyse stärker auf anderen Themen der Tarifabweichung als der Koordinierung auf der Gesamtbetriebsratsebene. Und in den Fällen Chemie 1 und Chemie 6 gibt es keinen Gesamtbetriebsrat; hier besteht das Unternehmen nur aus einem Betrieb.

In allen Fällen bis auf einen war die Managementseite zu Interviews bereit, was bei dem delikaten Thema der Tarifabweichung nicht unbedingt zu erwarten war. In den meisten Fällen handelte es sich dabei um die Werkpersonalleitung. In zwei Fällen wurde aber auch die Personalleitung oder der Personalvorstand auf Unternehmensebene befragt (so bei Chemie 3 und Metall 1), weil in diesen beiden Fällen die Tarifabweichungen zentral durch den Personalvorstand verhandelt wurden und weil mir dieser auch als kompetentester Ansprechpartner für meine Fragen vom Betriebsrat empfohlen wurde. In einem Fall (Chemie 6) wurde das Interview mit dem Geschäftsführer durchgeführt, weil dieser die Personalfunktion im Unternehmen verantwortete. Und in einem weiteren Fall (Metall 2) schließlich konnte ich sogar ein Gruppeninterview mit Managementvertretern führen, bestehend aus Werkleiter, Personalleiter und dem für das Deutschlandgeschäft des amerikanischen Konzerns zuständigen Vice President. Hier hatte der Betriebsrat gerufen und die Manager kamen; diese Fragen des persönlichen Umgangs zwischen den Betriebsparteien sind manchmal nicht weniger aufschlussreich für die Einschätzung der Arbeitsbeziehungen als Aussagen in den Interviews selbst. Nur in einem Fall (Metall 6) ist mir ein Interview durch den Personalleiter verweigert worden mit dem Hinweis, man nehme grundsätzlich nicht an „Befragungen" teil. Auch in diesem Fall lassen sich daraus Rückschlüsse für den Zustand der Arbeitsbeziehungen ableiten. Der Grund dafür war, dass die Arbeitsbeziehungen im Unternehmen kurz zuvor – und in direktem Zusammenhang zur Tarifabweichung – von einem ursprünglich sozialpartnerschaftlichen Klima in einen heißen Konflikt umgeschlagen waren.

Die Interviews mit den Betriebsräten und Vertrauensleuten fanden in vielfältigen Variationen statt. Zu der angestrebten Variante – Einzelinterview mit dem Betriebsrat, Gruppeninterview mit Vertrauensleuten – kam es in keinem Fall. In den meisten Fällen wurden Betriebsräte und Vertrauensleute in Zweier-

ISBN 978-3-8360-8714-8 – Presseexemplar – (c) edition sigma – 08102015

oder Gruppeninterviews zusammen befragt. In den vier Fällen Chemie 2-5 konnte ich jeweils Gruppeninterviews mit Betriebsräten führen, denen jeweils auch der Vertrauenskörperleiter beiwohnte; bei Chemie 2 und Chemie 5 geschah dies im Rahmen eines gesonderten Tagesordnungspunktes ordentlicher Betriebsratssitzungen. Bei Chemie 1 und Metall 4 handelt es sich jeweils um Einzelinterviews mit Vertrauensleuten, bei Metall 2 und Metall 6 habe ich mit den Vertrauenskörperleitern jeweils in einem Zweierinterview zusammen mit einem Betriebsrat gesprochen. In den Betrieben Chemie 5, Chemie 6, Metall 3 und Metall 5 gibt es keinen Vertrauenskörper; teilweise konnte ich dafür einen Betriebsrat zusätzlich befragen. Bei Metall 1 habe ich insgesamt drei Betriebsratsinterviews geführt, so dass ich aus Ressourcengründen auf ein Vertrauensleuteinterview verzichten musste. In diesem wie in anderen Fällen haben die Betriebsräte darauf hingewiesen, dass sie ja neben ihrer Funktion als Betriebsräte zugleich auch Vertrauensleute wären. In den Interviews erwiesen sich auch die Beschreibungen und Bewertungen von Vertrauensleuten und zumindest den „einfachen" Betriebsräten als so ähnlich, dass gemeinsame Gruppeninterviews als vollwertiges Äquivalent für reine Vertrauensleuteinterviews zu werten sind. Auch die Einzelinterviews der Vertrauensleute brachten viele der Informationen zur Lage der Gewerkschaft im Betrieb, zu den Beziehungen zwischen Betriebsräten und Vertrauensleuten und vor allem zu den Einschätzungen der Beschäftigten zu Tage, die ich mir erhofft hatte. Dort, wo es keine Vertrauensleute gab und ich auch ansonsten nur das „Standardprogramm" an Interviews führen konnte, wie bei Chemie 6 und Metall 5, ist der Informationsgehalt der Aussagen gerade zum Punkt Belegschaft etwas dünner. Trotzdem habe ich an dieser Stelle nicht auf Beschäftigteninterviews als möglichem Ersatzinstrument zurückgegriffen, weil damit erstens die Vergleichbarkeit zwischen den Fallstudien gelitten hätte und weil zweitens Beschäftigteninterviews ihrerseits auch nur sehr partikulare Meinungsbilder ermöglicht hätten. Deshalb wäre bei Beschäftigteninterviews eine größere Anzahl mit einer möglichst breiten Streuung der Befragten über die Bereiche der Betriebe zu empfehlen gewesen, worauf ich aus Ressourcengründen bereits bei der Projektplanung bewusst verzichtet hatte.

Die Interviews mit den gewerkschaftlichen Betreuern waren zumeist auf der Ebene der betreuenden Verwaltungsstellen – der Bevollmächtigten resp. der Gewerkschaftssekretäre – angesiedelt. Die lokalen Betreuer haben unter den gewerkschaftlichen Experten nicht nur häufig die besten Kenntnisse des Falls, sondern sie sind auch, leitend oder nicht leitend, an den Verhandlungen zur Tarifabweichung beteiligt gewesen. Nur in drei Fällen bin ich von der lokalen Ebene abgewichen. Bei Chemie 2 und Metall 5 habe ich, statt mit den lokalen Betreuern zu sprechen, die Tarifsekretäre der zentralen Tarifabteilungen beider Gewerkschaften befragt, die die Tarifabweichungen der Betriebe leitend ausgehandelt hatten. Dies geschah jeweils auf Empfehlung der Betriebsratsvorsitzenden.

Bei Metall 1 habe ich mit dem Tarifsekretär der zuständigen Bezirksleitung gesprochen, der ebenfalls Verhandlungsführer war und eine entscheidende Rolle bei der Koordinierung der unterschiedlichen Standortinteressen wahrnahm. Im Fall von Metall 4 schließlich habe ich neben dem Bevollmächtigen der für meinen Betrieb zuständigen Verwaltungsstelle noch den Bevollmächtigten einer weiteren Verwaltungsstelle interviewt, in deren Organisationsbereich das zweite große Werk des Unternehmens angesiedelt war. Der Grund dafür war, dass in diesem Werk nach den Aussagen der Interviewteilnehmer in meinem eigentlichen Fallbetrieb die Prozesse der Tarifabweichung ganz anders gestaltet waren. Ich wollte mir selber ein Bild von den Unterschieden verschaffen, und dazu konnte mir der gewerkschaftliche Betreuer den besten Überblick geben.

Damit ist bereits der zweite zentrale Punkt der Fallstudien neben den Interviews angesprochen, nämlich die *Fallauswahl.* Hierzu war nach der ursprünglichen Projektplanung und in Absprache mit dem Projektbeirat vorgesehen, die sechs Fälle in den beiden Branchen nach dem Kriterium der guten oder der schlechten Praxis der Tarifabweichung zu selektieren. Die Überlegung dabei war, dass durch die Kontrastierung guter und schlechter Praktiken Licht auf die allgemeinen Bedingungen geworfen werden könnte, die für eine gute Praxis der Tarifabweichung wenn auch nicht hinreichend, so doch zumindest notwendig sind. Dabei wurden die Kriterien für eine gute Praxis eher offen gehalten. Eine gute Praxis sollte sich beispielsweise durch eine mit Blick auf die Begrenzung von Tarifunterschreitungen oder mit Blick auf Umfang und Inhalt der Gegenleistungen qualitativ gute abweichende Vereinbarung auszeichnen. Hier hätte untersucht werden können, wie und warum es eigentlich gelungen ist, solche guten Regelungen zu vereinbaren. Eine gute Praxis hätte aber auch damit verbunden sein können, dass die Betriebsräte sich am Ende des Prozesses gestärkt und nicht geschwächt fühlen. Dabei hätte analysiert werden können, auf welche Weise die Betriebsräte in den Verhandlungen ihre Machtposition haben verbessern können. Eine gute Praxis hätte aber schließlich auch darin bestehen können, dass in den Verhandlungen die Beziehungen zwischen Betriebsräten und Gewerkschaften intensiviert wurden oder dass die Betriebsräte die Beschäftigten auf neue Weise in ihre Vertretungspolitik einbezogen haben und sich damit neue Legitimationsgrundlagen verschafft haben. Auch hier wäre zu untersuchen gewesen, welche Bedingungen für den Erfolg – oder den Misserfolg – verantwortlich waren.

Zusätzlich zu dem Auswahlkriterium der guten und schlechten Praxis sollten die Fälle möglichst paarweise gestaffelt werden, also jeweils drei Unternehmenspaare pro Branche gebildet werden. Die beiden Fälle der Einzelpaare sollten jeweils für eine gute und eine schlechte Praxis stehen und ähnliche Struktureigenschaften hinsichtlich der Größe des Betriebes und der Stellung in der Wertschöpfungskette aufweisen. Konkret bedeutete dies, dass in jeder der beiden Branchen Unternehmenspaare gebildet werden sollten zwischen Endherstellern, größeren Zulieferern (500-2.000 Beschäftigte) am oberen Ende der Wertschöpfungskette und kleineren Zulieferern an ihrem unteren Ende (100-500 Beschäftigte). Der Grundgedanke dabei war, dass sowohl die Größe des Betriebes als auch seine Position in der Wertschöpfungskette einen entscheidenden Einfluss auf die Rahmenbedingungen der Tarifabweichungspraxis haben, und dass durch Isolierung dieser Rahmenbedingungen die Vergleichbarkeit zumindest zwischen den Fallpaaren in einer Branche und zwischen den Branchen hergestellt werden könnte. Es wurde weiter festgelegt, dass sich die Fälle auf Westdeutschland beschränken sollten, um die ohnehin als komplex zu erwartende Analyse nicht noch mit den Unterschieden der industriellen Beziehungen zwischen West- und Ostdeutschland zu belasten.

Dieser Plan ließ sich nicht in die Praxis umsetzen. Dafür waren vor allem zwei Gründe verantwortlich. Der erste und wichtigste Grund war der, dass sich eindeutige Zuordnungen der Fälle zu einer guten und zu einer schlechten Praxis nicht vornehmen ließen. Bereits nach wenigen untersuchten Fällen wurde deutlich, dass sich in den Untersuchungsfällen Aspekte guter und schlechter Praktiken – nach den genannten Kriterien – häufig paarten. Ein Beispiel dafür war ein Automobilzulieferer der chemischen Industrie (Chemie 2), der nach ersten Recherchen und nach Einschätzung der Gewerkschaft als guter Fall einzustufen war, weil der Betriebsrat unter sehr schwierigen Rahmenbedingungen eine recht wirksame Mitbestimmungspraxis entwickelt hat, bei dem aber eine für die Prägekraft des Flächentarifvertrages nicht unproblematische Regelung getroffen worden war und der zudem einige Probleme in den Beziehungsmustern zur Gewerkschaft, aber auch zur Belegschaft aufwies.

Die beschriebenen Probleme lassen sich vor allen darauf zurückführen, dass es erstens zu viele beeinflussende Faktoren gibt wie die wirtschaftliche Lage des Betriebs, interner Marktdruck, Betriebsgröße, Arbeitsbeziehungen zum Management, Beziehungen zu den Beschäftigten oder zur Gewerkschaft und dass zweitens zu viele Indikatoren existieren für die Einstufung eines Falles wie das Verhandlungsergebnis, die Machtposition des Betriebsrates, die Verbesserung des Zusammenspiels mit der Gewerkschaft oder die Einbindung der Belegschaft in die Interessenvertretungspraxis. Die Unterschiedlichkeit der Faktoren erschwert die Einschätzung, ob unter diesen oder jenen Bedingungen sich von einer guten Praxis sprechen lässt oder nicht. Und die Vielzahl der Indikatoren macht es unwahrscheinlich, dass sie im Einzelfall in eine gemeinsame Richtung weisen könnten. Den Fall, in dem alle Weichen auf „gut" oder auf „schlecht" gestellt sind, wird es wohl nicht geben.

In dieser Situation prinzipieller und praktischer Probleme habe ich mich schließlich entschlossen, zwar weiterhin der Frage nach einer guten Praxis und ihren Bedingungen zu folgen, diese aber nicht mehr auf die Fälle als Ganzes zu beziehen, sondern auf die *einzelnen Beziehungsmuster und ihre sozialen Prakti-*

ISBN 978-3-8360-8714-8 – Presseexemplar – (c) edition sigma – 08102015

ken zu konzentrieren, also nach der Stellung gegenüber dem Management, der Legitimationsbildung gegenüber der Belegschaft und der Bindung an die Gewerkschaft und die gewerkschaftliche Organisationsmacht im Betrieb gesondert zu fragen. Auch die Bewertung der abweichenden Vereinbarungen sollte nur soweit erfolgen, als sie in einzelnen Punkten Gegenstand der betrieblichen Auseinandersetzungen wurden und die Akteure daran die eigenen Erfolge oder Misserfolge bemaßen. Das zentrale Kriterium der Bewertung ist die *Stärkung der Betriebsräte in den betrieblichen Arbeitsbeziehungen im Zuge der Tarifabweichung,* wobei ich unterstelle, dass sowohl die Festigung und Intensivierung der Bande zur Gewerkschaft als auch die Einbindung der Belegschaft in die Interessenvertretungspraxis zu einer solchen Stärkung beitragen. Die wichtigste Bewertungsfrage lautet daran anknüpfend, inwieweit von der Tarifabweichung Impulse für eine solche Stärkung und für die damit verbundene Veränderung der Mitbestimmungspraxis ausgehen oder nicht.

Die einzelnen Fälle und die Kontaktadressen habe ich dankenswerterweise von den beiden Gewerkschaften erhalten. Zumeist hatten sie die Kontakte auch bereits vorbereitet, so dass ich von den Betriebsräten respektive von den gewerkschaftlichen Betreuern, die mir als erste Kontaktpersonen angegeben wurden, mit offenen Armen empfangen wurde. Die Betriebsräte konnten mir dann auch in allen Fällen bis auf einen den Weg zu den Personalleitungen ebnen. In Absprache mit den Gewerkschaften wurde die Fallauswahl schließlich so gestaltet, dass die Fälle in der einen oder anderen Hinsicht interessante Aspekte enthielten, sei es, weil sich daran ein großer Konflikt entbrannte (Chemie 4), sei es, weil dort der Weg zurück zu den Flächentarifvertragsnormen geebnet wurde (Metall 3, Metall 5), sei es, weil die Koordinierung unterschiedlicher Standorte spannend war (Metall 1, Chemie 4) oder sei es, weil die Fälle für eine besonders intensive Einbindung der Belegschaft standen (Metall 2).

Zwar erfolgte damit die Auswahl schließlich wenig systematisch. Doch zeigte sich rasch, dass dies für die Analyse der Betriebsräte als Tarifakteure relativ unproblematisch war. Denn die Entwicklung einer guten Praxis der Tarifabweichung und die dabei auftretenden Problemlagen erwiesen sich als deutlich unabhängiger von den wirtschaftlichen Rahmenbedingungen, der Betriebsgröße oder der Position in der Wertschöpfungskette, als ursprünglich angenommen. Es gibt gute Praxen im hier entwickelten Sinn sowohl bei guten als auch bei schlechten wirtschaftlichen Rahmenbedingungen, sowohl in kleinen als auch in großen Betrieben und sowohl an der Spitze wie auch am unteren Ende der Wertschöpfungskette. Deshalb hätte, so lässt sich aus heutiger Sicht mit einiger Berechtigung sagen, auch eine stärker gesteuerte und strukturierte Fallauswahl kaum zu anderen Ergebnissen und Schlussfolgerungen geführt als denjenigen, die ich schließlich aus der Analyse der Betriebsfälle gezogen habe. Zudem bilden die Fälle hinsichtlich ihrer Größe oder ihrer Stellung in der Wertschöpfungskette die

Strukturen der Branchen ziemlich gut ab; sie sind nach beiden Kriterien bunt gemischt, wie der nächste Abschnitt zeigen wird. Insbesondere die mittlere bis kleine Betriebsgröße ist stark vertreten, so dass *Verzerrungen* der Aussagen zugunsten großbetrieblicher Strukturen – die für industriesoziologische Forschungen ja auch nicht gerade untypisch wären – weitgehend vermieden werden können.

Wenn auch systematische Verzerrungen der Aussagen aufgrund der Fallauswahl für die beiden Untersuchungsbranchen nicht zu erwarten sind, so scheint bei der Verallgemeinerbarkeit der Aussagen auf andere Branchen durchaus Vorsicht geboten. Denn nach wie vor repräsentieren Metallindustrie und Chemische Industrie wie nur wenige andere Branchen die Kernbereiche des dualen Systems der industriellen Beziehungen. Dies gilt insbesondere auch für die Vertretungsdichte durch Betriebsräte nach Beschäftigten. Diese beträgt in der Investitions- und Produktionsgüterindustrie, die viele der Einzelbranchen beider Sektoren abdecken, jeweils etwa 70%, gegenüber rund 45% für die Privatwirtschaft (Ellguth/Kohaut 2008). Wenn das duale System noch irgendwo Bestand hat, dann in diesen Branchen; und wenn es hier keinen Bestand mehr hat, dann mit an Sicherheit grenzender Wahrscheinlichkeit auch in anderen Branchen nicht mehr. Bezogen auf das gesamte deutsche System der industriellen Beziehungen stellen Fallstudien in diesen Branchen damit fast zwangsläufig eine Positivauswahl dar. Angriffe auf die Mitbestimmung wie aus den Dienstleistungsbranchen bekannt (siehe z.B. Bormann 2007), alternative Vertretungsformen (dazu Hauser-Ditz et al. 2008) oder Betriebe ohne Betriebsrat und gewerkschaftliche Interessenvertretung (dazu Artus et al. 2006) kommen zwar auch vor, aber doch seltener als anderswo. In der Chemischen Industrie und der Metallindustrie kann die Paarung Tarifbindung und Betriebsrat – die Dualität der Interessenvertretungen und Regulierungsebenen – noch stärker als Normalfall gelten, und hier ist noch der Großteil der Betriebsräte gewerkschaftlich organisiert. Weil also das duale System in beiden Branchen noch einigermaßen intakt ist, lassen sich hier auch die Folgewirkungen der Tarifabweichung auf dieses System am besten analysieren. Umstandslos verallgemeinern lassen sie sich aber nicht. In anderen Branchen stünden andere Probleme deutlich stärker im Vordergrund, beispielsweise wie in einem tarifgebundenen Betrieb ohne Betriebsrat die Tarifabweichung umgesetzt werden kann, wie die Zusammenarbeit zwischen einem nicht gewerkschaftlich organisierten Betriebsrat und der Gewerkschaft organisiert werden kann, oder wie möglicherweise informelle, alternative Vertretungsformen mit der Tarifabweichung umgehen. Zu diesen Problemen können in dieser Studie keine Aussagen gemacht werden.

In den verbleibenden beiden Abschnitten dieses Kapitels werden nun die Fälle und die dort ausgehandelten abweichenden Vereinbarungen vorgestellt.

4.2 Das Sample: Die zwölf Fallbetriebe

Chemie 1

Chemie 1 ist ein Betrieb von inzwischen mittelständischer Größe im Bergischen Land. Das Unternehmen umfasst diesen Betrieb mit seinen gut 400 Mitarbeitern und einen kleinen Standort in Bayern mit rund 20 Mitarbeitern. Seit Ende der 1990er Jahre ist das Personal in mehreren Stufen von ursprünglich rund 1.000 Beschäftigten auf den derzeitigen Stand abgebaut worden. Obwohl es am Standort alle Unternehmensfunktionen vom Marketing über Forschung und Entwicklung bis hin zu Einkauf und Marketing und der Personalabteilung gibt, arbeitet die Mehrzahl der Beschäftigten im Drei-Schicht-Betrieb der Produktion und den angrenzenden indirekten Produktionsbereichen. Das Qualifikationsniveau der Beschäftigten wurde als relativ hoch beschrieben. In den Angestelltenbereichen wird häufiger auf akademische Qualifikationen zurückgegriffen, und in der Produktion werden nur Arbeiter mit beruflichem Abschluss (der freilich nicht immer chemiebezogen sein muss) beschäftigt. Der Betrieb entwickelt und produziert Membranen für medizinische Anwendungen wie die Blutwäsche für Nierenkranke, die Blutplasmatrennung und Herzoperationen sowie auch industrielle Filterungen wie die Abgas-, Wasser-, Wein- oder Bierfiltration.[1] Bei einzelnen Produkten ist das Unternehmen Weltmarktführer, so für Oxygenationsmembranen, die für Operationen am offenen Herzen genutzt werden. Hier hält das Unternehmen einen Weltmarktanteil von 70%. Insgesamt aber hat sich die Konkurrenz auf dem für das Unternehmen traditionellen Markt für medizinische Anwendungen deutlich verschärft, bedingt vor allem dadurch, dass inzwischen einzelne Konkurrenten vorwärts integriert haben und sogar Krankenhäuser als Abnehmer für die Produkte besitzen. Die Konsequenz ist ein Preisverfall und eine starke Innovationskonkurrenz auf diesen Märkten. Nicht zuletzt deshalb gewinnt der Schwerpunkt der industriellen Anwendungen gegenüber medizinischen Produkten an Gewicht. In 2007 sind erstmals mehr Investitionen in die Entwicklung industrieller Membranen geflossen als in die für medizinische Anwendungen. Diese Entwicklung wird begünstigt durch die Tatsache, dass die jetzige amerikanische Muttergesellschaft ihre Schwerpunktmärkte bei industriellen Filtrationen hat.

Das Betriebsratsgremium besteht derzeit aus elf Betriebsräten; unter ihnen ist der Vorsitzende freigestellt. Aufgrund des fortschreitenden Personalabbaus schrumpft der Betriebsrat im Turnus der Betriebsratswahlen.

> „... wir hatten früher einen Aufsichtsrat, das Gremium hatte 13 Betriebsräte und ist dann auf elf zurückgegangen, bei der nächsten Wahl werden wir neun, weil

1 Membranen sind halbdurchlässige Filtermaterialien, die kleine Partikel bis zu einzelnen Molekülen aus Flüssigkeiten abtrennen können.

ISBN 978-3-8360-8714-8 – Presseexemplar – (c) edition sigma – 08102015

wir unter 500 Beschäftigte gerutscht sind und der Arbeitgeber sagt: Ich halte mich genau an das Betriebsverfassungsgesetz, das macht das alles nicht einfacher." (Betriebsratsvorsitzender Chemie 1)

Chemie 2

Chemie 2 ist ein Produktionswerk eines deutschen Automobilzulieferunternehmens der chemischen Industrie mit derzeit noch knapp 330 Beschäftigten. Das Unternehmen stellt vorwiegend Dichtungssysteme für Türen, Fenster, Kofferraum und Motorhaube her und beliefert damit unterschiedliche Endhersteller der Automobilindustrie. Ein weiteres bedeutendes Produkt sind Bodenbeläge mit speziellen Eigenschaften wie Rutsch- und Feuerfestigkeit, wie sie beispielsweise in Flugzeugen eingesetzt werden. Das Unternehmen hat neben dem untersuchten Standort noch ein weiteres Werk in Deutschland, das zugleich der Unternehmenssitz und mit über 1.000 Beschäftigten deutlich größer als das untersuchte Werk ist. Seit den 1990er Jahren hat das Unternehmen neue Produktionswerke in Polen und Tschechien gegründet und plant derzeit ein weiteres Werk in Weißrussland. Das Unternehmen war bis 2007 für mehrere Jahre im Besitz eines Private-Equity-Investors und wurde dann an einen weltweit operierenden amerikanischen Zulieferer verkauft, der ebenfalls Dichtungen sowie unter anderem Bremsleitungen, Kühlwasserschläuche und Schwingungsdämpfer produziert.

Am untersuchten Standort werden sowohl Dichtungen für bestimmte Fahrzeugtypen bestimmter Hersteller gefertigt als auch die oben beschriebenen Spezialbodenbeläge. Entwicklung und Produktion der Bodenbeläge sind in einer eigenen Gesellschaft organisiert, die zu 100% dem Mutterunternehmen gehört. Standort dieser Gesellschaft ist das Werk Chemie 2. Knapp die Hälfte der Beschäftigten des Standortes gehört zu dieser, die andere Hälfte zur Muttergesellschaft. Trotz der Koexistenz zweier Unternehmen ist der Standort als Betrieb organisiert mit gemeinsamer Personalleitung und gemeinsamem Betriebsrat. Es handelt sich dabei um einen Produktionsstandort mit wenigen zentralen Funktionen wie Vertrieb und Logistik sowie Controlling und Instandhaltung. Dementsprechend arbeitet der größte Teil der Beschäftigten in der Produktion. Die Produktionsbeschäftigten sind überwiegend – mit Ausnahme der Instandhalter – Angelernte. Der Altersdurchschnitt ist mit über 45 Jahren relativ hoch. Das Werk als Ganzes hatte bis vor wenigen Jahren rote Zahlen geschrieben, zum Zeitpunkt der Untersuchung war es aber wieder in die Gewinnzone zurückgekehrt. Die Ergebnislage des Tochterunternehmens war dabei zumeist besser als die der Dichtungsproduktion.

Das Betriebsratsgremium besteht aus neun Betriebsräten. Mit dem Vorsitzenden ist ein Betriebsrat freigestellt.

Chemie 3

Chemie 3 ist ein Produktionswerk eines internationalen Konzerns der Reifenindustrie. Der Konzern mit Hauptsitz im europäischen Ausland gehört zu den führenden Reifenherstellern der Welt. Er ist ein Vorzeigebeispiel eines globalisierten Unternehmens mit fast 70 Produktionsstandorten rund um den Globus, einem auf mehrere Kontinente verteilten Technologiezentrum sowie vier global verteilten Versuchszentren. Der Konzern beschäftigt insgesamt weit über 100.000 Mitarbeiter. In Deutschland ist der Konzern bereits seit langer Zeit mit Produktionsstandorten präsent. Derzeit unterhält er dort mehrere Produktionsstandorte, zu denen auch das Werk Chemie 3 gehört. In den deutschen Werken werden Reifen für PKW und LKW sowie Reifenkomponenten gefertigt. Insgesamt sind in den deutschen Standorten mehr als 8.000 Menschen beschäftigt. Chemie 3 ist nicht Sitz der deutschen Unternehmensleitung; diese ist im deutschen Stammwerk angesiedelt, an dem sich auch die Konzernbereiche Vertrieb und Logistik befinden.

Die Konzernorganisation hat eine Matrixstruktur, die von den einzelnen Produktlinien bestimmt wird. Die Produkte sind als Geschäftsbereiche organisiert, deren Leitungsebene in der Konzernzentrale sitzt. Die Produktion ist jeweils dem Geschäftsbereich zugeordnet, dessen Produkt gefertigt wird. Da die einzelnen deutschen Werke nahezu durchgängig auf die Produktion jeweils eines Reifen- oder Reifentypen ausgelegt sind, unterstehen sie zumeist als ganze Werke einem der Reifen-Geschäftsbereiche. Weil sie jeweils andere Produkte herstellen, sind sie auch jeweils unterschiedlichen Geschäftsbereichen zugeordnet. Die Standortkonkurrenz zwischen den deutschen Werken ist deshalb gering. Die zentralen Funktionen wie Vertrieb, Logistik oder auch Personal sind unterhalb der Konzernebene jeweils in den nationalen Gesellschaften angesiedelt; so auch in Deutschland, wo sie direkt der deutschen Unternehmensleitung unterstehen, die sich ihrerseits gegenüber der Konzernzentrale verantworten muss. In der Konsequenz sind damit die Werkleitungen direkt den zentralen Konzerngeschäftsbereichen zugeordnet, die lokalen Personalleitungen und andere Funktionen jedoch dem deutschen Unternehmensmanagement.

Der Standort Chemie 3 selber gehört mit seinen rund 900 Beschäftigten zu den mittelgroßen deutschen Standorten des Unternehmens. Dort werden seit den frühen 1970er Jahren PKW-Reifen produziert. Weil das Werk nach Aussage des Betriebsratsvorsitzenden eine ausgeprägte Kompetenz für Produktanläufe hat, werden viele Anläufe durchgeführt und die Produkte nach Erreichen der vollen Serienproduktion auch wieder abgezogen. Am Standort dominiert die Produktion. Der größte Teil der Beschäftigten sind Produktionsbeschäftigte, die in der Instandhaltung eine Facharbeiterausbildung aufweisen, in der Produktion jedoch auch zu nicht geringen Teilen eine fachfremde Ausbildung haben oder angelernt sind. Trotz der Standortsicherungsvereinbarungen hat in den letzten Jahren ein langsamer Personalabbau stattgefunden, der aber ausschließlich sozialverträglich und über die Nutzung von Altersteilzeitverträgen vollzogen wurde. Das Werk ist in Bayern beheimatet und unterliegt damit den bayerischen Flächentarifverträgen der Chemischen Industrie.

Das Betriebsratsgremium im Untersuchungsbetrieb setzt sich aus 13 Mitgliedern zusammen. Neben dem Vorsitzenden, der zugleich auch Vorsitzender des Gesamtbetriebsrates ist, sind zwei weitere Betriebsräte freigestellt. Der Vorsitzende ist auch Mitglied des Europäischen Betriebsrates.

Chemie 4

Chemie 4 ist ein Produktionswerk eines internationalen Konzerns der Reifenindustrie mit Hauptsitz in Deutschland. Der Konzern hat seit den 1990er Jahren seine Geschäftsfelder über die Reifensparten hinaus erweitert. Zum Zeitpunkt der Untersuchung gehörte er zu den führenden Automobilzulieferern der Welt. Die Reifensparte (die aufgeteilt ist in die beiden Divisionen PKW-Reifen und LKW-Reifen) und die Sparte der Produktion von Schläuchen sind der chemischen Industrie zuzuordnen. Die anderen Geschäftsbereiche wie Antrieb, Fahrgestell oder Interieur sind zumeist aus Zukäufen eingegliedert und gehören weitgehend zur Metallindustrie. Durch eine große Akquisition im Jahr 2006 ist die Anzahl der Mitarbeiter weltweit auf gut 150.000 gestiegen. Das Internationalisierungsniveau des Konzerns ist sehr hoch. Der Konzern unterhält eine Vielzahl von Standorten in allen Weltregionen. Insgesamt werden 200 Werke, Zentren der Forschung und Entwicklung sowie Teststrecken in 36 Ländern gezählt.

Im Zentrum der Fallstudie steht die Tarifabweichung, die für die PKW-Reifensparte des Konzerns vereinbart wurde, die aber später auch für einzelne Betriebe und Gesellschaften der Schlauchsparte in ähnlicher oder abgewandelter Form umgesetzt wurde. In der PKW-Reifensparte waren in 2007 mit gut 26.000 etwas mehr Mitarbeiter beschäftigt als in der Schlauchsparte mit knapp 24.000. Der Untersuchungsbetrieb Chemie 4 ist ein Produktionsstandort mit etwa 3.200 Beschäftigten, an dem sowohl PKW-Reifen produziert als auch Schläuche hergestellt werden. Der Standort umfasst somit zwei Geschäftsbereiche und hat für diese auch jeweils getrennt eine Tarifabweichung abgeschlossen. Die Mitarbeiterzahl im Geschäftsbereich Reifen hat mit etwa 1.900 Beschäftigten einen Anteil von rund 60% der Gesamtbelegschaft des Standorts.

Der Konzern hat eine Matrixstruktur. Diese wird von den einzelnen Geschäftsbereichen bestimmt, die ihrerseits auf bestimmte Produkte und Produkttypen konzentriert sind. Die Leitung der Divisionen liegt bei den Vorstandsmitgliedern. Einzelne Standorte können entweder nur Produkte eines Geschäftsbereichs fertigen und diesem damit direkt zugeordnet sein, sie können aber auch mehrere Geschäftsbereiche umfassen – wie dies bei Chemie 4 der Fall ist – und unterliegen dann mehreren Zuständigkeiten. Dementsprechend ist dort auch die Funktion der Werkleitung differenziert. Der Werkleiter ist zwar als Vorgesetzter verantwortlich für das ganze Werk und die Werksfunktionen wie Logistik, Controlling oder Personal. Zugleich aber ist er eingeordnet in die Division Reifen und dem entsprechenden Divisionsvorstand berichtspflichtig. Die Schlauchproduktion ist mit einer eigenen – und vom Reifenbereich getrennten – kaufmännischen und produktionstechnischen Leitung am Standort vertreten, die wiederum gegenüber ihrer Segmentleitung verantwortlich ist. Allerdings hat der Standort einen einheitlichen Betriebsrat, der von den Beschäftigten beider Segmente gewählt wird und der diese vertritt.

Der Standort Chemie 4 gehört zu den größeren Standorten der Reifenproduktion im Konzern. Der bei weitem größte Teil der Beschäftigten sind Produktionsbeschäftigte. In der direkten Produktion haben die Arbeitsplätze das Niveau von Angelerntentätigkeiten. Sie werden dementsprechend von Beschäftigten sowohl ohne als auch mit Ausbildung und darunter sowohl mit als auch ohne chemiespezifischer Qualifikation besetzt. Der Einsatzort der Facharbeiter ist die Instandhaltung. Das Werk ist im ländlichen Gebiet Nordhessens beheimatet.

Die Beschäftigten beider Geschäftsbereiche werden von einem Betriebsrat vertreten. Das Gremium besteht aus 23 Mitgliedern, von denen gemäß Betriebsverfassungsgesetz sechs – unter ihnen auch der Vorsitzende – freigestellt sind. Das Unternehmen hat auch einen Europäischen Betriebsrat, dessen Mitglied der Betriebsratsvorsitzende und dessen Vorsitzende die deutsche Gesamtbetriebsratsvorsitzende ist.

Chemie 5

Chemie 5 ist ein größerer mittelständischer Konzern mit internationaler Ausrichtung. Zentrales Produkt ist Gelatine für unterschiedliche Anwendungen; darunter hat die Speisegelatine einen Produktionsanteil von etwa drei Vierteln. Chemie 5 ist Weltmarktführer für Speisegelatine, der Anteil an der Weltproduktion beläuft sich auf etwa 27%. Der zur Gelatineproduktion wichtigste Rohstoff ist Schweineschwarte, gefolgt von Rinderknochen.

Das Unternehmen ist zwar als Aktiengesellschaft organisiert, aber nicht an der Börse notiert. Die Aktien befinden sich im Besitz der Familien der beiden Gründer, die das Unternehmen gegen Ende des 19. Jahrhunderts parallel in mehreren Produktionswerken schufen. In den 1970er Jahren fusionierten diese mit einem Hersteller von Gelatinekapseln für die Pharmaproduktion. Das Werk am Neckar wurde zum Stammsitz der neuen Gesellschaft ausgebaut. In den folgenden Jahrzehnten expandierte das Unternehmen im In- und Ausland. Heute hat Chemie 5 vier Inlandsstandorte mit insgesamt rund 1.000 Beschäftigten. Dazu wurden seit den 1970er Jahren ausländische Produktionsstandorte in den USA, Schweden, Brasilien, Großbritannien, Mexiko, Südafrika, Neuseeland und Australien erworben sowie weitere Vertriebsgesellschaften eröffnet. An diesen Standorten sind noch einmal gut 1.700 Mitarbeiter beschäftigt. Die deutsche AG und die internationalen Gesellschaften formen zusammen den Konzern. Die Internationalisierung prägt die Organisationsstruktur des Konzerns, der regional nach den Gebieten Europa, Nordamerika, Südamerika und Asien/Pazifik/Afrika gegliedert ist. Zwischen den Regionen oder zwischen den Standorten der Regionen gibt es keine Standortkonkurrenz. Die ausländischen Standorte produzieren für ihre regionalen Märkte. Der Export des Produkts Gelatine ist durch länderbezogene gesundheitliche Vorschriften erheblich erschwert, was auch ein Motiv für die internationale Expansion war.

Gegenstand der Fallstudie Chemie 5 ist das Stammwerk, das zugleich der Unternehmenssitz ist. Das Stammwerk umfasst insgesamt rund 550 Beschäftigte. Neben einem Produktionswerk mit Produktionsbeschäftigten sind im Stammwerk auch die zentralen Konzernfunktionen wie Vertrieb, Einkauf, Personal etc. sowie die Forschung und Entwicklung angesiedelt. Etwa 40% der Beschäftigten sind Angestellte, 60% Produktionsarbeiter. Die Qualifikationsniveaus der Angestellten sind breit gefächert. In der Produktion herrschen Anlernqualifikationen vor, Facharbeiter prägen die Instandhaltung.

Der Betriebsrat hat elf Mitglieder. Trotz des Anspruchs auf zwei Freigestellte ist nur der Betriebsratsvorsitzende freigestellt. Der Grund dafür ist, dass der stellvertretende Vorsitzende auf seine Freistellung verzichtet und auch kein anderer Betriebsrat eine Freistellung übernommen hat. Der stellvertretende Vorsitzende ist zugleich Vorsitzender des Gesamtbetriebsrates.

Chemie 6

Chemie 6 ist ein ostdeutsches Unternehmen der Pharmabranche. Mit der Privatisierung wurde es von einem westdeutschen Investor übernommen und Teil einer Unternehmensgruppe im Familienbesitz. Innerhalb der Gruppe genießt das Unternehmen eine weitgehende unternehmerische Autonomie; eine Weisungsgebundenheit an Konzernvorgaben existiert nicht. Um das Unternehmen herum hat sich ein Pharmapark angesiedelt, der sich aus zwei kleineren ausgelagerten Unternehmen derselben Gruppe sowie aus Zweigwerken westdeutscher Pharmaunternehmen zusammensetzt. Die ausgelagerten Unternehmen sind voll in das System der Arbeitsbeziehungen des Mutterunternehmens integriert. Sie sind, wie das Mutterunternehmen auch, tarifgebunden, und für sie ist der Betriebsrat des Mutterunternehmens zuständig.

Das Unternehmen mit langer Tradition hat nach der Privatisierung schrittweise drei Geschäftsfelder entwickelt. Das erste und älteste der Geschäftsfelder ist die Tiergesundheit. In diesem Geschäftsfeld entwickelt, produziert und vertreibt das Unternehmen Tierimpfstoffe und andere Produkte der Tiergesundheit in eigener Regie. Im Geschäftsfeld Humanimpfstoffe werden für konkrete Kundenaufträge neue Impfstoffe entwickelt und gefertigt. Das dritte Geschäftsfeld schließlich bilden die Pharmazeutika. In diesem Geschäftsfeld fungiert das Unternehmen als Auftragsfertiger für andere Unternehmen und entwickelt und produziert Produkte „flüssiger Darreichungsformen".

Das Unternehmen bewegt sich mit seinem Produktangebot und Leistungsspektrum auf einem Nischenmarkt für innovationshaltige Qualitätsprodukte. Deshalb sieht es sich auch nur bedingt der Kostenkonkurrenz zu anderen Unternehmen ausgesetzt; seine Markt- und Wachstumsstrategie zielt auf Vorteile bei Innovationen und Qualität. Mit einem Umsatz von etwa 60 Mio. Euro in 2006 und etwa 550 Beschäftigten zu diesem Zeitpunkt hat das Unternehmen inzwischen eine gehobene mittelständische Größe. Diese ist das Ergebnis eines rasanten Wachstumsprozesses, in dessen Verlauf sich seit Mitte der 1990er Jahre die Umsatz- und Beschäftigtenzahlen nahezu vervierfacht haben. Der Angestelltenanteil unter den Beschäftigten ist mit 70% sehr hoch. Das gleiche trifft für die Frauenquote zu, die nahezu exakt bei 66,7% liegt. Allein 50 Beschäftigte und damit fast 10% der Gesamtbeschäftigung sind in der Forschung und Entwicklung beschäftigt. Diese Zahlen zeigen die Bedeutung produkttechnologischer Innovationen für das Unternehmen auf.

Das Betriebsratsgremium besteht aus elf Mitgliedern. In den letzten Jahren gab es darunter einen Freigestellten; zum Zeitpunkt der Untersuchung war die Freistellung aber gerade verwaist, weil der Freigestellte in die Altersteilzeit gegangen war und der neue Freigestellte sich gerade einarbeitete, um dann zum Anfang des Folgejahres voll einsteigen zu können. Die Vorsitzende hat bislang auf ihre Freistellung, auf die aufgrund der Beschäftigtenzahl eigentlich auch ein Anspruch bestünde, verzichtet.

Metall 1

Metall 1 ist ein Zulieferunternehmen der Automobilindustrie mit langer Tradition. In den 1920er Jahren entwickelte es sich zum größten deutschen Hersteller von Vergasern. Inzwischen werden an drei deutschen Standorten Motorenkomponenten zur Luftversorgung und Schadstoffreduzierung sowie Ventile und Drosselklappen produziert. In diesem Rahmen bietet das Unternehmen sowohl Einzelkomponenten als auch Module und Systemlösungen an und ist in dieser Eigenschaft ein Systemlieferant für Motoren- und Endhersteller.

Zum Zeitpunkt der Verhandlung der Tarifabweichung bis Frühjahr 2007 hatte das Unternehmen gut 2.000 Beschäftigte und bestand aus vier deutschen Standorten. Hinzu kamen noch ein Standort in Tschechien, der auch für den europäischen Markt produziert, sowie zwei Standorte in den USA und Standorte in Indien, China und Japan, die eher auf die Bedienung ihrer regionalen Märkte ausgerichtet sind. Inzwischen ist eines der vier deutschen Werke mit Sitz in Ostdeutschland und gut 250 Beschäftigten in ein anderes Geschäftsfeld der Unternehmensmutter überführt worden. Metall 1 war Mitte der 1980er Jahre von einem großen deutschen Rüstungshersteller übernommen und von diesem Mitte der 1990er Jahre mit einem anderen Zulieferer zu einer gemeinsamen Aktiengesellschaft unter dem Konzerndach des Rüstungsherstellers verschmolzen worden. Seitdem ist das Zuliefergeschäft (auch als Automotive bezeichnet) eines der beiden Standbeine des Konzerns, und Metall 1 eines der Geschäftsfelder im Rahmen des Zuliefergeschäfts.

Der Hauptsitz von Metall 1 zählt gegenwärtig gut 900 Beschäftigte, etwa 350 davon in der Produktion und 550 davon in den Verwaltungsfunktionen und in der Entwicklung, die jedoch in einem eigenen Verwaltungsgebäude untergebracht sind, das als eigenständiges Werk behandelt wird und deshalb nicht Gegenstand dieser Untersuchung ist. Die Produktionsbeschäftigung wird hier, wie auch an den anderen beiden Produktionsstandorten, von angelernten Tätigkeiten dominiert.

Das Betriebsratsgremium umfasst 13 Mitglieder. Davon sind neben der Vorsitzenden zwei weitere Mitglieder freigestellt.

Metall 2

Metall 2 ist ein Produktionswerk der Automobilzulieferindustrie. Es ist vor etwa 25 Jahren als erstes europäisches Just-in-time-Werk eines Standorts eines großen Endherstellers des automobilen Premiumsegments gegründet worden. Im Werk werden Sitze für unterschiedliche Baureihen des Endherstellers gefertigt. Die Variantenvielfalt der Sitze ist hoch. Die Sitze werden sequenzgenau mit einem Puffer von vier bis viereinhalb Stunden produziert und an den Endhersteller geliefert. Vor vier Jahren hat ein weiterer Sitzehersteller ein Werk am Standort gegründet, so dass Metall 2 seine dortige Monopolstellung der Sitzefertigung verloren hat.

Das Werk ist seit 1997 im Besitz eines großen amerikanischen Konzerns der Automobilzulieferindustrie. Der amerikanische Konzern hatte das Werk zusammen mit einem Zulieferbetrieb an einem süddeutschen Standort erworben; beide waren zuvor Teil eines anderen Unternehmens. Der süddeutsche Betrieb fertigt Sitze für andere Premiumhersteller. Er ist auch Standort der Entwicklung und der zentralen Verwaltungsfunktionen. Die amerikanische Muttergesellschaft, die noch weitere Standorte in Deutschland hat, war bereits zur Zeit des ersten Weltkriegs geründet worden. Sie ging 1994 an die Börse und ist auf dieser Grundlage in den 1990er Jahren durch Unternehmensakquisitionen stark expandiert. Heute hat sie etwa 90.000 Beschäftigte an 215 Standorten in 35 Ländern.

Sie bietet neben Sitzen und Sitzsystemen vor allem Produkte der Automobilelektronik am Markt an.

Die deutschen Standorte des Unternehmens bilden die „German Car Group". Solche Organisationseinheiten gibt es auch in anderen europäischen Ländern. Die Car Groups berichten an einen Europäischen Vorstand. Die Ländergruppen orientieren sich zudem stark an den Endherstellern in den jeweiligen Ländern; so gehören die deutschen Zulieferwerke, die General Motors beliefern, zur amerikanischen Gruppe. Die regionale Struktur wird darüber hinaus durch unterschiedliche Produktdivisionen gebrochen. Insgesamt entsteht daraus eine Matrixorganisation, die auch vom Management als wenig transparent beschrieben wird.

Der Standort Metall 2 hat insgesamt nahezu 640 Beschäftigte, knapp 570 davon sind Arbeiter und etwa 70 sind Angestellte. Gut 16% der Belegschaft sind Frauen. Qualifizierte Facharbeit herrscht in der Instandhaltung und in der Näherei vor, die Montagetätigkeiten bewegen sich auf dem Niveau von Angelerntenqualifikationen. Die Beschäftigten in der Produktion arbeiten in einem klassischen Akkordsystem, dessen Leistungsermittlung nach Refa-Verfahren erfolgt.

Der Betriebsrat hat elf Mitglieder. Von ihnen sind der Vorsitzende und seine Stellvertreterin freigestellt.

Metall 3

Metall 3 ist Teil eines Baumaschinenunternehmens, das drei Standorte in Nordwestdeutschland mit insgesamt knapp 800 Beschäftigten unterhält. Ursprünglich nach dem ersten Weltkrieg als Hersteller von Landmaschinen gegründet, entwickelte sich das Unternehmen in den 1950er Jahren mit hydraulischen Ladern, Kränen und Baggern zu einem der führenden deutschen Baumaschinenhersteller mit hohem Exportanteil und vier Produktionswerken.

Mit der Krise der deutschen Bauwirtschaft seit Mitte der 1990er Jahre geriet das Unternehmen in wirtschaftliche Schwierigkeiten und ging schließlich vom Eigentümerunternehmer – dem Sohn des Gründers – Ende des Jahrzehnts in den Besitz einer Beteiligungsgesellschaft über. Diese verkaufte im Jahr 2001 das Unternehmen ihrerseits an einen amerikanischen Maschinenbaukonzern, der durch diverse weltweite Akquisitionen seit Mitte der 1990er Jahre zum drittgrößten Baumaschinenproduzenten der Welt aufgestiegen war. Neben dem Unternehmen, dem auch der Betrieb Metall 3 angehört, erwarb der amerikanische Konzern ein Jahr später noch zwei weitere traditionsreiche deutsche Unternehmen der Baumaschinenindustrie.

Diese drei Unternehmen bilden seitdem die deutsche Gruppe des amerikanischen Konzerns. Sie sind als regionale Organisationseinheit zusammengefasst. Diese fügt sich in eine Matrixstruktur mit Geschäftsfeldern ein, die nach Produkten definiert sind. So ist der Leiter des Werkes Metall 3 zugleich eingebunden in die Hierarchie der Produktdivision „Schwere und Kompakte Bagger", zu der das Werk gehört.

Mit der Übernahme des Werkes durch die neue amerikanische Mutter wurde ein starker Personalabbau umgesetzt. Im Zeitraum von 2000 bis zum Erhebungszeitpunkt Ende 2008 wurde die Belegschaft von 1.600 auf 800 Beschäftigte halbiert und eines der ursprünglich vier Werke des Unternehmens geschlossen. Heute werden im Werk Metall 3 Bagger in vier Fertigungs- und Produktlinien produziert, ein weiteres Werk ist auf die Produktion von Kränen spezialisiert, und das dritte Werk stellt Komponenten für die beiden anderen her.

Mit etwa 400 Beschäftigten arbeitet etwa die Hälfte der Mitarbeiter des Unternehmens am Standort Metall 3. Am Standort sind auch die meisten der Verwaltungsfunktionen des Unternehmens angesiedelt. Die 150 Angestellten machen gut 37% der Belegschaft des Standorts aus. Die Arbeiter sind zumeist berufsfachlich qualifiziert, können in ihren konkreten Tätigkeiten aber auch angelernt sein.

Der Betriebsrat hat elf Mitglieder. Durch Verzicht auf eine Sekretärin und durch die Zusammenlegung anderer Ressourcen gelang es dem Vorsitzenden, auch seinen Stellvertreter freizustellen. Der Betriebsratsvorsitzende ist zugleich Gesamtbetriebsratsvorsitzender der drei Standorte des Tochterunternehmens.

Metall 4

Metall 4 ist einer von vier Betrieben eines deutschen Unternehmens der Druckmaschinenindustrie. Das Unternehmen hat seine historischen Wurzeln in zwei unterschiedlichen Unternehmen, eines in Hessen, eines in Bayern, die jeweils mit langer Tradition seit dem 19. Jahrhundert die Entwicklung der deutschen Druckmaschinenindustrie maßgeblich geprägt haben. Metall 4 war dabei Teil des umfassenderen bayerischen Maschinenbaukonzerns, der auch noch andere Betriebe am selben Standort unterhält. Beide Unternehmen wurden Ende der 1970er Jahre durch Aufkauf des hessischen Unternehmens zu einem gemeinsamen Unternehmen unter dem Dach des bayerischen Maschinenbaukonzerns zusammengeführt. Im Jahr 2006 wurde das Geschäftsfeld der Druckmaschinen vom Maschinenbauunternehmen verkauft und bildet nun ein formal selbständiges Unternehmen. Faktisch jedoch ist es im Besitz eines Private-Equity Unternehmens, das seinerseits eine Tochtergesellschaft einer großen deutschen Versicherung ist. Das Unternehmen beschäftigte in 2007 insgesamt knapp 9.000 Mitarbeiter und erwirtschaftete einen Umsatz von nahezu zwei Mrd. Euro. Mit einem Exportanteil von über 80% gehört das Unternehmen zu den Weltmarktführern der Druckmaschinenindustrie. Metall 4 hat zusammen mit den beiden anderen großen deutschen Druckmaschinenherstellern eine dominierende Weltmarktstellung mit einem Weltmarktanteil von 80-90%.

Das Unternehmen hat zwei zentrale Geschäftsfelder, die Produktion von Rollenoffset- und Bogenoffsetdruckmaschinen (im Folgenden auch: Rolle und Bogen). Rollenoffsetmaschinen dienen dem Zeitungsdruck und dem Druck von Magazinen oder Prospekten mit hochwertigen Illustrationen. Bogenoffsetmaschinen ermöglichen den Druck von Plakaten, Postern oder Geschäftsdrucksachen. Beide Produktbereiche unterscheiden sich durch die Größe und Komplexität der Maschinen. Während die Rollenmaschinen sehr groß sind und nur in aufwändiger Einzelfertigung hergestellt werden können, lassen sich die kleineren Bogenmaschinen in standardisierten Produktionsverfahren erzeugen.

Die Zahlen wiesen im Jahr 2007 ein hohes Maß an Gleichverteilung zwischen beiden Geschäftsfeldern auf. Sowohl beim Umsatz als auch bei der Mitarbeiteranzahl (jeweils über 4.000 Beschäftigte) lagen beide Bereiche nahezu gleichauf. Dies galt allerdings nicht für die Gewinne. Beim EBIT verbuchte der Rollenbereich mehr als doppelt so hohe Gewinne wie der Bogenbereich.

Die beiden Geschäftsfelder sind auch symmetrisch über die Standorte verteilt; zwei Standorte produzieren Bogenmaschinen und zwei Standorte Rollenmaschinen. Die beiden Bogenmaschinenstandorte gehörten zu dem Ende der 1970er Jahre erworbenen hessischen Unternehmen. Neben Metall 4 produziert noch ein ostdeutsches Werk Rollenmaschinen, das ebenfalls ein traditionsreicher Druckmaschinenstandort war und nach der Wende aufgekauft wurde. Das Werk Metall 4 gilt wegen seiner Größe und mit seinen rund 3.100 Mitarbeitern als einer der beiden Hauptstandorte des Unternehmens. Die Hauptverwaltung des Unternehmens hat ihren Sitz zwar in dem anderen Hauptstandort, insgesamt aber wird die Stellung des Werkes als hochgradig autonom und die Unternehmensstruktur als dezentral beschrieben.

Die relative Unabhängigkeit der Standorte wird mit den geringen Überschneidungen der Geschäftsfelder begründet. Nicht nur unterscheidet sich die Produktion zwischen Einzel- und Serienfertigung, auch zwischen den Produkten gibt es keine Gemeinsamkeiten, aus denen sich für Entwicklung und Konstruktion oder für den Einkauf Synergien ableiten lassen. Zudem wurden zentrale Verwaltungsfunktionen bis zum Verkauf des Unternehmens in 2006 von der ehemaligen Konzernzentrale erbracht. Im Verwaltungsbereich gibt es zwar inzwischen Leitungspositionen mit Gesamtverantwortung, doch endet deren Leitungsbefugnis an der Schnittstelle zwischen den beiden Geschäftsbereichen.

Der Betrieb Metall 4 weist in der Fertigung einen hohen Anteil an Facharbeitern auf. Nur in wenigen und einzelnen Bereichen wie der Kabelfertigung und der Logistik werden An- und Ungelernte eingesetzt. Die Aufgabenvielfalt unterscheidet sich zwischen der Fertigung und der Montage. Während die Arbeit bei der Fertigung von Einzelkomponenten eher standardisierte Elemente aufweist, ist die Montage wegen des hohen Anteils von Einzelfertigungen mit mehr Aufgabenvielfalt verbunden.

Das Betriebsratsgremium setzt sich aus 23 Mitgliedern zusammen. Neben dem Vorsitzenden sind fünf weitere Betriebsräte freigestellt. Der Vorsitzende des örtlichen Betriebsrates ist zugleich Vorsitzender des Gesamtbetriebsrates.

Metall 5

Bei Metall 5 handelt es sich um einen von noch zwei verbliebenen Betrieben eines Unternehmens der Elektroindustrie. Das Unternehmen entwickelt und fertigt Leiterplatten für elektronische Anwendungen. Obwohl das angebotene Produktspektrum ursprünglich eine große Bandbreite von Leiterplatten umfasste, konzentrierte sich ein guter Anteil des Geschäfts auf Leiterplatten für die Automobilelektronik. Rund 60% seines Umsatzes erzielt das Unternehmen in diesem Geschäftsfeld; mit einem Marktanteil von über 30% ist das Unternehmen damit europäischer Marktführer im Segment Automobilelektronik. Metall 5 fungiert als Zulieferer der zweiten resp. dritten Stufe vorwiegend für die Direktzulieferer der Endhersteller. Die weiteren größeren Geschäftsfelder sind Leiterplatten für den Maschinenbau und die Medizintechnik. Das Werk Metall 5 ist auf die Leiterplatten der Automobilelektronik und hohe Stückzahlen spezialisiert, während das zweite Werk des Unternehmens in der Produktion die anderen beiden Segmente abdeckt und eher kleinere Losgrößen fertigt.

Das 1945 – heute würde man sagen als Start-up – gegründete Unternehmen der Elektroindustrie begann 1956 als erstes Unternehmen in Europa mit der Produktion zunächst einseitiger Leiterplatten; rasch folgten dann zweiseitige Leiterplatten und Multilayer-Platten. 1991 verstarb der Firmengründer und Eigentümer. Nach seinem Tod kaufte ein ortsansässiger Geschäftsmann und Inhaber einer Beteiligungsgesellschaft sämtliche Geschäftsanteile der GmbH und trat als geschäftsführender Gesellschafter ins Unternehmen ein. Im Verlauf der 1990er Jahre expandierte das Unternehmen durch Übernahme dreier anderer Leiterplattenhersteller und ihrer drei Standorte. Das Unternehmen hatte damit vier Produktionsstandorte, wobei auch am Hauptsitz Metall 5 ein zweites Werk neu erbaut wurde (zwischen beiden Werken wird im Folgenden nicht unterschieden). In 2001 wurde die GmbH in eine Aktiengesellschaft umgewandelt mit dem Ziel des Börsengangs. Dazu kam es aber nicht; der Expansion folgte seit der Jahrtausendwende eine Phase der Kontraktion. Zunächst haben die damaligen Geschäftsführer bei zunehmenden wirtschaftlichen Schwierigkeiten in 2004 das Unternehmen im Zuge eines Management-Buyout gekauft, um es dann im Jahr 2006 an eine Gruppe von Finanzinvestoren als neue Eigentümer zu verkaufen. Diese haben den Kaufpreis nicht – wie bei Finanzinvestoren sonst üblich – auf das Unternehmen abgewälzt, sondern die Schulden des dicht vor der Insolvenz stehenden Unternehmens übernommen. Zugleich wurde das Unternehmen in eine GmbH rückverwandelt. 2008 wurden zwei der drei in den 1990er Jahren übernommenen neuen Standorte abgegeben, eines davon verkauft und das andere als Management-Buyout ausgegründet. Ende 2008 erwarb das Unternehmen einen neuen Produktionsstandort in China. Kurz nach Abschluss der empirischen Erhebung ging das Unternehmen Anfang 2009 in die Insolvenz, nachdem die amerikanischen Investoren wegen eigener Finanzierungsprobleme aus dem Unternehmen ausgestiegen waren. Die Zukunft des Unternehmens steht und fällt deshalb mit der erfolgreichen Suche nach neuen Investoren oder Kreditgebern.

Der Betrieb Metall 5 hatte zum Zeitpunkt der Untersuchung noch gut 500 Beschäftigte, das Unternehmen insgesamt noch etwa 800. Vor 2008 hatte das Unternehmen mit seinen damals vier Standorten gut 1.200 Beschäftigte. Metall 5 ist der Hauptsitz des Unternehmens. Dort sind neben der Leiterplattenfertigung für die Automobilelektronik noch die Unternehmensverwaltung, Einkauf und Vertrieb sowie ein kleiner Entwicklungsbereich angesiedelt, wobei sich die Entwicklungsanforderungen in der Leiterplattenherstellung darauf beschränken, Vorgaben der Kunden in den eigenen Produkten umzusetzen. Der Angestelltenanteil einschließlich der Führungskräfte beläuft sich auf rund ein Viertel der Beschäftigten. Von den Produktionsbeschäftigten haben etwa 75% eine Berufsausbildung, wobei diese Ausbildung zumeist fachfremd ist. Die fachbezogenen Kenntnisse werden im Rahmen eines Training-on-the-Job vermittelt.

Der Betriebsrat besteht im Werk aus elf Mitgliedern, darunter sind der Vorsitzende und sein Stellvertreter freigestellt. Beide sind auch Mitglieder im Gesamtbetriebsrat.

Metall 6

Das Fallunternehmen Metall 6 ist eine traditionsreiche Werft. Die Geschichte der Werft reicht bis weit ins 19. Jahrhundert zurück. Sie wurde von einer Reederei als Reparaturwerkstatt für ihre Schiffe gegründet. Die Reederei profitierte in der zweiten Hälfte des 19. Jahrhunderts stark von der Entwicklung von Dampfschiffen und der Ausdehnung des Transatlantik-Schiffsverkehrs und wuchs rasch zum größten deutschen Unternehmen der Branche an. Im Zuge dieses Wachstums wurden die Kapazitäten des Reparaturbetriebes stetig ausgeweitet. Bereits zu Beginn des 20. Jahrhunderts beschäftigte die Reederei bis zu 6.000 Werft- und Hafenarbeiter vor allem im technischen Betrieb der Werft.

Seit den 1950er Jahren bot die Werft als Tochtergesellschaft ihre Dienstleistungen der Schiffswartung und Reparatur auch am externen Markt für andere Unternehmen an. Im Zuge des Zusammenschlusses der Reederei mit einer anderen deutschen Reederei wurde die Werft mit umfangreichen Investitionen modernisiert. Mitte der 1980er Jahre wurde die Werft dann verkauft und von einer großen Werft übernommen. Diese mehrheitlich im öffentlichen Besitz befindliche Werft bildete einen Werftenverbund, unter dessen Schirm sich fast die gesamte westdeutsche und – nach der Wiedervereinigung auch die gesamte ostdeutsche – Werftenindustrie versammelte. Hintergrund der krisenhaften Entwicklung war die Zunahme der internationalen Konkurrenz vor allem durch Werften im ostasiatischen Raum. Die große Werft versuchte der Krise durch Diversifizierung der Geschäftsfelder zu entkommen. Die Diversifizierungsstrategie schlug allerdings aus unterschiedlichen Gründen fehl, nicht zuletzt deshalb, weil sich auch die zugekauften Geschäftsfelder des Unternehmens als wenig ertragskräftig erwiesen. Als zu den Rentabilitätsproblemen noch ein Skandal um die Veruntreuung öffentlicher Mittel für die ostdeutschen Werften hinzukam, meldete die Muttergesellschaft der Werft Insolvenz an.

Im Insolvenzverfahren konnte die Werft Metall 6 als eigenständige Werft gerettet werden, allerdings nur um den Preis einer starken Reduzierung der Personalkapazitäten. Von den ursprünglichen – und bereits deutlich unter dem Höchststand der 1970er und 80er Jahre liegenden – etwa 700 Arbeitsplätzen konnten nur rund 500 erhalten werden. Davon sind etwa drei Viertel Produktionsarbeiter und ein knappes Viertel Angestellte. Die Produktionsarbeiter haben nahezu ausnahmslos eine berufliche Ausbildung; zumeist – aber nicht zwingend – in einer der Ausbildungsgänge, die für die Tätigkeiten der Werftindustrie unmittelbar geeignet sind wie z.B. Maschinenschlosser.

Seit der Lösung der Werft von der Reederei wurden die Geschäftsfelder erweitert. Neben den traditionellen Angeboten der Reparatur und der Wartung hat sich der Betrieb zunehmend auf umfangreiche Umbauten von Schiffen bis hin zu Schiffsverlängerungen und Neubauten spezialisiert. Dabei versteht sich die Werft als Systemintegrator, der selber mit eigenem Personal und mit Leiharbeitern komplexe Arbeitsaufgaben übernimmt, Systemaufgaben wie Stahlfertigungen oder den Kabinenbau ausschreibt und an Zulieferer abgibt und schließlich den Gesamtbau koordiniert und logistisch steuert. Der Eigenanteil des Geschäftsvolumens bei Großaufträgen wird mit etwa 20% beziffert.

Das Betriebsratsgremium umfasst 13 Mitglieder. Damit ist das Gremium größer, als es eigentlich der aktuellen Beschäftigtenzahl des Betriebes entspräche. Auch konnte der Betriebsrat bislang seine drei Freistellungen aus den Zeiten alter Größe des Unternehmens erhalten. Der Vorsitzende gehört zu den Freigestellten.

Zusammenfassung

Die zwölf Fälle bilden eine große Bandbreite an Einzelbranchen, Betriebsgrößen, Positionen in den jeweiligen Wertschöpfungsketten und Größen der Betriebsratsgremien ab (als Überblick siehe Tabelle 1). Eine gewisse Verdichtung findet sich bei Automobilzulieferern; insgesamt sechs der zwölf Unternehmen produzieren ausschließlich oder zumindest in großen Anteilen ihrer Produktion für Automobilendhersteller oder für andere Zulieferer in der automobilen Wertschöpfungskette (Chemie 2, Chemie 3, Chemie 4, Metall 1, Metall 2, Metall 5). Hierin spiegelt sich zum einen die überragende Bedeutung wider, die der Automobilbranche als Motor des deutschen Exportmodells bislang zukam. Zum anderen ist es, wie das nächste Kapitel zeigen wird, auch Ausdruck des starken Preis- und Internationalisierungsdrucks, der in den automobilen Wertschöpfungsketten herrscht und der ein Umfeld schafft, in dem Tarifabweichungen typischerweise gedeihen. In der Metallindustrie sind ansonsten noch zwei Unternehmen aus dem Maschinenbau (Metall 3, Metall 4) und ein Unternehmen der Werftindustrie (Metall 6) vertreten. In der chemischen Industrie kommen die anderen Fälle aus den Branchen sonstige Chemische Erzeugnisse (Chemie 1, Chemie 5) und der Pharmaindustrie (Chemie 6).

Auch die Betriebsgrößen variieren stark; sie liegen zwischen 330 Beschäftigten bei Chemie 2 und 3.200 bei Chemie 4. Allerdings sind die kleineren Unternehmen in der Überzahl. Fünf Unternehmen haben 500 oder weniger Beschäftigte (Chemie 1, Chemie 2, Metall 3, Metall 5, Metall 6), und weitere drei haben zwischen 500 und 640 Beschäftigte (Chemie 5, Chemie 6, Metall 2). Nur zwei der Betriebe sind Großbetriebe mit mehr als 1.000 Beschäftigten (Chemie 4, Metall 4).

Damit spiegeln die Fälle die aggregierten Betriebsgrößenstrukturen der jeweiligen Branchen Metall- und Elektroindustrie sowie Chemische Industrie – wenn auch sicherlich nicht passgenau – recht gut wider. Mit Blick auf die anteiligen Betriebsgrößen der Betriebe werden im Untersuchungssample die Branchendurchschnitte überschritten, mit Blick auf die Anteile der in den Betrieben Beschäftigten eher unterschritten. So hatten in 2007 Betriebe mit mehr als 1.000 Beschäftigten in der Metall und Elektroindustrie einen Anteil von 2,1% an allen Betrieben (im Sample knapp 17%) und solche mit 250 bis 999 einen Anteil von 10,5% (im Sample gut 83%) (Daten unter www.gesamtmetall.de). Für die chemische Industrie liegen nur Unternehmensgrößendaten – und keine Betriebsgrößendaten – vor, so dass die Zahlen nicht direkt vergleichbar zu denen der Metallindustrie sind, weil die Unternehmen größere Einheiten als die Betriebe sind (VCI 2008). Demnach betragen die Anteile der Unternehmen mit über 1.000 Beschäftigten an allen Unternehmen knapp 2% (etwa 17% im Sample) resp. 6,4% für Unternehmen mit 250-499 Beschäftigten (gut 83% im Sample). Das höhere Gewicht der beiden Betriebsgrößenklassen im Untersuchungssample gegenüber den Branchendurchschnitten liegt daran, dass im Untersuchungssample keine kleineren Unternehmen unter 250 Beschäftigten vertreten sind. Die Verteilung im Untersuchungssample zwischen den großen und den mittelgroßen Betrieben entspricht jedoch in etwa dem Branchendurchschnitt.

Tab. 3: Merkmale der Fälle des Untersuchungssamples

Betrieb	Branche	Beschäftigte im Fallbetrieb	Position in Wertschöpfungskette	Mitglied im Arbeitgeberverband (zum Zeitpunkt der Verhandlungen)	Zahl der freigestellten Betriebsräte/ Zahl der Betriebsräte insgesamt	Gesamtbetriebsrat/ Europäischer Betriebsrat
Chemie 1	Membrane (Medizin/Industrie)	420	1. Stufe	Ja	1/11	Nicht vorhanden
Chemie 2	Kunststoff/ Dichtungen (Automobil)	330	2. und 3. Stufe	Ja	1/9	GBR
Chemie 3	Reifen	900	1. Stufe	Ja	3/13	GBR / EBR
Chemie 4	Reifen/ Automobilkomponenten (Elektronik etc.)	3.200	1. Stufe	Ja	6/23	GBR / EBR
Chemie 5	Gelatine	550	1. Stufe	Ja	1/11	GBR
Chemie 6	Impfstoffe (Eigen- und Lohnfertigung)	550	1. Stufe und Lohnfertigung	Ja	1/11	Nicht vorhanden
Metall 1	Automobilkomponenten (Motorteile)	900	1. und 2. Stufe	Ja	3/13	GBR
Metall 2	Automobilkomponenten (Sitze)	640	1. Stufe	Nein	2/11	GBR / EBR
Metall 3	Baumaschinen	400	Endhersteller	Nein	2/11	GBR
Metall 4	Druckmaschinen	3.100	Endhersteller	Ja	6/23	GBR
Metall 5	Leiterplatten (Automobilzulieferer)	500	2. Stufe	Nein	2/11	GBR
Metall 6	Werft	500	Endhersteller	Ja	3/13	Nicht vorhanden

Mit Blick auf die Beschäftigtenverteilung sind die Abweichungen zwischen dem Branchendurchschnitt und dem Untersuchungssample weit weniger ausgeprägt, weil die Anteile der Kleinunternehmen unter 250 Mitarbeitern hier nicht so stark ins Gewicht fallen. 35% der Beschäftigten arbeiten in der Metallindustrie in Betrieben über 1.000 Beschäftigten (im Sample 51,3%) und 27,6% (im Sample 48,7%) in Betrieben mit 250 bis 999 Beschäftigten. In der chemischen Industrie sind über 50% der Beschäftigten in Unternehmen mit mehr als 1.000 Mitarbei-

ISBN 978-3-8360-8714-8 – Presseexemplar – (c) edition sigma – 08102015

tern (etwa 54% im Sample) und knapp 25% (etwa 46% im Sample) in Unternehmen mit 250 bis 999 Mitarbeitern angestellt. Abgesehen davon, dass sich die Unterschiede zwischen Branchendurchschnitten und den Größenverteilungen im Untersuchungssample vor allem aus dem Fehlen der Kleinbetriebe im Sample erklären lassen und sich ansonsten die Verteilungen stark entsprechen, ist außerdem festzuhalten, dass in der Auswahl des Samples ein großbetrieblicher Bias vermieden werden konnte, weil Betriebe der mittleren Größenordnung stark vertreten sind.

Ähnlich breit strukturiert sind die Betriebe auch entlang der Stufen der Wertschöpfungskette. Drei Unternehmen sind Endhersteller (Metall 3, Metall 4 und Metall 6, wobei bei Metall 6 als Werft die Endherstellung darin besteht, mehrere Unterauftragnehmer bei komplexen Umbauarbeiten an Schiffen zu koordinieren), sieben können, zumindest mit Teilen ihres Produktportfolios, als Zulieferer der ersten Stufe bezeichnet werden und zwei sind auf unteren Zulieferstufen angesiedelt (Chemie 2 und Metall 5). Aber auch die Zulieferer der ersten Stufe sind in der Regel nicht die mächtigen Systemlieferanten, wie sie aus der Automobilindustrie bekannt sind; dies träfe allenfalls auf Chemie 4 zu. Sie liefern vielmehr zumeist einzelne kleinere Komponenten direkt an die Endhersteller. Dabei konnten sie sich teilweise auf Nischen spezialisieren, in denen sie Weltmarktführer wurden (Chemie 1, Chemie 5).

Unter den Betrieben dominieren die klassischen Industriebetriebe. Nur der Pharmabetrieb Chemie 6 gehört zur wissensintensiven Produktion mit einem Angestelltenanteil von über 70%. Nennenswerte Angestelltenanteile gibt es auch in den Betrieben mit Verwaltungssitz oder Entwicklungsabteilungen (Chemie 1, Chemie 5, Metall 1, Metall 4, Metall 3, Metall 5, ansatzweise Metall 6), aber in diesen Fällen übersteigen die Anteile der Gewerblichen die der Angestellten deutlich; für alle anderen Betriebe gilt dies ohnehin. Damit können die in der Literatur häufiger aufgezeigten Besonderheiten der Betriebsratsarbeit in wissensintensiven, von Angestellten dominierten Betrieben (so z.B. Kotthoff 1994; Dörre 2002) nur für einen Fall (Chemie 6) untersucht werden. Vor allem dafür steht der Fall Chemie 6 im Sample, nicht aber für die Probleme der ostdeutschen Betriebe. Chemie 6 ist hinsichtlich seiner Merkmale wie Beschäftigtenstruktur und Tarifbindung eher mit westdeutschen als mit ostdeutschen Betrieben der Branche vergleichbar. Ostdeutsche Besonderheiten spielen in der Untersuchung daher, auch gemäß den Vorfestlegungen zur Betriebsauswahl, keine größere Rolle. Grundsätzlich lässt sich sagen, dass in den beiden Untersuchungsbranchen Betriebe dieser Art trotz des wachsenden Angestelltenanteils in den Industriebetrieben generell selten sind; sie finden sich vor allem in der Pharmabranche oder im Bereich Büromaschinen/Datenverarbeitung, dort als Unternehmen des IT-Sektors. Dementsprechend bildet auch in dieser Hinsicht das Sample die Branchenstrukturen recht gut ab, freilich um den Preis, die Mitbestimmungsprobleme von Angestelltenbetrieben nicht im Vergleich mehrerer Fälle unter die Lupe nehmen zu können.

Mit Metall 2 und Metall 3 sind zwei der zwölf Fallbetriebe nicht Mitglieder eines tarifgebundenen Arbeitgeberverbandes (wohl aber eines Verbandes ohne Tarifbindung). Dass hier dennoch Tarifabweichungen untersucht werden können, liegt daran, dass in beiden Fällen Anerkennungstarifverträge mit der Gewerkschaft abgeschlossen wurden, in denen die Unternehmen die Flächentarifverträge grundsätzlich anerkennen, obwohl sie keine Verbandsmitglieder sind. Von dieser Anerkennung wurde aber jeweils in bestimmten Punkten durch Tarifunterschreitung abgewichen. Im Fall von Metall 5 wurde in diesem Rahmen im jüngsten Tarifvertrag eine Rückkehr zur Fläche vereinbart; gleiches sieht auch der abweichende Tarifvertrag für Metall 2 vor. Bei Metall 5 wurde zudem die Mitgliedschaft im Arbeitgeberverband mit der letzen Tarifabweichung wieder hergestellt. Diese Fälle stehen beispielhaft dafür, dass die Frage der Tarifbindung in der Metallindustrie deutlich virulenter ist als in der chemischen Industrie mit ihrer nach wie vor hohen Tarifbindungsquote der Betriebe; die Mitgliedschaft im Arbeitgeberverband stand nicht von ungefähr dort in den Untersuchungsfällen nicht ernstlich zur Disposition.

4.3 Die abweichenden Vereinbarungen

Die abweichenden Vereinbarungen setzen sich aus zwei Kernthemen zusammen: auf der einen Seite den materiellen Konzessionen der Beschäftigten, die sich auf Tarifentgelte und Arbeitszeiten, aber auch auf andere Gegenstände der Tarifverträge beziehen können, und auf der anderen Seite den Gegenleistungen der Unternehmen, die eine Sicherung der Beschäftigten und/oder der Standorte oder andere Zusagen zu Investitionen, Innovationen, Mitbestimmung oder anderen Themen in unterschiedlicher Regelungstiefe und -qualität enthalten können. Zusätzlich zu den wechselseitigen Konzessionen werden üblicherweise, analog der Flächentarifverträge, Laufzeiten und Kündigungsregelungen der Vereinbarungen festgelegt, aber auch Fragen der Tarifbindung oder der Mitgliedschaft im Arbeitgeberverband angesprochen. Einen Überblick über die Regelungen findet sich in Tabelle 4.

In den zwölf Fallbetrieben enthalten die materiellen Konzessionen der abweichenden Vereinbarungen häufig Arbeitszeitverlängerungen ohne Entgeltausgleich; für neun der zwölf Fälle trifft dies zu (Chemie 2, Chemie 3, Chemie 4, Chemie5, Metall 2, Metall 3, Metall 4, Metall 5 (temporär) und Metall 6) (siehe dazu Tabelle 4). Nur bei Chemie 1 und Chemie 2 konzentrieren sich die Konzessionen auf Entgeltabsenkungen; bei Metall 1 kommt die Arbeitszeitverlänge-

Tab. 4: Synopse der abweichenden Vereinbarungen

Fallbetrieb	Materielle Konzessionen	Gegenleistungen
Chemie 1 • Zwei abweichende Vereinbarungen • Verbindung mit Sozialplan (2.) • Laufzeit zwei Jahre	• Entgeltabweichung (6,67%)	• Ausschluss betriebsbedingter Kündigungen (neben Sozialplan) • Reduzierung geplanter Personalabbau • Investitionssumme • Sonderkündigungsrecht • Mitbestimmung
Chemie 2 • Vier abweichende Vereinbarungen • Erste Abweichung. in Verbindung mit Sozialplan • Laufzeit acht Jahre	• Entgeltabsenkung (5,5%) dauerhaft • Verlängerung Arbeitszeit auf 40 Stunden (unentgeltlich) • Leiharbeiterquote 60% für Produkt	• Ausschluss betriebsbedingter Kündigungen (Vorbehalt) • Investitionen: Projekte und Summe (Tochter) • Sonderkündigungsrecht
Chemie 3 • Zwei abweichende Vereinbarungen • Laufzeit 5/6 Jahre	• Entgeltabsenkung (5,6%) dauerhaft • Leiharbeiterquote 15% • Arbeitszeitverlängerung 38,75 und Qualifizierungszeit (eine Stunde/Monat), unentgeltlich	• Ausschluss betriebsbedingter Kündigungen • Erhalt der betrieblichen Altersversorgung • Erhalt Zulagen • Mitgliedschaft im Arbeitgeberverband • Investitionssumme • Mitbestimmung • Standortsicherung
Chemie 4 • Laufzeit vier Jahre • Rückwirkende Kündigung bei Nichteinhaltung von Zusagen möglich	• 40 Stunden ohne Lohnausgleich • Reduzierung Erhol- und Verteilzeiten • Festschreibung Entgelt für Laufzeit	• Investitionen (Vorhaben und Summe) • Ausschluss betriebsbedingter Kündigungen aus Arbeitszeitverlängerung • Rückwirkende Kündigung • Wertgleichheit
Chemie 5 • Laufzeit zwei Jahre • Streichung betrieblicher Sonderleistungen	• Erhöhung Arbeitszeit auf 40 Stunden • Entlassungen im Angestelltenbereich	• Rückwirkende Auszahlung Arbeitszeitverlängerung bei definiertem Ergebnis • Ausschluss betriebsbedingter Kündigungen mit Entlassungen • Wertgleiche Regelung Erfolgsbeteiligung
Chemie 6 • Laufzeit vier Jahre • Verlängerungen je nach wirtschaftlicher Lage möglich • Mitbestimmung/Partizipation angelegt	• Aussetzung Tariferhöhung • Aussetzung Anpassung West	• Rückkehrstufen (drei Schritte) • Wertgleiche Beiträge • Personallinie festgeschrieben, keine betriebsbed. Kündigungen • Maßnahmenpaket zur Verbesserung der wirtschaftlichen Lage

Tab. 4: (Fortsetzung)

Fallbetrieb	Materielle Konzessionen	Gegenleistungen
Metall 1 • Laufzeit vier Jahre • Tarifbindung • Kündigungsrecht • Nachzahlung Gekündigte	• Streichung Urlaubsgeld als Arbeitszeitverlängerung • Auflösung ERA-Fonds • Verschiebung Lohnerhöhungen • Qualifizierungszeiten (nach Tarifvertrag)	• Standortgarantie und Mindestpersonal, darin Ausschluss betriebsbedingter Kündigungen • Produktzusagen • Bonus für Mitglieder
Metall 2 • Laufzeit gut drei Jahre • Beendigung bei Entfall Tarifabweichung (Anerkennung) • Kündigungsrecht • Mitbestimmung Produktionssteigerung und Controlling	• Arbeitszeitverlängerung bis zu knapp drei Stunden/Woche bei Nichterreichen Produktivitätsziele • Auflösung Strukturfonds nach ERA-Einführung zugunsten Unternehmen	• Ausschluss betriebsbedingte Kündigungen • Keine Arbeitszeitverlängerung bei Erreichen Produktivitätsziele • Investitionen (Angabe Höhe) • Festschreibung Produktion • Konstanz Azubis
Metall 3 • 2 Vereinbarungen seit 2005 • Ergänzungstarifvertrag; Zwei Jahre Laufzeit • Übernahmetarifvertrag; unbefristet (Rückkehr zum Flächentarifvertrag)	• Ergänzungstarifvertrag: • Arbeitszeitverlängerung 38 Stunden ohne Ausgleich • Streichung Übernahmeverpflichtung Azubis • Übernahmetarifvertrag: • Ablehnung einzelne Flächentarifverträge möglich • Reduzierung Sonderzahlung • Verschiebung ERA/Streichung Stopp Strukturkomponente und Anpassungsfond • Betriebliche statt tariflicher Einigungsstelle	• Ergänzungstarifvertrag: • Produktzusagen und Garantie Arbeitsvolumen • Standortgarantie • Absoluter Ausschluss betriebsbedingter Kündigungen • Investitionszusagen • IG Metall: Controlling und Sonderkündigungsrecht • Übernahmetarifvertrag: • Sonderzahlung • Übernahme Tarifverträge
Metall 4 • Drei Jahre Laufzeit • Beschäftigungssicherung Werk 2 Jahre länger • Sanktionsregel/Rückzahlung bei Nichteinhaltung • Zweite Vereinbarung, vorher informell mit Wissen der IG Metall	• Arbeitszeitverlängerung eine Stunde (anderer Standort zwei Stunden) • Ausdehnung Ausgleichszeitraum (auf Laufzeit der Vereinbarung)	• Standortgarantie (Zustimmung Tarifparteien) • Schutz vor Outsourcing • Investitionen (Höhe) • Budget Qualifizierung • Konstanz Azubis • Beschäftigungssicherung (Betriebsrat) • Sonderzahlung und Wertgleichheit • ERA-Regelüberleitung 2,79%

→

ISBN 978-3-8360-8714-8 – Presseexemplar – (c) edition sigma – 08102015

Tab. 4: (Fortsetzung)

Fallbetrieb	Materielle Konzessionen	Gegenleistungen
Metall 5 • Vier abweichende Vereinbarungen seit 2004 • Vierte Vereinbarung: 01.01.2008-31.12.2012 mit Rückführung • Sonderkündigungsrecht • Zusicherung Verbandsmitgliedschaft • Erstattung Tarifliche Leistungen 01-10 2008 bei Geltendmachung	• Entgeltabsenkungen mit Rückführung • Aussetzung Entgelterhöhungen • Verschiebung ERA-Einführung; keine Strukturkomponente und Anpassungsfond • Kürzung Einmalzahlungen mit Rückführung • Wertgleiche Beiträge leitende und Außertarifliche	• Zusage Rückkehr Fläche • Investitionszusagen • Unterrichtungspflicht Betriebsrat • Standortsicherung für Laufzeit • Relativer Ausschluss betriebsbedingter Kündigungen (mit Einigungsstelle) • Paritätische Innovationsausschüsse • Gewinnbeteiligung
Metall 6 • Seit 1996 kontinuierlich Tarifabweichungen bis 2008 • Bsp.: Regelung 2006	• Verlängerung Arbeitszeit um 156 Stunden ohne Entgeltausgleich • Wertgleiche Beiträge • Flexibles Arbeitszeitkonto • Kürzung Mehrarbeitszuschläge	• Ausschluss betriebsbedingter Kündigungen ohne Betriebsrat • Ergebnisbezogene betriebliche Sonderzahlungen • Maßnahmen zur Zukunftssicherung • Insourcing und Controlling (erweiterte Mitbestimmung)

rung in Form von Qualifizierungszeiten vor. Ansonsten gesellen sich die Entgeltabsenkungen auch häufiger zusätzlich zur unentgeltlichen Arbeitszeitverlängerung hinzu, sei es in Form der Verschiebung oder Streichung von Tariflohnerhöhungen oder der Streichung oder Kürzung der Einmalzahlungen. In vier der sechs Metallfälle spielen auch Abweichungen bei den neuen Entgeltrahmentarifverträgen eine Rolle. Und in einem Fall (Chemie 2) hat das Unternehmen eine hohe Leiharbeiterquote durchgesetzt.

Auch im Branchenvergleich zeigt sich die große Bedeutung der Arbeitszeitkonzessionen (siehe Abbildung 5). In vier Fällen der chemischen und in fünf Fällen der Metallindustrie wurden Arbeitszeitverlängerungen festgelegt, und in allen diesen Fällen sind sie ohne Entgeltausgleich. Das Gros der Abweichungen sieht Arbeitszeitverlängerungen zwischen zwei und drei Stunden vor. In einem Fall der Metallindustrie wurden fünf Stunden vereinbart. In der chemischen Industrie sind Arbeitszeitverlängerungen durch die Bandbreiten des Korridors tarifvertraglich auf bis zu 2,5 Stunden gedeckelt; allerdings laufen diese 2,5 Stunden ebenso wie die fünf Stunden in der Metallindustrie auf eine kollektivvertragliche 40-Stunden-Woche hinaus, da die tariflichen Wochenarbeitszeiten mit 37,5 Stunden um 2,5 Stunden länger sind als in der Metallindustrie. In jeweils einem Fall beider Branchen wurde die Arbeitszeitverlängerung mit Qualifizierungszeiten verbunden respektive ein konditionierter Ausgleich der Konzessionen – Rückzahlung in Geld bei Erreichung definierter betriebswirtschaftlicher Ergebnisse – festgeschrieben.

ISBN 978-3-8360-8714-8 – Presseexemplar – (c) edition sigma – 08102015

Abb. 5: Arbeitszeitkonzessionen in den abweichenden Vereinbarungen nach Branchen

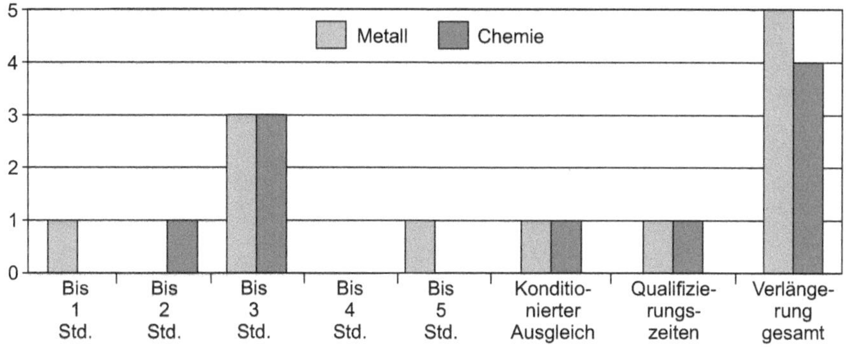

Auch die die Entgeltkonzessionen sind zwischen den Branchen ähnlich verteilt (Abbildung 6). In jeweils der Hälfte der Fälle wurden in den Unternehmen beider Branchen die Entgelterhöhungen gestrichen oder reduziert. Darüber hinaus sind die Regelungen auf den ersten Blick sehr unterschiedlich. In der chemischen Industrie konzentrieren sich die weiteren Entgeltkonzessionen auf Absenkungen des Monatsentgeltes, in der Metallindustrie eher auf Einmalzahlungen oder Zuschläge. Dies lässt sich aus den unterschiedlichen flächentariflichen Regelungen ableiten. In der chemischen Industrie verschafft der Entgeltkorridor Spielräume bei der Absenkung der Monatsentgelte (bis zu 10%). In der Metallindustrie bestünde diese Möglichkeit zwar auch, doch drängt dort die Gewerkschaft darauf, die Konzessionen auf die Einmalzahlungen zu lenken, um die monatlichen Tarifentgelte konstant zu halten. Im materiellen Niveau aber besteht zwischen einer Absenkung der Monatsentgelte im Korridorrahmen und einer Streichung des Weihnachts- und Urlaubsgeldes kein großer Unterschied. In der Metallindustrie kommen als weiteres Entgeltthema noch die Regelungen zu den neuen Entgeltrahmentarifverträgen (ERA) hinzu, die insbesondere die Gewerkschaft gerne in das Kürzungsvolumen – zur Umgehung oder Linderung der Konzessionen bei anderer Kürzungsthemen – aufnimmt. Der Grund dafür ist folgender: Die Tarifverträge zum ERA bieten zwei Ansatzpunkte für Konzessionen, die tariflichen Einmalzahlungen der insgesamt 2,79% Entgelterhöhungen, die in die Finanzierung des ERA geflossen sind, sowie die Ausgleichsfonds, die aus den tariflichen Zuführungen in den Unternehmen gebildet worden sind. Kürzungen oder Streichungen der Einmalzahlungen oder Streichungen oder Umwidmungen der Ausgleichsfonds treffen die anderen tariflichen Entgeltbestandteile nicht; es werden nur zusätzliche Leistungen nicht ausgezahlt, die von den Beschäftigten deshalb weniger als Verzicht angesehen werden.

Abb. 6: Entgeltkonzessionen der abweichenden Vereinbarungen nach Branchen

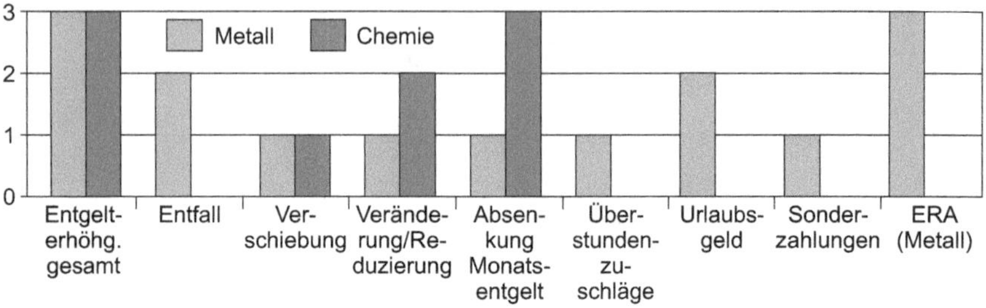

Unter den *Gegenleistungen* dominiert eindeutig die Beschäftigungssicherung, die in allen Vereinbarungen festgeschrieben wurde, teilweise absolut, zumeist aber relativ gebunden an die Zustimmung der Betriebsräte oder einer Einigungsstelle. In zwei Fällen wurde damit verbunden auch eine Personallinie festgeschrieben, die nicht unterschritten werden darf (Chemie 6, Metall 1). In zwei Betrieben (Chemie 1, Chemie 5) gilt die Beschäftigungssicherung auch nur für die Restbelegschaft nach einem Personalabbau mit Hilfe eines Sozialplanes. Teilweise wird die Beschäftigungssicherung auch durch eine Standortsicherung ergänzt (so bei Chemie 3, Metall 1, Metall 2, Metall 3, Metall 4 und Metall 5). Insgesamt weisen die Regelungen zur Beschäftigungssicherung im Branchenvergleich große Ähnlichkeiten auf (Abbildung 7).

Die Standortsicherung wiederum ist dann am wirksamsten, wenn sie an die Festlegung von Produktionsvolumen oder Produkten geknüpft ist; dies ist bei Metall 1, Metall 2 und Metall 3 der Fall. Starke Auswirkungen auf den Erhalt von Standort und Beschäftigung haben auch Investitionszusagen (sofern sie nicht nur Rationalisierungsinvestitionen umfassen); solche gibt es, teilweise unter Angabe einer festen Investitionssumme oder konkreter Investitionsprojekte bei Chemie 1, Chemie 2, Chemie 3, Chemie 4, Metall 2, Metall 3, Metall 4 und Metall 5. Ebenso können Maßnahmen wirken, die zur Produktivitätsverbesserung fest geplant sind, zumal diese mit der Zielsetzung (zumindest auf Seiten der Arbeitnehmervertreter) verbunden sind, den Betrieb „fit zu machen" für die Rückkehr zu den Flächentarifvertragsnormen (so bei Chemie 5, Chemie 6, Metall 2, Metall 5 und Metall 6).

Mit Blick auf die Mitbestimmung der Betriebsräte sind die Regelungen bedeutsam, in denen dem Betriebsrat entweder Informations- und Controllingrechte oder sogar erweiterte Mitbestimmungsrechte bei der Umsetzung der Tarifabweichung zugesprochen werden. Informationsrechte zur Umsetzung der Ta-

ISBN 978-3-8360-8714-8 – Presseexemplar – (c) edition sigma – 08102015

Abb. 7: Regelung der Beschäftigungssicherung in den abweichenden Vereinbarungen nach Branchen

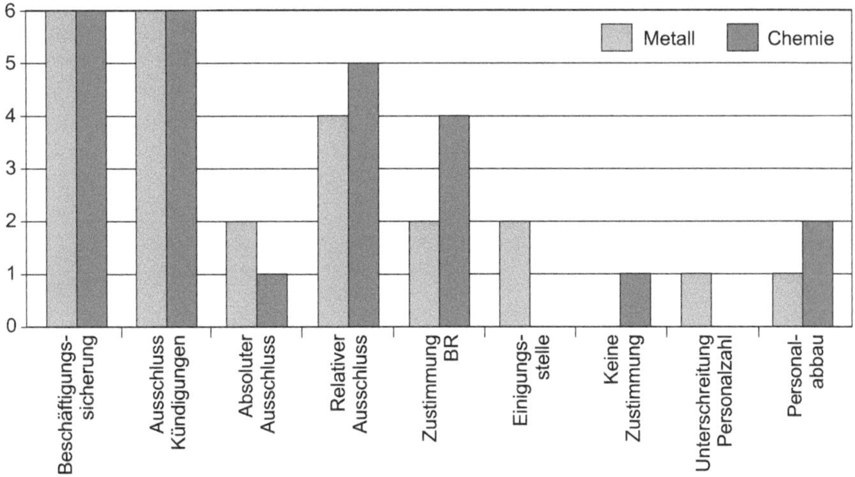

rifabweichungen enthalten alle Vereinbarungen. Teilweise hat die Information im Rahmen des Wirtschaftsausschusses zu erfolgen, teilweise werden dafür auch gesonderte Ausschüsse oder Lenkungskreise eingerichtet. In Abgrenzung zur erweiterten Information bezieht sich die erweiterte Mitbestimmung auf die Einbeziehung der Betriebsräte in Maßnahmen der Reorganisation und Verbesserung der Produktivität durch besondere Rechte der Steuerung und Bewertung dieser Maßnahmen, aber auch der eigenständigen Entwicklung solcher Maßnahmen. Diese Variante findet sich bei Chemie 6, Metall 2, Metall 5 und Metall 6. In diesem Zusammenhang kann auch die Beteiligung von Beschäftigten festgeschrieben sein; auf Details dazu wird in der Analyse noch eingegangen.

Gewichtige Unterschiede zwischen den Vereinbarungen bestehen hinsichtlich der Laufzeiten (Abbildung 8); diese reichen von einem Jahr (z.B. Metall 6) bis hin zu acht Jahren (Chemie 2). Im Branchenvergleich jedoch sind die Laufzeiten nahezu gleichverteilt, wobei in einem Fall der Metallindustrie (Metall 3) die Tarifabweichung formal mit der Zweckerreichung – der Rückkehr zum Flächentarifvertrag – endet. Grundsätzlich gilt als Faustregel, dass je länger die Laufzeit ist, desto mehr die Bindewirkung des Flächentarifvertrages für ein Unternehmen nachlässt. Dasselbe gilt aber auch, wenn mehrere Vereinbarungen mit kürzerer Laufzeit aneinandergereiht werden. Im Untersuchungssample finden sich solche Nachfolgeregelungen immerhin in der Hälfte der Fälle (bei Chemie 1, Chemie 2, Chemie 3, Metall 3, Metall 5 und Metall 6). Im Fall mit der höchsten Häufigkeit an Vereinbarungen, Metall 6, wurde damit immerhin ein Zeit-

ISBN 978-3-8360-8714-8 – Presseexemplar – (c) edition sigma – 08102015

raum von zwölf Jahren ununterbrochener Tarifabweichung begründet, bis schließlich 2008 wegen der Weigerung des Betriebsrates keine Folgevereinbarung abgeschlossen wurde. Definitionsgemäß befinden sich zwar keine Betriebe im Untersuchungssample, bei denen es zu gar keinen Abweichungen gekommen ist; anhand der Fälle Chemie 1 und Metall 6 aber, in denen Verlängerungswünsche der Unternehmensleitungen jeweils vom Betriebsrat zurückgewiesen wurden, lässt sich dennoch nachzeichnen, welche Gründe die Interessenvertretungen für eine Ablehnung der Verhandlungen haben und welche Konsequenzen damit für die betrieblichen Arbeitsbeziehungen verbunden sein können.

Abb. 8: Laufzeiten der abweichenden Vereinbarungen nach Branchen

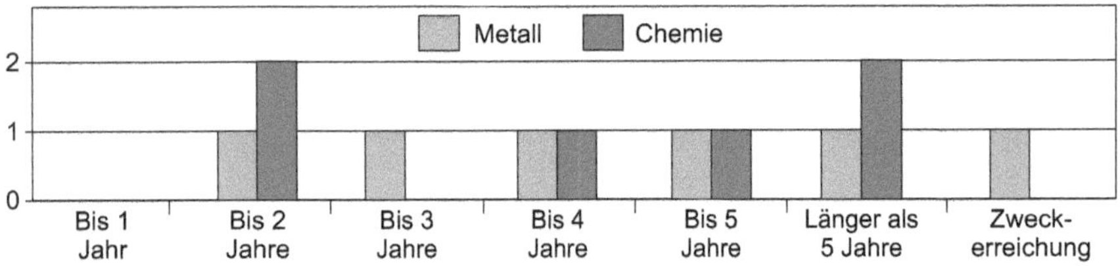

Abschließend sei noch kurz darauf hingewiesen, dass in den abweichenden Vereinbarungen Sonderkündigungsrechte der Arbeitnehmer oder auch Nachzahlungen der Konzessionen bei Kündigungen und ähnliche Regelungen vielfach vorhanden sind. In den meisten Regelungen ist die Rückkehr zum Flächentarifvertrag vorgesehen, teilweise auch noch verschärft durch den Zusatz „sofortig" und durch die Vorgabe, dass die Tarifabweichung keine Nachwirkung entfaltet. In einem Fall der Metallindustrie ist die Rückkehr schrittweise, in zwei anderen ist sie durch die Betriebs- und/oder Tarifparteien zu überprüfen. Die Kündigungsregelungen sprechen, wie auch die angeführten Gegenleistungen insgesamt, für eine vergleichsweise hohe Regelungsqualität, die sich letztlich bei allen Vereinbarungen des Untersuchungssamples feststellen lässt. Die Tarifabweichungen sind damit weit mehr als nur bloße Unterschreitungen der Tarifnormen. Zudem sind in der Zusammenschau von materiellen Konzessionen der Beschäftigten und Gegenleistungen der Unternehmen keine systematischen Unterschiede in der Regelungsqualität der Tarifabweichungen zwischen beiden Branchen feststellbar. Die materiellen Konzessionen weisen mit Blick auf Arbeitszeiten und Entgelte eine weitgehend übereinstimmende Verteilung auf, und auch die in den Unternehmen der Branchen jeweils ausgehandelten Gegenleistungen unterscheiden sich kaum voneinander. Die hinsichtlich der verbandlichen Koordinierung und der Verbreitung der Tarifabweichung konstatierte Parallelität der Entwicklung beider Branchen lässt sich – bezogen auf den kleinen Ausschnitt des Untersuchungssamples – auch bei den Regelungsinhalten und ihrer Qualität feststellen.

5. Motive, Verhandlungen und die Beziehungsmuster zum Management

5.1 Gründe und Motive der Standortverlagerungen

Die Suche nach Gründen und Motiven für Tarifabweichungen – mit Schütz lässt sich auch von den Weil- und den Um-Zu-Motiven für Tarifabweichungen sprechen (Schütz 1960) – führt in den Fällen des Untersuchungssamples unmittelbar zu einem der betrieblichen *Akteure:* den Unternehmensleitungen. Es sind nämlich, und wenig überraschend, in allen Fällen die Unternehmensleitungen oder die jeweiligen Geschäftsführungen, die Tarifabweichungen einfordern oder Pläne und Strategien präsentieren, aus denen sich dann Verhandlungen zu Tarifabweichungen ergeben. Die Adressaten dieser Initiativen sind in allen Fällen zunächst die Betriebsräte.

In einem Teil der Betriebe erfolgte die erste Kommunikation über Tarifabweichungen in Form von Vier-Augen-Gesprächen mit dem Betriebsratsvorsitzenden. So war es beispielsweise bei Chemie 2, wo der Betriebsleiter auf den Betriebsratsvorsitzenden zuging und explizit um eine Tarifabweichung warb, die er – und auch der Betriebsrat – als Grundlage einer Standortkoalition interpretierte. Der Geschäftsführer war lange Jahre als Manager bei Chemie 2 beschäftigt und hatte offensichtlich ein großes Interesse entwickelt, das Werk als Produktionsstandort zu erhalten. Dazu gehörte, dass er mit hohem persönlichem Einsatz die Interessen des Werkes gegenüber der Unternehmenszentrale zu vertreten versucht hat. Dazu gehörte aber auch, dass er die Reduzierung der Produktionskosten in das Zentrum seiner Bemühungen stellte mit dem Ziel, in der internen Standortkonkurrenz erfolgreich gegen die konkurrierenden deutschen und die ausländischen Produktionsstandorte des Unternehmens zu bestehen und Ausschreibungen für das Werk zu gewinnen. Es war diese Zielsetzung, mit der er zu der eigenen Personalleitung und dann zum Betriebsrat ging.

> „Der Geschäftsführer kam mal zu mir, mal abends, und sagte, es geht um die Produktion der X-Klasse, die hätten wir gerne, wir brauchen die, um unser Werk auszulasten. Denn wir haben einfach zu hohe Fixkosten im Moment und relativ wenig Umsatz. Um dem Werk eine Überlebensfähigkeit oder überhaupt eine Überlebenschance zu geben, war es einfach notwendig, dass wir Umsatz generieren." (Personalleiter)

> „Bei uns war das unser ehemaliger Geschäftsführer, der hat jetzt zum Jahresanfang gewechselt, der hat darum gekämpft um den Standort, das muss man auch so sagen, und wie das Thema X- oder auch Y-Klasse hochkam, da sagte der: Leute, wir setzen uns zusammen und ich will das Zeugs an unseren Standortholen. Das

> ist die Differenz, die zwischen Polen und uns liegt, und da müssen wir schauen, wie wir das kompensieren." (Betriebsratsvorsitzender)

In anderen Fällen wie bei Metall 1 hatte die Vorstellung der Forderungen an die Betriebsräte hingegen eine offiziellere Note. Hier hatte die Geschäftsführung alle Standortbetriebsräte und die Arbeitnehmervertreter im Aufsichtsrat zu einer Präsentation am Hauptsitz eingeladen. In diesem Rahmen wurde ein fertig entwickeltes Restrukturierungskonzept vorgestellt, das Verlagerung von Produktionsumfängen zwischen den drei westdeutschen Werken und zwischen den deutschen und ausländischen Werken sowie Schließungen von Werken oder Werksteilen vorsah. Konkret fußte das Konzept des Unternehmens auf einem Szenario für das Jahr 2010, das bis zu diesem Zeitpunkt Folgendes vorsah: Die Schließung des Produktionswerks am Hauptsitz des Unternehmens sowie die Schließung eines weiteren Werkes, die Verlagerung dieser Fertigungsumfänge sowie Teilfertigungsumfänge des ostdeutschen Werkes nach Tschechien, die deutschlandinterne Verlagerung von Fertigungsumfängen vom Hauptsitz nach Ostdeutschland sowie die „Konsolidierung" des vierten deutschen Werkes und seine „Fokussierung" auf Kernprodukte. Von diesen Verlagerungen erwartete das Unternehmen eine große Kosteneinsparung. Diese Einsparungen – und sogar noch weitergehende Einsparungen – waren nach den Berechnungen des Unternehmenscontrollings notwendig zur Erreichung der vom Konzern vorgegebenen Zielrendite. Zusammen mit dem Restrukturierungskonzept hatte das Unternehmen Alternativszenarien entwickelt, die jeweils mit unterschiedlichen Varianten von Teilschließungen der beiden betroffenen Werke operierten und die die Füllung der dadurch entstehenden Kostensenkungslücke im Vergleich zum „Szenario 2010" mit Tarifabweichungen vorsahen.

> „Ja, das war hoch dramatisch, da wurden alle Betriebsräte aller deutschen Werke in die Konzernzentrale gebeten und wir wussten... das Thema, aber nicht so genau, worum es geht. Und dann wurde der komplette Vorstand aufgefahren und dann wurde uns präsentiert – immer Powerpoint, nichts geht ohne Powerpoint – die erschreckende Situation der deutschen Standorte. Und mit Zahlen, Daten, Fakten, wie entsetzlich die Aufträge runter gehen, wie schlecht es der Automobilindustrie und dem zur Folge uns auch geht, also es ganz schön schwarz gemalt, und dann war die Erkenntnis, welche Maßnahmen ergreifen wir, wir schließen zwei deutsche Werke... Und eh' irgendeiner von uns sich gesammelt hatte, um was Freches zu sagen, wurde gesagt: ‚Oder aber wir sparen 18 Mio.' Und uns war eigentlich allen klar, an Betriebsräten, die da waren, da waren auch ein paar Aufsichtsräte dabei, dass der Arbeitgeber so eine Art Drohkulisse aufgebaut hat." (Betriebsratsvorsitzende)

Aus Sicht der Betriebsräte handelte es sich bei dem Restrukturierungskonzept nicht um ein Angebot für eine Standortkoalition, sondern um eine Drohkulisse, die von Seiten des Unternehmens aufgebaut worden war, um nun in die Verhandlungen zu einer abweichenden Tarifvereinbarung einsteigen zu können.

Nur in zwei Fällen gab es keine Forderungen der Unternehmen nach Verhandlungen. In diesen Fällen waren es die Betriebsräte, die an die Geschäftsleitungen mit der Bitte herantraten, die Möglichkeiten einer Tarifabweichung in Verhandlungen auszuloten. Doch lässt sich auch in diesen Fällen sagen, dass die Initiative dazu von den Unternehmensleitungen ausging. Denn die Betriebsräte haben dabei jeweils auf Ankündigungen der Unternehmensleitungen reagiert, die von ihnen als Drohungen oder Bedrohungen für die Beschäftigung in ihren Betrieben gedeutet wurden.

Beispielhaft dafür sei kurz der Fall Metall 4 vorgestellt. Hier hatte die Unternehmensleitung Mitte 2006 angekündigt, ein Produktionswerk in Polen eröffnen zu wollen. Diese Aussage machte die Unternehmensleitung auch auf Betriebsversammlungen betriebsöffentlich und untermalte sie mit Fotos vom neuen Standort. Die Ankündigung des Unternehmens wurde auf diese Weise symbolisch aufgeladen und nahm die Form einer Drohung an, auch wenn sie nicht direkt mit Forderungen nach tariflichen Abweichungen verbunden war. Die Ankündigung, einen Auslandsstandort gründen zu wollen, schuf somit den Anlass für die Verhandlungen zur Tarifabweichung.

> „Gut, eingegangen ist es eigentlich bei uns so mit einer Drohung, ein Werk in Polen zu eröffnen. So ging das eigentlich irgendwann einmal los und, ja, da kommt man dann natürlich auch schon ein wenig unter Druck, vor allem weil dann auch unser Vorstandsvorsitzender auf der Betriebsversammlung ein Foto von dem Werk gezeigt hat. Gut, ob das, sagen wir mal, gerechtfertigt ist, vom Unternehmen, sei mal dahin gestellt. Teilweise sind da schon Gedanken aufgenommen, gibt es solche Planungen wirklich oder ist das bloß vorgeschoben, aber letztendlich hilft es ja nichts, wenn dann die Leute auch unter Druck kommen und Anspannungen am Arbeitsplatz, dann schaut man natürlich, dass man da eine vernünftige Vereinbarung auf die Reihe kriegt.“ (Leiter Vertrauenskörper)

Deshalb suchten die Interessenvertreter im Aufsichtsrat das Gespräch mit der Arbeitgeberseite. Diese zeigte sich ihrerseits bereit, bei entsprechenden Personalkostenreduzierungen in den deutschen Werken auf die Gründung eines ausländischen Standorts zu verzichten.

> „...Uns war klar, wenn wir, wenn wir das zulassen, dass die ein Werk in Polen gründen, dann werden die das irgendwann vergrößern und dann werden auch die Einfachtätigkeiten weggehen. Und die Bedingung im Aufsichtsrat war, wenn ihr auf dieses Werk in Polen verzichtet, werden wir mit euch für das ganze Unternehmen verhandeln. Wir haben gesagt, wir wollen unsere Konditionen verbessern können, aber das Werk darf nicht gebaut werden. Dass war die Schiene über den Aufsichtsrat, hat auch funktioniert. Das Werk ist nicht gebaut worden.“ (Gewerkschaftlicher Betreuer)

Die *Gründe und Motive der Unternehmensleitungen* sind insgesamt so vielfältig wie die Formen, in denen sie ihr Anliegen den Betriebsräten näher gebracht haben. Hinsichtlich der Ziele – oder auch *Um-Zu-Motive,* also Handlungsentwürfe, die mit sinnhaften Zielen verbunden sind – lassen sich zunächst zwei Hauptziele unterscheiden, nämlich Sanierungsziele und Ziele der Verbesserung der Wettbewerbsfähigkeit. Das zentrale Unterscheidungskriterium dafür lautet, ob sich entweder ein Unternehmen in einer akuten Krisenlage befindet, also ein Sanierungsbedarf existiert, ohne den das Unternehmen auf den Konkurs oder zumindest die Insolvenz zusteuert, oder ob das Unternehmen auch ohne eine derartige Krise Unterschreitungen der Flächentarifvertragsstandards einfordert. In der Lesart der Tarifvertragsparteien der Metallindustrie bilden Letztere die „Pforzheim-Fälle“, die mit längerfristigen Wettbewerbsperspektiven und Investitions- und Innovationszusagen gepaart sein sollten. So jedenfalls lautet die Vorgabe des Pforzheimer Tarifvertrages in der Metallindustrie. Eine solche Unterscheidung zwischen Sanierungsfällen und Wettbewerbsfällen würde sicherlich auch bei den Tarifparteien der chemischen Industrie ihre Zustimmung finden.

Diese Um-Zu-Motive fußen ihrerseits jeweils auf *Weil-Motiven,* mit deren Hilfe die Handlungsentwürfe mit sinnhaften Gründen verbunden werden. Auf die Art der Begründungen in den Weil-Motiven ist im Folgenden einzugehen. Eine *wirtschaftliche* Krise – bzw. ein Sanierungsbedarf – als Weil-Motiv findet sich in insgesamt sieben Untersuchungsfällen (Chemie 2, Chemie 5, Chemie 6, Metall 2, Metall 3, Metall 5, Metall 6). Ein solcher Fall wirtschaftlicher Schwierigkeiten ist beispielsweise das Unternehmen Metall 5. Dort liegt der Hauptgrund für die Krisensituation in einem Preisverfall der Leiterplatten, auf deren Produktion sich das Unternehmen spezialisiert hatte. Verantwortlich dafür war in erster Linie die Zunahme der internationalen Konkurrenz vor allem aus China.

> „Vielleicht fange ich mal historisch im Jahr 2002 an. Wir haben Ende 2000 und Anfang 2001 einen Wertverlust unserer produzierten Ware in etwa von 60% hinnehmen müssen. D.h. die Leiterplatte, die vorher noch 100 Euro gebracht hat, hat ein gutes Jahr später nur noch 40 Euro gebracht. Das ist dramatisch, wie Sie sich vorstellen können. Ursache des Preisverfalls war ein Überangebot von Leiterplatten auf dem Weltmarkt. Die Chinesen haben seinerzeit die Leiterplattenindustrie aufgebaut, in den End-1990ern, und sind mit Überkapazitäten auf den Weltmarkt gedrängt.“ (Betriebsratsvorsitzender)

Spätestens seit der Jahrtausendwende hat sich das Unternehmen damit von einem expandierenden Leiterplattenhersteller zu einem Sanierungsfall gewandelt. Erschwerend kam aber als weiteres Weil-Motiv hinzu, dass die Endhersteller für Automobile den Preisdruck in ihren Zulieferketten verstärkten, wobei die Direktzulieferer diesen Druck zu einem guten Teil an ihre Zulieferer weitergegeben haben. Da Leiterplatten leicht und zu geringen Kosten transportierbar sind,

ISBN 978-3-8360-8714-8 – Presseexemplar – (c) edition sigma – 08102015

spielen die Kostendifferenzen der Produktion bei den Kaufentscheidungen der Abnehmer eine entscheidende Rolle.

Ähnlich gelagert ist der Fall Metall 6. Hier ist das zentrale Weil-Motiv die Strukturkrise, die sich in der deutschen – und europäischen – Werftenindustrie seit Anfang der 1990er Jahre auszubreiten begann, auch hier nicht zuletzt bedingt durch das Erstarken der ostasiatischen Konkurrenz. Im Verlauf dieser Strukturkrise war der große Werftenverbund, dem die Werft seit Mitte der 1980er Jahre angehört hatte, im Jahr 1996 in die Insolvenz gegangen. Die Werft konnte mit der Insolvenz zwar ihren Betrieb weiterführen. Die Bedingung, die von den Gläubigern dafür in der Gläubigerversammlung jedoch gestellt wurde, lautete, dass die Beschäftigten einen Beitrag in Höhe von etwa 20% ihrer Löhne und Gehälter zu leisten hatten.

> „Wir hatten das Glück, dass wir die Möglichkeit hatten, über die Insolvenz den Betrieb weiter führen zu können. Aber nur unter der Bedingung über die Gläubigerversammlung, dass die Mitarbeiter auch einen Beitrag zu leisten haben. Damit fing dann an: Veränderungen zum Tarifvertrag. Der Punkt war geldlich auf 20% der Löhne und Gehälter zu verzichten. Und das wurde dann zunächst für eineinhalb Jahre abgeschlossen. Darin war enthalten auch ein Besserungsschein wenn es doch Gewinne gibt, keine betriebsbedingten Kündigungen, das war einer der wichtigsten Punkte zu der damaligen Zeit." (Betriebsratsvorsitzender)

Materielle Konzessionen der Beschäftigten waren bei Metall 6 aber auch von *außen* eingefordert worden. An erster Stelle sind hier die *Banken* als Geldgeber zu nennen, die ihre Kreditvergabe ebenfalls an Beiträge der Beschäftigten koppelten. Bankkredite sind in der Werftindustrie deshalb von herausragender Bedeutung, weil die Unternehmen die Schiffsumbauten oder Reparaturen als Projekte vorfinanzieren müssen, denn die Kunden zahlen erst nach Fertigstellung der Leistung oder zumindest in Form von Raten im Nachhinein. Die Banken aber betrachteten Eigenbeiträge der Beschäftigten als Äquivalent für Sicherheiten oder Liquidität des Kreditnehmers.

> „1997 waren wir nicht bankenfähig. Das ist nach so einer Insolvenz immer das große Problem. Vor der Insolvenz hatten wir Betriebsmittel, Kredite, die waren dann aber aufgekündigt. In einer Insolvenz will ja keine Bank mehr Risiken eingehen; sonst müsste man öffentliche Bürgschaften nehmen, das ging aber wegen der EU und der Wettbewerbsbedingungen nicht." (Betriebsratsvorsitzender)

Die beiden Beispiele zeigen, dass die Weil-Motive selten auf einen einzigen Grund eingrenzbar sind, sondern zumeist mehrere Motive miteinander verknüpft werden, sei es der Kostendruck der Finalisten im Fall von Metall 5 oder der Kreditdruck der Banken bei Metall 6. Ein extremes Beispiel für *Überlagerungen unterschiedlicher Weil-Motive* ist der Fall Chemie 2. Dort haben neben der wirtschaftlichen Krisenlage die *Reorganisation der Wertschöpfungsketten* in der

Automobilindustrie und die *interne Standortkonkurrenz* eine ausschlaggebende Bedeutung für die Tarifabweichung gehabt (dazu auch Haipeter 2009a). So berichtete der Betriebsratsvorsitzende davon, dass die Endhersteller inzwischen nicht nur Preisziele für einzelne Komponenten vorgeben, denen die Zulieferer in ihren Angeboten entsprechen müssen, sondern auch Kostensenkungsziele für die laufende Produktion definieren, wobei die dabei eingesparten Mittel an die Endhersteller weiterzugeben sind. Deshalb sei der Aufbau mittel- und osteuropäischer Standorte für das Unternehmen als Instrument der Kostensenkung unausweichlich gewesen. Zu dem Kostensenkungsdruck von außen kommt in der Konsequenz die *interne Standortkonkurrenz* bei der Vergabe von Produktionsaufträgen hinzu. Denn im Unternehmen wird die Auftragsvergabe nach analogen Verfahrensvorgaben gestaltet, wie sie in der ganzen Wertschöpfungskette vorherrschen: Das Werk mit den geringsten Plankosten für ein bestimmtes Produkt erhält den Zuschlag. Aufträge an deutsche Werke werden nur dann vergeben, wenn sie nicht teurer produzieren als die mittel- und osteuropäischen Standorte. Auf diese Weise entsteht eine dauerhafte Standortkonkurrenz sowohl zwischen den beiden deutschen Werken als auch zwischen diesen und den ausländischen Werken.

> „Heute ist es mittlerweile so, dass VW oder Mercedes sagt: Der Rahmen darf soviel kosten: Könnt Ihr den für den Preis herstellen? Das ist der Unterschied. ... Nur mit der Prämisse natürlich nach wie vor, die Rationalisierungsprozesse, die so ein Auto im Rahmen seiner siebenjährigen Laufzeit hat, auch abzuschöpfen. Die Gründung des polnischen Werks ist eine Folge dieses Drucks, ganz schlicht und ergreifend. Und die meisten Preise momentan werden mit Herstellungskosten Polen gerechnet. Oder aber mittlerweile geht es um Rumänien, Tschechei oder Weißrussland, das ist so der Hintergrund.“ (Betriebsratsvorsitzender)

Die unternehmensinterne Standortkonkurrenz ist mit einem Benchmarkingsystem unterlegt, das auf kontinuierlichen Kosten- und Qualitätsvergleichen beruht. Es waren die in diesem Rahmen gewonnenen Zahlen, die bei Chemie 2 den Verhandlungen zur Standort- und Beschäftigungssicherung zu Grunde gelegt wurden.

Neben der Reorganisation der Wertschöpfungskette in der Automobilindustrie, die bei den Fällen Chemie 2, 3 und 4 sowie, Metall 1, 2 und 5 und damit in immerhin der Hälfte aller Fälle als Weil-Motiv von Bedeutung ist, spielt auch das Motiv *Renditevorgaben* eine große Rolle. Renditevorgaben werden in acht der zwölf Fälle als Gründe für Tarifabweichungen genannt. In all diesen Fällen bestehen seitens des Managements oder seitens der Investoren, für die das Management arbeitet, bestimmte Renditeerwartungen, und Tarifabweichungen werden als Instrument betrachtet, diesen Erwartungen gerecht zu werden. Weil dabei die Arbeitskosten als variable Größe betrachtet werden, tragen Renditeerwartungen den Verteilungskonflikt zwischen Kapitaleignern und Arbeitnehmern in die Unternehmen hinein. Entscheidend für die Tragweite dieses Konflikts wie auch für die Intensität des Renditedrucks ist die Frage, inwieweit dieser tatsächlich als unternehmerisches Steuerungsinstrument im Sinne einer Finanzialisierung (Kädtler 2006) der Unternehmenssteuerung genutzt wird.

In den Samplefällen tritt der Renditedruck in zwei unterschiedlichen Eigentümerstrukturen auf. Die erste sind *Private Equity Gesellschaften*, die ein Unternehmen kaufen, um einen positiven Zinseffekt zu erzielen. Dieser Leverage-(Hebel-)Effekt tritt ein, sofern der Gewinn des Unternehmens die Kreditkosten für die aufgenommenen Fremdmittel übersteigt (dazu Huffschmid 2007). Private Equity Investoren finden sich im Sample in den Fällen Chemie 2, Metall 4 und Metall 5. Hier besteht zwar ein starker Renditedruck, und teilweise werden auch exakte Renditezielvorgaben genannt. Doch haben die Betriebsparteien zumeist die Erfahrung gemacht, mit den Investoren durchaus leben zu können. Bei Metall 4 wird mit Blick auf den 2006 erfolgten Verkauf durch die Konzernmutter, einen börsennotierten Maschinenbaukonzern, an eine Private Equity Gesellschaft die Kontinuität der Unternehmenssteuerung und die Erweiterung der operativen Selbständigkeit betont, die mit dem Verkauf erfolgt sei. Die finanzwirtschaftlichen Ziele des alten Maschinenbaukonzerns seien möglicherweise sogar noch etwas höher gewesen als die des neuen Eigentümers, weil generell die Renditeerwartungen im Maschinenbau förmlich explodiert seien. Wo früher im Maschinenbau eine Rendite von 2-3% als ausreichend empfunden wurde, müssten es heute 10% sein. Außerdem sei der neue Eigentümer nicht so kurzfristig orientiert, wie dies Private Equity Gesellschaften allgemein unterstellt werde, und die operative Unabhängigkeit habe eher noch zugenommen. Aber es sei klar, dass dessen Perspektive der möglichst lukrative Weiterverkauf sei und dass ein mehrfacher Besitzerwechsel zu einer Überschuldung des Unternehmens führen könnte. Aber dies sei allenfalls Zukunftsmusik.

> „Es ist so, sowohl die X-Gruppe früher als auch jetzt die Y-Gruppe jetzt haben natürlich, oder machen uns gewisse Vorgaben als Shareholder und das ist sozusagen die Rendite und alles andere, wie wir unser Geschäft betreiben, ist relativ uns überlassen, zumal ja auch der jetzige Shareholder nicht sehr viel Ahnung von Maschinenbau hat. Das heißt, der schaut eher auf Kennzahlen, in Richtung Performance und vergleicht das natürlich im Benchmarking mit den anderen Mitbewerbern. Und natürlich, wenn man jetzt momentan so die Lage an Finanz- und Börsenmärkten sieht, sind wir momentan eigentlich ganz froh, kein börsennotiertes Unternehmen zu sein. Wenn ich mir die Mitbewerber anschaue, deren Aktienkurse sind derart gesunken ..." (Personalleiter)

Auch von den Arbeitnehmervertretern wird der Eigentümerwechsel eher als Verbesserung der Rahmenbedingungen für das Unternehmen betrachtet. Eine Tarifabweichung wie die bei Metall 4 ausgehandelte wäre in ihrer Qualität für die Arbeitnehmer mit dem alten Konzern kaum erreichbar gewesen.

ISBN 978-3-8360-8714-8 – Presseexemplar – (c) edition sigma – 08102015

„Wir hätten auch diese Vereinbarung nie mit dem alten Konzern treffen können, will ich offen sagen, ist schizophren, ja? Wir haben heute bessere Konditionen, obwohl wir einer Heuschrecke gehören. Die verhalten sich sehr korrekt..“ (Gewerkschaftlicher Betreuer)

Die Renditesteuerung in *Konzernen* ist die zweite Eigentumsform der Finanzialisierung. Die Erfahrung bei Metall 4, dass die finanzwirtschaftliche Steuerung in Konzernen eher noch stärker und durchgreifender gestaltet sein kann als die durch externe Investoren, bestätigt sich bei Betrachtung der Fälle Metall 1 und Chemie 4. In beiden Fällen wird eine hohe Renditeerwartung formuliert und mit der Zielerreichung zugleich die Zukunft der jeweiligen Geschäftsfelder resp. Standorte verbunden. Bei Metall 1, um einen der beiden Fälle herauszugreifen, wird die Zielrendite für die Einzelunternehmen auf Konzernebene festgelegt. Die Zielrendite soll eine Verzinsung des eingesetzten Eigenkapitals garantieren, die gegenüber alternativen Anlageformen auf dem Finanzmarkt konkurrenzfähig ist. Am Erreichen der Zielrendite entscheidet sich, wenn nicht kurz-, so doch längerfristig, welche Geschäftsfelder in der Automotive-Sparte des Konzerns auf eine Zukunft hoffen dürfen und mit entsprechenden Investitionen und Wachstumschancen ausgestattet werden und welche mit reduzierten Investitionen zu rechnen haben und möglicherweise ausgelagert oder geschlossen werden. Die Höhe der geforderten Umsatzrendite variiert innerhalb des Konzerns in Abhängigkeit von der Kapitalintensität der Produktion. In kapitalintensiven Geschäftsfeldern wie dem Bereich Automotive liegt die geforderte Rendite bei 8%. Dies ist nach Aussage des Personalleiters Ziel der Mittelfristplanung, ihre Realisierung ist aber durch den aktuellen Kriseneinbruch in Frage gestellt.

„Das bedeutet, dass wir uns so aufstellen müssen, dass wir für den Kapitalmarkt attraktiv sind, das bedeutet also insbesondere, dass wir eine aus Sicht des Kapitalmarktes attraktive Verzinsung des eingesetzten Kapitals organisieren müssen. Die Renditeziele, die daraus abgeleitet werden für den Konzern, sind eng, in starkem Umfang auch von dem Umfang des gebundenen Kapitals dann in den einzelnen Sparten abhängig. Der Automotive-Bereich ist kapitalintensiv, das heißt wir haben Geschäftsfelder..., die enorme Investmittel binden, und demzufolge gibt es für diese Geschäftsfelder dann auch Renditevorgaben, die bestimmte Höhen einfach haben müssen, um den Umfang des eingesetzten Kapitals überhaupt zu rechtfertigen, nach dem Motto, ist das eine angemessene Verzinsung oder hätte man das Geld nicht besser auf die Bank gelegt und mit weniger Risiko quasi das gleiche Geld verdienen können.“(Personalleiter)

Auch von den Betriebsräten wird die zentrale Bedeutung der Renditeerwartungen unterstrichen; diese erklärten zu einem guten Teil den Druck, den das Unternehmen schließlich auf die Senkung der Personalkosten und damit auf die Unterschreitung der Flächentarifverträge ausgeübt hat. Wobei betont wird, dass zu den Erwartungen des Eigentümers auch das aktive Handeln des Managements treten muss. In diesem Sinne wird die Tarifabweichung als *Verteilungskonflikt zwischen Beschäftigten und Eigentümern* interpretiert.

> „Wir sind ja aktiengesteuert. So, der Konzern macht jedes Jahr eine Vorgabe wie viel Kohle die von uns abgedrückt haben wollen. Das nennt man Renditevorgabe. So, und da hat man gesagt, ihr macht zwar eine Menge Umsatz, aber unterm Strich bleibt zu wenig über. Wodurch kommt das? Das sind die Personalkosten und deswegen müssen wir euch jetzt ein bisschen auspressen. Die sagen, wenn wir unsere Kohle nicht bringen, nach oben, dann passieren nachher noch schlimmere Dinge." (Betriebsratsvorsitzende)

Zusammenfassend lässt sich sagen, dass es eine Vielzahl von Weil-Motiven für Abweichungen gibt, die sich breit über die Fälle verteilen (siehe dazu Tabelle 5). Der einzige Faktor, der sich in allen Fällen als spürbarer Abweichungsgrund findet, ist der Kostensenkungsdruck. Dies liegt vor allem daran, dass es sich dabei um einen Effekt anderer Einflussgrößen wie der Standortkonkurrenz oder der Finanzialisierung handelt. In zehn der zwölf Fälle haben die Unternehmen mit Produktionsverlagerungen, der Schließung einzelner Fertigungen oder ganzer Werke oder einfach mit Personalabbau gedroht. Den Verhandlungen zu Tarifabweichungen gehen also zumeist *Drohszenarien* der Unternehmensleitungen an die Arbeitnehmervertreter – und, sofern diese betriebsöffentlich gemacht werden, auch an die Arbeitnehmer selbst – voraus. Die anderen Faktoren Sanierung, Standortkonkurrenz, Renditevorgabe oder der Druck von Finalisten, sind in ihrer quantitativen Bedeutung mehr oder weniger gleichrangig. Dass die Produktmarktkonkurrenz nur in vier Fällen genannt wurde, bedeutet nicht, dass sie in den anderen Betrieben nicht besteht, sondern nur, dass sie in den vier Fällen von den Unternehmensleitungen *explizit* als Motiv für Tarifabweichungen angeführt wurde.

Bislang noch nicht angesprochen unter den Abweichungsgründen wurde die *Tarifkonkurrenz*. In den drei Fällen der chemischen Industrie besteht diese entweder zur Textilindustrie – Chemie 1 – und damit zu Tarifverträgen, die im Organisationsbereich der IG Metall liegen, oder, im Falle der beiden Reifenhersteller Chemie 3 und Chemie 4, zur Kautschukindustrie, für die von der IG BCE mit dem „Arbeitgeberverband der deutschen Kautschuk-Industrie" gesonderte Tarifverträge abgeschlossen werden. Metall 2 könnte sich als Fertiger von Automobilsitzen auch dem Textiltarifvertrag anschließen, dem übrigens auch der einzige lokale Konkurrent um die Aufträge des vor Ort ansässigen Endherstellers unterliegt. In den meisten Fällen ist ein Tarifwechsel in den Verhandlungen zur Komplettierung des Drohszenarios von den Unternehmensleitungen gegenüber den Betriebsräten zwar angesprochen, aber nicht ernsthaft in Erwägung gezogen worden. Allein bei Chemie 3 war die Tarifkonkurrenz der Reifenbranche

ISBN 978-3-8360-8714-8 – Presseexemplar – (c) edition sigma – 08102015

Tab. 5: Abweichungsgründe der Unternehmensleitungen

	Sanierung (Einbruch temporär)	Interne Standortkon-kurrenz	Androhung Verlagerung/ Schließung/Personalabbau	Renditevorgaben	Tarifkonkurrenz	Kostendruck	Produktmarktkonkurrenz	Druck Finalisten
Chemie 1			X	X	X	X	X	
Chemie 2	X	X	X	X	X	X		X
Chemie 3		X		(X)[a]	X	X		(X)
Chemie 4		X	X	X		X		X[b]
Chemie 5	X		X			X		
Chemie 6	X					X		X[c]
Metall 1		X	X	X		X		X
Metall 2	X[d]		X	X	X	X	X	X
Metall 3	X	X	X	X	X[e]	X		
Metall 4			X	X		X		
Metall 5	X		X			X	X	X
Metall 6	X		X	X		X	X	

a – (x): Schwacher Faktor; b – für Automotive; c – bei Lohnfertigung; d – nach Erwartung; e – Austritt

der explizite Anlass für die Forderung des Unternehmens nach Tarifabweichungen. In dieser Einzelbranche mit wenigen großen Herstellern ist die Bindung an den Flächentarifvertrag der chemischen Industrie gering. Neben dem untersuchten Unternehmen ist nur noch ein weiterer großer Konzern Mitglied im Arbeitgeberverband Chemie, und dieses Unternehmen hat inzwischen einen Großteil seiner Reifenproduktion nach Osteuropa verlagert. Die wichtigsten anderen Konkurrenten der Reifenindustrie sind im Arbeitgeberverband der deutschen Kautschukindustrie organisiert. Die von diesem mit der IG BCE ausgehandelten Tarifverträge sehen ein vergleichsweise niedrigeres Entgeltniveau vor als der Chemietarifvertrag. Die Tarifkonkurrenz war einer der Hauptgründe für die Aushandlung zumindest der ersten der beiden abweichenden Vereinbarungen, die für Chemie 3 abgeschlossen worden sind.

> „Die Entgeltsätze in der Kautschukindustrie sind zwischen zehn und fünfzehn Prozent niedriger wie die in der chemischen Industrie. So, und dass war eigentlich der Hintergrund, um eine Wettbewerbsgleichheit der Unternehmen herzustellen, hat das Unternehmen von uns gefordert, die Tariföffnungsklausel in Anwendung zu bringen.“ (Betriebsratsvorsitzender)

Ihre Überzeugungskraft und Dynamik erhalten die Weil-Motive – sofern sie nicht in wirtschaftlichen Krisen als Sanierungsbedarfe angelegt sind –vor allem durch zwei Entwicklungen, die *Globalisierung der Unternehmen* und die *Finanzialisierung der Unternehmenssteuerung* als zentrale Dimensionen eines marktzentrierten Kontrollmodus. Die Globalisierung umschließt sowohl die interne Standortkonkurrenz als auch die Drohung der Produktionsverlagerung ins Ausland, die Finanzialisierung bezieht sich auf Renditevorgaben und die Androhung der Auslagerung von Bereichen, die diese Vorgaben nicht umsetzen können. Letztlich folgt auch die Reorganisation der Wertschöpfungskette diesen beiden Entwicklungen, nämlich in Form der Globalisierung der Zulieferbeziehungen auf der einen und der Erhöhung der Zielrenditen der Endabnehmer auf der anderen Seite. Erst Globalisierung und Finanzialisierung verleihen der Androhung von Personalabbau oder dem Hinweis auf Kostensenkungszielen ihre Überzeugungskraft als scheinbar unhintergehbare Systemzwänge. Diese Weil-Motive dienen der Legitimation der Um-Zu-Motive der Unternehmen und verschaffen ihnen den Charakter eines Sachzwangs.

Der Blick auf die Zeilen der Tabelle 5 legt die Annahme nahe, dass der von den Weil-Motiven ausgehende Abweichungsdruck in den Unternehmen unterschiedlich ausgeprägt ist. Besonders unter Druck zu stehen scheinen die Automobilzulieferer, also Chemie 2, Metall 1, Metall 2, Metall 5 und der Automotive-Bereich von Chemie 4 sowie der Membranproduzent Chemie 1, der Baumaschinenhersteller Metall 3 und die Werft Metall 6. In diesen Fällen überschneiden sich fünf oder mehr Abweichungsgründe, in den anderen Fällen sind es jeweils weniger. Dies sagt aber freilich noch wenig aus über die konkrete Bedrohung für Standorte oder Beschäftigung, die im Einzelfall von den einzelnen Abweichungsgründen ausgegangen sind. Die konkrete Drohung nämlich hängt entscheidend davon ab, wie ernsthaft und mit welchem Nachdruck die Unternehmensleitungen ihre Abweichungsziele verfolgen und wie konkret sie jeweils die Bedrohungen für Beschäftigung und Produktion formulieren. Indem die Unternehmensleitung im Fall von Metall 4 auf einer Betriebsversammlung bereits das neue Werksgelände und die Werkshallen des geplanten polnischen Werkes auf Fotos präsentierte, hat sie diesen Druck besonders plastisch und eingängig gemacht; das Foto stellte ein neues und wirkungsmächtiges *kognitives Symbol* für den Verlagerungsdruck und die Standortkonkurrenz dar. Ähnliche Wirkung erzeugen auch Flipcharts oder Power-Point-Präsentationen mit Balkendiagrammen, die als kognitive Symbole für den Kostensenkungsbedarf fungieren, der durch Tarifabweichungen befriedigt werden soll.

Die Bedrohungen als Weil-Motive für Tarifabweichungen sind deshalb *soziale Konstruktionen* der Unternehmensleitungen. Sie existieren nicht abstrakt und überpersönlich als Ergebnis ökonomischer Systemzwänge, sondern werden erst dann handlungsrelevant für die Arbeitnehmer und ihre Interessenvertretun-

ISBN 978-3-8360-8714-8 – Presseexemplar – (c) edition sigma – 08102015

gen, wenn sie von den Unternehmensleitungen zum Ausgangspunkt von Handlungsentwürfen – also den Um-Zu-Motiven der Tarifabweichung – erhoben werden.

Damit Renditeziele oder Verlagerungsdruck und Standortkonkurrenz tatsächlich als Weil-Motive auch für die Interessenvertretungen überzeugend sein können, müssen sie allerdings von den Unternehmensleitungen zuvor in ihren Organisationen als Steuerungsmechanismen verankert worden sein. Die Standortkonkurrenz ist nur in einem internationalisierten Unternehmen eine realistische Bedrohung. Renditeziele können nur dann als Weil-Motive eine Rolle spielen, wenn in den Unternehmen finanzwirtschaftliche Steuerungsformen entwickelt und implementiert worden sind. Die Unternehmensleitungen konstruieren nicht nur die Weil-Motive für Tarifabweichungen, sondern auch die *Bedingungen*, unter denen diese überhaupt erst als Bedrohungen gedeutet werden können. Deshalb lässt sich mit Fug und Recht sagen, dass die Unternehmen ihr (Ver-) Handlungsfeld aktiv *strukturieren*. Weil-Motive sind daher von Unternehmensleitungen in doppelter Weise konstruiert, zunächst als organisationale Realität und dann als daraus abgeleiteter Sachzwang für Veränderungen der Tarifstandards. Diese *doppelte Konstruktion* schafft strukturelle Zwänge für die Betriebsräte, auf die sie reagieren *müssen*. Die strukturellen Zwänge ergeben sich nicht aus abstrakten systemischen Prozessen, sondern entstehen erst durch das Handeln der Unternehmensleitungen, ihre Reorganisationsbestrebungen und die von ihnen damit verbundenen Weil- und Um-Zu-Motive der Tarifabweichung. Der Verhandlungsführer der Gewerkschaft im Fall von Metall 1 spricht in diesem Zusammenhang auch von einem Erpressungsszenario, das die Unternehmen in mehr oder weniger ausgefeilter Form entwickeln.

> „Das war also ganz geschickt eingefädelt. Ohne Zugeständnisse schließen sie beide Standorte, und wenn wir ein bisschen was geben, schließen sie zum Teil. Und haben uns vor dem Hintergrund zu Pforzheim-Verhandlungen aufgefordert. Das ist die *Erpressung* konkret. Das ist der *Erpresserbrief*. Und wenn wir dann sagen, wieso müsst ihr so viel verdienen, dann sagen die, ja schaut euch doch in der Welt um. Wenn wir weniger verdienen, sacken wir im Ranking ab, dann sind wir nicht mehr Tripple B sondern Tripple C, dann kosten unsere Kredite mehr, dann haben wir noch weniger Geld." (Tarifsekretär)

Auf Seiten der Unternehmensleitungen ist diese neuartige Form der Strukturierung mit zwei Brüchen verbunden. Renditeziele oder Sanierungsdruck hat es auch früher schon gegeben, ohne dass die Unternehmensleitungen deshalb Tarifnormen in Frage gestellt hätten. Die „alte" Handlungslogik des Managements lief daraus hinaus, im Rahmen der gegebenen Arbeitsstandards die Erträge zu erhöhen oder Krisen zu überwinden, und sofern dies nicht gelang, entweder niedrigere Renditen oder ein Scheitern des Unternehmens in Kauf zu nehmen. Die Handlungsoptionen dafür waren breit gefächert, von der Produktpolitik über technologische Innovationen oder Reorganisationen, aber sie schlossen die Senkung der Arbeitskosten unter den Tarifvertrag zumindest für größere Unternehmen aus, und diese wären auch gar nicht auf die Idee gekommen, dies zu fordern, weil es nicht durchsetzbar gewesen wäre.

Der gezielte Druck auf Arbeitsstandards, wie er heute feststellbar ist, beruht mithin auf einem *Bruch der kognitiven Orientierungen* und neuen Situationsdefinitionen der Unternehmensleitungen, in denen erstens Arbeitskosten von einem festen Parameter zu einer gestaltbaren Variablen geworden sind und damit zweitens die Tarifstandards an kognitiver Prägekraft verloren haben. Dieser Druck wird aber auch deshalb ausgeübt, weil die Unternehmen heute mit einer gewissen Berechtigung davon ausgehen können, dass er auch zu Erfolgen führen kann. Und dies ist nur möglich, weil es zugleich eine *Verschiebung der relativen Machtressourcen* zugunsten der Unternehmen gegeben hat. Verantwortlich dafür ist zum einen die wachsende Mobilität der allokativen Ressourcen durch Ver- und Auslagerungen, die von den Unternehmen in autoritative Ressourcen umgesetzt werden kann. Hierzu zu zählen sind aber auch die Anlagealternativen auf den Finanzmärkten, die in den Unternehmen nun als Finanzmarkterwartungen und Forderungen nach Mindestrenditen umgesetzt werden. Der Zuwachs an Handlungsoptionen *und* ihre Nutzung durch die Unternehmen führt zum anderen zwangsläufig zu einer relativen Schwächung der Arbeitnehmervertretungen, die sich nun nicht mehr darauf verlassen können, dass die Unternehmen die überbetrieblichen Arbeitsstandards vorbehaltlos anwenden und die sich zudem dem Risiko ausgesetzt sehen, dass die Unternehmen weniger oder überhaupt nicht produktiv an ihren Standorten investieren und deshalb in der Konsequenz Produktion und Beschäftigung abbauen.

Die durch die aktive Nutzung der neuen Handlungsoptionen hervorgerufene Verlagerung der Machtressourcen wiederum hat zur Folge, dass die Unternehmensleitungen eine neuartige *Definitionsmacht* über die Deutung betrieblicher Problemlagen und (Ver-)Handlungsfelder gewinnen können. Die Dimensionen *Herrschaft* und *Signifikation* sind deshalb unmittelbar verschränkt. Aber auch die Strukturdimension der *Legitimation* ist davon betroffen. Denn im marktzentrierten Kontrollmodus lassen sich von den Unternehmensleitungen Arbeitsstandards mühelos als Beschäftigungs- und Investitionsbremse definieren. Die Unternehmen können damit bestehende Normen *de-legitimieren* und zum Gegenstand betrieblicher Verhandlungen machen. Der von den Unternehmen geschaffene Machtvorsprung kann also dazu genutzt werden, die Regeln im Unternehmen – und zwar sowohl die der Sinnkonstitution als auch die der Legitimation – neu zu strukturieren.

5.2 Deutungsmuster der Betriebsräte und Verhandlungen

Wie gehen die Betriebsräte mit den neuartigen strukturellen Zwängen um, mit denen sie durch die Erzeugung neuer Handlungsoptionen und ihre Nutzung – oder ihre angedrohte Nutzung – durch die Unternehmensleitungen konfrontiert werden? Wie und warum kommt es in der Folge zu Verhandlungen? Welche Verhandlungsstrategien verfolgen die Betriebsräte dabei? Und welche Auswirkungen sind damit auf die Arbeitsbeziehungen zwischen Betriebsräten und Management in den Unternehmen verbunden?

Die Drohszenarien und die Forderungen nach Tarifabweichungen stellen die Betriebsräte vor die Notwendigkeit, unter veränderten Bedingungen sinnhafte Handlungsentwürfe zu entwickeln. Denn haben die Unternehmensleitungen ihre Forderungen erst einmal gestellt oder haben sie ein Drohszenario gestaltet, können die Betriebsräte dies nicht ignorieren. Sie stehen vor einem Problem, das den routenmäßigen Handlungsstrom zunächst unterbricht und Lösungsstrategien erfordert. Die Konsequenz ist eine *„Suche nach Bedeutungen"* (Turner/Kilian 1972) bei den Betriebsräten.

Diese Suche kann mit Blick auf die Verhandlungen und die Beziehungen zum Management in *drei unterschiedlichen Situationsdefinitionen* enden: *Erstens* können die Betriebsräte zu dem Schluss kommen, dass die Forderungen nach Tarifabweichungen sich mehr oder weniger nahtlos in die bisherigen Arbeitsbeziehungen und die Logik sozialpartnerschaftlicher Kompromisssuche einbetten und sie deshalb Verhandlungen einwilligen sollten, die in den Bahnen der bewährten Handlungsroutinen zu bearbeiten sind. *Zweitens* können sie neuartige Verhandlungsstrategien wählen, die sich von ihren bisherigen Routinen unterscheiden und der Erkenntnis folgen, dass Verhandlungen zu Tarifabweichungen etwas Neues sind, was sich nicht mit dem erprobten Handlungsarsenal bewältigen lässt. Oder *drittens* schließlich könnten sie versuchen, Verhandlungen zu Tarifabweichungen abzuwehren und sich damit gar nicht erst auf die neuen (Ver-)Handlungsfelder einzulassen, auf die sich die Unternehmensleitungen begeben wollen.

Um mit dem dritten Interpretationsschema zu beginnen: Weil in dieser Studie nur Fälle untersucht wurden, in denen tatsächlich Tarifabweichungen verhandelt wurden, liegt dieses Interpretationsschema eigentlich außerhalb der genaueren Betrachtung. Dass dazu dennoch Aussagen getroffen werden können liegt daran, dass sich in zwei Samplebetrieben die Betriebsräte geweigert haben, *weitere* abweichende Vereinbarungen zu verhandeln, die von ihren Geschäftsleitungen gewünscht wurden. In beiden Fällen liegen die Gründe dafür eng beieinander. Denn die Geschäftsleitungen haben jeweils den Bogen eines möglichen Kompromissspielraums überspannt, indem sie sowohl Tarifunterschreitungen einforderten als auch parallel einen Personalabbau vorantreiben wollten.

Bei Chemie 1 wollte die Unternehmensleitung mit dem Betriebsrat eine Tarifabweichung und zugleich einen Sozialplan verhandeln. Dies aber widersprach aus Sicht des Betriebsrates einer Weiterführung der Beschäftigungssicherung, zumal dieser Sozialplan nicht der erste seiner Art im Unternehmen war. Der Wunsch des Unternehmens nach einem Sozialplan war für ihn ein Signal dafür, dass der temporäre Verzicht auf materielle Leistungen offensichtlich kein geeignetes Instrument war, um die Beschäftigung nachhaltig zu sichern. Damit verbunden war die Einschätzung, dass eine Weiterführung der Tarifabweichung eben wegen des Sozialplanes den Beschäftigten nicht mehr zu vermitteln wäre. Hierfür hätte der Betriebsrat nach eigener Einschätzung keine Unterstützung erfahren und mehr noch, den Widerstand der Beschäftigten riskiert.

> „Der Beschäftigungssicherungsvertrag hat nicht das gebracht, was er bringen sollte, nämlich dem Unternehmen Luft zu geben über Senkung der Personalkosten, um wieder Wachstum zu generieren. Sondern es hat dazu geführt, dass wir zwei Jahre zwar einen Arbeitsplatz hatten ohne betriebsbedingte Kündigungen, wir aber auf Geld verzichtet haben, wo als Endergebnis ein Sozialplan draus entstanden ist, in dem weiter Personal abgebaut wurde ... Und wenn wir den abgeschlossen hätten, dann hätte der Arbeitgeber Ende Januar, also einen Monat nach der Unterzeichnung des Abschlusses, den Vertrag bereits erstmalig gebrochen. Denn er musste für sechs Wochen zwei Maschinen aus dem Produktionszyklus nehmen wegen Auftragsmangels. Wir hätten dann den Vertrag gekündigt, aber das glauben Sie doch auch: Die Leute hier in dem Laden, die hätten die IG BCE und auch uns für total bescheuert erklärt, eine solche Vereinbarung abzuschließen, ohne dass dafür eine Substanz an Glaubwürdigkeit dafür vorgelegen hätte." (Betriebsratsvorsitzender)

Für diese Haltung äußerte übrigens auch der Personalleiter ausdrücklich Verständnis.

> „Wofür ich eigentlich ein gewisses politisches Verständnis habe. Zwar haben wir für die Laufzeit des Vertrages alle Regelungen eingehalten, selbstverständlich, es gab auch keine Kündigungen in der Zeit. Aber kaum ist der Vertrag ausgelaufen, steht die nächste Verhandlung über den nächsten Interessenausgleich an, und das kann natürlich weder dem Betriebsrat noch der Gewerkschaft politisch gefallen." (Personalleiter)

Anders als Chemie 1 gab es bei Metall 6 keinen Konsens zwischen den Betriebsparteien über die Ablehnung einer neuen Tarifabweichung. Vielmehr entwickelte sich dort im Anschluss an die im Frühjahr 2008 endende Tarifabweichung ein *Konflikt* um die Fortsetzung der Tarifabweichung. Erstmals seit zwölf Jahren wiesen die Arbeitnehmervertreter die Forderung des Unternehmens nach Tarifabweichung zurück. Der ausschlaggebende Grund dafür war auch hier, dass das Unternehmen seine Forderung mit der Ankündigung verband, mehr als 100

Arbeitsplätze (also mehr als ein Fünftel aller Arbeitsplätze im Unternehmen) abbauen zu wollen. Verstärkt wurde der Widerstand der Arbeitnehmer noch dadurch, dass das Unternehmen die Möglichkeit der Verschiebung einer Stufe der tariflichen Lohnerhöhungen nutzen wollte – entgegen der eindeutigen Zielsetzung der IG Metall, diesen Anträgen nicht zuzustimmen. Der Ablehnung hat die Versammlung der Gewerkschaftsmitglieder im Betrieb auch formal zugestimmt.

> „Gleichzeitig sagen sie uns in Briefen, sie möchten die Abweichungen im Tarifvertrag haben, die breite Front von Urlaubsgeld, Sonderzahlung, Mehrarbeitszuschlägen, alles. Und gleichzeitig teilen sie uns mit, dass sie eigentlich zu viele Leute an Bord haben und eigentlich 105 Leute entlassen wollen. Und da haben wir gesagt, solange die Kündigungen eine Rolle spielen, werden wir keine Veränderungen am Tarifvertrag machen. Wir sehen das als eine Einheit: Abweichungen und Beschäftigungssicherung. Das war die Zuspitzung, und das geht, glaube ich, mittlerweile seit einem dreiviertel Jahr so." (Gewerkschaftlicher Betreuer)

Der Konflikt ist inzwischen eskaliert. Der Betriebsrat hat sich einen Rechtsanwalt genommen, der seine Positionen gegenüber der Geschäftsleitung vertritt. Und auf der anderen Seite hat die Geschäftsleitung ihrerseits die Einigungsstelle einberufen, um mit Hilfe eines Einigungsstellenurteils die Personalreduzierungen vornehmen zu können. Anders als bei Chemie 1 hat die Ablehnung der Tarifabweichung bei Metall 6 damit zu einer offensichtlichen Zerrüttung der dort vormals kooperativen Beziehungsmuster mit der Geschäftsleitung geführt. Die unterschiedlichen Folgen rühren vor allem daher, dass sich im Fall von Chemie 1 der Betriebsrat bereit erklärt hat, einen Sozialplan zu vereinbaren, im Falle von Metall 6 aber Betriebsrat und Gewerkschaft dies ablehnen.

Trotz der Zurückweisung von Tarifabweichungen bestehen beide Betriebe nach wie vor fort. Die Drohszenarien der Unternehmensleitungen haben sich nicht bewahrheitet. So wurde bei Metall 6 der Zuschlag für einen neuen Auftrag eingeholt, obwohl keine neue Tarifabweichung abgeschlossen wurde, die im Vorfeld von der Unternehmensleitung als unverzichtbare Vorbedingung dafür gedeutet wurde. Einige der gewerkschaftlichen Betreuer haben in den Interviews berichtet, dass es in ihren Verwaltungsstellen weitere Fälle gibt, in denen Anträge auf Tarifabweichungen der Unternehmen von den Betriebsräten und der Gewerkschaft abgelehnt worden sind. Die dort gemachten Erfahrungen entsprechen der Entwicklungen bei Chemie 1 und Metall 6; zu weitergehenden Konsequenzen sei es auch in diesen Fällen nicht gekommen. Viele Unternehmen hätten die Gunst der Stunde nutzen wollen, ohne größere Mühen Kostensenkungen zu erzielen. Der gewerkschaftliche Betreuer von Metall 3 betont, dass sich im Gegenteil die Ablehnung einer Abweichungsforderung organisationspolitisch für die Gewerkschaft auszahlen kann.

> „Wir haben aber auch Fälle, wo die Mitglieder gesagt haben, wir wollen das nicht, also klare Abweichung, weil da keine Notwendigkeit dafür gesehen wurde. Um ein Beispiel zu nennen, wir haben hier ein Unternehmen, da ist der Arbeitgeber gekommen und wollte auch die 40-Stunden-Woche. Und die Mitglieder haben zu 98% gesagt: Nein, das sehen wir überhaupt nicht ein. Das war vor drei Jahren schon. Und seitdem ist das kein Thema mehr, dem Laden geht es hervorragend. Das war ja Mode, was alle können, das können wir auch. Da haben wir klar gesagt: machen wir nicht. Und haben es durchgezogen; übrigens auch mit einem tollen organisationspolitischen Erfolg: Da sind alleine im Zuge dieser Auseinandersetzungen damals 50 neue Mitglieder eingetreten. Nur unter dem Gesichtspunkt: Wenn ihr entscheiden wollt, müsst ihr Mitglied werden“ (Gewerkschaftlicher Betreuer)

Der aus Sicht der Betriebsräte bei Chemie 1 und Metall 6 für ihre Ablehnung der Verhandlungen zur Tarifabweichung jeweils ausschlaggebende Punkt war, dass die Unternehmensseite mit ihrer Forderung nach Tarifabweichungen bei gleichzeitigem Personalabbau gegen die *Regeln eines Fair Deal* verstoßen hat. Das Mindeste, was nach ihrem Verständnis von den Unternehmen als Gegenleistung zu materiellen Konzessionen angeboten werden muss, ist eine temporäre Beschäftigungssicherung. Wo die Unternehmen nicht einmal dazu bereit sind und ganz offen den Personalabbau planen, verstoßen sie gegen die *Reziprozitätserwartungen,* die von den Betriebsräten an ihren sozialen Austausch mit dem Management gestellt werden (Blau 2008). Die Unternehmen setzten Drohungen ein, um Umverteilungsziele zu erreichen, ohne dabei eine erkennbare Bereitschaft zu entsprechenden Gegenleistungen zu zeigen. Dies wurde als unfaire Form der Machtausübung durch die Unternehmen interpretiert, und die Betriebsräte reagierten darauf mit Ablehnung. Vorstellungen *normativer Richtigkeit* spielten eine große Rolle in den Situationsdefinitionen der Betriebsräte (dazu auch Lengfeld 2003).

Zwei wichtige Faktoren kamen jeweils noch hinzu. In beiden Fällen hätten die Betriebsräte erstens mit einem Legitimationsentzug durch die Belegschaften rechnen müssen, hätten sie sich doch zu Verhandlungen bereit erklärt. Bei Chemie 1 war die Stimmung der Beschäftigten erkennbar gegen Verhandlungen ausgerichtet, und bei Metall 6 hatten die Gewerkschaftsmitglieder bei einer Mitgliederversammlung sogar explizit und ohne Gegenstimme gegen Verhandlungen gestimmt. Die Forderungen der Unternehmensleitung widersprachen zu offensichtlich den Vorstellungen der Beschäftigten von Verteilungsgerechtigkeit und wurden als *soziale Ungerechtigkeit* gedeutet. Zweitens schließlich gab es in beiden Unternehmen mehr oder weniger lange *Erfahrungen* mit Tarifabweichungen. Diese Erfahrungen waren bei den Betriebsräten nicht positiv konnotiert. Bei Chemie 1 kam der Betriebsrat, beeindruckt auch durch das Vorgehen der Unternehmensseite, zu dem Schluss, dass Tarifabweichungen einen avisierten Per-

ISBN 978-3-8360-8714-8 – Presseexemplar – (c) edition sigma – 08102015

sonalabbau nur aufschieben, aber nicht verhindern könnten, und dass es daher besser sei, sich darauf gar nicht erst einzulassen.

> „Und dann kommt man als Tarifvertragspartei IG BCE und wir als Betriebsrat in einen ungeheuren Druck der Glaubwürdigkeit aus der Belegschaft heraus. Ich muss heute sagen, das ist ein Stück weit auch Ernüchterung: Wenn mich Kollegen ansprechen und fragen: Was hast Du da zusammen mit der IG BCE gemacht, dann sage ich: Wie geht es eurem Laden? Geht es dem gut? Lasst Euch nicht darauf ein: Dann fightet, als Tarifvertragspartei und als Betriebsrat mit Eurer Belegschaft. Denn das bringt es nicht. Wenn es wirklich Absicht ist, die Personalzahlen runterzufahren muss man sagen: Das soll der Unternehmer dann auch tun. Man verzögert mit diesen Dingen einen Ablauf, der unter Umständen – auch aus der Konzernerfahrung heraus – dann schließlich zu einer Schließung oder Verlagerung von Produktionsteilen führt." (Betriebsratsvorsitzender)

Und bei Metall 6 war über den langen Zeitraum der Erfahrungen mit Abweichungen eine zunehmende Kritik an den abweichenden Vereinbarungen entstanden, weil diese offensichtlich nicht dazu beigetragen haben, das Unternehmen wieder konkurrenzfähig zu machen. Darüber hinaus ist durch die Rückkehr zur Vollauslastung der Kapazitäten der Eindruck entstanden, dass damit auch eine Rückkehr zur betriebswirtschaftlichen Normalität vollzogen worden wäre. Dementsprechend haben die Beschäftigten die *Sinnhaftigkeit* der Maßnahmen zunehmend kritischer betrachtet.

> „Nach dem ...-Crash (der Muttergesellschaft, T.H.), und dem Unglück hier in der Werft, und dem Brand, den wir noch hatten, da hatte jeder Verständnis dafür gehabt. Aber irgendwo, nach so vielen Jahren, ist das nicht mehr nachvollziehbar, dass wir immer noch Geld geben. Und es wird immer gesagt, ja bis Ende des Jahres, mal für eineinhalb, mal für zwei Jahre gilt das, und dann hat man immer gesagt, gilt wieder der Flächentarifvertrag. Aber nein, dann kam wieder eine neue Forderung. Und da kam immer mehr Unruhe rein. Da haben die Kollegen gesagt bis hierhin, und dann muss auch mal Schluss sein. Wir sind doch keine Kuh, die man ewig anzapfen kann." (Vertrauenskörperleiter)

Die beiden Beispiele Chemie 1 und Metall 6 haben aufgedeckt, warum Betriebsräte Verhandlungswünsche der Unternehmensleitungen zurückweisen können. Warum und unter welchen Bedingungen aber lassen sich die Betriebsräte darauf ein? Neben den im vorigen Abschnitt bereits angesprochenen strukturellen Zwängen, die auf die Betriebsräte wirken, können hierfür aus der Analyse der Untersuchungsfälle vier Gründe gefiltert werden.

Ein erster wichtiger Grund ist die *Haltung des Managements.* Das Management kann eine *integrierende Funktion* haben, auch wenn es Drohszenarien entwickelt und die Betriebsräte zu Verhandlungen über Abweichungen zwingt. Dies ist vor allem dann der Fall, wenn die Verhandlungsführer auf Seiten des

Managements ein glaubhaftes Interesse am Erhalt der Standorte signalisieren und es ihnen gelingt, die Tarifabweichung als notwendige Antwort auf einen äußeren Druck darzustellen, auf den sowohl die Arbeitnehmer und ihre Vertreter als auch das Management reagieren müssen. In dieser Variante gewinnt das Management eine *Deutungshoheit* über den Prozess. Es entwickelt ein Interpretationsschema der wirtschaftlichen Lage und der daraus folgenden Notwendigkeiten, das auch von den Betriebsräten übernommen wird. Wichtig dabei ist die Versicherung der gemeinsamen Betroffenheit. Dadurch, dass die strukturellen Zwänge für alle, auch das Management, gelten und alle in einem Boot sitzen, wird eine neue Grundlage für Fairness und Kooperation geschaffen, die für die Betriebsräte akzeptabel ist. Diese Interpretationsschemata bilden die eigentliche Grundlage für *Standortkoalitionen* zwischen Management und Betriebsräten; die Tarifabweichungen wiederum sind der vertragliche Ausdruck dieser neuartigen mikrokorporatistischen Kooperationsformen.

Solche Standortkoalitionen wurden im Zuge der Tarifabweichung in drei der zwölf Fallbetriebe verstärkt oder neu begründet. Ein klassisches Fallbeispiel dafür ist Chemie 2. Dort begründete das lokale Management die Forderung nach Abweichungen damit, dass es ohne Lohnkonzessionen nicht möglich wäre, in den Vergabeverfahren der internen Standortkonkurrenz Produktionsentscheidungen zugunsten des Standortes zu erwirken. Seine Glaubwürdigkeit erhielt das Management insbesondere durch das Verhalten des Werkleiters, der schon lange Jahre am Standort tätig war und zu dem bereits vorher ein Vertrauensverhältnis herrschte. Er hat nicht nur gegenüber dem Betriebsrat die gemeinsamen Interessen betont, sondern ist auch gegenüber der Unternehmensleitung offen und für den Betriebsrat wahrnehmbar für die Interessen des Werkes eingetreten.

Nach Abschluss der Vereinbarung hat er auch Taten sprechen lassen als es darum ging, den Produktionszuschlag einzuholen und zu verhindern, dass die Produktion nicht doch an Niedriglohnstandorte vergeben wurde. Der Betriebsrat hebt hervor, dass der persönliche Einsatz des Werkleiters ein wichtiger Faktor war, die Vereinbarung, die schließlich getroffen wurde, auch in einen Produktionsauftrag von der Unternehmensleitung umzusetzen. Die Ausschreibungsverfahren und -entscheidungen im Unternehmen beruhten offensichtlich nicht auf Kostenkennziffern und ihrer Bewertung alleine, sondern bedurften auch der persönlichen Unterstützung durch den Werkleiter bei der Unternehmensleitung.

> „Die positive Rolle der Geschäftsleitung, das lag vor allem an einer Person, dem Geschäftsführer, der sich sehr für den Standort eingesetzt hatte. Am Anfang waren wir etwas skeptisch, aber er hat das, was er versprochen hat, auch gegenüber seinen Chefs durchgesetzt und auch gehalten. Wenn auch nicht immer in der Form, in der er es vielleicht zu Beginn gesagt hat, aber insgesamt hat er es immer gehalten, ob es dann der Kneter 1 oder 4 war. Jedenfalls, mit einem anderen Werkleiter hätten wir das alles mit Sicherheit nicht gemacht. Dadurch, dass die

> Person gegangen ist, ist es für uns schwieriger geworden. Wir hatten ja eine gute Vertrauensbasis.“ (Betriebsratsvorsitzender)

Chemie 2 ist ein Beispiel für eine – mit Blick auf den Produktzuschlag als Ergebnis – durchaus erfolgreiche Standortkoalition.

Allerdings ist nicht allen lokalen Standortkoalitionen im Untersuchungssample ein solcher Erfolg beschieden. Der Grund dafür lautet, dass sich diese Koalitionen zwischen den Betriebsparteien an den strategischen Vorgaben der Unternehmensleitungen brechen. Im Falle von Chemie 2 konnte der Bruch ja nur durch den persönlichen Einsatz des Werkleiters verhindert werden. Erfolgreiche lokale Standortkoalitionen werden immer unwahrscheinlicher, je mehr die Unternehmensleitungen das Interesse an kooperativen Beziehungen zu den Betriebsräten verlieren, weil sie sich einer Politik der kompromisslosen Steigerung des Unternehmenswertes und der Kapitalrendite verschrieben haben. Dies ist die eindeutige Konstellation bei Chemie 4, wo auf Betriebsebene eine ausgeprägte Sozial- und Standortpartnerschaft herrscht, auf Unternehmens resp. Konzernebene die Interessenvertretung aber ihre Ansprechpartner verloren hat und vom Management keine Signale einer gemeinsamen Interessengrundlage mehr erhält. Der Vorstand hat sogar einmal eine der lokalen Standortvereinbarungen einseitig gekündigt mit dem Ziel, die Reifenproduktion des Standortes nach Tschechien zu verlegen. Damit hatte er einen großen Konflikt mit den Betriebsräten und der IG BCE heraufbeschworen. Die Gesamtbetriebsratsvorsitzende beobachtet auf der Unternehmensebene deshalb einen Verlust an Verlässlichkeit der „anderen“ Seite und einen „neuen Wind“, der dadurch in die Arbeitsbeziehungen gebracht worden ist. Verantwortlich dafür sind neue Praktiken des Personalbereichs, keine umstandslosen Absprachen und Kompromisse mehr einzugehen.

> „Also diese Streitkultur und Kompromissfähigkeit, die wir sonst die ganzen Jahre immer hatten, ist damit in Frage gestellt worden. Die andere Seite sagt, sie hätte keine neue politische Linie, sondern sie hätten jetzt so viel zu tun, dass sie sich mit solchen Dingen nicht noch über Monate beschäftigen können, und wenn es keine Einigung gibt, müssten es Dritte lösen. Das bringt uns schon etwas in Rage und auch teilweise aus dem Gleichgewicht, denn wir sind alle anders groß geworden in der Betriebsratsarbeit. Das ist der neue Stil und neue Wind, und das bekommen wir aus allen Standorten mit, dass diese Verlässlichkeit nicht mehr gegeben ist.“ (Gesamtbetriebsratsvorsitzende)

Viel spricht dafür, dass die beobachtete Neuorientierung der Arbeitgeberseite in den Arbeitsbeziehungen mit der strategischen Ausrichtung des Konzerns auf finanzwirtschaftliche Ziele und interne Konkurrenzbeziehungen zusammenhängt. Der Erhalt sozialpartnerschaftlicher Beziehungsmuster ist kein eigenständiges Ziel mehr. Mögliche, aus den Vertrauensbeziehungen erwachsende langfristige

Wettbewerbsvorteile verlieren gegenüber kurzfristigen Kostensenkungszielen an Gewicht. Sozialpartnerschaftliche Beziehungen können sich nur mehr dadurch legitimieren, dass sie auch aktiv zur Kostensenkung beitragen. Doch können solche Beiträge auch abgelehnt werden, wenn andere Handlungsstrategien bessere Gewinnaussichten versprechen. Der sozialpartnerschaftlich orientierte Betriebsrat steht dann vor dem Dilemma, dass er keinen gleichgesinnten Akteur auf der Gegenseite mehr findet und Partnerschaft ohne Partner praktiziert. Daraus erklärt sich die leicht melancholische Sehnsucht der Betriebsratsvorsitzenden nach den alten Zeiten, die aber vielleicht in dieser Form nie wiederkommen werden. Es steht zu vermuten, dass der Betriebsrat durch diese Inkonsistenzen Anreize erhält, neue Situationsdefinitionen vorzunehmen und seine Rolle und Position neu zu bewerten.

Die *persönliche Komponente* war auch in den Fällen von herausragender Bedeutung, in denen es zu Verhandlungen und Abschlüssen abweichender Vereinbarungen kam, obwohl keine Standortkoalition zur gemeinsamen Verteidigung der wirtschaftlichen Interessen des Betriebes gegründet worden war. Hierin liegt der zweite Grund dafür, dass sich die Betriebsräte auf die Forderungen des Managements einlassen. Es ist jeweils die Person des Verhandlungsführers oder eines anderen wichtigen Vertreters auf Managementseite, die als *integrative Figuren* erst die Glaubwürdigkeit und Wahrhaftigkeit des Anliegens herstellen kann, mit dem das Unternehmen an den Betriebsrat herantritt. Ein Beispiel dafür ist das Unternehmen Metall 3, wo es diese integrative Figur zunächst nicht gab. Dort wurde zwar eine Tarifabweichung ausgehandelt. Die Betriebsräte empfanden diese aber letztlich nicht als fair, auch wenn sie wichtige Forderungen wie Produktzusagen für den Standort hatten festschreiben können. Zugleich stand auf Seiten des Managements in dem von einem amerikanischen Konzern geführten Unternehmen niemand, der als integrative Figur hätte auftreten können. Vielmehr wurde das Management laufend ausgewechselt und hatte gegenüber der amerikanischen Zentrale nur geringe Weisungsbefugnisse. Erst als dann ein Geschäftsführer eingestellt wurde, der sich auch öffentlich zur Mitbestimmung und zu den Tarifverträgen bekannte, waren für den Betriebsrat die Bedingungen geschaffen, konstruktiv zu verhandeln und sich wieder kooperativ zu verhalten. Dieser Geschäftsführer war wenige Wochen vor Durchführung der Interviews nach zweijähriger Amtszeit wieder entlassen worden.

> „Und der ist hier angetreten, der hatte die Vorgeschichte mitbekommen, und ist vor die Belegschaft getreten. Und hat gesagt: Meine Damen und Herren, ich weiß ja, welches Interesse sie haben, und auch ich bin der Meinung, der Flächentarifvertrag ist richtig und wir sollten nicht den Fehler machen, als Unternehmen am Geld der Leute zu sparen. Da hat er auch offen gesagt, er ist der Meinung, dass die drei Prozent Lohnerhöhung, die da gerade ausgehandelt wurden, auch ausgezahlt werden sollten. Das war ein ganz anderes Signal, das hatte sich vorher kei-

ner getraut. Und wir haben dann in den Verhandlungen noch vieles ausgefochten; aber unter diesen neuen Vorzeichen war es etwas einfacher in der Vergangenheit.“ (Betriebsratsvorsitzender)

Meistens handelt es sich bei diesen integrativen Figuren um altgediente Manager mit einem erheblichen Vertrauensvorschuss; sie sorgen für personelle Kontinuität in den sich immer schneller drehenden Stellenkarussellen der Manager. In manchen Fällen, wie bei Metall 3 oder auch Chemie 1, wo ein neuer Geschäftsführer für eine Verbesserung der Arbeitsbeziehungen sorgte, waren es aber auch Managementwechsel und ein frischer Wind durch neue Manager, die vormals verkrustete Strukturen aufgebrochen haben. Sofern diese persönliche Komponente nicht gegeben ist, entstehen Konflikte. Umgekehrt können Managementwechsel aber auch den Kurs in die andere Richtung weisen wie bei Metall 6. Dort hingen die Verhärtung der Unternehmenshaltung und die Forderung des Unternehmens nach Tarifabweichungen *und* Personalabbau wesentlich an der Person des neuen Personalleiters und anderer neuer Manager, die das Unternehmen eingestellt hatte.

„Die Verschlechterung der Beziehungen hat mit Wechseln im Management zu tun; es sind neue Leute gekommen. Es ist seit zwei, drei Jahren der Spuk bei den Leitenden und der Geschäftsführung, der Betriebsrat hätte zu viel Macht. Die tagen da jeden Montag, so ein Grüppchen, und die schimpfen dann, was für böse Menschen wir sind. Daran sieht man schon, dass sich der Stil total geändert hat. Das ist so der Punkt, wo man sich fragt, wie kann man noch eine vernünftige Zusammenarbeit gestalten. Vor allem, wenn die dann so frostig sind.“ (Betriebsratsvorsitzender)

Der dritte Grund für die Zustimmung der Betriebsräte zu Verhandlungen sind die *eingespielten Handlungsroutinen* der Betriebsräte. Die Betriebsräte deuten die Tarifabweichung nicht selten als einen Verhandlungsgegenstand neben anderen. Zwar weisen sie durchaus auf die neue Qualität hin, die Verhandlungen über Tarifnormen für Betriebsräte mit sich bringen. Doch wird zugleich auch betont, dass dies eigentlich für Betriebsräte nichts Außergewöhnliches sei und dass die Tarifabweichung nur ein neues Glied in einer wachsenden Kette von Verhandlungsgegenständen sei, das im Prinzip genauso zu verhandeln sei wie die anderen Gegenstände.

Ein Beispiel dafür ist Chemie 2. Nach Einschätzung des Betriebsratsvorsitzenden bedeutet die Verhandlung und Umsetzungskontrolle einer Tarifabweichung keine prinzipiell neue Herausforderung. Ähnliche Anforderungen seien auch mit einer Vereinbarung zur flexiblen Arbeitszeitregulierung im Betrieb verbunden. Mit der Verbetrieblichung und dem damit verbundenen Handlungs- und Verhandlungsbedarf habe ein Betriebsrat schon die wichtigsten Erfahrungen gemacht, die er auch für die Tarifabweichung nutzen könne. Außerdem würde hierbei auch die Gewerkschaft mit fachlicher Expertise zur Seite stehen. Und schließlich gebe es Lerneffekte, weil der Abschluss von Standortsicherungsvereinbarungen auch zur Routine werden kann.

> „Eine Standortbetriebsvereinbarung abzuschließen erfordert keine grundlegend neuen Kompetenzen. Ob ich eine Vereinbarung zur Arbeitszeit und ihrer Flexibilisierung z.B. abschließe oder eine Vereinbarung zur Standortsicherung, das macht für mich als Betriebsrat keinen so großen Unterschied. Das Ding ist nur größer und komplexer, aber nicht grundsätzlich neu. Dadurch auch, dass wir die Gewerkschaft beratend mit dabei hatten, ging das. Die Vereinbarung von 2005 war ja hier auch nicht die erste ihrer Art." (Betriebsratsvorsitzender)

Die Betriebsräte gehen also auch deswegen auf die Verhandlungsforderungen der Unternehmensleitungen ein, weil sie *gewohnt* sind, dies zu tun, und weil sie zu einer Neujustierung ihrer Situationsdefinitionen nur dann gezwungen wären, wenn sie mit den bewährten Handlungsstrategien keinen Erfolg mehr hätten. Deshalb auch spielt es für die Routine und ihren Erhalt eine so große Rolle, dass der Eindruck entsteht, in den Verhandlungen käme es trotz der asymmetrischen Ausgangslage doch zu einem Fair Deal. Denn der Fair Deal suggeriert, dass die eingespielten Handlungsmuster für die Behandlung des Gegenstandes Tarifabweichung kompatibel sind.

Der *Fair Deal* selbst schließlich ist der vierte Grund für die Zustimmung der Betriebsräte zu Verhandlungen. Eine entscheidende Voraussetzung für die Deutung der Tarifabweichung als Fair Deal durch die Betriebsräte ist, dass sie *eigene Forderungen* mit Erfolg in die Verhandlungen haben einbringen und durchsetzen können. Von den befragten Betriebsräten in den Untersuchungsfällen haben alle großen Wert auf die Feststellung gelegt, dass ihnen dies erfolgreich gelungen sei. Dabei variierte der Akzent der Bewertung mit den inhaltlichen Schwerpunkten der Tarifabweichung. Die einen betonten die Beschäftigungssicherung, andere Investitionszusagen und dritte Produkt- oder Produktionszusagen. Alle aber äußerten übereinstimmend die Meinung, in den Verhandlungen ein gutes und damit letztlich faires Ergebnis erzielt zu haben.

Zusammenfassend lässt sich festhalten: Unter den Bedingungen, dass die Absichten des Managements authentisch und glaubhaft sind, dass das Management möglicherweise sogar eine Interessenkoalition anbietet und dass sie eigene Forderungen absehbar durchsetzen können, waren die Betriebsräte bereit, den Verhandlungen zu Tarifabweichungen zuzustimmen. Unter diesen Bedingungen sind die Betriebsräte auch nicht zu einer Revision ihrer Situationsdefinitionen gezwungen. Nicht von ungefähr haben sie dann versucht, die Tarifabweichung im Rahmen bewährter Handlungsstrategien und Routinen zu bearbeiten. Dort aber, wo diese Bedingungen nicht gegeben sind, sei es, weil das Management die Kooperation aufkündigt oder sei es, weil die Betriebsräte das Problem Tarifabweichung mit den bewährten Handlungsmustern nicht mehr schultern können, kommt es zu einer *Neubewertung der Situation.* Diese Neubewertung geht wiederum mit neuen Handlungsstrategien einher. Im Sample finden sich dafür zwei Varianten: der Übergang zu Konfliktstrategien und die Aktivierung des Betriebsrates durch beteiligungsorientierte Strategien. Weil beide Varianten wiederum mit Veränderungen in den tradierten Mustern der Arbeitsbeziehungen einhergehen, werden sie im folgenden Abschnitt behandelt.

5.3 Verhandlungsstrategien der Betriebsräte und Beziehungsmuster zum Management

Grundsätzlich lassen sich mit der kooperativen und der konfliktorientierten Strategie zwei Verhandlungsstrategien der Betriebsräte unterscheiden. Die *kooperative Strategie* setzt auf Bewährtes. Tarifabweichung werden – im Großen und Ganzen zumindest – so behandelt wie andere betriebliche Verhandlungsgegenstände auch. Sie werden nach den eingespielten Verfahren betrieblicher Verhandlungen abgearbeitet. Die bisherigen Beziehungsmuster zum Management werden dabei nicht in Frage gestellt, sondern finden vielmehr eine Fortsetzung auf neuem Terrain. Bei der *konfliktorientierten Strategie* hingegen werden die Bande der Sozialpartnerschaft zumindest temporär durchschnitten, sofern sie zuvor überhaupt bestanden haben. Die Tarifabweichung führt hier zumeist zu – von den Betriebsräten bewusst eingegangenen – Konflikten, die es zuvor in dieser Weise in den Unternehmen häufig noch nicht gegeben hat. Gewissermaßen als Untervariante der kooperativen Strategien findet sich schließlich noch die *beteiligungsorientierte Strategie,* bei denen die Betriebsräte gegenüber dem Management im Zuge der Tarifabweichung eine stärkere Beteiligung an Reorganisationsprozessen einfordern. Unter diesen drei Strategien sind es die Varianten Konfliktorientierung und Beteiligungsorientierung, von denen Impulse für einen Wandel der Arbeitsbeziehungen ausgehen (siehe dazu Abbildung 6). Auf diese soll im Folgenden zunächst näher eingegangen werden, bevor anschließend die Entwicklung der Arbeitsbeziehungen in den Untersuchungsfällen insgesamt behandelt wird.

Neue *Konfliktstrategien* der Betriebsräte finden sich bei Chemie 3 und bei den Metallbetrieben Metall 1, Metall 2, Metall 3 und Metall 5. In diesen Fällen lässt sich davon sprechen, dass die Betriebsräte unter dem Druck der Tarifabweichung *neue Situationsdefinitionen* herausgebildet haben, in denen die Interessendifferenzen zum Management eine stärkere Bedeutung erhalten haben, als sie ihnen vor der Tarifabweichung zukam. Die Verteidigung der Arbeitsstandards wird dabei zu einem integrierten Element des Handlungssinns für Betriebsräte.

Tab. 6: Wandel der Arbeitsbeziehungen

	Initiative zur Tarifabweichung	*Konflikt- oder Beteiligungsstrategien des Betriebsrates*	*Standortkoalitionen*	*Altes Beziehungsmuster*	*Veränderungstendenz*
Chemie 1	Management (Betriebsrat)	Nein	Nein	Interessenmodell	Kontinuität Interessenpositionierung
Chemie 2	Management	Nein	Ja	Sozialpartnerschaft	Kontinuität und Verfestigung Kooperation
Chemie 3	Management	Ja	Nein	Interessenmodell	Akzentuierung Interessenkonflikte
Chemie 4	Management	Nein	Ja	Sozialpartnerschaft	Kontinuität, aber Gefährdung durch Shareholder Value
Chemie 5	Management	Nein	Nein	Paternalismus	Kontinuität, aber Aufbrechen der Unterwürfigkeit
Chemie 6	Management	Ja	Nein	Sozialpartnerschaft im Wachstum	Aktivierung der Sozialpartnerschaft
Metall 1	Management	Ja	Nein	Interessenmodell mit Konfliktorientierung	Kontinuität konfliktorisches Beziehungsmuster
Metall 2	Management	Ja	Ja	Konfliktpartnerschaft	Aktivierung der Konfliktpartnerschaft
Metall 3	Management	Ja	Nein	Sozialpartnerschaft	Bruch und Übergang zu Interessenmodell mit Konfliktorientierung
Metall 4	Management (Betriebsrat)	Nein	Ja	Sozialpartnerschaft	Kontinuität und Verfestigung Kooperation
Metall 5	Management	Nein	Nein	Umkämpftes Interessenmodell	Verschärfung Anerkennungs- und Verteidigungskampf des Betriebsrates
Metall 6	Management	Ja	Ja (bis Bruch)	Konfliktorientierung nach Sozialpartnerschaft	Bruch der Sozialpartnerschaft

Bei Chemie 3 beispielsweise entzündete sich die Konfliktstrategie des Betriebsrates in den Verhandlungen zur zweiten Tarifabweichung und dort an der Forderung des Unternehmens, die Arbeitszeit auf 40 Wochenstunden zu verlängern. Der Betriebsrat lehnte diese Forderung vehement ab. Dabei war sich die Unternehmensseite von Beginn an durchaus bewusst, dass die Arbeitnehmervertreter dieser Forderung nicht würden zustimmen können.

> „Alles andere als das, also es gab einen natürlich massiven Konfliktpunkt während unserer letzten Verhandlungen zum Zukunftspakt, das war unsere Forderung

ISBN 978-3-8360-8714-8 – Presseexemplar – (c) edition sigma – 08102015

nach 40-Stunden-Woche ohne Lohnausgleich. Das war für die Gewerkschaften so nicht akzeptabel, das war uns aber vorher im Grunde genommen schon bewusst, war auch reichlich provokant, was wir damals gemacht haben." (Personalleiter)

Der Betriebsrat hat dann seinerseits zusammen mit der Gewerkschaft einen eigenen Forderungskatalog aufgestellt, mit dem er in die Verhandlungen ging. Zu diesen Forderungen gehörte, dass Arbeitszeitverlängerungen nur unter 39 Stunden liegen dürften, dass die Investitionen mit einer eindeutigen Summe festgeschrieben werden sollen und dass Auslagerungen unterlassen werden.

„Wir haben von Anfang an erklärt, die 40-Stunden-Woche gibt es nicht, das machen wir nicht, die gibt es generell von uns nicht. So, wir können uns nur einem Kompromiss irgendwo unterhalb von 39 vorstellen. Aber auch nur dann, wenn das Unternehmen mit uns auch tatsächlich eine Zukunftspaktvereinbarung macht, in der wirklich tatsächlich festgeschriebene Größenordnungen von Investitionen stehen und vor allen Dingen auch festgeschriebene Standortzusagen stehen, dass an den Standorten nicht gerüttelt wird. Wir hatten einen Forderungskatalog aufgestellt und die Unternehmensleitung hat einen Forderungskatalog aufgestellt und dann ging halt das Verhandeln los. (Betriebsratsvorsitzender)

Nicht von ungefähr bezeichnete der Personalleiter die Diskussion um die 40-Stunden-Woche in dem oben angeführten Interview als „Riesen-Konflikt". Der Konflikt bedeutete in dieser Form ein neues Element der Arbeitsbeziehungen, obwohl sich diese ohnehin durch ein eher distanziertes Verhältnis der Betriebsparteien auszeichneten. Die Betriebsparteien zeigten dort schon vor der Tarifabweichung klare Konturen als Vertreter unterschiedlicher Interessen und legen auf diese Feststellung auch Wert. Auf Unternehmensseite spielte dabei der ausländische Hauptsitz des Unternehmens eine nicht unwesentliche Rolle. Dort waren kooperative Unternehmenskulturen nicht üblich. Die Haltung der Zentrale im Umgang mit Arbeitnehmervertretungen war durchaus autoritär und wenig kompromissorientiert. Entscheidungen wurden nicht durch Verhandlungen in Kompromisse gegossen, sondern vom Management unilateral gesetzt. Dies war die Erfahrung, die der Betriebsrat im Umgang mit Konzernentscheidungen gemacht hatte, und an diesen Erfahrungen richtete er seine Erwartungen aus. Das deutsche Management war mit diesem Vorgehen sicherlich nicht identifizierbar. Es wusste um die Existenz der Betriebsräte, erkannte sie als legitime Interessenvertretung an und versuchte, den rechtlichen Pflichten des Betriebsverfassungsgesetzes gerecht zu werden. In diesem Rahmen wurde auch von einem „gewissen Vertrauensverhältnis" zwischen den Betriebsparteien gesprochen, doch liegt darin kein Überschwang und keinerlei Innigkeit. Vielmehr darf in diesem Fall der Begriff Vertrauen eher als gemeinsame Geschäftsgrundlage für funktionsfähige Arbeitsbeziehungen durch wechselseitige Anerkennung legitimer Interessen betrachtet werden.

Dem entspricht, dass von den Betriebsräten die Eigenständigkeit ihrer Interessenpositionen gegenüber denen der Unternehmensseite ausdrücklich betont wurde. Verhandlungen wurden als sportliche Wettkämpfe betrachtet, bei denen es wichtig ist, dass das „Fair Play“ zwischen den Betriebsparteien erhalten bleibt. Ansonsten vertrat dabei jeder seine Interessen und versucht, davon möglichst viel durchzusetzen. Dem Unternehmen wurde unterstellt, dass es Nachgiebigkeiten des Betriebsrats zur Erzwingung weiterer Konzessionen ausnutzen würde. Es ist das Bild eines fairen Sportsmanns, das vielleicht am besten das charakterisiert, was bei Chemie 3 als Vertrauensverhältnis bezeichnet wurde: Das Vertrauen in die Einhaltung der Regeln und auch in die Einhaltung dessen, was von dem Gegenüber aufgrund der bisherigen Erfahrungen erwartet wird.

> „Wir sind Arbeitnehmervertreter und die sind Arbeitgebervertreter. Die Rollentrennung ist klar. Dann sind wir vielleicht morgen wieder die Bösen, aber das interessiert uns nicht. Wir wissen was wir können. Man muss auch schauen, dass die nicht immer mehr wollen. Unser Verhältnis, ich sehe das wie auf einem Fußballfeld, es ist ein Kampfsport. So eine Verhandlung ist ja nicht wie ein Techtelmechtel, sondern das sind ja zwei Fronten. Und wenn man dann signalisiert: Fair Play, dann ist das Problem nicht mehr ganz so schlimm. Ich sage mal, bevor diese beiden Komplexe verhandelt wurden, da war immer so ein Verhältnis Unternehmensleitung und Gesamtbetriebsrat, Betriebsrat, das ist so ein fernes Gremium, sage ich mal. Und jetzt haben wir eine gewisse Anerkenntnis. Der eine sagt, na ja gut, mit denen kann man – nicht jetzt feiern, sondern verhandeln – mit denen kann man was erreichen, und auf der anderen Seite ebenfalls. Ja, wir haben eigentlich Augenhöhe erreicht.“ (Betriebsräte im Gruppeninterview).

Die Betriebsräte sprechen in diesem Interview die in ihren Augen zentrale Veränderungen an, die in den Arbeitsbeziehungen bei Chemie 3 durch die Verhandlungen zu den abweichenden Vereinbarungen hervorgerufen wurden: Dass sich die Betriebsräte als kompetente Vertreter der Beschäftigteninteressen profilieren konnten, dass sie dabei durch Verhandlungserfolge an Selbstbewusstsein gewonnen haben, dass sie deshalb von der Unternehmensseite auch eine stärkere Anerkennung erfahren haben und dass in der Folge schließlich in den Beziehungen zum Management nun eine gleiche Augenhöhe erreicht worden sei. Dies ist das eigentlich neue Element in den Arbeitsbeziehungen, das durch den Konflikt um die Arbeitszeitverlängerung entstanden ist.

> „Ich glaube, man hat jetzt im Management erkannt, dass wir einen sehr hochwertigen Betriebsrat haben. Das Ansehen des Betriebsratsgremiums, der Gesamtbetriebsrat, wurde sicher gestärkt. Einen sehr kompetenten Betriebsrat, das wurde so erkannt, und das haben sie auch gesagt, und da sind wir auch stolz drauf. Und das kommt nicht von nichts.“ (Betriebsräte im Gruppeninterview)

> „Ja. Ich denke auch, die Verhandlungen haben wir ja, wie es immer so schön heißt, auf gleicher Augenhöhe geführt, man wird da schon respektiert von der Un-

ISBN 978-3-8360-8714-8 – Presseexemplar – (c) edition sigma – 08102015

> ternehmensseite, die wissen genau, was die Betriebsratsvorsitzenden und die Gesamtbetriebsräte, was die an Wissen haben und was die an Arbeit leisten, an Überzeugungsarbeit auch leisten müssen bei den Kollegen." (Betriebsratsvorsitzender)

Ähnlich lassen sich die Entwicklungen auch in den anderen Fällen neuer Konfliktstrategien beschreiben. Dort, wo die Betriebsräte konfliktorientierte Strategien wählten, haben sie an Konturen in den Arbeitsbeziehungen gewonnen und konnten ihre Position gegenüber dem Management kräftigen. Bei Metall 3 beispielsweise praktizierte der Betriebsrat in den alten Zeiten des Eigentümerunternehmens und bis zur Übernahme durch die amerikanische Konzernmutter kooperative Handlungsmuster. Mit dem Übergang in den amerikanischen Konzern wurde das Management ausgetauscht, und die Arbeitnehmervertreter verloren auf einen Schlag ihren Kooperationspartner. Von da ab wechselten die zuständigen Manager laufend. Kooperationsbeziehungen konnten sich so nicht entwickeln. Zugleich trat das Unternehmen aus dem Arbeitgeberverband aus, und die Unternehmensleitung forderte Tarifabweichungen. Der Betriebsrat geriet mit seinen kooperativen Verhaltensmustern in eine Sinnkrise, aus der er sich mit einer „konfliktorientierten Wende" befreite. Als Beschützer der Arbeitsstandards und der Beschäftigung fand er rasch eine neue Rolle. Und mehr noch, in dieser Rolle gelang es ihm, seine Position in den Arbeitsbeziehungen deutlich zu stärken. Für den Betriebsrat ist eine hohe Konfliktneigung ohne Alternative, denn er muss sich nicht nur gegen die grundsätzliche Strategie des Ausstiegs aus den Institutionen des Systems der industriellen Beziehungen zur Wehr setzen, die von der Konzernleitung favorisiert wird, sondern auch gegenüber den wechselnden Geschäftsführern die Claims seiner Mitbestimmungsrechte und Interessenpositionen immer wieder neu abstecken und verteidigen. Dies gilt aus seiner Sicht umso mehr, als bei den Amerikanern nur harte Manager letztlich bestehen können, die ihrerseits mit harten Bandagen gegenüber dem Betriebsrat auftreten.

> „Als Weichei kann man auch kein Manager bei den Amerikanern werden, dann geht man unter. Sie haben das immer wieder gemacht, gerade bei den Weicheren, die waren nur kurz hier als Geschäftsführer, manchmal nur drei Wochen. Der eine ist freiwillig ausgeschieden, weil er es sich nicht mehr bieten lassen wollte. Deshalb ist es ja auch so: Warum machen wir das als Betriebsrat so wie wir es machen? Klar machen wir das, aber wer hat denn Schuld?" (Betriebsratsvorsitzender)

Die häufigen Personalwechsel aber haben den Betriebsrat auch zur eigentlichen Konstante im Unternehmen gemacht. Er – und nicht das Management – war der betriebspolitische Akteur mit langfristigen Erfahrungen des Betriebs und seiner Probleme. Der Betriebsrat wurde damit zu einem unverzichtbaren Partner für das Management bei der Bearbeitung des operativen Geschäfts. Damit aber nahm er eine naturgemäß starke Stellung gegenüber den Werksleitungen ein, die häufig wechseln und wieder gehen mussten, bevor sie sich richtig einarbeiten konnten.

„Und auf der anderen Seite bedeutet das dann auch, dass der Betriebsrat eine starke Stellung hat. das muss man auch deutlich sagen. Also in allen Standorten, die Werksleitungen, die operativ vor Ort tätig sein müssen, können ohne den Betriebsrat nichts machen, das ist so. Und der Betriebsrat weiß das natürlich auch, und nützt das natürlich auch aus. Aber wenn der Betriebsrat nicht da wäre, und drauf hinweisen würde: Hört mal zu, wenn das nicht passiert, dann läuft der ganze Laden nicht mehr.“ (Gewerkschaftlicher Betreuer)

Die Verhandlungserfolge bei der Tarifabweichung trugen zu dieser Stellung maßgeblich bei. Anders als in den meisten anderen Fällen nämlich verfolgte der Betriebsrat die offensive Strategie, wieder zu den Arbeitsstandards der Flächentarifverträge zurückzukehren. Dass Betriebsrat und Gewerkschaft dieses Ziel mit dem Überleitungstarifvertrag erfolgreich umsetzen konnten, hat die Position des Betriebsrates zusätzlich gefestigt. Er sieht sich damit auch in seiner Haltung bekräftigt, unter den gegebenen Bedingungen die beste Strategie zu verfolgen.

Impulse des Wandels für die Arbeitsbeziehungen gehen auch von *neuen Beteiligungsstrategien* der Betriebsräte aus, die im Zusammenhang mit der Tarifabweichung entwickelt worden sind. Diese finden sich in zwei Fällen des Samples, Metall 2 und Chemie 6. In beiden Fällen hatten die Beteiligungsansprüche ihre Grundlage in den Regelungen der abweichenden Vereinbarungen. Bei Metall 2 stützten sie sich auf einen Passus, der die jährliche Festlegung von Produktivitätszielen und produktivitätssteigernder Maßnahmen zwischen den Betriebsparteien und unter Einbeziehung der IG Metall vorsieht. Die erweiterten Mitbestimmungsrechte des Betriebsrates führten hier zu einer deutlichen Intensivierung der Beziehungen zwischen Betriebsrat und Management. Es wurde ein gemeinsamer Steuerkreis aus Vertretern von Management und Betriebsrat gegründet, der für die Produktivitätsentwicklung zuständig ist. Insbesondere im Zuge dieser neuen, institutionell verankerten Verfahrensregelung hat sich das Verhältnis zur Werksleitung gewandelt, und zwar sowohl hinsichtlich der erweiterten Informationsverpflichtung gegenüber dem gesamten Betriebsratsgremium als auch hinsichtlich der Mitwirkung bei der Erarbeitung von produktivitätssteigernden Maßnahmen.

„Also, wir gehen hier sehr offen damit um, der Betriebsrat weiß genau, wie viel Geld wir verdienen jeden Monat. Das war vorher wohl nicht ganz so. Wir gehen heute ins Detail. Heute ist Mittwoch, ich habe vorhin das Werksergebnis durchgesprochen mit meinem Controller, und wir werden dann noch besprechen, wo sind die Abweichungen, das wurde vorher so nicht gemacht. Also, es ist eine andere Rolle, der Betriebsrat hat eine andere Rolle als früher, nicht mehr dieses Abwarten, was passiert, sondern er macht aktiv mit.“ (Werkleiter)

Die Einbeziehung des Betriebsrates in die Produktivitätssteigerung stellt den entscheidenden Unterschied aus Sicht des Managements dar. Es ist nicht mehr das Unternehmen, das alleine Produktivitätspotenziale erkennen und heben muss und damit an den Betriebsrat herantritt, sondern der Betriebsrat wird selber zu einem Akteur der Rationalisierung. Kooperative Modernisierung wird zur gemeinsamen Gestaltungsaufgabe. Damit werden die Rationalisierungsinteressen des Unternehmens gegenüber der Belegschaft auch durch den Betriebsrat vertreten und legitimiert.

> „Weil wir das jetzt aber gemeinsam definiert haben, wir wollen 10% Produktivitätssteigerung, steht der Betriebsrat hinter dieser Forderung und vertritt sie auch gegenüber der Belegschaft, das ist der Unterschied." (Werkleiter)

Dieser Deutung entspricht auf Seiten der Arbeitnehmer die Forderung, dass materielle Konzessionen nur bei einer intensiveren Beteiligung des Betriebsrates akzeptabel sind. Wenn schon, so lautete das Argument des gewerkschaftlichen Betreuers, Konzessionen bei den Arbeitsstandards gemacht werden mussten, dann sollten wenigstens die Mitbestimmungsmöglichkeiten des Betriebsrates bei der Gestaltung eventueller Maßnahmen erweitert werden.

> „Ja, und weiterer Gesichtspunkt ist auch, dass ich das eigentlich immer anstrebe, dass ich den Betriebsrat oder auch die Mitarbeiter einbinde und in diese ganze wirtschaftliche Entwicklung des Unternehmens mitnehme. Man sagt, du bekommst was von uns, weil du im Augenblick Probleme hast, aber weil du etwas bekommst, wollen wir natürlich auch eine erweiterte Mitbestimmung haben und wollen uns dann mal angucken, wie das, was wir geben, wie das auch verwendet werden kann und wo Erfolge dann erzielt werden." (Gewerkschaftlicher Betreuer)

Insgesamt ergibt sich aus der erweiterten Mitbestimmung in den Augen beider Betriebsparteien ein Positivsummenspiel, in dem alle Beteiligten gewinnen können. Auf diese Weise wurde zugleich die Kooperation zwischen den Betriebsparteien intensiviert und auf Felder jenseits der Mitbestimmung nach Betriebsverfassungsgesetz ausgedehnt.

Nicht von ungefähr werten beide Seiten auch die bisherige Umsetzungspraxis als Erfolg. Mit Hilfe des Betriebsrates wurden zahlreiche produktivitätssteigernde Maßnahmen entwickelt und umgesetzt, die dazu geführt haben, dass außer im ersten Jahr der Laufzeit keine Arbeitszeitverlängerungen umgesetzt werden mussten, wie sie in der Tarifabweichung unter dem Stichwort „Vorgriffshaftung" – der zu Folge Arbeitszeitverlängerungen dann in Kraft treten, wenn Produktivitätsziele nicht erreicht werden – vorgesehen sind. Es sei, so betonte das Management, das gemeinsame Interesse beider Seiten, die Anwendung der Vorgriffshaftung zu vermeiden. Bei Metall 2 gab die abweichende Regelung damit Antrieb zu einer Beteiligungsstrategie des Betriebsrates, die dieser auch aktiv verfolgte und damit das kooperative Beziehungsmuster mit dem Management *aktivierte.*

ISBN 978-3-8360-8714-8 – Presseexemplar – (c) edition sigma – 08102015

Bei Chemie 6 führten ähnliche Regelungen der Tarifabweichung zwar auch zu neuen Beteiligungsansprüchen des Betriebsrats. Allerdings war dort der Betriebsrat nicht in der Lage, diese Ansprüche auch in eine aktive Beteiligungspolitik umzusetzen. Die Regelung bei Chemie 6 sah vor, dass der Betriebsrat an der Entwicklung und Umsetzung eines Maßnahmenpaketes zu produktivitätssteigernden Maßnahmen zu beteiligen ist. Ähnlich wie bei Metall 2 wurde diese Regelung vor dem Hintergrund einer langen Tradition kooperativer Beziehungen zwischen Management und Betriebsrat getroffen, und auch hier hatte sich der Betriebsrat im Zusammenhang mit der Tarifabweichung erstmals systematisch mit wirtschaftlichen Fragen beschäftigt und zugleich Ansprüche auf Beteiligung formuliert. Mit den ersten Entwürfen, in denen die Geschäftsleitung die nach Tarifabweichung zu ergreifenden Maßnahmen der Kostensenkung zu konkretisieren versuchte, war der Betriebsrat alles andere als zufrieden. Gangbare Maßnahmen waren darin aus seiner Sicht kaum zu entdecken. Daraufhin forderte er laufende Informationen über den Wirtschaftsausschuss ein und verlangte zudem von der Geschäftsleitung, Projekte zu bewerten und eine Prioritätenliste aufzustellen.

> „Das Konsolidierungsprogramm, das war eine Forderung der Gewerkschaft. D.h. wir hatten uns im Vorfeld darüber unterhalten und gesagt na ja, irgendwas muss ja getan werden, es stand immer im Hintergrund, ja wir haben ja einen großen Auftrag, und wenn wir den kriegen, dann ist alles gut. Da haben wir gesagt, aber das reicht ja nicht, das reicht für drei Jahre oder für fünf Jahre, man muss aber doch weiterschauen was passiert denn danach, wenn man die Mitarbeiter hat. Und da braucht man ja auch Nachfolgeprodukte und Nachfolgeaufträge." (Betriebsratsvorsitzende)

Trotz der ihm in der Vereinbarung eingeräumten Möglichkeiten aber hält sich der Betriebsrat bei der Erarbeitung *eigener Vorschläge* zur Rationalisierung und Kostensenkung sehr zurück. Er ist nicht in der Lage, seine Beteiligungsansprüche auch inhaltlich zu füllen. Dies liegt nach Aussage der Betriebsratsvorsitzenden zunächst an dem inhaltlichen Zuschnitt vieler Themen, für die es sehr schwer sei, entsprechende eigene Konzepte zu entwickeln.

> „Eigene Vorschläge haben wir wenig gemacht. Weil, wie gesagt, wir können in die ganzen Projekte nur wenige Vorschläge einbringen." (Betriebsrat)

Der entscheidende Punkt beim Problem der Mitwirkung an der Umsetzung waren die begrenzten Möglichkeiten des Betriebsrates. Für den Betriebsrat war die Beteiligung an entsprechenden Projekten und die Erarbeitung eigener Vorschläge schlicht eine *Ressourcenfrage*. Die Ressourcenfrage zog eine Grenze für die Professionalisierungsbemühungen des Betriebsrates. Der Betriebsrat musste die Angebote des Unternehmens zur aktiven Mitarbeit mit Hinweis auf seine Ressourcenlage häufig zurückweisen und konnte deshalb nicht den Einfluss auf die Projektverläufe nehmen, den er gerne entwickelt hätte.

> „Und man versucht, uns auch einzubeziehen in solche Projekte, die anstehen, wo wir dann aber ablehnen müssen, weil wir das personell nicht schultern können. Noch nebenbei in den Projekten tätig zu sein, das überfordert uns in dem Fall, das kann man nicht jedem Betriebsratsmitglied, diese Aufgabe kann man nicht an jeden stellen. Die Geschäftsleitung hätte uns also schon gerne in den Projekten, die jetzt angelaufen sind, mit ins Boot genommen. Aber wir mussten sagen, wir können es nicht schultern. Da hapert es immer, wir sitzen dann hier am Tisch und sagen, das sollte man machen, aber jeder sagt dann, ich habe so viel zu tun, mein Job, wann soll ich das andere noch machen? Wir wollen eigentlich schon bei den Projekten mitarbeiten. Wir können es nur nicht, weil ich keine Leute habe, die ich da hinschicken kann." (Betriebsratsvorsitzende)

Die Ressourcenprobleme des Betriebsrates sind nicht zuletzt darauf zurückzuführen, dass die zwei Freistellungen, die ihm nach Betriebsverfassungsgesetz zustehen, nicht – und man muss sagen: bei weitem nicht – ausgeschöpft wurden. Die Betriebsratsvorsitzende selber war nicht freigestellt, sondern arbeitete weiterhin vollzeitbeschäftigt im Angestelltenbereich. Die eine genutzte Freistellung war zum Zeitpunkt der Fallstudieninterviews verwaist, weil der bisherige Freigestellte sich in der Freistellungsphase seiner Altersteilzeit befand. Und von den Nicht-Freigestellten konnte die Vorsitzende nur ein begrenztes Arbeitsvolumen erwarten. Deshalb, so lässt sich die Situation bei Chemie 6 zusammenfassen, wurde der Betriebsrat im Zuge der Tarifabweichung mit seiner Beteiligungsstrategie zwar professioneller. Er wurde als Vertretungsorgan gewissermaßen aktiviert. Doch waren damit keine weitergehenden Veränderungen der Arbeitsbeziehungen verbunden, weil der Betriebsrat – zumindest noch – nicht in der Lage war, eigene Ansprüche auch umzusetzen.

Konflikt- und Beteiligungsstrategien ziehen mithin deutliche Veränderungen der Arbeitsbeziehungen nach sich, zumindest sofern die Betriebsräte auch in der Lage sind, ihre Strategien in eine neue Mitbestimmungspraxis einfließen zu lassen. Wie aber lassen sich insgesamt die Auswirkungen der Tarifabweichung auf die betrieblichen Arbeitsbeziehungen zwischen Betriebsrat und Management bewerten? Bei Betrachtung des Samples können *drei dominierende Fallkonstellationen* unterschieden werden: die Kontinuität durch Fortbestand bestehender Beziehungsmuster, der Bruch und die Neukonfiguration der Beziehungsmuster und schließlich eine Zwitterstellung dazwischen liegender Fälle, in denen es zu Aktivierungen der vormals bestehenden Beziehungsmuster oder zu Brüchen kam, die unterhalb der Oberfläche fortbestehender Muster gären (siehe den Überblick in Tabelle 6, S. 147).

In diesem Zusammenhang schließe ich nicht unmittelbar an die gängigen Typologien der Arbeitsbeziehungen an, sondern verwende eigene „Kurzformeln" zur Charakterisierung der Arbeitsbeziehungen, weil sie mir für die Fälle meiner Studie passgenauer zu sein scheinen. Bei den etablierten Typologien der Literatur stimmt der „Fit" zwischen den Typen und den Untersuchungsfällen dieser Studie allenfalls teilweise, so dass für die Analyse weitere Zwischentypologien erforderlich wären, um die Fälle korrekt zu erfassen. Damit aber würde die Typologie unübersichtlich und in ihrer zentralen Funktion – der Vereinfachung und Herstellung von Transparenz – beeinträchtigt.

Ich unterscheide im Folgenden vier Typen von Arbeitsbeziehungen. Das *Interessenmodell* – dazu gehören Chemie 1, Chemie 3, Metall 1 und Metall 5 – zeichnet sich dadurch aus, dass die Betriebsparteien ihre Interessen wechselseitig anerkennen und in einer zumeist friedlichen, manchmal aber auch konflikthaften Koexistenz miteinander leben, ohne dass eine der Parteien den Anspruch formulieren würde, der Partner der anderen zu sein und über eine größere Schnittmenge gemeinsamer Interessen zu verfügen. Bei Metall 1 paart sich diese Haltung mit einer traditionellen Konfliktbereitschaft der Betriebsräte. Und bei Metall 5 ist das Interessenmodell umkämpft, weil das Unternehmen weder die Institution der Mitbestimmung noch die Unverrückbarkeit tariflicher Regelungen anerkennt, so dass sich der Betriebsrat gezwungen sieht, um seine Anerkennung, aber auch um die Wahrung grundlegender Arbeitnehmerrechte, mit dem Unternehmen zu streiten.

Im Modell *Sozialpartnerschaft*, das sich bei Chemie 2, Chemie 4, Chemie 6, Metall 4 und lange Zeit bei Metall 6 und bis zur Tarifabweichung bei Metall 3 fand, richten die Betriebsparteien ihre Interessendeutungen aneinander aus und definieren dabei eine breite Schnittmenge gemeinsamer Interessen. Daraus ziehen sie die Schlussfolgerung, dass sie ihre jeweiligen Interessen am besten miteinander und nicht gegeneinander verfolgen sollten; Konflikte haben in diesem Modell keinen festen Platz.

Dies unterscheidet die Sozialpartnerschaft von der *Konfliktpartnerschaft* im Fall Metall 2. Zwar wird auch hier von einer Schnittmenge gemeinsamer Interessen gesprochen, und auch hier erheben die Betriebsparteien den Anspruch, gemeinsame Ziele zu verfolgen. Doch sind Konflikte um den richtigen Weg zur Erreichung der Ziele, aber auch Konflikte um Interessen, die sich nicht in die gemeinsame Schnittmenge einfügen, keine Seltenheit.

Chemie 5 schließlich ist der einzige Fall eines *patriarchalischen Beziehungsmusters,* bei dem die Unternehmensleitung den Betriebsrat in Person des Vorsitzenden zwar intensiv durch persönliche Bevorzugung einbindet, ihm jedoch keine echte Mitbestimmung gestattet (die er auch nicht fordert). Zudem versucht die Unternehmensleitung – zumindest galt dies bis zur Tarifabweichung –, die Belegschaft mit materiellen Gratifikationen an sich zu binden.

Wie sehen nun die drei Fallkonstellationen im Einzelnen aus? Die erste Fallkonstellation, die *Kontinuität bestehender Beziehungsmuster,* umschließt die Fälle Chemie 1, Chemie 2, Chemie 4 (allerdings auf fragiler Basis wegen der beschriebenen Abkehr der Konzernleitung von der Sozialpartnerschaft), Metall 1 und Metall 4. In diesen fünf Untersuchungsbetrieben haben sich die bestehenden Beziehungsmuster kaum verändert, und zwar unabhängig davon, ob sie vor der Tarifabweichung stärker durch Kooperation oder stärker durch Konflikt geprägt waren. Bei Chemie 2, Chemie 4 und Metall 4 ist im Zuge der Tarifabweichung jeweils ein sozialpartnerschaftliches Beziehungsmuster bestätigt und durch eine *Standortkoalition* mit dem Management verfestigt worden. Standortkoalitionen zeichnen sich dadurch aus, dass Management und Betriebsrat explizit gemeinsame Bekenntnisse zum Standort gemacht haben und diese Bekenntnisse für sie auch handlungsleitende Kraft bei der Gestaltung der Tarifabweichung und ihrer Beziehungsmuster insgesamt haben. Dabei wirkte in den Fällen die Tarifabweichung als Initialzündung. Bei Chemie 1 hat die Tarifabweichung ebenfalls keine erkennbaren Veränderungen hervorgerufen; hier stehen Betriebsrat und Unternehmensmanagement nach wie vor auf dem Standpunkt, dass sie zwar ihre Interessen wechselseitig zu respektieren haben, dass die Schnittmenge dieser Interessen aber begrenzt ist und eine weitergehende Zusammenarbeit ebenso wenig erstrebenswert ist wie tiefgreifende Konflikte. Metall 1 schließlich ist die einzige Ausnahme von der Regel, dass konfliktorientierte Strategien der Betriebsräte zu einer Veränderung der Arbeitsbeziehungen führen. Der Grund dafür ist darin zu suchen, dass dies der einzige Betrieb ist, in dem die Arbeitsbeziehungen bereits vor der Tarifabweichung ein konflikthaftes Muster aufwiesen.

In den drei Fällen Chemie 3, Metall 3 und Metall 6 sind jeweils mit der Tarifabweichung mehr oder weniger direkt verbundene *Brüche der Arbeitsbeziehungen* zu verzeichnen. Dies ist die zweite Fallkonstellation. Dabei geht der Bruch jeweils mit einer Redefinition der sozialen Situation durch die Betriebsräte einher. Die Forderungen der Unternehmen nach materiellen Konzessionen der Beschäftigten haben jeweils die Betriebsräte dazu bewogen, die Beziehungsmuster zum Management neu zu bewerten und konfliktorientierte Strategien zu entwickeln. Mit diesen Strategien haben die Betriebsräte das Beziehungsgefüge zum Management insgesamt auf neue Füße gestellt. In den beiden Konfliktfällen Chemie 3 und Metall 3 wurden die vormals partnerschaftlichen – oder zumindest vom Interessenmodell wechselseitiger Anerkennung geprägten – Beziehungsmuster *konflikthafter.* Bei Metall 6 schließlich hat das Management die Sozialpartnerschaft aufgekündigt und zeigt eine harte Haltung beim Personalabbau und im Umgang mit dem Betriebsrat insgesamt. Hier geht die Konfliktorientierung deshalb eindeutig von der Unternehmensseite aus. Der Betriebsrat zeigt sich auf der einen Seite noch ratlos und weiß nicht genau, wie er darauf reagieren soll, dass seine Kooperationsangebote zurückgewiesen werden. Auf der anderen Seite aber kann die Ablehnung einer neuen Tarifabweichung als Ausdruck einer neuen konfliktorientierteren Strategie gewertet werden, die nun auch vom Betriebsrat eingeschlagen wird.

Eine *Zwitterstellung* zwischen den beiden Entwicklungspolen Bruch oder Kontinuität nehmen die Fälle Chemie 5, Chemie 6, Metall 2 und Metall 5 ein. Bei Metall 2 und Chemie 6 haben die Beteiligungsansprüche des Betriebsrates zu einer *Aktivierung* der bestehenden partnerschaftlichen Beziehungsmuster in dem Sinne geführt, dass die Partnerschaft nun über stillschweigendes Einverständnis hinausgeht und Züge einer gemeinsamen Gestaltungsaufgabe trägt. Dabei übernehmen die Betriebsräte auch neue Aufgaben, die zuvor in der Hoheit des Managements lagen, dies aber sicherlich, wie gezeigt, weit ausgeprägter bei Metall 2 als bei Chemie 6. Bei Metall 5 wiederum hat sich mit der Tarifabweichung der Anerkennungskampf verschärft, den die Betriebsräte dort schon länger geführt haben, nicht zuletzt weil der Arbeitgeber die Tarifabweichung dazu hat nutzen wollen, einen Keil in das Betriebsratsgremium zu treiben; weil es sich dabei auch um eine Frage der Koordinierung von Interessen im Betriebsratsgremium handelt, wird auf diesen Fall in Kapitel 8 ausführlicher eingegangen.

Bei Chemie 5 schließlich hat sich zwar in den „offiziellen" Arbeitsbeziehungen wenig geändert. Unter dieser Oberfläche aber hat durch das Erstarken einer gewerkschaftsorientierten Fraktion im Betriebsrat ein Gärungsprozess eingesetzt, der grundlegendere Veränderungen in der Zukunft zumindest wahrscheinlich macht. Weil dieser Fall im Untersuchungssample als einziger für die Möglichkeit des Aufbrechens paternalistischer Beziehungsmuster durch die Tarifabweichung steht, ist kurz darauf einzugehen.

Zwar versuchte bei Chemie 5 die Unternehmensleitung die alten patriarchalischen Beziehungsmuster aufrecht zu erhalten, die vor der Tarifabweichung unhinterfragt bestanden hatten. Diese zeichneten sich vor allem dadurch aus, dass der Betriebsratsvorsitzende von der Unternehmensseite hofiert und privilegiert wurde, aber ansonsten die Betriebsräte nicht beachtet wurden und der Aufbau einer Gewerkschaftsorganisation im Betrieb unterbunden wurde. Auf Seiten des Betriebsrates aber vollzog sich eine kleine Revolution. Denn der langjährige Betriebsratsvorsitzende wurde als Gesamtbetriebsratsvorsitzender von diesem Gremium abgewählt und durch seinen Stellvertreter im lokalen Betriebsrat ersetzt. Dieser Stellvertreter rückte nur deshalb nicht im lokalen Betriebsrat zum Vorsitzenden auf, weil er nicht als „Königsmörder" in die Geschichte eingehen wollte. Und im Gegensatz zum ersten Vorsitzenden war er, der Angestelltenvertreter, der eigentliche Vorposten der Gewerkschaft im Betrieb und nährte die Hoffnung in der IG BCE, dort bald eine höhere Wertschätzung im Betriebsrat zu genießen als bislang. Die Unternehmensseite hingegen hat diese Veränderungen auf der Seite des Betriebsrates zu verhindern versucht und, wo sie dies nicht konnte, bestenfalls ignoriert. Dem neuen Vorsitzenden wurde die Anerkennung, wenn nicht verweigert, so doch zumindest nur eingeschränkt zu Teil. Er erhielt keine persönlichen Termine und wurde in seiner Funktion als Betriebsratsvorsitzender marginalisiert.

> „Die Beziehungen zwischen Management und Betriebsrat haben sich zumindest bei mir verändert. Bei dem alten Vorsitzenden wahrscheinlich nicht. Aber bei mir, also ich habe, kann man sagen, kein gutes Verhältnis. Vertrauensbasis, die gibt es hier nämlich überhaupt nicht. Auch heute ist es noch immer mal so, dass mit dem Betriebsrat, mit dem Gesamtbetriebsrat die alten Probleme weiter schwelen. Also, es ist mehr die Arbeitgeberseite, nicht ich. Ich nehme natürlich das übel, dass sie mir, sagen wir Mal, so ein paar Steine in den Weg legen. Die tricksen uns aus, wo sie können, das ist nicht gut." (Stellvertretender Betriebsratsvorsitzender)

Der Versuch der Unternehmensleitung, die neuen Entscheidungsträger zu marginalisieren und auf diese Weise auch den Einfluss der Gewerkschaft im Betrieb gering zu halten, war nicht ohne Risiko. Die Situation der Arbeitsbeziehungen glich bei Abschluss der Fallstudie einem Pulverfass, das bei geringer Zustandsänderung in Richtung Konflikt und „Vergewerkschaftung" des Betriebsrates explodieren kann. Somit ist Chemie 5 zwar auf der einen Seite ein Fallbeispiel für Kontinuität. Der Fall steht auf der anderen Seite aber auch für eine möglicherweise unaufhaltsame Veränderung in den Arbeitsbeziehungen.

Zusammenfassend lässt sich also festhalten, dass die Entwicklungspfade der Arbeitsbeziehungen entscheidend davon abhängen, welche Situationsdefinitionen und Deutungsmuster ihrer Beziehungen die betrieblichen Akteure wechselseitig entwickeln. Dort, wo die Akteure eher konfliktorientierte Strategien einschlagen und wo dies ein neues Deutungsmuster der Beziehungen zum Management ist, verändern sich die Arbeitsbeziehungen in Richtung Konflikt. Und dort, wo die Betriebsräte Beteiligungsansprüche und -strategien entwickeln und auch vom Management dazu Einladungen erhalten, werden die Arbeitsbeziehungen aktiviert und als gemeinsame Gestaltungsaufgabe begriffen. Wird hingegen die Tarifabweichung als Verlängerung bisheriger Problemwahrnehmungen und Verhandlungsroutinen begriffen und bricht keine der beiden Seiten aus den bestehenden Situationsdefinitionen aus, vollziehen sich keine grundlegenden Veränderungen der Beziehungsmuster; zumeist werden in diesem Fall mit der Tarifabweichung die bestehenden Muster intensiviert.

Allgemeine, theoretisch generalisierbare Bedingungen für den einen oder den anderen Pfad lassen sich nicht angeben. Denn der Wandel der Situationsdefinitionen unterliegt keinen allgemeinen Gesetzen. Es ist nicht im Vorhinein und unter Angabe bestimmter Faktoren vorhersehbar, wann die Akteure bestehende Deutungsmuster hinterfragen und ihren Handlungsstrom unterbrechen, wann die Probleme zu groß werden, als dass sie mit den eingespielten Mustern bearbeitet werden können und wann die Akteure daraufhin welche neuen Muster entwickeln. Neue Problemlösungen und Handlungsstrategien entstehen aus der Interaktion zwischen den Betriebsräten, zwischen Betriebsrat und Management, aber auch zwischen Betriebsräten und Gewerkschaft oder Beschäftigten, und es ist nicht ausgemacht, von welcher Seite mögliche Anstöße kommen und welche dieser Anstöße sich dann auch durchsetzen. Beispielsweise besteht ein einigendes Band der Fälle, in denen die Betriebsräte Konfliktstrategien entwickelt haben, darin, dass dort jeweils kein echtes Partnerschaftsangebot der Unternehmensseite vorlag. Ob sich die Betriebsräte durch solche Angebote jedoch von kooperativeren Strategien in allen Fällen hätten überzeugen lassen, ist fraglich. Bei Metall 3 wäre dies denkbar, denn hier hat der Betriebsratsvorsitzende das Fehlen eines Vertrauensverhältnisses explizit beklagt. Bei Metall 1 hingegen würde der Betriebsrat aufgrund der Konflikttradition wohl vermuten, dass ein Partizipationsangebot der Unternehmensseite wenig mehr wäre als eine neue Pazifizierungsstrategie, mit deren Hilfe das Management nur seine Machtposition verbessern wollte. Auch bei Chemie 3 wäre die Wahrscheinlichkeit dafür eher gering einzustufen, obwohl dort die Gewerkschaft einen sozialpartnerschaftlichen Zugang zum Arbeitgeber hat.

Weitgehend ohne Bedeutung für die Erklärung sind die üblicherweise benannten Strukturmerkmale des Betriebsratshandelns und der Arbeitsbeziehungen wie die Betriebsgröße oder die Stufen der Wertschöpfungskette oder die Branchenzugehörigkeit. Fälle von Sozialpartnerschaft finden sich im Sample über alle Stufen der Wertschöpfungskette und in allen Betriebsgrößen. Gleiches gilt für das Interessenmodell. Und auch zwischen den Unternehmen einer Branche, den Reifenherstellern oder den Automobilzulieferern insgesamt, sind keine systematischen Gemeinsamkeiten feststellbar. Sogar innerhalb desselben Unternehmens können die Betriebsräte der Standorte gänzlich unterschiedliche Strategien verfolgen, wie in den Fällen Metall 1, Metall 4, Metall 5 oder auch Chemie 4. Bei Metall 4 beispielsweise hat der Betriebsrat des Fallbetriebes seine ausgesprochen sozialpartnerschaftliche Strategie fortgesetzt, während an dem zweiten großen Standort des Unternehmens die Arbeitsbeziehungen am ehesten als Interessenmodell mit Konfliktorientierung beschrieben werden können und der Betriebsrat dort, interessanterweise stark angetrieben von den Vertrauensleuten, auch eine konfliktorientierte Strategie verfolgt hat.

Die geringe Erklärungskraft der betrieblichen Beziehungsmuster oder externer Faktoren liegt nicht zuletzt daran, dass das individuelle Profil der Betriebsräte und insbesondere der Betriebsratsvorsitzenden, ihre Erfahrungen, ihre Persönlichkeit und ihr Selbstverständnis ein wichtiges Erklärungsmoment ihrer Situationsdefinitionen bilden. Ein Anerkennungs- und Verteidigungskampf, wie er bei Metall 5 von den Betriebsräten geführt wird, wäre ohne die Personen des Vorsitzenden und seines Stellvertreters und ihre Gerechtigkeitsideale sicher schon

ISBN 978-3-8360-8714-8 – Presseexemplar – (c) edition sigma – 08102015

längst unter dem Druck des Unternehmens aufgegeben worden. Auch die intensive Beteiligungsstrategie des Betriebsrates bei Metall 2 wäre ohne die Person der Vorsitzenden und seine starke persönliche Ausstrahlung und Durchsetzungsfähigkeit kaum eingeschlagen worden. Ähnliches gilt für die Tatsache, dass es bei Chemie 5 noch nicht zu einem „Königsmord“ gekommen ist; dies ist einzig mit der Zurückhaltung zu erklären, die sich dort der stellvertretende Vorsitzende aus Gründen seiner persönlichen Überzeugungen auferlegt hat. Auch die sozialpartnerschaftlichen Strategien in den Fällen Metall 4 und Chemie 2 wären ohne die Vorsitzenden und ihre engen persönlichen Kontakte zum Unternehmen und ihre Überzeugung vom Wert der Sozialpartnerschaft sicherlich deutlich weniger intensiv verfolgt worden.

Immerhin eine allgemeine Schlussfolgerung aber lässt sich ziehen. Entgegen der naheliegenden Vermutung einer strukturellen Defensive hat sich die *relative Machtposition* der Betriebsräte gegenüber den Unternehmensleitungen in den Fallunternehmen im Zuge der Aushandlung und Umsetzung der Tarifabweichungen nicht verschlechtert. Sicherlich kann die Tatsache, dass überhaupt Tarifabweichungen abgeschlossen wurden, als Ausdruck einer solchen Defensive gewertet und dem Zuwachs an Machtressourcen zugeschrieben werden, den die Unternehmensleitungen durch die erfolgreich gesteigerte Mobilität ihrer allokativen Ressourcen erfahren haben. Den Unternehmen ist es gelungen, ihre Definitionsmacht über betriebliche Probleme und Verhandlungsgegenstände zu erweitern, und die Betriebsräte haben sich dadurch dem strukturellen Zwang ausgesetzt gefühlt, darauf mit Verhandlungen zu reagieren.

Allerdings haben zugleich die Betriebsräte in den Verhandlungen selber an Reputation und Durchsetzungsfähigkeit gewonnen. Sie haben sich aufgrund der Deutungshegemonie der Unternehmensleitungen *neue* Verhandlungs- und Handlungsfelder erarbeiten müssen. Der für die Machtverhältnisse in den Unternehmen springende Punkt ist nun, dass sie diese häufig auch erfolgreich in dem Sinne besetzen können, dass sie zusammen mit der Gewerkschaft gemeinsame Situationsdefinitionen entwickelt haben, auf dieser Grundlage eigene Positionen geformt und Forderungen aufgestellt haben und einen guten Teil davon auch durchgesetzt haben. Auf diese Weise wurden die Betriebsräte selber zu machtvollen und *strukturierenden Akteuren.* Das Selbstbewusstsein der Betriebsräte ist dadurch in den meisten Fällen deutlich gestärkt worden, und dies nicht zuletzt auch deshalb, weil sie ihrem Management mit Hilfe der Gewerkschaft als kompetente Verhandlungsparteien „auf gleicher Augenhöhe“ entgegengetreten sind. Besonders plakativ haben dies die Betriebsräte bei Chemie 3 formuliert:

> „Ich glaube, man hat jetzt im Management erkannt, dass wir einen sehr hochwertigen Betriebsrat haben. Das Ansehen des Betriebsratsgremiums, der Gesamtbetriebsrat, wurde sicher gestärkt. Einen sehr kompetenten Betriebsrat, das wurde so

ISBN 978-3-8360-8714-8 – Presseexemplar – (c) edition sigma – 08102015

erkannt, und das haben sie auch gesagt, und da sind wir auch stolz drauf. Und das kommt nicht von nichts.“ (Betriebsräte im Gruppeninterview)

Manche Betriebsräte wie der Vorsitzende bei Chemie 1 oder der Betriebsrat bei Metall 3 würden möglicherweise nur so weit gehen zu sagen, dass sie die Tarifabweichung ohne Einbußen ihrer betrieblichen Stellung umgesetzt oder überstanden haben. Von einem Machtverlust aber würde sicherlich kein Betriebsrat – und auch kein Vertreter der Unternehmensseite mit Blick auf die Betriebsräte – sprechen.

Interessanterweise hat die Tarifabweichung auch dort einen positiven Effekt auf die Stellung des Betriebsrates, wo dessen Mitbestimmungspraxis vorher eindeutig defizient war. Die beiden Fallbeispiele unseres Samples dafür sind Chemie 5, wo der Betriebsrat im Patriarchat verharrte und keine Anzeichen erkennen ließ, aus dieser Lage ausbrechen und um Emanzipation kämpfen zu wollen, und Chemie 6, wo der Betriebsrat zwar nicht unterdrückt wurde, aber doch sehr passiv war und keine aktive Mitbestimmungspraxis verfolgte. In beiden Fällen kam es mit der Tarifabweichung zu einem *Aufbrechen* dieser alten Strukturen. Bei Chemie 5 bildete sich eine gewerkschaftlich orientierte Fraktion heraus, die mit der Kuschelpolitik des alten Betriebsratsvorsitzenden nicht mehr einverstanden war und für eine Einbeziehung der Gewerkschaft in die Verhandlungen und ihre Stärkung im Betrieb plädiert. Und bei Chemie 6 hat der Betriebsrat neue Beteiligungsansprüche bei der Umsetzung der Tarifabweichung und der darin vorgesehenen Produktivitätsstrategie entwickelt, die zuvor in seiner Mitbestimmungspraxis nicht vorkamen. Zwar kann dieser Betriebsrat derzeit seine eigenen Ansprüche noch nicht erfüllen, doch arbeitet er an einer Erweiterung seiner Ressourcen, und es ist nicht auszuschließen, dass er Anspruch und Wirklichkeit in Zukunft besser in Einklang zu bringen vermag.

Ihre Stärke gewinnen die Betriebsräte in den Verhandlungen aber nicht, oder zumindest nicht ausschließlich, aus sich heraus. Ihre Fähigkeit zur aktiven Strukturierung der Situation ist nur zu erklären durch die Entwicklung der anderen Beziehungsmuster und der Lösung der damit verbundenen Probleme, nämlich dem Legitimationsproblem in Beziehung zu den Beschäftigten und dem Solidaritätsproblem in Beziehung zur Gewerkschaft. Diesen Entwicklungen widmen sich die beiden folgenden Kapitel.

5.4 Zusammenfassung

In allen untersuchten Fällen beginnen die Verhandlungen mit einer Initiative des Managements. Das Management wendet sich an den Betriebsrat mit dem Wunsch nach Tarifabweichungen und führt dafür jeweils Gründe an. Das Spektrum dieser Weil-Motive reicht von Sanierungen über interne Standortkonkurrenz, die

Androhung von Verlagerungen und Personalabbau bis hin zu Renditevorgaben oder dem von Endkunden ausgehenden Preisdruck. Zusammenfassend lässt sich sagen, dass die Weil-Motive – sofern es sich nicht um reine Sanierungsfälle handelt, die aber im Sample nicht vorkamen – durch zwei Entwicklungen an Überzeugungskraft und Dynamik gewinnen: Die Globalisierung der Unternehmen und die damit verbundene Konkurrenz zu bestehenden oder potenziellen Auslandsstandorten auf der einen und die Finanzialisierung der Unternehmenssteuerung, die sich in finanzwirtschaftlichen Steuerungsformen und ambitionierten Zielrenditen niederschlägt, auf der anderen Seite.

Vor diesem Hintergrund kann die Forderung nach Tarifabweichungen als Ergebnis einer doppelten Konstruktion der Unternehmensleitungen betrachtet werden. Die erste Konstruktion ist die Reorganisation der Unternehmen nach den angesprochenen Mustern. Darauf setzt dann als zweite Konstruktion die Ableitung von Weil-Motiven als Sachzwängen für Tarifabweichungen auf. Die Sachzwänge werden jeweils von mehr oder weniger konkreten Drohszenarien begleitet, die zumeist symbolisch aufgeladen werden. Die Drohszenarien bedeuteten für die Betriebsräte in allen Fällen einen strukturellen Zwang. Sie konnten die Deutungen der Unternehmensleitungen nicht ignorieren. Die Bedrohung war in den Fallbetrieben so konkret, dass sie Verhandlungen für unvermeidlich hielten. Den Unternehmensleitungen ist es damit in allen Fällen gelungen, die Deutungshoheit über die Situation zu gewinnen und Verhandlungen zu erzwingen. Insofern steht es außer Frage, dass mit der doppelten Konstruktion von Sachzwängen eine Machtverschiebung zugunsten der Unternehmen verbunden ist. Dieser Befund reiht sich in Analysen ein, die mit der Globalisierung oder der Finanzialisierung Machtgewinne der Unternehmen einhergehen sehen (Dörre 2002; Kädtler 2006).

Doch damit endet die Geschichte nicht. Die Betriebsräte haben nämlich die Herausforderungen angenommen, die mit der Aushandlung von Tarifabweichungen verbunden sind. Und dies heißt in erster Linie, dass sie sich neue Handlungs- und Verhandlungsfelder erarbeitet haben. Der für die Machtverteilung in den Arbeitsbeziehungen springende Punkt ist dabei, dass es ihnen häufig gelang, diese Felder auch erfolgreich zu besetzen. Sie haben, wie sich zeigen wird, zusammen mit der Gewerkschaft neue Situationsdefinitionen entwickelt und auf dieser Grundlage eigene Positionen formuliert und eigene Forderungen aufgestellt, mit denen sie in die Verhandlungen gezogen sind und die sie jeweils auch zu nicht unerheblichen Teilen haben durchsetzen können, sei es mit Blick auf die Gegenleistungen der Unternehmen oder sei es auch mit Blick auf die materiellen Konzessionen. Das Selbstbewusstsein der Betriebsräte ist dadurch eindeutig gestärkt worden. Sie konnten dem Management in den Verhandlungen „auf gleicher Augenhöhe“ entgegentreten, und dies haben sie auch selber im Vorhinein nicht unbedingt so erwartet. Sie waren nicht die Opfer strukturellen

Zwangs, sondern haben aktiv daran gearbeitet, die Situation zu ihren Gunsten zu strukturieren.

In diesem Zusammenhang sind kooperative und konfliktorientierte Verhandlungsstrategien der Betriebsräte zu unterscheiden. Grundsätzlich lässt sich sagen, dass die konfliktorientierten Strategien einen Wandel der Arbeitsbeziehungen zum Management in Richtung konfliktbehafteter Beziehungsmuster angestoßen haben, es sei denn, die Beziehungen waren bereits vor der Tarifabweichung konfliktreich. Demgegenüber haben die kooperativen Strategien bisherige Beziehungsmuster bestätigt oder sogar durch Bildung von Standortkoalitionen verstärkt. Einen Trend zur Sozialpartnerschaft – in den Fällen, in denen diese im Vorfeld nicht bestand – haben die Tarifabweichungen aber nicht ausgelöst. Überhaupt ist das Beziehungsmodell der Sozialpartnerschaft und der Standortkoalitionen im Untersuchungssample weniger verbreitet, als sich vermuten ließe. Tarifabweichungen sind mit diesen Beziehungsmustern jedenfalls keineswegs gleichzusetzen.

In zwei der zwölf Fälle scheint keine Stärkung der Betriebsräte mit der Tarifabweichung verbunden zu sein. Hier waren die Betriebsräte zuvor entweder passiv oder waren einer patriarchalischen Unternehmensleitung unterworfen. Aber auch in diesen Fällen einer defizienten Mitbestimmung blieb die Tarifabweichung nicht ohne Wirkung, In beiden Fällen kam es nämlich zu einem Aufbrechen der alten Muster. Im einen Fall wurde der Betriebsrat aktiviert und begann, neue Mitbestimmungsansprüche zu stellen. Und im anderen Fall bildete sich eine gewerkschaftlich orientierte Fraktion in Opposition zum Vorsitzenden heraus, die für eine konsequentere Interessenvertretungspolitik und die Stärkung der Gewerkschaft im Betrieb plädierte.

ISBN 978-3-8360-8714-8 – Presseexemplar – (c) edition sigma – 08102015

6. Die Beziehungsmuster zu den Beschäftigten: Legitimationsprobleme und Strategien des Betriebsrates

6.1 Kritische Situationsdefinitionen und die Frage der Deutungshegemonie

In der Diskussion um gesetzliche Öffnungsklauseln für betriebliche Bündnisse, die vor wenigen Jahren geführt wurde – und bei der man keinesfalls sicher sein kann, dass sie nicht wiederbelebt wird –, haben die Unterstützer nicht selten suggeriert, dass die überbetriebliche Normsetzung durch die Flächentarifverträge den Interessen der Beschäftigten widersprechen würde. Es sollte deshalb zum einen das Günstigkeitsprinzip redefiniert werden, indem auch die Beschäftigungssicherung als eigenständiges Ziel aufgenommen wird. Zum anderen sollte ein so genanntes Quorum eingeführt werden, demzufolge bei Zustimmung eines bestimmten Prozentsatzes der Beschäftigten – die Rede war von 75% – die Tarifnormen von den Betriebsparteien unterschritten werden dürften. Damit sollten, so war die zumindest implizite Annahme, endlich die Beschäftigungsinteressen der Arbeitnehmer zur Geltung kommen können, die von den Tarifverträgen – und damit von den Tarifvertragsparteien – geflissentlich ignoriert werden würden.

Dieses Modell einer stillen „Wildcat Cooperation" (Thelen 2000) zwischen den Beschäftigten und den Betriebsräten auf der einen und den Betriebsleitungen auf der anderen Seite *gegen* die geltenden Tarifverträge kann nach den Befunden des Untersuchungssamples in das Reich der Fabel verwiesen werden. In keinem der untersuchten Betriebe haben die Beschäftigten sich spontan und mehrheitlich für Tarifunterschreitungen ausgesprochen in der Hoffnung, damit ihren Arbeitsplatz zu sichern. Im Gegenteil, die Beschäftigten haben die Ankündigungen der Betriebsleitungen oder der Betriebsräte, dass Verhandlungen zu abweichenden Vereinbarungen anstehen, zunächst zumeist mit äußerster Skepsis bewertet. Sie standen der Tarifabweichung überaus kritisch gegenüber, wie sich für die Untersuchungsfälle gut belegen lässt. Im Einzelnen stellte sich die Lage in den Betrieben für Betriebsräte und Vertrauensleute so dar:

Chemie 1: Die wichtige und kritische Rolle der Beschäftigten in der Tarifabweichung wurde daran deutlich, dass sich der Betriebsrat einem Glaubwürdigkeitsdruck ausgesetzt sah und schließlich eine Anschlussvereinbarung wegen mangelnder Akzeptanz in der Belegschaft abgelehnt hat. Bereits vor der ersten Tarifabweichung war die Stimmung in der Belegschaft mehrheitlich ablehnend. Offensichtlich ist deutliche Kritik geübt worden an dem materiellen Verzicht, und der Betriebsrat musste viel Informations- und Überzeugungarbeit leisten, um die Tarifabweichung der Belegschaft schmackhaft zu machen und als Instrument der Beschäftigungssicherung zu legitimieren. Dies galt auch noch und insbesondere nach Abschluss der Vereinbarung, als die Beschäftigten dann konkret mit den materiellen Folgen der Vereinbarung konfrontiert wurden.

> „Aus dem Betrieb hat man von Leuten gehört, dass die das gar nicht gut fanden. Denn die wussten ja gar nicht, was dahintersteht. Und die Arbeitsplätze der anderen seien sowieso egal. Also, eigentlich, die Mehrheit aus dem Betrieb hat gesagt: Nee, das ist ein fauler Kompromiss. Im Vorfeld aber war das noch nicht so kundgetan worden. Kurz vor dem Abschluss hat man natürlich auf den Betriebsversammlungen darüber gesprochen, aber das war nicht so kritisch. Die Leute haben es erst so richtig gespürt, als sie es auf ihren Abrechnungen gesehen haben, weil ja auch der Betrag da aufgeführt war: Standortsicherung, So und so viel Euro. Da haben die gesagt: Wofür? Ich wäre doch sowieso hier geblieben. Man hat richtig Prügel gekriegt." (Betriebsrat)

Chemie 2: Die Stimmung in der Belegschaft und die Haltung der Beschäftigten zur Tarifabweichung waren differenziert. Unterschiede wurden vor allem zwischen den beiden Unternehmenseinheiten gesehen, die es im Betrieb gibt, der Dichtungsproduktion auf der einen und der Produktion von Spezialfußbodenbelägen auf der anderen Seite. Im Dichtungsbereich war nach Aussage beider Betriebsparteien das Verständnis für die Tarifabweichung höher als im Bereich der Tochtergesellschaft. Der Grund dafür wurde darin vermutet, dass der Personalabbau der letzten Jahre sich auf den Dichtungsbereich konzentriert hat, während bei der Tochtergesellschaft Entlassungen wegen der besseren Geschäftslage zu keinem Zeitpunkt vorkamen. Dies habe im Dichtungsbereich dazu geführt, dass die Tarifabweichung von den Beschäftigten zwar kritisch, aber doch als Schutz des Arbeitsverhältnisses gewertet wurde, bei der Tochtergesellschaft jedoch als unnötige Konzession, ohne die das eigene Arbeitsverhältnis ebenso sicher sei.

> „Wobei ich sagen muss, dass im Dichtungsbereich die Leute das wegen der Entlassungen eher verstanden und besser aufgenommen haben als im Bereich der Tochtergesellschaft, wo wir eigentlich nie Leute entlassen haben. Da war man zwar ab und zu mal in den roten Zahlen und wir haben auch mal Kurzarbeit gemacht, ist aber auch schon seit drei, vier Jahren nicht mehr der Fall und es gab nicht die Entlassungswelle wie bei den Dichtungen. Die Leute haben es schon schwerer verstanden, warum sie das tun müssen. Die tun sich auch heute noch schwer." (Betriebsratsvorsitzender)

Die Unzufriedenheit, die bei den Beschäftigten der Tochtergesellschaft auch nach Abschluss der Tarifabweichung spürbar blieb, entzündete sich nicht zuletzt an den Arbeitszeiten der Schichtarbeiter. Die Beschäftigten mussten gemäß der Tarifabweichung die Arbeitszeitverlängerungen durch zusätzliche Samstagsschichten ausgleichen, weil im Drei-Schicht-Betrieb ansonsten keine Spielräume für eine Arbeitszeitverlängerung bestanden. Samstagsarbeit war allerdings nur dann möglich, wenn dafür auch das entsprechende Auftragsvolumen vorhanden war. War dies nicht der Fall, mussten die Beschäftigten entweder Urlaub entnehmen oder in ein Negativarbeitszeitkonto, das so bezeichnete Minuskonto, gehen. Die dort verbuchten Stunden wurden dann bei der Sonntagnachtschicht wieder abgezogen, d.h. dann wurden zwar die Zuschläge bezahlt, nicht aber die Stundenlöhne der geleisteten Stunden. Dies war bei den Beschäftigten sehr unpopulär. In der Dichtungsproduktion trat dieses Problem wegen der guten Auslastung zum Zeitpunkt der Fallstudie faktisch nicht auf.

Chemie 3: Die abweichenden Vereinbarungen bei Chemie 3 entsprachen nach den Aussagen der befragten Betriebsräte und Vertrauensleute nicht den Wunschvorstellungen der Mehrheit der Beschäftigten. Im Gegenteil, der Tausch materieller Konzessionen gegen Beschäftigungs- und Standortsicherung traf in der Belegschaft offensichtlich auf mehr oder weniger geteiltes Unverständnis und kritische Wahrnehmungen. Es bedurfte in beiden Verhandlungen der intensiven Überzeugungsarbeit der Betriebsräte und der gewerkschaftlichen Vertrauensleute, die Belegschaft davon zu überzeugen, dass es Sinn macht, überhaupt zu verhandeln. Dass es dem Betriebsrat dann schließlich gelang, für die Verhandlungen und die Ergebnisse Verständnis zu finden, lag aus seiner Sicht nicht zuletzt an den für die Beschäftigten wahrnehmbaren Entwicklungen anderer Unternehmen der chemischen Industrie, aber auch der Metallindustrie, im regionalen Umfeld, in denen teilweise ebenfalls Tarifabweichungen mit deutlich weitergehenden Konzessionen ausgehandelt wurden oder sogar Betriebsteile geschlossen worden waren. Unter diesen Rahmenbedingungen hatte das Argument viel Überzeugungskraft, mit den abweichenden Vereinbarungen bei Chemie 3 „mit einem blauen Auge“ davongekommen zu sein.

> „Die erste Zeit, bei der EVA-Sache, hieß es am Anfang: Ihr seid verrückt, ihr seid ja blöd, und wenn ihr euch auf so was einlasst, dann sind wir die längste Zeit in der Gewerkschaft gewesen und solche Dinge. Bis dann zum Schluss, kurz vor der Unterschrift, waren dann die Diskussionsbeiträge anders, dann hieß es, wir sind froh, dass wir überhaupt eine Arbeit haben. Ich hatte manchmal den Eindruck, vor 10-15 Jahren hätten sie uns auf dem Tempel gesteinigt, und heute ist es mehr, weil man ja sieht den Arbeitsmarkt rundrum, dass man da schon nicht mehr so radikal ist. Das ist ja das, was ich vorhin schon gesagt habe, dass die Vereinbarungen hier auch im Umkreis der Industrie wesentlich schlechter waren in der Regel, und die Kollegen haben uns auch nach dem Abschluss der Vereinbarung gesagt, wir sind eigentlich noch mit einem blauen Auge davongekommen ... Also zunächst war die Kritik groß, das hat sich dann aber versachlicht.“ (Betriebsräte im Gruppeninterview)

Chemie 4: Auch hier war die Stimmung zunächst kritisch. Als hilfreich für die Darstellung und Legitimierung der eigenen Position in den Verhandlungen empfand der Betriebsrat den Konflikt in dem Schwesterwerk sowie die harte Haltung und die eindeutigen Forderungen der Konzernleitung, die am Anfang der eigenen Verhandlungen standen. Darüber sei die Belegschaft schon aus den Massenmedien informiert gewesen. Die Beschäftigten konnten deshalb davon ausgehen, dass ein Druck zu Tarifabweichungen auch auf das eigene Werk ausgeübt werden würde.

> „Wir haben ja einen Vorstandsvorsitzenden, der nicht müde geworden ist immer wieder zu propagieren, dass wir in Deutschland die 40-Stunden-Woche brauchen, dass überall 40 Stunden gearbeitet werden, nur in Deutschland nicht. Insofern war der Druck, bzw. das Thema an sich bei der Belegschaft bekannt. Und insofern hielt sich dann auch das Erschrecken in Grenzen, als wir zu einer Vereinbarung gekommen sind." (Betriebsratsvorsitzender)

Sicher war sich der Betriebsrat der Akzeptanz seines Handelns bei den Beschäftigten jedoch nicht. Es blieb für ihn zunächst unklar, wie die Verhandlungen und ihr Ergebnis in der Belegschaft aufgenommen werden würden. Zumal nach seiner Einschätzung die Haltung der Beschäftigten zu den eingegangenen materiellen Konzessionen grundsätzlich negativ war.

> „Klar, gut gefunden hat das keiner." (Betriebsratsvorsitzender)

Chemie 5: Von einer Welle der Unterstützung durch die Belegschaft wurde der Betriebsrats- (und Gesamtbetriebsrats-)vorsitzende bei seinen Vorverhandlungen zur Tarifabweichung mit der Geschäftsleitung nicht getragen. Grund dafür war sein offenkundiges Verständnis für die Einsparungsziele. Zwar hat er von Beginn an intensive Überzeugungsarbeit zu leisten versucht. Aber der Erfolg dieser Bemühungen war gering. Die materiellen Konzessionen wurden in der Belegschaft weiterhin sehr skeptisch beurteilt.

> „Bei den Beschäftigten, die hätten natürlich am liebsten gar nicht gewollt, wer nimmt schon gerne so was hin. Sie können mir glauben, ich war in diesem dreiviertel Jahr jeden Abend im Betrieb, um dort einfach zu versuchen, das rüberzubringen mit vernünftigen Argumenten, warum diese notwendigen Maßnahmen erfolgen mussten. Dass man dabei natürlich z.T. nicht unbedingt auf Verständnis gestoßen ist, ja, das kann ich nachvollziehen. Dass man mir dreimal die Reifen zerstochen hat und sonstige Dinge, das sind so Randerscheinungen." (Betriebsratsvorsitzender)

Chemie 6: Die Tarifabweichung als solche ist nach Aussage der Interviewpartner von der Mehrzahl der Beschäftigten zwar akzeptiert worden; erkennbaren Widerstand in Form offener Kritik an Geschäftsleitung oder Betriebsrat gab es nicht. Allerdings hat ein großer Teil der Beschäftigten die materiellen Konzessionen nur murrend hingenommen; man hat sie „geschluckt" wie eine bittere Pille.

> „Unter den Beschäftigten gab es einen Teil, die haben gesagt ok, wir sehen das ein, wenn es der Firma wirtschaftlich nicht so gut geht, dann muss man das machen, aber es gab auch einen Teil, die es gar nicht eingesehen haben. Und gesagt haben, nee, wir sehen das nicht ein, wir möchten bezahlt werden, die haben es nur murrend hingenommen. Im Endeffekt aber hat es jeder irgendwo geschluckt." (Betriebsratsvorsitzende)

Der Kern der Kritik zielte dabei nach übereinstimmender Aussage darauf, dass die Geschäftsführung den Kostensenkungsbedarf sehr kurzfristig angekündigt hatte. Das Problem entstand für die Beschäftigten plötzlich und ohne dass über die wirtschaftliche Situation im Vorfeld umfassend aufgeklärt worden wäre. Erschwerend kam hinzu, dass der Tarifabweichung die ebenfalls überaus kurzfristig angekündigte Streichung des 13. Monatsgehaltes – der tariflichen Einmalzahlung – vorausging.

> „Der Ärger war der bei den Beschäftigten, und das auch zu Recht, dass die Geschäftsleitung das zu lange hinter dem Berg gehalten hatte, das kam dann einfach so wie ein Blitz, und das hätte nicht sein müssen. Kritik betraf also die Vorgehensweise der Geschäftsleitung." (Betriebsrat)

Metall 1: Die Forderungen des Unternehmens nach Tarifabweichung wurde von den Beschäftigten zunächst kritisch hinterfragt. Dies lag vor allem daran, dass die Forderungen in eine Phase hoher Auslastungen und guter Ergebnisse der Werke fielen. Am Ende der Verhandlungen aber gab es eine recht breite Zustimmung zum Ergebnis, weil von den Interessenvertretungen vermittelt werden konnte, dass in den Verhandlungen das bestmögliche Ergebnis erzielt worden sei.

> „Also die Stimmung in der Belegschaft war so: da ist man ja nochmal mit einem blauen Auge davon gekommen. Vorher wurde die Sache natürlich kritisch gesehen. Die Leute sind ja nicht blöd, die sehen ja, wir hatten zum Beispiel 2007 ein Rekordjahr. Also insgesamt hat keiner gejubelt, aber es ist doch letztlich positiv aufgenommen worden, weil man mit Schlimmerem gerechnet hat. Ließ sich gut verkaufen. Sie müssen ja die Ergebnisse auch den Leuten irgendwie verkaufen, sonst sind wir in einer schlechten Lage und bei der nächsten Wahl fliegen unsere Köpfe. Und da haben wir in diesem Fall Glück gehabt." (Betriebsratsvorsitzende)

Metall 2: In diesem Betrieb gab es offensichtlich die geringsten Widerstände unter den Samplefällen. Die Haltung der Beschäftigten am Ausgangspunkt der Verhandlungen zu Tarifabweichungen war stark von den Erfahrungen der Entlassungen beeinflusst, die zwei Jahre zuvor den Standort erschütterten. Diese konnten zwar seinerzeit durch einen Sozialplan abgemildert und begrenzt werden, erwiesen sich jedoch als einschneidende Erfahrung sowohl für den Be-

ISBN 978-3-8360-8714-8 – Presseexemplar – (c) edition sigma – 08102015

triebsrat als auch für die Beschäftigten. Deshalb regierte eher die Resignation und weniger die Kritik.

> „Grundsätzlich war die Stimmung an der Basis für den Arsch, kann man sagen. Also, die Moral war weg. Ich habe dann praktisch einen Zusammenbruch gehabt, ich habe mich eine halbe Stunde auf dem Klo eingeschlossen und angefangen zu heulen, denn da kommen dann diese ganzen Existenzängste auf einen zu. Man weiß nicht, hat man seinen Arbeitsplatz nächste Woche noch, oder ist man als nächster dran, der hier wegrationalisiert wird? Das war nicht schön. Und so ging es der Mehrheit. Denn alle haben sich ja auf dem Stand, was sie verdienen, was aufgebaut, und rechnen damit ja auch und dann kam auf einmal dieser Einschnitt." (Vertrauenskörperleiter)

Auch während der Verhandlungen und im Nachklang des Ergebnisses blieb Kritik aus der Belegschaft aus.

> „Kritische Stimmen gab es dazu nicht. Da waren alle eigentlich sehr ruhig und verhalten. Man hatte uns das Mandat gegeben, und wir hatten nicht das Gefühl, das irgendjemand das bereut hätte. Dass da kritische Stimmen gekommen wären. Das habe ich jedenfalls nicht mitbekommen. Und ich bin ja auch an der Basis, bin ja Meister in der Produktion, und die hätten mich da schon drauf angesprochen." (Betriebsrat)

Eine wichtige Rolle dabei spielte nach Ansicht des Betriebsrates, dass er in den Verhandlungen bestrebt war, die Lasten der Einsparmaßnahmen auf alle Beschäftigtengruppen zu verteilen. Dies habe einem tief verwurzelten Gerechtigkeitsempfinden bei den Produktionsbeschäftigten entsprochen und die Legitimität der Maßnahmen deutlich gesteigert. Zugleich sei die Solidarität unter den Beschäftigten auf diese Weise gestärkt worden. Das zentrale Element der Lastenverteilung war die Forderung und Durchsetzung „wertgleicher Beiträge" für außertariflich Beschäftigte (AT-Beschäftigte).

> „Und das, was die Leute sehen wollen, und was sie mit in die Solidarität holt, ist z.B. die Forderung, was ist mit den ATlern? Das stellen wir auf Betriebsversammlungen klar dar, wir nennen dann auch keine Namen, wir nennen nur den Bereich, aber können den Leuten glaubhaft darstellen zu sagen, auch die sitzen mit im Boot. Da hat ja auch teilweise eine Solidarisierung stattgefunden. Und die Leute am Band merken, sie sind hier nicht mehr die einzigen, die die Kohlen aus dem Feuer rausholen. Das hat glaube ich sehr stark zur Solidarität geführt, dass die Leute gesagt haben, das läuft anständig" (Betriebsratsvorsitzender)

Metall 3: Die Haltung der Beschäftigten zur Tarifabweichung war durchweg kritisch, obwohl die Geschäftsleitung mit starken Sanktionen für den Fall gedroht hat, dass kein Verhandlungsergebnis erzielt wird.

> „35 Stunden bezahlen und 38 arbeiten, was sie hier ja nicht umgesetzt haben nachher, da wurde der Belegschaft auch gedroht, massiv gedroht. Auf einer Be-

triebsveranstaltung, da ist ein hoher Herr aus Amerika, vielmehr aus England gekommen und hat dann massiv gedroht, Jungs, wenn ihr nicht wollt, das könnte auch Werksschließung heißen und was nicht alles." (Betriebsrat)

Für den Betriebsrat entstand daraus die schwierige Situation, dass er vor der Belegschaft für Verhandlungen zu einer Tarifabweichung eintreten musste, die auf wenig Gegenliebe stieß. Dieses Problem konnte er nach den Verhandlungen mit den Erfolgen kontern, die er in Form von Gegenleistungen des Unternehmens mit der IG Metall in den Verhandlungen hat durchsetzen können. Überzeugt hat aus Sicht des Betriebsrates vor allem das Konzept für die langfristige Standortsicherung, das in der Vereinbarung festgeschrieben wurde.

„Es muss doch ein vernünftiges Konzept das sein. Wenn wir das sehen, sagen wir das hier und da auch und machen Eingeständnisse. Aber nicht für Nothing, da muss auch etwas kommen, man muss etwas dafür zurückbekommen. Irgendwo versteht das die Belegschaft auch. Wenn wir als Betriebsrat uns vor die Belegschaft stellen und denen das vernünftig erklären, gibt es überhaupt, kein Wenn und Aber. Die ziehen hier mit dem Betriebsrat und der IG Metall mit. Wir haben ja auch viele Vorteile daraus gehabt, die ja heute noch Wirkung haben, Ausbildungszusagen z.B., die haben noch immer ihre Wirkung." (Betriebsratsvorsitzender)

Metall 4: Auch bei Metall 4 war die Haltung der Beschäftigten von Skepsis geprägt. Dies lag vor allem daran, dass Konzessionen gemacht werden sollten in einer Phase, in der das Werk ausgelastet war und nachweislich hohe Gewinne erzielte. Außerdem hatte die Gewerkschaft schon bei der – nur als Betriebsvereinbarung abgeschlossenen – Vorgängerregelung die Erfahrung gemacht, dass es wegen der kritischen Sichtweise zu „massiven" Mitgliederaustritten gekommen war.

„Damals hatten Betriebsrat und IG Metall verhandelt, ohne die Belegschaft mit einzubinden, hatten eigentlich für die damalige Lage eine gute Regelung erreicht, aber wir hatten massive Austritte, weil die Leute das Gefühl hatten, es wäre vielleicht doch besser gelaufen, ihr hättet uns mit eingebunden." (Gewerkschaftlicher Betreuer)

Deshalb war das Bestreben der Interessenvertreter, den Beschäftigten die Gründe und Motive näher zu bringen, weshalb und mit welchen Zielen Gewerkschaft und Betriebsrat überhaupt eine neue abweichende Vereinbarung vor dem Hintergrund einer hohen Auslastung des Werkes und guter betriebswirtschaftlicher Kennzahlen aushandeln. Hierbei habe dann auch der Verkauf des Werkes an die Private Equity Gesellschaft geholfen, der bei den Beschäftigten neue Unsicherheiten und Angst um die Beschäftigung geschürt habe.

„Das hat funktioniert, diese Argumentation, lasst uns in guten Zeiten weiter verhandeln, lasst uns das Thema ERA-Einführung regeln, lasst uns eine Erfolgsbeteiligung vereinbaren, das war wichtig. Der Hintergrund war auch, dass zu dem Zeitpunkt, als wir die Verhandlungen geführt haben, das Unternehmen verkauft wurde an die ... (Private Equity Gesellschaft, T. H.). Börsengang oder Weiterkauf, das steht ja alles in den Sternen, da gab es dann schon plötzlich ein Interesse der Beschäftigten, dass Thema Sicherheit in die Zukunft zu schieben." (Gewerkschaftlicher Betreuer)

Aber auch die symbolisch aufgeladene Bedrohung durch das polnische Werk habe, neben neuen Formen der Einbindung, dazu geführt, dass die Beschäftigten die Verhandlungen und das Ergebnis letztlich akzeptiert hätten.

„Dann bei der zweiten Verhandlungsrunde, bei der zweiten Vereinbarung war das mit dieser Polengeschichte und da haben wir dann die Leute eben von Anfang an gescheit mitgenommen, mit Informationen und regelmäßigen Diskussionen, dann wurde das von den Leuten auch dem entsprechend mitgetragen." (Vertrauenskörperleiter)

Metall 5: Bei Metall 5 war die Haltung der Beschäftigten durchgängig kritisch, aber die Kritik blieb latent. Dafür machten die Betriebsräte regionale Faktoren verantwortlich. Am Niederrhein existiere keine Konfliktkultur, und so sei die Kritik nur hinter vorgehaltener Hand geäußert worden. Ihre Karten auf den Tisch legen mussten die Beschäftigten aber, als die dritte Tarifabweichung ausgelaufen war und das Unternehmen nicht bereit war, trotz der entsprechenden Regelung in der Tarifabweichung danach zu den Normen des Flächentarifvertrages zurückzukehren. Es wurde weiter nach Tarifabweichung gezahlt, obwohl die Verhandlungen zu einer vierten Tarifabweichung ins Stocken geraten waren und damit eigentlich der Flächentarifvertrag wieder hätte gelten müssen. In dieser Situation konnten die Gewerkschaftsmitglieder die Differenz zwischen tatsächlichem und tariflichem Einkommen zwar einklagen. Sie mussten dies aber individuell und jeden Monat aufs Neue tun. Dabei hat sich aus Sicht der Betriebsräte gezeigt, dass gerade in den Angestelltenbereichen Angst geherrscht habe. Aber auch bei den gewerblichen Beschäftigten trauten sich nach Aussage der Betriebsräte viele Beschäftigte nicht in die Offensive, wollten aber sehr wohl von den Einsprüchen der anderen profitieren.

„Das sind ja alles Individualansprüche, und die muss man geltend machen und die Klage einreichen. Und es ist nun mal so, dass Menschen ja träge sind, die wollen gewaschen werden, aber dabei nicht nass werden. Und wir bewegen uns hier in einer Region, nicht Ruhrgebiet sage ich mal. Da sah es ja viele Jahre ganz anders aus. Hier gibt es keine Historie für Arbeitskämpfe. Das ist der tiefschwarze Niederrhein, das denkt man noch obrigkeitshörig. Das heißt aber nicht, dass die, die sich zurückgehalten haben, nicht auch ihre Ansprüche hätten durchsetzen wollen; sondern die hoffen, dass die anderen das regeln. Regeln die anderen was und beteiligen sie nicht daran, dann verfluchen sie die, die aktiv waren." (Betriebsrat)

Während es im gewerblichen Bereich dennoch insgesamt recht gut gelang, die Beschäftigten zur Wahrnehmung ihrer Ansprüche zu aktivieren, hatten bei den Angestellten hingegen von 140 Beschäftigten nur vier ihre Ansprüche geltend gemacht. Geringere Organisationsgrade, höhere Entgelte und vor allem Existenzängste haben dort nach Aussage der Betriebsräte dazu geführt, dass die Beschäftigten nicht aus ihrer Deckung hervorgekommen sind. Dass die Angst der Angestellten nicht unbegründet war, zeigt der Umgang des Unternehmens mit denen, die ihre Ansprüche eingeklagt haben. Von diesen ist derzeit nur noch einer im Unternehmen, und dies ist der Betriebsratsvorsitzende. Es war eine Mischung aus Konfliktscheue und Angst, die dazu geführt hat, dass die Beschäftigten ihre Kritik nicht lauter geäußert haben.

> „Heute, kurze Zeit nach dem Sanierungstarifvertrag sind von den vier Personen zwei schon gegangen durch Eigenkündigung. Der Dritte ist gekündigt worden im Zuge von Personalabbau; und der Vierte sitzt vor ihnen. Der Dritte kommt aber wieder, wenn er das Verfahren, den Kündigungsschutzprozess durchhält und sonst keinen anderen Job findet. Die Beweislage aus dem Widerspruch zur Kündigung ist so erdrückend, da wird jedes Gericht folgen. Da haben Sie mal so einen Eindruck der Rahmenbedingungen, unter denen wir hier arbeiten." (Betriebsratsvorsitzender)

Metall 6: In der frühen Phase der Sanierungsvereinbarungen der 1990er Jahre herrschte bei den Beschäftigten Verständnis für die Tarifabweichungen vor. Materielle Konzessionen nach der Insolvenz und als Beitrag zur Sanierung wurden als sinnvoll anerkannt. Das Verständnis begann aber zu erodieren, als nach den ersten Jahren der Tarifabweichung die Rückkehr zum Flächentarifvertrag zwar von den Beschäftigten erwartet, aber vom Unternehmen nicht umgesetzt wurde. Mit der Rückkehr zur Vollauslastung der Kapazitäten im Unternehmen wurde die Sinnhaftigkeit der Maßnahmen zunehmend kritischer betrachtet.

> „Nach dem Crash und dem Unglück hier in der Werft und dem Brand, den wir noch hatten, da hatte jeder Verständnis dafür gehabt. Aber irgendwo, nach so vielen Jahren, ist das nicht mehr nachvollziehbar, dass wir immer noch Geld geben. Und es wird immer gesagt, ja bis Ende des Jahres, mal für eineinhalb, mal für zwei Jahre gilt das, und dann hat man immer gesagt, gilt wieder der Flächentarifvertrag. Aber nein, dann kam wieder eine neue Forderung. Und dann war bei vielen Kollegen dann der Unmut entstanden: Wir sind ja immer diejenigen, die kann man anzapfen. Und wofür wird das genutzt?" (Vertrauenskörperleiter)

Aus diesem Grund hatten Betriebsrat und Gewerkschaft bereits 2004 die Forderung des Unternehmens nach einer neuen Tarifabweichung ablehnen wollen, wurden im Zuge der Insolvenz im Zusammenhang mit der Havarie aber doch durch die Gläubiger gezwungen, einer weiteren Tarifabweichung zuzustimmen.

„Und wir hatten eigentlich schon 2004 nicht mehr zustimmen wollen; am 16.01. ist das mit der Havarie passiert, und drei Wochen später sind die Geschäftsführer zum Amtsgericht gegangen und haben einen Insolvenzantrag gestellt, weil sie sonst mit ihrem Privatvermögen hätten haften müssen, und dann hingen wir gleich wieder im Haustarifvertrag drin. Das war dann gleich die erste Bedingung der Gläubiger, ich war selber bei der Gläubigerversammlung dabei, so schnell konnten sie das gar nicht aussprechen, wie die gedanklich dabei waren. Und von da an haben wir das immer über Mitgliederversammlungen gemacht. Und ich habe ein paar Mal bei Mitgliederversammlungen – ich wusste ja nun die Zahlen ganz genau – den Mitgliedern mit erklären müssen, wir müssen es nochmal machen. Da hätten die mich fast umgebracht." (Betriebsratsvorsitzender)

Der Betriebsratsvorsitzende hielt auch in den Folgejahren aufgrund der wirtschaftlichen Situation des Unternehmens materielle Konzessionen für unausweichlich, bekam jedoch wie vor der zweiten Insolvenz wiederum zunehmend Probleme, für diese Problemwahrnehmung und Situationsdefinition bei den Beschäftigten Akzeptanz zu finden. Die Beschäftigten hätten aus seiner Sicht den Zahlen nicht vertraut oder sich auch gar nicht dafür interessiert, sobald sie gesehen haben, dass die Kapazitäten ausgelastet sind und sie Mehrarbeit leisten.

„Der einzelne Beschäftigte glaubt, er arbeitet hier viel, und dann ist die Welt in Ordnung. Und wenn man ihm erklären muss, nee, in Ordnung ist die Welt nicht, wenn wir die Zahlen so weiterschreiben, haben wir ein Problem und sitzen vor der dritten Insolvenz. So, und da habe ich mich dann eingesetzt als Betriebsrat dem Haustarifvertrag so weit mit zu folgen. Das war aber nicht gerade positiv für mich, das war negativ. Das habe ich ein, zwei, mal machen müssen; darum weiß ich, wie schwer es ist, so etwas einer Belegschaft beizubringen. Und das hat uns auch nicht gerade gut zu Gesicht gestanden." (Betriebsratsvorsitzender)

Der Betriebsrat musste sehr viel Kritik dafür einstecken, dass er Verhandlungen über Tarifabweichungen mit der Unternehmensleitung einzugehen bereit war und dafür warb. In den Augen des Betriebsratsvorsitzenden hatten die Beschäftigten eine eindeutige Präferenz für ihre Einkommen. Das Einkommen wurde höher bewertet als Beschäftigungssicherung oder andere Gegenleistungen, die mit Tarifabweichungen verbunden sein könnten.

„Also, wir haben schon harte Diskussionen hier gehabt, das ist kein Vergnügen heutzutage. Auch nicht das Verständnis, selbst das es keine betriebsbedingte Kündigungen gegeben hat, selbst da gab es eine harte Diskussion. Denn die Leute wollen das Geld. Das ist so. Auch mit den großen Konten, wir hatten dann ja riesige Arbeitszeitkonten, auch jetzt haben wir wieder viel zu tun, da wollen die Leute möglichst noch mehr Geld." (Betriebsratsvorsitzender)

Zusammenfassend lässt sich in der Betrachtung der Samplefälle sagen, dass in fast allen Betrieben die Beschäftigten die Situation der Tarifabweichung kritisch deuten. Einzig bei Chemie 2 in dem Produktionssegment Dichtungen, bei Metall 2 und bei Metall 6 in der Frühphase der Abweichungskarriere des Betriebs wurde Kritik in der Belegschaft nicht artikuliert. Dies bedeutete aber nicht, dass dort die Tarifabweichung von den Belegschaften begrüßt worden wäre. Bei Chemie 2 und Metall 2 spielten die Vorerfahrungen mit Entlassungen eine entscheidende Rolle. Die in diesen Betrieben zumeist angelernten Beschäftigten fürchteten um ihren Arbeitsplatz und haben sich von der Tarifabweichung eine zumindest temporäre Sicherheit versprochen. Hier herrschte Resignation vor und verhinderte eine aktive Artikulierung von Interessen. Bei Metall 6 waren es die offensichtliche wirtschaftliche Krise und der Sanierungsbedarf des Betriebes, die bei den Beschäftigten zumindest zunächst für Zustimmung zur Tarifabweichung sorgten. Diese Zustimmung wich mit der wachsenden Zahl der Tarifabweichungen zunehmend einer kritischen Deutung.

Diese Befunde lassen sich nicht dahingehend verallgemeinern, dass bei Entlassungserfahrungen oder in Sanierungsfällen die Belegschaften per se Tarifabweichungen weniger kritisch bewerten würden. Metall 3 oder Metall 5 waren auch Sanierungsfälle, und hier war die Haltung der Beschäftigten ablehnend. Erfahrungen mit Entlassungen im Vorfeld der Tarifabweichung gab es auch bei Chemie 1 oder Metall 3, ohne dass deshalb Tarifabweichungen in der Belegschaft viele Befürworter gefunden hätten. In der überwiegenden Mehrheit der Fälle dominiert die Ablehnung, und es lassen sich keine allgemeinen Faktoren aufzeigen, die eine breitere Zustimmung der Beschäftigten hervorrufen würden.

Allerdings scheint es sinnvoll, diesen Befund nach den betrieblichen Statusgruppen der Arbeiter und der Angestellten zu differenzieren. Generell lässt sich bei Betrachtung der Untersuchungsfälle sagen, dass die Arbeiter der Tarifabweichung distanzierter gegenüberstanden als die Angestellten. Häufiger wurde berichtet, dass unter den Angestellten mehrere Stimmen laut geworden seien, die sich für Verhandlungen zu Tarifunterschreitungen aussprachen. Ein prägnanter Fall dafür ist Chemie 1. Hier berichtete eine Vertrauensfrau aus dem Angestelltenbereich, dass die Beschäftigten ihrer Abteilung die Tarifabweichung mehrheitlich unterstützen würden.

> „Bei der Standortsicherung gingen die Meinungen auseinander. Man hatte auch alleinerziehende Väter oder Mütter, und die haben natürlich gesagt, das Geld fehlt uns schon. Aber wiederum, aus unserem Bereich, sind eigentlich die meisten Stimmen laut geworden und haben gesagt: Lieber auf Geld verzichten und einen sicheren Arbeitsplatz als mehr Geld und Unsicherheit. Das war sicherlich die Mehrheit, die sagte weniger Geld und einen sicheren Arbeitsplatz. Die Leute wollten auch planen. Man muss ja auch sagen, die Chemietarife sind ja im Vergleich schon gut. Da können die Leute Reduzierungen akzeptieren. Klar, jeder hätte gerne mehr Geld, aber die Leute wissen schon, was sie am Chemietarif haben.“ (Vertrauensfrau)

ISBN 978-3-8360-8714-8 – Presseexemplar – (c) edition sigma – 08102015

Von ähnlichen Orientierungen wurde auch bei Chemie 3, Metall 1, Metall 5 oder Metall 6 berichtet. Letztlich aber blieben diese Deutungen in einer Minderheitsposition. Denn bei allen Untersuchungsfällen handelt es sich um Produktionsbetriebe, in denen der Anteil der gewerblichen Beschäftigten den der Angestellten deutlich übertrifft. Die Angestellten sind hier deutlich in der Minderheit gegen eine anders gerichtete Mehrheitsmeinung. Zudem gilt es festzuhalten, dass die Zustimmung zur Tarifabweichung auch bei den Angestellten keinesfalls durchgängig war. So waren bei Chemie 5 die relativ zahlreichen Angestellten – immerhin handelt es sich dort um den Unternehmenssitz und Verwaltungsstandort – hochgradig unzufrieden mit den Verhandlungen und der Vereinbarung, weil diese gerade ihnen keine Beschäftigungssicherung brachte, sondern mit der Tarifabweichung Entlassungen im Angestelltenbereich vereinbart worden waren. Die Kritik dazu ist bis heute nicht verstummt.

> „Also das war schon schwierig, also das war auch nicht gerecht, die zu entlassen, wissen Sie? Da ist auch heute noch, wenn man darüber nachdenkt sehr, sehr böses Blut ist geflossen." (Stellvertretender Betriebsratsvorsitzender)

Warum hat sich in den Betrieben die deutliche Mehrheit der Beschäftigten gegen Tarifabweichungen ausgesprochen, obwohl ihnen darin die Unternehmen eine temporäre Beschäftigungssicherung zusagten? Der wichtigste Grund hierfür liegt offensichtlich in den *Gerechtigkeitsnormen* der Beschäftigten, die durch die Drohszenarien der Unternehmen und die Forderung nach materiellen Konzessionen verletzt worden sind. Die Situationsdefinitionen der Beschäftigten sind stark durch Normen der Verteilungsgerechtigkeit geprägt, in die sich die Konzessionen nicht einfügen lassen. Der Lohn ist ihnen wichtiger als die Sicherheit, so lautet die Aussage der meisten Betriebsräte dazu. Hinzu kommt, dass in der Lohnentwicklung seit den 1990er Jahren zumeist nur wenig mehr als ein Inflationsausgleich – und manchmal nicht einmal dieser – von den Gewerkschaften erzielt wurde. Schon diese Entwicklung widersprach den Gerechtigkeitsnormen der Beschäftigten, einen fairen Anteil an Wachstum und Wohlstand für ihre Arbeit zu erhalten. Insbesondere in Betrieben mit hoher Kapazitätsauslastung und hohen Renditen wie bei Chemie 3, Chemie 4, Metall 1 oder Metall 4 fehlen daher überzeugende Argumente dafür, dass ein materieller Verzicht für den Erhalt der Beschäftigung notwendig sein soll.

Dies ist auch der Grund dafür, dass aus Sicht vieler Betriebsräte den so bezeichneten wertgleichen Regelungen eine hohe Bedeutung zukommt, in denen zugesichert wird, dass auch außertarifliche Angestellte, leitende Angestellte oder auch das Top-Management auf Einkommensanteile verzichten, die proportional denen der Tarifbeschäftigten entsprechen. Auf diese Weise würde deutlich gemacht, dass nicht alleine die Tarifbeschäftigten die Lasten der Lohnsenkung zu tragen hätten, sondern dass alle Betriebsangehörigen daran teilnehmen. Dies gilt als Element eines fairen Deals mit integrationsstiftender Wirkung.

Doch ob mit wertgleichen Beiträgen oder ohne wertgleiche Beiträge, die mehrheitliche Ablehnung der Tarifabweichung stellt die Betriebsräte grundsätzlich vor ein offenes *Legitimationsproblem.* Weil sie sich dazu entschlossen hatten, Verhandlungen mit dem Management zu Tarifabweichungen einzugehen – und unter der Voraussetzung, dass die Gewerkschaft dem zugestimmt hat –, gerieten sie automatisch in die schwierige Lage, die Beschäftigten von der Sinnhaftigkeit dieses Vorgehens überzeugen zu müssen. Die Betriebsräte konnten die Deutungsmuster der Beschäftigten gerade in der wichtigen Frage der Tarifabweichung nicht ignorieren. Ohne die Beschäftigten hinter sich zu wissen und darauf auch notfalls in den Verhandlungen gegenüber den Arbeitgebern verweisen zu können, hätten die Betriebsräte und mit ihnen auch die Gewerkschaften, die in dieser Frage wesentlich auf die Organisationsleistungen der Betriebsräte angewiesen sind, nur eine äußerst schwache Verhandlungsposition gegenüber ihren Unternehmensleitungen gehabt. Eine schwache Verhandlungsposition aber hätte die Durchsetzung eigener Forderungen erschwert, die wiederum den Beschäftigten die Tarifabweichung hätten schmackhaft machen können. Für die Betriebsräte kam der grundsätzliche Aspekt hinzu, dass sie sich zur Wiederwahl stellen müssen und die Auswirkungen der Tarifabweichung auf ihre zukünftigen Wahlergebnisse für sie im Vorhinein kaum abzuschätzen waren. Denn die Betriebsräte, und mit ihnen auch die Gewerkschaft, werden von den Beschäftigten „in Haftung" für die Tarifabweichung genommen, wie es der gewerkschaftliche Betreuer bei Metall 6 formuliert.

> „Das meinte ich auch vorhin, dass wir manchmal Positionen übernommen haben, die eigentlich die Geschäftsführung hätte übernehmen müssen. Also, wir haben in der Phase wirklich die Rolle des Co-Managers übernommen. Und in einer solchen Phase dann zu sagen liebe Leute, natürlich, ihr habt Vollbeschäftigung gehabt, aber am Ende kommt da nicht das raus, was bei einer solchen Vollbeschäftigung rauskommen müsste, und es muss sich eine Menge ändern, um langfristig die Beschäftigungsverhältnisse zu sichern, wird natürlich von den Kollegen auch berechtigterweise in Frage gestellt. Und dies dann so an die Belegschaft weiterzugeben ist oft kein einfacher Part. Da kommt dann rüber: Die IG Metall will den Flächentarifvertrag verändern. Deshalb muss frühzeitig deutlich gemacht werden: Wer stellt den Antrag? Wer will den Tarifvertrag verändern?" (Gewerkschaftlicher Betreuer)

Die Betriebsräte, und unter ihnen insbesondere deren Vorsitzende, plädierten in allen Untersuchungsfällen für Verhandlungen zur Tarifabweichung und standen entsprechend unter starkem Druck, die Beschäftigten von der Sinnhaftigkeit der Verhandlungen zu überzeugen. Sie mussten versuchen, die Deutungsmuster der Beschäftigten aufzubrechen und aufzuzeigen, warum Verhandlungen trotz der damit verbundenen Verteilungsungerechtigkeiten unvermeidbar sind und welche Rolle sie als Betriebsräte dabei zu spielen gedenken. Dieser Vorgang lässt sich als Streben nach Deutungshegemonie interpretieren. Die Betriebsräte versuchten eine Definition der Situation zu entwickeln und zu verbreiten, der sich die Beschäftigten anschließen. Das Streben nach Deutungshegemonie hatte für alle Betriebsräte des Untersuchungssamples nicht von ungefähr einen zentralen Stellenwert, weil sie auf diese Weise einen Verbündeten für die Verhandlungen gewinnen wollten – oder besser: gewinnen zu müssen glaubten –, den sie als unersetzlich eingestuft haben.

Ihr Streben nach Deutungshegemonie gingen die Betriebsräte in den Fällen des Untersuchungssamples mit zwei Strategien an. Die erste von ihnen kann als integrative Strategie bezeichnet werden. Die integrative Strategie zeichnet sich dadurch aus, dass die Notwendigkeit der Tarifabweichung betont wird, dass dazu im Rahmen gemeinsamer Veranstaltungen auch die Unternehmensleitung beiträgt, und dass die Tarifabweichung als Akt der Solidarität der Beschäftigten untereinander – nämlich zu den möglicherweise von Entlassungen bedrohten Beschäftigten – interpretiert wird. Die integrative Strategie richtet sich daher primär nach innen und appelliert an das Zusammengehörigkeitsgefühl der Belegschaft im Angesicht einer gemeinsamen Bedrohung, die der Betriebsrat und die Beschäftigten – und möglicherweise auch das Management – zu bewältigen haben.

Die zweite Strategie wiederum betont zwar auch die Gemeinsamkeiten zwischen Betriebsräten und Beschäftigten. Diese Gemeinsamkeiten bestehen aber vor allem in dem gemeinsamen Ziel, im Konflikt mit dem Management das bestmögliche Verhandlungsergebnis zu erkämpfen. Diese *konfrontative Strategie* ist daher eine Kampfstrategie, die auf den Konflikt mit einem äußeren Gegner hin orientiert ist.

Es verwundert nicht, dass sich die integrative Strategie vor allem in solchen Fällen findet, in denen die Betriebsräte mit dem Management Interessenkoalitionen gebildet haben, die konfrontative Strategie hingegen in Betrieben, in denen die Betriebsräte eher konfliktorientierte Verhandlungsstrategien verfolgen. Beiden Strategien ist gemeinsam, dass sie *Inszenierungen erfordern.* Für die Inszenierungen bilden in beiden Fällen Betriebsversammlungen ein hervorragendes Forum. Nicht von ungefähr haben auch die Betriebsräte in allen Samplebetrieben Betriebsversammlungen durchgeführt, die den Verhandlungen vorgeschaltet oder nachgelagert waren, auf denen sie um Zustimmung für ihre Positionen oder für Verhandlungsergebnisse warben. Trotz dieser gemeinsamen Elemente sind beide Strategien in ihrer Substanz aber sehr unterschiedlich.

Bei der *integrativen Strategie* haben sich zumeist die Betriebsparteien gemeinsam positioniert. Ein Beispiel dafür ist Chemie 4. Dort wurde eine Betriebsversammlung nach Erreichen des Verhandlungsergebnisses durchgeführt. Auf dieser stellten die Betriebsparteien das Verhandlungsergebnis vor und arbeiteten die Gründe dafür heraus, dass ihrer Ansicht nach der Abschluss einer abweichenden Betriebsvereinbarung unvermeidlich war. Dieser gemeinsame Auftritt der Betriebsparteien wurde von den Betriebsräten als sehr wichtig für die Akzeptanz des Verhandlungsergebnisses eingeschätzt.

> „Und ich glaube diese Informationsveranstaltungen, die wir auch zusammen mit der Geschäftsführung gemacht haben, in dem Sozialgebäude, in dem großen Kreis, das war auch noch einmal gut, einfach um die Situation noch einmal verständlich zu machen. Denn wenn man etwas schriftlich rüberreicht, dann kommen doch wieder Fragen. Ich denke, die Beteiligung war auch groß bei den Versammlungen, also das hat schon für sich gesprochen. Die Veranstaltungen fanden statt, als die Verhandlungen bereits abgeschlossen worden waren." (Betriebsrat im Gruppeninterview)

Ähnlich wurde in den anderen integrativen Fällen verfahren. Eine sehr ungewöhnliche Strategie mit integrativem Akzent wurde bei Metall 2 praktiziert. Dort hat der Betriebsrat die Geschäftsleitung dazu motivieren können, auf einer Versammlung der Gewerkschaftsmitglieder ihren Antrag auf Tarifabweichung zu begründen und um Mithilfe zu bitten. Auf dieser Versammlung konnten die Mitglieder auch direkt Fragen an die Manager stellen. Diese Maßnahme wurde von den Mitgliedern sehr positiv aufgenommen. Schließlich haben sie eine deutliche symbolische Stärkung ihrer Rolle im Betrieb durch die Bitte der Werksleitung erfahren. Nicht von ungefähr haben sie dann auch von der Möglichkeit der Diskussion mit der Werkleitung regen Gebrauch gemacht. Die Mitgliederversammlung verlief wegen ihres dialogischen Charakters ganz anders als Betriebsversammlungen, auf denen die Beschäftigten sich üblicherweise nicht zu Wort melden.

> „Nachdem das Ganze dann gekommen ist, haben wir eine Mitgliederversammlung gemacht und haben Werks- und Personalleiter dann beide gebeten, gegenüber der Belegschaft ihr Begehren oder den Mitgliedern ihr Begehren darzulegen, denn das muss ich nicht sagen, das überlasse ich eigentlich lieber dem Arbeitgeber dann. Und ich hatte ihnen den Hinweis gegeben, auch tunlichst so aufzutreten, dass sie die Belegschaft wirklich darum bitten. Ja, die Kollegen und Kolleginnen haben dann natürlich kräftig gejammert, wie schlecht es ihnen geht und wie viel Kinder sie zu ernähren haben und was weiß ich was alles, recht überzeugend. Psychologisch war das sehr gut, dass die Geschäftsleitung das alles dargestellt hat." (Gewerkschaftlicher Betreuer)

Bei der *konfrontativen* Strategie wurde von den Betriebsräten auf den Betriebsversammlungen demgegenüber zumeist versucht, die Verhandlungsziele der Unternehmensseite zu kritisieren, die eigenen Ziele davon abzugrenzen und zu konturieren und vor den Augen des Managements – und damit ebenfalls mit hoher

ISBN 978-3-8360-8714-8 – Presseexemplar – (c) edition sigma – 08102015

symbolischer Wirkung – die Ablehnung der Beschäftigten für die Managementziele und die Unterstützung der Belegschaft für die eigenen Positionen zu demonstrieren.

Ein illustratives Beispiel dafür findet sich beim Fall Metall 3. Dort spielten die Betriebsversammlungen insbesondere zu Beginn des Verhandlungsprozesses eine wichtige Rolle, weil es dem Betriebsrat hier gelang, eine kollektive Situationsdefinition zur Tarifabweichung zu entwickeln. Er argumentierte, dass der Arbeitgeber die Beschäftigten unter Druck setzt, untragbare Konzessionen zu machen. Betriebsrat und Gewerkschaft als Interessenvertretungen der Arbeitnehmer hingegen würden versuchen, das Schlimmste abzuwenden und den Beschäftigten einen kollektiven Schutz zu geben. Wichtig für den Erfolg dieser Deutung war, dass der Betriebsrat gegen den Willen des Arbeitgebers den ursprünglichen Forderungskatalog des Managements auf der Betriebsversammlung Wort für Wort vorlas. Er hatte damit die Verhandlungen öffentlich gemacht und die Beschäftigten auf seine Seite gezogen.

> „Und der Horrorkatalog war ja auf dem Tisch, mit den 25 Tagen Urlaub und so. Und dann stand noch drinne, dass die jeden Arbeitnehmer hier innerhalb von Deutschland (den deutschen Standorten des amerikanischen Konzerns, T. H.) ohne Ankündigung versetzen können. Und den habe ich natürlich auf der Versammlung vorgelesen, das ist doch klar. Da war der Arbeitgeber ganz durcheinander. Das können Sie doch nicht vorlesen, das ist doch nicht gar nicht besprochen. Wichtig ist, dass man mit den Kolleginnen und Kollegen ehrlich umgeht und das erzählt, was wirklich ist.“ (Betriebsratsvorsitzender)

Nicht immer waren die Betriebsräte alleine die Verfechter einer konfrontativen Strategie. In zwei Fällen wurde diese von den Unternehmensleitungen geführt. Bei Metall 5 hatte der Arbeitgeber die Beschäftigten zu einer Versammlung unter Ausschluss des Betriebsrates einberufen. Auf dieser wurde den Beschäftigten vom Management ein Schreiben vorgelegt, das sie unterzeichnen sollten und mit dem sie sich mit den Abweichungsforderungen des Unternehmens einverstanden erklärten. Über den Erfolg der Unterschriftenaktion ist nichts bekannt; aber der Konflikt mit dem Betriebsrat wurde damit öffentlichkeitswirksam geschürt. Und bei Metall 6 hatte das Unternehmen seinerseits zu einer Betriebsversammlung geladen. Hier wollte die Geschäftsleitung gegen den Betriebsrat auch betriebsöffentlich in die Offensive gehen und kommentierte die Informationsblätter des Betriebsrats kritisch.

Unabhängig von der konkreten Strategie war das Streben der Betriebsräte nach Deutungshegemonie zumindest in dem Sinne erfolgreich, dass Legitimationsprobleme nicht offen ausbrachen. Im Gegenteil, es ist den Betriebsräten in fast allen Fällen gelungen, wenn schon die kritischen Deutungen der Beschäftigten nicht gänzlich zu überwinden, so doch diese entweder durch integrative

Ansätze entscheidend abzumildern oder konstruktiv in die Bahnen der eigenen Konfliktstrategie zu lenken. Der entscheidende Grund für diesen Erfolg lag in den Beteiligungsstrategien, die von den Betriebsräten im Zusammenhang mit der Tarifabweichung entwickelt und umgesetzt wurden.

6.2 Beteiligungsstrategien der Betriebsräte

Beteiligung oder Einbindung der Beschäftigten wird bei fast allen Betriebsräten groß geschrieben. Dies, so sind sich fast alle einig, war einer der Schlüssel, mit denen sie sich die Zustimmung der Belegschaft in der Tarifabweichung gesichert und die Deutungshoheit im Betrieb haben erringen können. Im Einzelnen verstehen die Betriebsräte unter Beteiligung aber sehr unterschiedliche Dinge. Insgesamt können im Rahmen der Verhandlungen zur Tarifabweichung drei Formen der Beteiligung unterschieden werden: die Information, die Mobilisierung und die Partizipation. In dieser Reihenfolge zeichnen sich diese Formen durch eine Zunahme des Beteiligungsniveaus aus. Davon abgegrenzt werden kann noch eine vierte Form der Beteiligung, die Partizipation in der Arena der Arbeitsverfassung. Sie ist kein Element der Verhandlungen, sondern eine Folgewirkung der Tarifabweichung, die dann eintreten kann, wenn in den abweichenden Vereinbarungen partizipative Elemente der Mitwirkung der Beschäftigten an der Veränderung der Arbeitsorganisation festgelegt wurden. Die Partizipation in der Arena der Arbeitsverfassung hat zumindest potenziell die nachhaltigsten Beteiligungseffekte, weil sie sich nicht nur auf die Dauer der Verhandlungen beschränkt. Wegen dieser Unterschiede wird sie gesondert im folgenden Abschnitt behandelt.

Die *Information* enthält zunächst kaum originäre Beteiligungselemente, weil sie einen nur einseitigen Kommunikationsstrom von den Betriebsräten zu den Beschäftigten vorsieht. Allerdings gibt es auch eine Variante wechselseitiger Informationsflüsse, in der die Betriebsräte die Stimmungen in der Belegschaft aktiv erheben und aufnehmen. Auf diese Weise können die Beschäftigten ihre Deutungen und Interessen in einem informellen Rahmen artikulieren. Der Einfluss auf das Betriebsratshandeln bleibt dabei freilich indirekt, weil der Betriebsrat entscheidet, ob, inwieweit und in welcher Form er diese Stimmungen aufnimmt.

Bei der *Mobilisierung* werden die Beschäftigten an arbeitskampfähnlichen, aber zeitlich begrenzten Aktionen beteiligt. Im Vordergrund der Mobilisierung steht in allen Fällen, in denen diese vorkommt, nicht die wirtschaftliche Schädigung der anderen Verhandlungspartei, sondern die symbolische Demonstration potenzieller Machtressourcen, die von den Arbeitnehmervertretern bei Bedarf wieder eingesetzt werden könnten. Bei der Mobilisierung werden die Beschäftigten im Konflikt aktiviert. Sowohl über die Taktik der Mobilisierung als auch über ihre Verbindung zu konkreten Verhandlungspositionen wird von den Interessenvertretungen entschieden. Ausgenommen davon sind Mobilisierungen, die nicht offiziell von den Verhandlungsführern organisiert werden, sondern spontan erfolgen. Aber auch mit ihnen ist kein unmittelbarer Einfluss auf Entscheidungen im Verfahren der Aushandlung von Tarifabweichungen verbunden.

Dies ist bei der *Partizipation* anders. Diese Form unterscheidet sich von den beiden anderen dadurch, dass die Beschäftigten an relevanten Entscheidungen zur Tarifabweichung mit verbindlichen Konsequenzen beteiligt werden. Die Gegenstände der Beteiligung können zwar variieren, doch zeichnet sich diese Form in allen Fällen dadurch aus, dass Beschäftigtenversammlungen abgehalten werden, auf denen die Beschäftigten zu bestimmten Gegenständen befragt werden und die Mehrheitsmeinung eine bindende Wirkung für die Verhandlungsführer der Arbeitnehmer haben. Gegenstände solcher Entscheidungen können sowohl die Wahl von Verhandlungsführungen sein als auch Entscheidungen darüber, ob Verhandlungen überhaupt begonnen werden sollen oder ob ein Verhandlungsergebnis angenommen werden soll oder nicht.

Im weiteren Verlauf dieses Abschnitts werden die drei Beteiligungsformen etwas näher beleuchtet. Die wichtige Rolle der *Information* wird von allen Betriebsräten betont. Sie ist der gemeinsame Nenner der Beteiligungsstrategien im Untersuchungssample. Unterschiede gibt es allerdings hinsichtlich der Intensität der Information und hinsichtlich der Techniken und Instrumente, die eingesetzt wurden. Die große Bedeutung der *Betriebsversammlung* als öffentlichem Forum der Informationsvermittlung, aber auch der Erzeugung von Deutungshoheit über den sozialen Sinn der Tarifabweichung, ist bereits ausgeführt worden. Nicht von ungefähr wurden solche Betriebsversammlungen von den Betriebsräten in allen Fällen abgehalten, teilweise im Vorfeld der Verhandlungen zur Legitimationsgewinnung für die Betriebsräte in ihrer Rolle als Verhandler (so bei Chemie 2, Chemie 3, Chemie 5, Chemie 6, Metall 1, Metall 4 und Metall 5), teilweise auch im Nachklang der Verhandlungen zur Legitimationsgewinnung für das Verhandlungsergebnis (so bei Chemie 4), teilweise aber auch in beiden Phasen (Chemie 1, Metall 2, Metall 3, Metall 6). Das Kommunikationsmuster in den Betriebsversammlungen war in allen Fällen das gleiche, nämlich ein einseitiger Informationsstrom von den Betriebsräten zu den Beschäftigten. Wortmeldungen der Beschäftigten, seien sie kritischer oder zustimmender Natur, blieben Einzelfälle.

Eine Ausnahme von dieser Regel war die Betriebsversammlung, die bei Chemie 1 zum Abschluss der Verhandlungen abgehalten wurde. Dort wurde das Verhandlungsergebnis zur Diskussion gestellt mit dem ausdrücklichen Ziel des Betriebsrates, allen Beschäftigten die Gelegenheit zu geben, sich zur Tarifabweichung zu äußern. Dem Betriebsrat ging es dabei sowohl darum, ein Stimmungsbild der Belegschaft zu erheben, als auch darum, dieses noch einmal aktiv zu beeinflussen und die Vorteile der gefundenen Vereinbarung zu verdeutlichen. Auf dieser Versammlung haben sich die Beschäftigten zahlreich zu Wort gemeldet.

> „Es war auch eine der heißesten Betriebsversammlungen, die ich so mitbekommen habe, weil es viele Wortmeldungen gab. Normalerweise ist es eher eine ruhige Veranstaltung. Aber da ist es auch etwas hoch gebrodelt. Es gab beides, Kritik und Zustimmung. Die kritischen Stimmen waren halt auch von der Wortwahl her etwas intensiver." (Vertrauensmann/frau)

Das Stimmungsbild war ausdrücklich nicht als Beteiligung der Beschäftigten an der Entscheidung gedacht. Die Entscheidung sollte vielmehr ganz in den Händen des Betriebsrates bleiben, weil, wie der Betriebsratsvorsitzende betonte, dies seine ausdrückliche Aufgabe als gewählter Repräsentant sei. Bei einer direkten Abstimmung durch die Beschäftigten hätte sich nach Einschätzung des Betriebsratsvorsitzenden zudem das Betriebsratsgremium selber zur Wahl gestellt, und ein Votum gegen die Vereinbarung wäre einem Votum gegen den Betriebsrat gleichgekommen, so dass er kaum eine Alternative gehabt hätte, als darauf zurückzutreten. Eine direkte Abstimmung über die Tarifabweichung wurde deshalb nicht in Erwägung gezogen. Wohl aber war der Betriebsrat nach eigener Aussage bereit, sich von dem Stimmungsbild in seiner Entscheidung maßgeblich beeinflussen zu lassen. Dieses Vorgehen eröffnete freilich den Vorteil, dass ein Stimmungsbild mehr Interpretationsmöglichkeiten offen lässt als die zahlenmäßigen Ergebnisse einer formalen Beschäftigtenabstimmung. Der Betriebsratsvorsitzende vertritt die Überzeugung, dass er als Stellvertreter der Beschäftigten letztlich auch die Entscheidungen zu treffen habe; dazu sei er gewählt worden.

> „Dazu hat eine Betriebsversammlung stattgefunden, wir haben aber keine namentliche Abstimmung oder die Akklamation als Abstimmung gemacht, denn dann hätte der Betriebsrat in Gänze zurücktreten können. Denn es gibt auch hier keine Basisdemokratie, da wo Mitbestimmung gilt. Der Betriebsrat ist dafür da, die Interessen der Belegschaft wahrzunehmen. Wir haben aber gesagt, wir stellen Euch das vor, und ihr könnt auf der Betriebsversammlung Euch in Gänze dazu äußern, und auch im Betrieb dazu äußern selbstverständlich. Wenn wir feststellen, dass die Mehrheit von Euch dagegen ist, dann werden wir der IG BCE mitteilen, dass sie diesen Beschäftigungssicherungsvertrag, und auch der Betriebsrat, nicht abschließen soll. Das hat so nicht stattgefunden, indem wir feststellen konnten und mussten, dass die Mehrheit der Belegschaft zu dem Beschäftigungssicherungsvertrag gestanden hat." (Betriebsratsvorsitzender)

Die Gestaltung kollektiver Interessen als „Interessenregierungen" durch die repräsentativen Akteure hatte im Fall von Chemie 1 allerdings auch ihre Grenzen. Dies zeigte sich in zeitlicher Perspektive. Gelang es im Fall des Beschäftigungssicherungsvertrages von 2005 noch, die mehrheitliche Akzeptanz der Beschäftigten durch Information, Transparenz, offene Diskussion und intensive Überzeugungsarbeit zu gewinnen, so wurde bei der Ankündigung des Unternehmens zu weiterem Personalabbau in 2006 und dem damit verbundenen Wunsch einer Verlängerung der Beschäftigungssicherung rasch deutlich, dass der Betriebsrat dafür kaum einen Rückhalt bei den Beschäftigten erwarten konnte. Das Instrument der Tarifabweichung hatte vor dem Hintergrund positiver wirtschaftlicher Ergebnisse und der Fortsetzung des Personalabbaus einen erheblichen Legitimationsverlust erlitten. Bei einer Fortsetzung der Beschäftigungssicherung hätte deshalb der Betriebsrat selber einen Legitimationsentzug zu befürchten gehabt. In dieser Situation setzte sich beim Betriebsrat die Haltung durch, dass eine Fortführung der Beschäftigungssicherung nicht länger im Rahmen einer Stellvertreterpolitik durchzuhalten sei, sondern dass sich der Betriebsrat dafür die *direkte Legitimation* durch die Belegschaft in Form einer Abstimmung über die Beschäftigungssicherung beschaffen müsste.

> „Jetzt bei dem dritten Sozialplan haben wir von Betriebsratsseite schon im Vorhinein gesagt, weil wir ja die Reaktionen aus dem Betrieb hatten, nochmal über Geld wird nicht diskutiert. Und da haben wir von vorneherein gesagt: Wenn wir uns entschließen, das zu machen, dann wird darüber wirklich abgestimmt. Aber wir haben dann im Vorfeld gesagt: Nein, wir sagen von vorneherein nein. Wir verzichten auf keinen Pfennig mehr." (Betriebsrat)

Eine Abstimmung über Verhandlungen zur Tarifabweichung hätte, anders als die Erhebung eines Stimmungsbildes, den Tatbestand der Partizipation erfüllt. Dazu gekommen ist es allerdings nicht, weil der Betriebsrat von sich aus Verhandlungen abgelehnt hat.

Ein Stimmungsbild wurde noch in einem weiteren Fall erhoben, bei Metall 4. Dies geschah dort aber nicht auf der Bühne einer Betriebsversammlung, sondern in Einzelgesprächen durch Betriebsräte und Vertrauensleute vor Ort. Dieses Stimmungsbild war dann aber für Betriebsrat und Gewerkschaft als Verhandlungsakteure durchaus handlungsrelevant. Vertrauensleute und Betriebsräte haben auszuloten versucht, wie weit die Beschäftigten in den Verhandlungen zu gehen bereit wären, welches Verhandlungsergebnis von ihnen akzeptiert würde und welches nicht. Auf diese Weise wurde eine *„Schmerzgrenze"* der Belegschaft definiert.

> „Und nach jeder Verhandlungsrunde haben wir dann die Vertrauensleute eingeladen, haben die über den aktuellen Stand wieder informiert, was es Neues gibt und sind dann eben mit Vertrauensleuten und Betriebsräten dann auch aktiv hier ins Werk zu den Leuten hingegangen, auch in allen Schichten, also da hat man teilweise dann lange Tage im Werk verbracht, und hat dann eben die Leute informiert über die Fortschritte der Verhandlungen, hat sich dadurch natürlich auch die wichtigen Rückmeldungen von den Leuten geholt, wie sie dazu stehen, wo die Schmerzgrenze auch für die Leute ist." (Vertrauenskörperleiter)

Die Schmerzgrenze hat demnach bei einer Arbeitszeitverlängerung von einer Stunde gelegen, und diese Einschätzung hat dann bei den Arbeitnehmervertretern die Spielräume der Verhandlungen bestimmt. Weiter sind sie nach Aussage des Betriebsrates in den Verhandlungen nicht zu gehen bereit gewesen.

> „Das Stimmungsbild, das war dann schon maßgeblich entscheidend, was wir in den Verhandlungen mit dem Vorstand raus gelassen haben oder raus gerückt haben.“ (Vertrauenskörperleiter)

Auch hier war der Kommunikationsfluss zweiseitig, ohne dass damit jedoch eine Beteiligung an Entscheidungen verbunden gewesen wäre. In ähnlicher Weise wurde auch bei Chemie 3 mit Stimmungsbildern gearbeitet.

Grundsätzlich haben die Arbeitnehmervertreter aller Betriebe betont, dass bei ihnen das *Gespräch vor Ort* ein zentrales Instrument der Informationsweitergabe war. Sofern sie im Betrieb existieren, haben dabei die Vertrauensleute eine wichtige Rolle gespielt; darauf ist im nächsten Kapitel noch zurückzukommen. Ähnlich wie bei Metall 4 ging es bei diesen Gesprächen nicht nur um die Weitergabe von Informationen, sondern auch darum, das Ohr an der Basis zu haben und die Situationsdefinitionen zu erfassen, die in den Belegschaften insgesamt und in den einzelnen Abteilungen vorherrschten. Auf Grundlage dieser Erfahrungen konnten die Betriebsräte dann schlussfolgern, ob und in welcher Richtung bei der Überzeugungsarbeit zu gemeinsam getragenen Situationsdefinitionen noch einmal nachjustiert werden muss.

Eine ähnliche Funktion hatten auch die *Abteilungsversammlungen,* die in der Mehrzahl der Untersuchungsbetriebe durchgeführt worden sind. Im Unterschied zu den offiziellen Betriebsversammlungen fanden diese in der Regel ohne Vertreter des leitenden Managements statt. Deshalb auch wurde die Diskussionskultur auf diesen Versammlungen als aktiv beschrieben; hier trauten sich die Beschäftigten, in den Vordergrund zu treten und ihre Meinung zu äußern. Insofern taugten auch sie zur Erhebung vorherrschender Deutungsmuster der Beschäftigten.

Die Abteilungsversammlungen konnten zugleich als Druckinstrument auf den Arbeitgeber ausstrahlen. Dies gilt zumindest für Misstrauenskulturen, wie sie bei Metall 5 bestehen. Dort hat der Betriebsrat informelle Informationsrunden in den Abteilungen durchgeführt unter Ausschluss des Arbeitgebers. Diese Informationsrunden haben nach Aussage der Betriebsräte den Arbeitgeber beunruhigt, weil dadurch der Arbeitsprozess unterbrochen wurde und für den Arbeitgeber die soziale Dynamik schwer einschätzbar war, die durch diese Informationsrunden ausgelöst wurde. Die Abteilungsversammlungen stellten ihn vor ein Kontrollproblem, das er nicht lösen konnte. Zum anderen hat der Betriebsrat mit Informationen an die Presse gedroht und dieser Drohung auch Taten folgen lassen. Auch diese Strategie erwies sich als sehr wirkungsvoll, weil der Arbeitgeber um seinen guten Ruf in der Region und insbesondere bei Kunden fürchtete.

> „Wenn draußen 20 Leute stehen, dann lacht sich der Arbeitgeber tot, so einfach ist das, wenn er 400 oder 450 Mitarbeiter hat. Und dann haben wir dann auf eine etwas andere, subtilere Art, hier und da für Informationsrunden gesorgt, die dann innerhalb der Abteilungen die Leute zeitlich gebunden haben. Dadurch wurde der Arbeitgeber aufmerksam, weil er befürchten musste, dass sich das ausweitet. Wenn ich eine Stunde eine Abteilungssitzung mache und informiere, und alle stehen rum, dann stehen die erstmal nicht an der Maschine. Dann werden die natürlich nervös, weil sie nicht einschätzen können, wohin das führt. Und wo sie sehr nervös werden ist der Moment, wo das böse Wort mit „P" kommt, Presse. Dann steigt die Temperatur bei denen, und die Schweißperlen kommen. Und dann nutzt der Arbeitgeber gerne das Argument, wie kommt das beim Kunden an? Das ist eigentlich Quatsch, aber das verfehlt nicht seine Wirkung." (Betriebsrat)

Eine offensive Pressearbeit in dieser Form fand sich aber nur bei Metall 5. Sie ist dort der schwierigen Lage des Betriebsrates geschuldet, der in anhaltenden Anerkennungs- und Verteidigungskämpfen steht und der zudem die vom Betriebsrat angesprochenen Schwierigkeiten hat, die Beschäftigten zur offensiven Vertretung ihrer Interessen zu mobilisieren.

Weit verbreitet hingegen sind als weitere Informationsinstrumente *Flugblätter* und *Aushänge* an den Schwarzen Brettern der Betriebe. Sie werden jeweils direkt im Anschluss an Verhandlungsrunden oder Zwischenergebnissen erstellt. Teilweise liegt die Redaktion in den Händen der Gewerkschaft, teilweise in denen der Betriebsräte. Als Faustregel lässt sich feststellen, dass dort, wo überbetriebliche Verhandlungen für ein Unternehmen geführt werden, die Gewerkschaft verantwortlich ist, und dort, wo die Verhandlungen nur für einen Betrieb stattfinden, der Betriebsrat die Federführung hat. Die Bedeutung dieser Instrumente, insbesondere des Flugblattes, wird von ihren Verfassern sehr hoch angesiedelt. Flugblätter sind demnach ein wichtiges Instrument, um in der Phase der Verhandlungen die eigenen Interpretationsmuster öffentlich zu machen und damit eine Deutungshegemonie über die Verhandlungsprozesse und ihre Ergebnisse zu gewinnen.

Bei Metall 1 beispielsweise wurden Aushänge und Flugblätter durch die IG Metall verbreitet. Dazu wurden die Tarifberichte genutzt, die der Tarifsekretär und Verhandlungsführer im Anschluss an Verhandlungsrunden geschrieben und in denen er die Verhandlungsstände zusammengefasst und bewertet hat. Diese Tarifberichte hat er jeweils an alle Mitglieder der Tarifkommissionen verschickt. Sie dienten in den Betrieben als Informationsquelle, weil sie direkt allen Mitgliedern weitergeleitet wurden. Die daraus entstehenden Informationsasymmetrien zwischen Mitgliedern und Nicht-Mitgliedern waren von den Betriebsräten politisch ausdrücklich gewünscht.

> „Also wenn eine Verhandlungsrunde gewesen ist, war meist am gleichen Abend, spätestens am nächsten Tag für alle Mitglieder die Information da über den aktuellen Stand der Verhandlung. Nicht für alle. Wir wollten auch, dass die Mitglieder so eine Art Exklusivstatus hatten, das war durchaus gewollt, auch von den Betriebsräten. Es ging ja auch um Tarifverträge der IG Metall.“ (Betriebsratsvorsitzende)

Die Tarifberichte waren für den Tarifsekretär auch ein wichtiges Moment in den Verhandlungen, weil sie erstens die Möglichkeit boten, schnell wieder einen Einstieg in Verhandlungsstände zu finden und weil er damit als Verhandlungsführer zugleich zu einem guten Stück die Deutungshoheit über die Entwicklung der Verhandlungen besetzen konnte. Aus ähnlichen Gründen beurteilt auch der Betriebsrat bei Metall 6 die Informationsblätter sehr positiv. Dort werden die Informationsblätter vom Betriebsrat entworfen, geschrieben und vervielfältigt. Die Informationsblätter sollen den Beschäftigten Informationen und Orientierungen vermitteln, werden aber auch von Arbeitgeberseite intensiv gelesen und können daher als Druckmittel in den Verhandlungen eingesetzt werden.

> „Wir geben ein- bis zweimal im Monat ein Infoblatt raus, wo wir gerade stehen, was der Arbeitgeber unterlassen sollte. Wir wissen, dass sie die Infoblätter lesen ohne Ende, und dann regen sie sich auch künstlich darüber auf. Aber damit haben wir eine Darstellung. Die Prozesse sind so schnell und diese Streitigkeiten, damit auch die Belegschaft dran teilnimmt und man es sich nicht nur aufhebt für so eine Versammlung. Das sind ja Sachen, die muss man auch zwischendurch wissen. Also, wir nutzen alles, was wir so nutzen können und wie weit unsere Befähigung hier ausreicht. Wir sind ja nun keine richtigen Journalisten, aber wir versuchen mit allen Hilfsmitteln, was Vernünftiges und Ansprechendes hinzubekommen.“ (Betriebsratsvorsitzender)

Die *Mobilisierung* der Beschäftigten für Arbeitskämpfe oder arbeitskampfähnliche Praktiken ist weit weniger verbreitet als die Information. In insgesamt etwas mehr als der Hälfte der Fälle – Chemie 1, Chemie 3, Chemie 4, Metall 1, Metall 3, Metall 4 und Metall 6 – lässt sich in einem weiteren Sinne von Mobilisierung sprechen, wobei die Dauer, die Beteiligung und die Nähe zum Arbeitskampf stark variiert. Zumeist handelt es sich bei der Mobilisierung im Zusammenhang der Tarifabweichungen um kurzfristige Aktionen, die nichtsdestotrotz aber große Breitenwirkung entfalten können. Beispiele für eine solche Breitenwirkung finden sich bei Metall 6, Metall 1 und Chemie 3.

Bei Metall 6 hatten in einer Verhandlungsrunde zu einer der Tarifabweichungen die Vertrauensleute die Gewerkschaftmitglieder spontan zur Arbeitsniederlegung aufgefordert. Auf ihrem Zug zum Verwaltungsgebäude hatten sich immer mehr Beschäftigte angeschlossen einschließlich der Betriebsräte, die von dieser Aktion auch nicht informiert worden waren. Nahezu alle Beschäftigten der Schicht hatten sich dann vor dem Verwaltungsgebäude postiert, in dem ge-

ISBN 978-3-8360-8714-8 – Presseexemplar – (c) edition sigma – 08102015

rade Verhandlungen zwischen der Verhandlungskommission und dem Arbeitgeber liefen. Aus Sicht der Arbeitnehmervertreter hat diese Machtdemonstration nicht nur die konkreten Verhandlungen erleichtert, sondern auch bleibenden Eindruck beim Arbeitgeber hinterlassen. Nach der Mobilisierung konnten die Arbeitnehmervertreter weit überzeugender argumentieren, dass Ergebnisse nur dann gangbar sind, wenn sie auch die Akzeptanz der Beschäftigten finden.

> „Die Mitglieder haben gesagt, die Schiffs- und Gerüstbauer, so dann gehen wir mal vor zur Geschäftsführung. Und sind als Belegschaft geschlossen, ohne dass wir es organisiert haben, eine spontane Geschichte, sind also gemeinsam mit uns vorgegangen zur Geschäftsleitung, um den Geschäftsführer zur Rede zu stellen. Ich war dann zusammen mit dem Betriebsratsvorsitzenden drin und die wollten zuerst nicht reden, und wir haben dann gesagt: Wenn Ihr jetzt nicht rauskommt, kommen die rein. Also, das müsst Ihr Euch überlegen, wie Ihr am besten aus der Veranstaltung rauskommt. Für die Verhandlungen war das sehr hilfreich. Und wir konnten jetzt in den letzten Jahren auch immer deutlich machen, dass wir nur ein Teil der Belegschaft sind und immer rückkoppeln müssen, solche Dinge dann auch zu vereinbaren. Das war dann auch ganz wichtig." (Gewerkschaftlicher Betreuer)

Bei Metall 1 war der lokale Betriebsrat zwar Mitorganisator der kurzen Arbeitsniederlegung, doch wurde auch dort die Verhandlungsführung einschließlich des Tarifsekretärs der Gewerkschaft davon überrascht, dass die Beschäftigten anlässlich der zweiten Verhandlungssitzung plötzlich vor dem Verhandlungsgebäude standen und Transparente und Fahnen schwenkten. Auch bei Metall 1 war die Beteiligung an der Mobilisierung hoch, und auch hier war der Eindruck auf den Arbeitgeber nachhaltig. Die Mobilisierung hatte nach Aussage des Tarifsekretärs Warnstreikcharakter, aber nicht den Status eines offiziellen Warnstreiks. Dem stand das Streikverbot für die Laufzeit der Tarifverträge entgegen. Deshalb wurde die Arbeitsniederlegung als Informationsveranstaltung der Beschäftigten deklariert.

> „Dann kam die zweite Tarifkommissionssitzung. Da haben wir dann zu den Verhandlungen so eine richtige kleine Demonstration gemacht, da habe ich der Tarifkommission auch die Bilder gezeigt, dazu kam dann auch der Verhandlungsführer der anderen Seite. Das waren in der Produktion unsere Mitglieder, das hatte Warnstreikcharakter, aber war kein Streik, wir können ja in so einer Situation nicht streiken." (Tarifsekretär)

Nach Aussage der Betriebsratsvorsitzenden des Werkes war die Resonanz in der Belegschaft auf den Warnstreik so groß, dass davon nicht nur die Unternehmensseite, sondern auch die Bezirksleitung der IG Metall überrascht worden war. In Form und Umfang sei die Demonstration spontan gewesen, und so sei es gelungen, der Unternehmensleitung die Kampfbereitschaft der Belegschaft vor Augen zu führen. Insgesamt haben demnach 250 Beschäftigte einer Schicht für zwei Stunden die Arbeit niedergelegt.

Bei Chemie 3 hatte der Betriebsrat eine „Brotzeit“ mit Getränkeausschank und Imbiss vor dem Werkstor während der Arbeitszeit organisiert. Dies geschah in einer Phase, in der die Verhandlungen mit der Unternehmensseite stockten. Auf diese Weise sollte dem Unternehmen signalisiert werden, dass die Beschäftigten voll hinter den Forderungen der Arbeitnehmervertreter stehen.

> „Wir haben dann auch eine Arbeitszeitdemonstration gemacht, die wir auf dem Parkplatz abgehalten haben. Wir haben gemerkt, die Verhandlungen fahren fest, und da haben wir das organisiert. Das ganze haben wir Brotzeit genannt, und wir haben das über alle Schichten gemacht, wir haben ja drei Schichten, so dass sich alle beteiligen konnten. Für uns vom Betriebsrat war es natürlich wichtig, dass die Kollegen sich auch haben mobilisieren lassen, weil durch diese Aktionen auch der Druck auf die Unternehmensleitung gewachsen ist. Denn die Unternehmensleitung hat gesehen, O.K., die Belegschaft steht hinter dem Betriebsrat und hinter den Forderungen des Betriebsrates. Und dann hat man tatsächlich gesehen, nach diesen Aktionen, dass auch Bewegung in die Forderungen der Unternehmensleitung gekommen ist. Dass die dann auch gesagt haben, wir sind etwas zu weit gegangen, wir müssen etwas zurückgehen. Da ging es um die Höhe der Arbeitszeit.“ (Betriebsräte im Gruppeninterview)

Die Mobilisierung der Belegschaft war mithin ein wichtiges Element in den jeweiligen Verhandlungsstrategien der Betriebsräte. Die Betriebsräte nutzten die kritische Stimmung in der Belegschaft gegenüber Tarifabweichungen zur Stärkung ihrer Verhandlungspositionen. Ähnlich lassen sich auch die faktischen Arbeitsniederlegungen bei Metall 3 interpretieren, die darin bestanden, dass die Gewerkschaftsmitglieder während der Arbeitszeit zu Mitgliederversammlungen zusammengerufen wurden. Diese wurden in einem auswärtigen Gasthof zusammen mit den Mitgliedern aus den anderen beiden Werken abgehalten, die sich in räumlicher Nähe zum Werk Metall 3 befinden. Insgesamt war die Teilnahme hoch; auch nichtorganisierte Beschäftigte sind mitgefahren. Auch in diesem Fall hat die Mobilisierung ihre Wirkung nicht verfehlt.

> „Das muss dem Arbeitgeber ja auch klar sein. Das weiß er auch, durch die Mitgliederversammlungen. Das ist auch dem Arbeitgeber klar, dass wir die nicht machen, um da Kaffee zu trinken, sondern um die Leute zu mobilisieren. Denn es kann ja immer auch was Schlimmeres passieren. Und die Drohung mit Streiks, Warnstreiks und Arbeitskampf. Die muss man auch richtig ausdrücken. Aber das ist ihm immer klar, im Notfall drehen wir den Schlüssel rum, und dann stehen die Leute auf der Straße.“ (Gewerkschaftlicher Betreuer)

Dabei hätten die Mitglieder nicht etwa zum Streik aufgefordert werden oder mühsam überredet werden müssen. Vielmehr wiesen sie, wie in den anderen Fällen auch, eine hohe Eigenmotivation auf. Die Aufgabe des Betriebsrates bestand eher darin, die überschüssige Konfliktbereitschaft zu bremsen und zu kanalisie-

ISBN 978-3-8360-8714-8 – Presseexemplar – (c) edition sigma – 08102015

ren, als sie seinerseits anzuheizen. Aber auch dies wurde als wenig problematisch beschrieben. Offensichtlich war das Vertrauen der Beschäftigten in die Verhandlungsstrategie des Betriebsrates groß.

> „Das ist klar, aber es geht auch anders rum. Die Kollegen kommen auch zu uns. Ich möchte fast sagen die Hälfte kommt und fragt, wann ist es soweit, wann können wir denn – also auch andersrum. Die sagen wann, wie können wir uns bereit erklären, sagt was. Ich sage dann bleibt mal ruhig, das ist lieb und nett und schön, ich mache dann den Daumen rauf, und dann ist es soweit." (Betriebsratsvorsitzender)

Obwohl in der Metallindustrie die Tarifabweichungen als Ergänzungstarifverträge verhandelt werden, bewegen sich Arbeitskampfaktionen wie die beschriebenen in einer rechtlichen Grauzone, weil erstens die geltenden Tarifverträge noch in Kraft sind und damit die Friedenspflicht einzuhalten ist und weil zweitens der Betriebsrat nicht zu Arbeitskämpfen aufrufen darf. Aus Sicht des Betriebsratsvorsitzenden bei Metall 3 kann zumindest das zweite Problem elegant dadurch umgangen werden, dass der Betriebsrat seine Rolle wechselt und als Gewerkschaftsfunktionär agiert. Die häufig angesprochene Ambivalenz des Betriebsrates als Organ der gesetzlichen Mitbestimmung und als Vertreter der Gewerkschaft wird hier zu einem institutionellen Vorteil, denn sie erlaubt eine Erweiterung des Handlungsrepertoires des Betriebsratsvorsitzenden.

> „Dann bist Du (gerichtet an den Betriebsratsvorsitzenden, T. H.) eben Vertrauensmann oder Metallfunktionär und nicht Betriebsratsvorsitzender." (Gewerkschaftlicher Betreuer)

Grundsätzlich lässt sich sagen, dass die Mobilisierung vor allem in den Betrieben stattfand, in denen die Arbeitsbeziehungen nicht sozialpartnerschaftlich sind und in denen die Betriebsräte einer konfliktorientierten Verhandlungsstrategie folgten. Betriebsräte und Gewerkschaft haben mit Hilfe der Mobilisierung jeweils erfolgreich versucht, in den Verhandlungen Druck auf die Arbeitgeberseite aufzubauen und die eigene relative Machtposition in den Verhandlungen zu verbessern. Ein weiterer wichtiger Effekt der Mobilisierung bestand darin, dass sie die Legitimation des Betriebsratshandelns bei den Beschäftigten deutlich erhöht haben. Dies zeigt sich an der *überschüssigen Mobilisierungs- und Konfliktbereitschaft* der Beschäftigten. Sie haben nicht nur rege an den Aktionen teilgenommen, sondern mussten von den Betriebsräten nicht selten auch zurückgehalten werden, Aktionen zu starten oder zu verlängern.

Im Untersuchungssample findet sich nur eine Ausnahme für den Zusammenhang von konfrontativen Verhandlungsstrategien und Mobilisierung. Bei Metall 5 wurde die konfliktorientierte Strategie der Betriebsräte nicht durch eine Mobilisierung begleitet. Der Grund dafür wurde bereits angesprochen: die mangelnde Mobilisierbarkeit der Beschäftigten, die ihre Wurzeln in der Misstrauenskultur des Betriebes und der fehlenden Kampferfahrung bei Streikaktionen hat. Einzig dieser Umstand hat den Betriebsrat davon abgehalten, die Beschäftigten zu mobilisieren. Unter anderen Bedingungen hätte der Betriebsrat dieses Instrument eingesetzt.

> „Mobilisierung war für uns ein Thema, klar, aber das war nicht möglich hier. Wir haben ja, wie gesagt, wir leben ja hier am unteren Niederrhein in sehr demutsvoller Haltung dem Arbeitgeber gegenüber, obrigkeitshörig, pottschwarz, Streik hat hier keine Kultur. Die Menschen sind nicht belastbar und nicht konfliktfähig genug, eigene Nachteile in Kauf zu nehmen. Wenn wir auf die Streikkarte gesetzt hätten, hätten wir Schiffbruch erlitten." (Betriebsratsvorsitzender)

Umgekehrt gibt es aber auch zwei Betriebsräte, die eine integrative Strategie mit Mobilisierung verbunden haben. Einer davon ist der Betriebsrat bei Metall 4. Die dort durchgeführte Unterschriftenkampagne war eine sehr defensive Variante der Mobilisierung, und diese wurde überdies von der Gewerkschaft – und nicht vom Betriebsrat – organisiert. Bei Chemie 4 wiederum fanden – allerdings in einem anderen Werk des Unternehmens – die aufwändigsten, bestorganisierten und öffentlichkeitswirksamsten Aktionen unter allen Fallbetrieben statt, obwohl es sich um einen Betriebsrat mit einer integrativen Strategie und um sozialpartnerschaftliche Arbeitsbeziehungen handelte. Der Grund dafür war, dass die Konzernleitung von einer bereits ausgehandelten Tarifabweichung zurücktrat und damit das gesamte sozialpartnerschaftliche Programm in Frage stellte, dem Betriebsrat und Gewerkschaft bis dahin gefolgt waren. Die Arbeitnehmervertreter reagierten mit der Mobilisierung also auf eine neue Konfliktstrategie der Unternehmensleitung.

Ausgangspunkt des Konflikts bei Chemie 4 war eine abweichende Vereinbarung, die Betriebsrat und Gewerkschaft unter dem Druck der Verlagerung der Produktion nach Tschechien und des Verlustes von 320 Arbeitsplätzen im Reifenbereich des betreffenden Werkes abgeschlossen hatten. Darin hatten sie einer Arbeitszeitverlängerung ohne Entgeltausgleich auf 39 Wochenstunden zugestimmt. Im Gegenzug wurde vom Unternehmen eine feste Produktionsmenge an Reifen für die Jahre 2006 und 2007 garantiert und eine Verlängerungsoption für die Jahre 2008 und 2009 gegeben. Neben diesen Punkten enthielt die Vereinbarung auch eine Rücktrittsklausel, die das Unternehmen bei wirtschaftlicher Notlage einfordern konnte. Daran sollte sich schließlich die besondere Dramatik dieser Tarifabweichung entzünden. Denn der Konzernvorstand trat wenige Monate nach ihrem Abschluss von der Vereinbarung wieder zurück mit dem Argument, dass sich die Marktlage für PKW-Reifen verschlechtert habe. Die Reifenproduktion im Werk sollte umgehend verlagert werden. Daraus entstand für die Gewerkschaft ein erhebliches Legitimationsproblem, weil sie die Arbeitnehmer

ISBN 978-3-8360-8714-8 – Presseexemplar – (c) edition sigma – 08102015

zunächst von materiellen Konzessionen überzeugt hatte, nun aber die Gegenleistungen des Unternehmens nicht mehr garantieren konnte. In dieser Situation organisierte die Gewerkschaft einen öffentlich überaus wirksamen Protest. Die Mobilisierung wurde eingebettet in eine umfassende Öffentlichkeitsstrategie, mit der sie den Wert der Sozialpartnerschaft betonte und die Integrität der Verhandlungspartner auf Unternehmensseite in Frage stellte.

> „Und wir hatten kaum die Vereinbarung unterschrieben, kündigte der Vorstandsvorsitzende die Schließung der Reifenproduktion an. Was uns natürlich in eine furchtbare Situation brachte, als IG BCE. Nun standen wir natürlich wie die Idioten da, als öffentlich erklärt wurde, die Reifenproduktion zu schließen. Obwohl dieser Standort an sich gesehen 40 Mio. Gewinn gemacht hat. Aber wenn der Vorstand diese Produktion nach Tschechien gegeben hätte, hätte er glaube ich 60 Mio. Gewinn gebracht. Und in der Situation war es dann damals so, dass wir gesagt haben, so, jetzt müssen wir öffentlich werden. Und das war in der Zeit, als die 40-Stunden-Woche noch als Allheilmittel galt" (Gewerkschaftsbetreuer)

Die Gewerkschaft hat ihr Legitimationsproblem durch eine Strategie des öffentlich geführten Konflikts zu lösen versucht. Auf diese Weise konnte sie die Vertragsauflösung des Arbeitgebers als Vertragsbruch stigmatisieren, die Meinungshoheit in der Auseinandersetzung gewinnen und sich die Unterstützung der Belegschaft des betroffenen Werkes sichern. Wichtige weitere Elemente dieser Strategie waren die Mobilisierung der gesamten Belegschaft des Standorts für eine kurze Demonstration, an der über 3.000 Beschäftigte teilnahmen, sowie die Organisation konzernweiter Solidarität der Betriebsräte durch Einberufung zweier Betriebsratsvollversammlungen am Standort, zu denen über 250 Betriebsräte aus ganz Deutschland angereist waren. Darüber hinaus rief auch die IG Metall zu einer Teilnahme an einer zweiten Beschäftigtendemonstration auf, und es konnte eine Solidaritätserklärung des europäischen Betriebsrates eingeholt werden, in der sich auch der Betriebsrat des tschechischen Werkes solidarisch erklärte, das Nutznießer der Produktionsverlagerung sein sollte.

Die Mobilisierung bei Chemie 4 erfolgte mithin nicht gegen eine sozialpartnerschaftliche Beziehungskultur, sondern war Ausdruck des Wunsches von Gewerkschaft und Betriebsräten, diese Kultur zu retten und zu erhalten gegen die ausdrückliche Abkehr von der Sozialpartnerschaft, die von der Konzernleitung vollzogen worden war. Der Kampf um den Erhalt der Sozialpartnerschaft oder der Rudimente, die sich davon retten ließen, konnte aber nicht mit sozialpartnerschaftlichen Mitteln erfolgen, weil die Konzernleitung damit nicht mehr erreichbar war. Konflikt musste mit Konflikt beantwortet werden. Insofern ist der Fall Chemie 4 kein Beispiel für eine sozialpartnerschaftliche Kultur, in der von den Arbeitnehmervertretern Konfliktstrategien angewandt werden. Er steht vielmehr für den Übergang in eine Konfliktkultur, die von der Konzernleitung längst eingeschlagen worden war und die von den Arbeitnehmervertretern unter dem Druck der Ereignisse dann auch nachvollzogen wurde.

Auch bei Chemie 4 war die Mobilisierungsbereitschaft der Beschäftigten überschüssig. Zwar hatten Betriebsrat und Gewerkschaft die Belegschaft des Werkes mobilisieren und damit den Druck auf den Arbeitgeber in den Sozialplanverhandlungen wirkungsvoll erhöhen können. Zugleich aber entstand mit der Vereinbarung des Kompromisses Unzufriedenheit zumindest bei den vom Personalabbau betroffenen Beschäftigten, die eine Fortsetzung des Konflikts bis zum Streik bevorzugt hätten.

> „Wobei man immer wieder sagen muss, die Leute, als der Konflikt dann zu Ende war, wir haben ihn ja nicht bis in den Streik 'reingezogen, was die Leute eigentlich wollten, aus strategischen Gründen hatten wir eingeschätzt, dass es uns am Ende nicht hilft und wir mehr anders herausholen können, aber für die Leute war das schwer zu akzeptieren, gerade die Betroffenen. Da hatten wir erheblichen Widerstand dann zum Schluss, um die Kompromisse zu bekommen. Wo ich immer wieder versucht habe zu sagen, das ist ein Erfolg, den wir da erreicht haben und es ist euer Erfolg, denn ohne euch wäre es nicht gegangen. Also, da bin ich mir nicht sicher am Ende, wie es die Leute interpretiert haben, zumindest die Betroffenen. Bei den anderen, wo wir die Arbeitsplätze gerettet haben, da klar, aber bei den Betroffenen selber bin ich unsicher." (Gewerkschaftlicher Betreuer)

Die *Partizipation* der Beschäftigten im Sinne ihrer Beteiligung an Entscheidungen schließlich zeichnet sich durch zwei Besonderheiten gegenüber den beiden anderen Beteiligungsformen aus: Erstens blieb sie in allen Untersuchungsfällen, in denen sie praktiziert wurde, auf die Beteiligung der Gewerkschaftsmitglieder beschränkt, und zweitens wurde sie in allen diesen Fällen auch von der Gewerkschaft organisiert. Die Partizipation ist keine Strategie der Betriebsräte. Insofern könnte sie im Grunde auch als Thema des nächsten Kapitels behandelt werden. Nur in einem Fall, nämlich bei Chemie 1, wurde im Betriebsrat über eine Abstimmung der Beschäftigten nachgedacht: Dort sollte die Frage der Verhandlungen zu einer Folgetarifvereinbarung zur Abstimmung gestellt werden, wozu es aber, wie bereits dargestellt, nicht gekommen ist.

Die tragende Rolle der Gewerkschaft bedeutet im Umkehrschluss, dass gerade dort Partizipation zu einer betrieblichen Praxis wird, wo die Gewerkschaft sich diese auch auf ihre Fahnen geschrieben hat und sie deshalb aktiv verfolgt wird. In diesem Punkt sind sowohl regelungstechnische Unterschiede zwischen den Tarifabweichungen als auch strategische Unterschiede zwischen den Gewerkschaften der beiden Untersuchungsbranchen feststellbar.

In der Chemischen Industrie gibt es von der Regelungsseite her kaum Ansatzpunkte für Partizipationsbemühungen der Gewerkschaft, weil die abweichenden Vereinbarungen als Betriebsvereinbarungen in der Verantwortung der Betriebsparteien liegen. Die Zustimmungspflicht der Tarifvertragsparteien ändert daran wenig, weil diese nicht mit partizipativen Verfahren verbunden ist. Zudem spielen partizipative Verfahren auch strategisch keine zentrale Rolle in der Tarifabweichung. Beteiligung wird von der Gewerkschaft vor allem in Form von gesonderten Mitgliederversammlungen praktiziert, in denen die Information der Mitglieder im Zentrum steht, nicht aber die Partizipation. In der Metallindustrie hingegen bietet die Form der Ergänzungstarifverträge, in der die abweichenden Vereinbarungen abgeschlossen werden, bessere Anknüpfungspunkte für partizipative Verfahren an. Tarifverträge liegen im Zuständigkeitsbereich der Gewerkschaft, nicht der Betriebsräte. Deshalb kann die Gewerkschaft verfügen, dass eine Tarifkommission gewählt wird und dass die Wahl der Kommission durch die Mitglieder zu erfolgen hat. Darüber hinaus kann sie auch an anderen Stellen des Entscheidungsprozesses Partizipationselemente einführen, sei es die Abstimmung über Verhandlungen oder sei es die Abstimmung über die Annahme eines Ergebnisses. Von entscheidender Bedeutung ist in diesem Zusammenhang, dass neben den formalen Möglichkeiten die Partizipation auch strategisch eine wachsende Bedeutung im Zuge der Tarifabweichung erfahren hat. Im Zentrum dieser Entwicklung steht die Strategie der betriebsnahen Tarifpolitik. Diese zielt darauf ab, durch Mitgliedernähe und Beteiligungsorientierung die gewerkschaftliche Organisationsmacht im Betrieb zu festigen und zu stärken (Schulz/Teichmüller 2001; Huber et al. 2006). Über die *privilegierte Beteiligung der Mitglieder* an Entscheidungen soll Tarifpolitik im Betrieb erfahrbar und die Attraktivität der Gewerkschaftsmitgliedschaft gesteigert werden. Mit der betriebsnahen Tarifpolitik also werden neben tarifpolitischen auch organisationspolitische Ziele der Mitgliederbindung und -rekrutierung verfolgt. In diesem Rahmen wurde in den Koordinierungsregeln der Gewerkschaft schließlich die Vorgabe aufgenommen, den Abschluss von Verhandlungen und die Annahme eines Ergebnisses an Mitgliederentscheidungen in Mitgliederversammlungen zu binden. Damit besteht eine starke strategische und normative Vorgabe für partizipative Verfahren.

Mitgliederbeteiligung wurde in fünf der sechs Fälle aus der Metallindustrie – Metall 1, Metall 2, Metall 3, Metall 5 und Metall 6 – praktiziert. Normative Vorgaben und betriebliche Praxis decken sich in hohem Maße. Die partizipativen Verfahren waren in den Fällen weitgehend deckungsgleich. Nach dem Beschluss des Bezirks, Verhandlungen einleiten zu können und der Benennung des Verhandlungsführers wird dieser beauftragt, Mitgliederversammlungen einzuberufen und das Votum der Mitglieder einzuholen. Entscheiden sich die Mitglieder gegen die Aufnahme von Verhandlungen, müssen diese gestoppt werden. Entscheiden sie sich dafür, wählen die Mitglieder eine Tarifkommission, die in der Regel aus Betriebsräten, und, so sie existieren, Vertretern der Vertrauensleute und einzelnen Mitgliedern gebildet wird. Die Tarifkommission wählt dann eine Verhandlungskommission, die mit den Arbeitgebern in Verhandlungen tritt. Während der Verhandlungen kommunizieren Verhandlungs- und Tarifkommission intensiv. Akzeptiert die Tarifkommission schließlich ein Verhandlungsergebnis, wird dies nochmals den Mitgliedern auf einer Mitgliederversammlung zur Abstimmung gestellt.

Neben den Wahlentscheidungen selbst ist aber auch mit der Mitgliedschaft in der Tarifkommission ein Beteiligungsaspekt verbunden. Je breiter die Tarifkommission aufgestellt ist, je mehr Mitglieder sie also hat, und je mehr „einfache Beschäftigte" darin Platz finden können, umso stärker ist ihr Partizipationseffekt. Deshalb auch wurde in allen fünf Fällen betont, dass man Wert auf eine große Tarifkommission gelegt habe, in der auch einfache Mitglieder unterschiedlicher Abteilungen präsent sind. Beispielhaft dafür ist der Fall Metall 1. Dort umfasste die Tarifkommission für die vier Standorte insgesamt 25-30 Mitglieder. Die hohe Mitgliederzahl sollte garantieren, dass auch jeweils einfache Mitglieder in der Kommission Platz haben und dass dabei alle Bereiche des Unternehmens repräsentiert werden können. Dazu wurden im Vorfeld von den Verwaltungsstellen und Betriebsräten Vorschlagslisten erarbeitet, über die dann in den Mitgliederversammlungen abgestimmt wurde.

> „Wir haben den Verwaltungsstellen gesagt, dann nehmen wir pro 50 oder 30, ich weiß nicht mehr so genau, Beschäftigten ein Tarifkommissionsmitglied, Ihr macht in den Standorten eine Mitgliederversammlung und in dieser wählt Ihr nach dem Schlüssel die Tarifkommissionsmitglieder. Macht aber auch einen Vorschlag, zusammen mit dem örtlichen Betriebsrat, der so ein bisschen auch die Belegschaftsstruktur berücksichtigt, so dass die in der Tarifkommission abgebildet werden kann." (Gewerkschaftlicher Betreuer)

In allen fünf Fällen fanden sich zudem in den Mitgliederversammlungen deutliche Mehrheiten sowohl für den Beginn von Verhandlungen als auch für die Annahme des Verhandlungsergebnisses. Für die Gestaltung dieser Verfahren spielt die Zielsetzung von Betriebsrat und Gewerkschaft eine zentrale Rolle. Streben die Interessenvertreter eine Ablehnung durch die Beschäftigten an, würden sie das Entscheidungsverfahren anders einleiten und steuern, als wenn sie eine Zustimmung erzielen wollten. So hat beispielsweise der Betriebsratsvorsitzende bei Metall 6 eine Betriebsversammlung zur Ablehnung von Verhandlungen zur Tarifabweichung genutzt, als das Unternehmen diese im Zusammenhang mit Personalabbau einforderte.

> „Für uns war klar, dass wir zu einem neuen Vertrag nein sagen. Aber wir mussten ja dann noch Mitgliederbefragungen machen, und die haben dann auch klar nein gesagt. Aber nicht, nachdem wir nein gesagt haben, sondern selber, so dass wir den Auftrag bekommen haben, Nein zu sagen. Die Entscheidung dafür liegt ja nicht beim Betriebsrat, die liegt ja bei denen. Es war nie so, dass wir da Vorreiter waren. Aber: Wie diskutiert man, wenn man selber nicht will? Das ist ja auch gar nicht so einfach. Umgekehrt ist es auch genau das gleiche gewesen." (Betriebsratsvorsitzender)

ISBN 978-3-8360-8714-8 – Presseexemplar – (c) edition sigma – 08102015

Die Ablehnung zu erwirken war in den Augen des Betriebsratsvorsitzenden ganz ohne Risiko. Aufgrund der Skepsis der Belegschaft sei dies leicht gewesen. Die eigentliche Kunst bestünde vielmehr darin, eine Zustimmung zu erhalten, wenn die meisten Beschäftigten der Tarifabweichung kritisch gegenüberstünden. Dies sei zwar auch möglich, erfordere aber Geduld und vor allem Standfestigkeit.

> „So ein Votum zu holen gegen einen Haustarif ist leicht. Wenn man aber irgendwann erkennt, man muss ihn aber doch haben, und den dann umzusetzen, das ist wesentlich schwieriger. Also, das ablehnende Votum zu holen, dann kriegt man sogar noch ein paar Streicheleinheiten. Aber das auszuarbeiten, auszuhalten und umzusetzen, das ist der schwierige Part an der Geschichte.“ (Betriebsratsvorsitzender)

Tatsächlich gab es unter den Partizipationsfällen nicht einen, bei dem die Mitglieder anders entschieden hätten, als der Betriebsrat es sich gewünscht hätte. Dies lag nicht zuletzt daran, dass die Betriebsräte und die Gewerkschaftsvertreter die Entscheidungen zu lenken versucht haben. Insofern ließe sich von einer *gelenkten Partizipation* sprechen. Die Lenkung bestand jeweils darin, dass auf den Mitgliederversammlungen üblicherweise vor der Wahlentscheidung erst ausführlich *diskutiert* wurde und Betriebsräte und Gewerkschaft versuchten, Argumente für oder gegen Verhandlungen oder ein Ergebnis auf den Tisch zu bringen. Die Diskussionen wurden in allen Fällen als offen bezeichnet und unterschieden sich damit grundlegend von den Diskussionen, die auf Betriebsversammlungen im Beisein des Managements geführt werden. Die Mitgliederversammlungen kommen dem Leitbild eines herrschaftsfreien Diskurses weitaus näher, weil hier, wie im Fall Metall 1 der Gesamtbetriebsratsvorsitzende betont, Gewerkschaftsmitglieder offen miteinander Argumente austauschen können.

> „Weil im kleinen Kreis lässt sich einfacher diskutieren. Und im Kreis von Gleichgesinnten ohnehin. Als IG Metaller oder als Gewerkschafter hat man jetzt auch tatsächlich was zu sagen, ich darf jetzt auch mal was sagen. Da hat es Diskussionen gegeben. Die natürlich erstmal bei den Negativbeispielen angefangen haben, also es ist keiner aufgetreten und hat gesagt, so, wir machen das jetzt, also ich bin dafür. Es sind erst die aufgetreten, die gesagt haben, warum soll ich das tun, was habe ich davon?“ (Gesamtbetriebsratsvorsitzender)

Verzerrungen des kommunikativen Handelns ergeben sich freilich aus den unterschiedlichen kommunikativen Fähigkeiten der Beschäftigten und der rhetorisch aus den Verhandlungen mit dem Management geschulten Betriebsräte. Ihr Bestreben war es, mögliche Bedenken im Vorfeld der Entscheidung zu entkräften. Im Fall von Metall 6 beispielsweise haben Betriebsrat und Gewerkschaft die Mitglieder mit der Expertise der Wirtschaftsprüfer von der Notwendigkeit der Verhandlungen zu überzeugen versucht, die in ihrem Gutachten die wirtschaftli-

ISBN 978-3-8360-8714-8 – Presseexemplar – (c) edition sigma – 08102015

che Lage als prekär beschrieben hatten. Ansonsten wäre aus ihrer Sicht ein ernstes Legitimationsproblem aufgebrochen, weil die kritischen Beschäftigten eine Koalition zwischen Interessenvertretung und Management vermutet hätten.

> „Die Wirtschaftsprüfer haben deshalb eine ganz wichtige Rolle gespielt. Damit kamen wir dann ja auch aus dem Schussfeld. Denn sonst hat man ja wirklich Probleme. Die Begutachtung des Unternehmens haben wir deshalb offen gemacht und dann auch denjenigen, der begutachtet hat, dazu gebeten. Nur so kommt man da weg; es ist ja häufiger so, pervers, aber es ist so, dass Belegschaften den Betriebsräten und der IG Metall unterstellen, mit der Geschäftsleitung Kungeleien durchzuführen. Das muss man öffnen, und das geht nur, wenn du wirklich konsequent die Leute beteiligst, um den Geruch der Kungelei loszuwerden. So haben wir gesagt: So ist das, wir haben dazu auch eine Meinung, und die sagen wir Euch auch, aber am Ende entscheidet ihr. Nur so kann es funktionieren." (Gewerkschaftlicher Betreuer)

Im Fall von Metall 3 wirkte vor allem die glaubhafte Ankündigung des Betriebsrates überzeugend, in den Verhandlungen für die materiellen Interessen der Beschäftigten zu kämpfen und das Beste herauszuholen. Die konfliktorientierte Verhandlungsstrategie half in diesem Fall, Legitimationsprobleme zu vermeiden und die Interessenkoalition zwischen Betriebsrat, Gewerkschaft und Beschäftigten gegen das Management zu schärfen.

> „Dieser Prozess, unbezahlte Mehrarbeit und solche Dinge, den zu vermitteln, das geht ja gar nicht anders, wenn man die Leute nicht wirklich einbindet. Die Bereitschaft mitzumachen, wurde dann auch größer, als wir zeigen konnten, hier, wir können dafür auch etwas bekommen. Da wurde denen schon deutlich, dass es besser ist, die Bedingungen zu verhandeln als sich rauszuhalten und dann mit Entscheidungen konfrontiert zu werden. Das war ein ganz entscheidender Punkt." (Gewerkschaftlicher Betreuer)

Gelenkte Partizipation heißt also nicht, dass die Betriebsräte für ein gutes Ende der Abstimmung auch garantieren könnten; dieses Verfahren meint vielmehr nur, dass sie Interpretations- und Deutungsvorschläge machen, die von den Mitgliedern diskutiert und auch kritisiert werden können, die sich aber doch mit einer nicht geringen Wahrscheinlichkeit am Ende durchsetzen. Im Übrigen ist es nach Aussage des Betriebsratsvorsitzenden bei Metall 6 auch so, dass die Mitglieder eine Orientierung durch ihre gewählten Vertreter erwarten würden. Dafür sei der Betriebsrat prädestiniert, weil er, anders als die Beschäftigten, den Betrieb als Ganzes im Auge habe und nicht nur an Partialbereiche denke. Die Zustimmung oder Ablehnung bleibt davon unbenommen eine freie Entscheidung der Mitglieder.

> „Wenn einer was vorgibt, ist es immer schön leicht, ihn zu kritisieren. Wenn Sie selbst entscheiden müssen, das habe ich oft genug gemerkt, ob es sich um Ver-

> trauensleute handelt oder um die Beschäftigten, die tun sich schwer. So, wenn man eine Vorgabe macht, dann kann man das kritisieren, macht man aber keine Vorgabe, sind sie sehr unsicher. Irgendwo gibt es dann aber einen Weg, und das war meist das Gutachten. Quick Check sagt ja schon was aus, da gibt es hinten auch eine Zusammenfassung, die sagt ja was aus. Ist da viel Geld oder nicht?" (Betriebsratsvorsitzender)

In allen Fällen waren die Mehrheiten für die Deutungen und Empfehlungen deutlich, die Gewerkschaft und Betriebsrat gegeben haben. Allerdings betonten die Interessenvertreter, dass sie ein gegenläufiges Votum der Mitglieder auch respektiert und umgesetzt hätten; dies sei eine Verpflichtung, die mit partizipativen Verfahren zwangsläufig verbunden sei. In diesem Sinne äußert sich der befragte Betriebsrat bei Metall 3:

> „Nein, also wir haben das nicht vorgegeben, wir haben, letztendlich war ja die Entscheidung bei den organisierten Mitgliedern. Die haben praktisch entschieden, ob wir das machen oder nicht. Wir haben nur auf die Risiken hingewiesen, sozusagen, aber letztendlich die Entscheidung haben die Kollegen getroffen. Die haben abgestimmt, ob wir dieses Programm nun fahren oder nicht." (Betriebsrat)

Die Beteiligung durch partizipative Verfahren gilt denen, die sie praktizieren, als zentrale *Quelle der Legitimation.* Die legitimationspolitische Bewertung der Partizipationspraxis ist durch die Bank positiv. Sie habe die Stellung des Betriebsrates gegenüber der Belegschaft und in seinen Aushandlungen mit dem Management gestärkt. Dadurch sei noch einmal Schwung gebracht worden, wie es der Betriebsrat bei Metall 2 formuliert.

> „Und zum anderen haben wir natürlich gesagt: Du hast eine Mitbestimmung, Du kannst in den Prozess einwirken, Du kannst zur Mitgliederversammlung gehen, Du kannst dort sagen, das verstehe ich nicht, oder aber kann man das nicht so und so machen. Du kannst Dich dort konstruktiv in diesen ganzen Entscheidungsprozess einbinden. Wenn Du willst. Und das hat auch nochmal einen gewissen Schwung gebracht." (Betriebsratsvorsitzender)

Damit ist nicht gesagt, dass in den Fällen ohne Partizipation der Betriebsrat seine Legitimationsprobleme nicht hätte lösen können. Auch konfliktorientierte Strategien und Mobilisierung haben sich als wirksames Mittel gegen mögliche Legitimationsprobleme erwiesen, weil hierbei die kritischen Deutungen der Beschäftigten aufgenommen wurden und in Richtung einer Stärkung der Verhandlungsposition der Interessenvertretungen kanalisiert werden konnten. Und auch die Strategie der Information – ohne Mobilisierung und Partizipation und insbesondere in Form wechselseitiger und nicht einseitiger Kommunikation – konnte zur Lösung der Legitimationsprobleme und der Erringung einer Deutungshegemonie gegenüber den Beschäftigten entscheidend beitragen. Trotz der starken Unterschiede in den Beteiligungsformen wurden negative Auswirkungen der Tarifabweichungen unter den Untersuchungsbetrieben nur in einem Fall, bei Chemie 5, genannt. Dort war der Betriebsratsvorsitzende wegen seiner stark kooperativen Haltung zur Geschäftsleitung ins Kreuzfeuer der Kritik geraten und wurde von den Beschäftigten bei der darauf folgenden Betriebsratswahl abgestraft.

> „Das hat sich natürlich im Wahlergebnis gezeigt. Das überragende Ergebnis, das ich sonst immer hatte, das habe ich natürlich nicht erreicht. Was ganz auffällig war, dass ich zur Wahl der Arbeitnehmervertreter im Aufsichtsrat erschreckend wenig Stimmen geholt habe. Das war so, dass man da abgestraft wurde von den Werken. Es hat aber noch gereicht. Einige Betriebsräte haben sich auch gar nicht mehr zur Wiederwahl gestellt. Die Hauptschuldigen sind dann schon abgestraft worden, bitte das in Anführungsstrichen zu sehen." (Betriebsratsvorsitzender)

Ansonsten gilt aber, dass die Tarifabweichung, teilweise zur eigenen Überraschung der Betriebsräte, keine Auswirkungen auf die Wahlergebnisse hatte und die Betriebsräte bei Wahlen durchweg gute Ergebnisse erzielen konnten. Offensichtlich war es den Betriebsräten durch die Bank gelungen, die Beschäftigten von der Notwendigkeit des eingeschlagenen Weges zu überzeugen. Erkennbare Legitimationsprobleme durch alternative Wahllisten oder die Stärkung einer internen Opposition gab es ebenfalls nicht. Die folgende Aussage des Betriebsratsvorsitzenden von Chemie 4 ist für das Untersuchungssample repräsentativ.

> „Wir hatten dann auch 2005/2006 Betriebsratswahlen, und so gute Wahlergebnisse wie da hatten wir hier noch nie. Die Freigestellten hatten durchgängig erstaunlich gute Ergebnisse. Da hätten wir selber nicht mir gerechnet. Eigentlich haben wir eher erwartet, dass wir ein Stück weit abgestraft werden für diese Geschichte, was auch sehr verständlich gewesen wäre. Aber das Gegenteil ist eingetreten, dass wir also für das Establishment, für diejenigen, die hier den Ton angeben, dass wir da ein sehr, sehr gutes Wahlergebnis hatten. Insofern scheint also die Problematik bei den Beschäftigten auch angekommen zu sein, was die Information betrifft." (Betriebsratsvorsitzender)

Allerdings kommt es nicht von ungefähr, dass in wenigstens drei Fällen, bei Chemie 1, Chemie 5 und Metall 4, zumindest einer der interviewten Arbeitnehmervertreter darauf hinwies, dass partizipative Verfahren noch einen Zugewinn an Legitimation hätten erzeugen können. Aus diesem Grund fragte sich der gewerkschaftliche Betreuer bei Chemie 5, ob nicht die Regelungen und Praktiken der Metallindustrie, Tarifabweichungen über Ergänzungstarifverträge zu verhandeln und mit neuen tarifpolitischen Beteiligungskonzepten zu verbinden, auch für die Chemische Industrie praktikabel wäre. Der Betriebsrat, der eine Betriebsvereinbarung mit dem Unternehmen abschließt, sei für den Beschäftigten ein kostenloses Gut, für das er keine Mitgliederbeiträge zahlen muss. Tarifverträge aber seien Aufgabe der Gewerkschaft. Deshalb zeige sich der Wert der Gewerkschaftsmitgliedschaft auch bei dieser Regelungsform weit stärker.

ISBN 978-3-8360-8714-8 – Presseexemplar – (c) edition sigma – 08102015

> „Aus meiner Sicht gibt es die Veranstaltung Betriebsrat für umsonst für die Beschäftigten, und wenn man einen guten Betriebsrat hat, dann stellt sich immer die Frage, warum soll ich eigentlich noch einen Gewerkschaftsbeitrag bezahlen, ich werde doch ganz gut bedient und den Tarifvertrag kriege ich doch auch so. Und ich glaube, das hat schon was, das müssen wir im Grunde genommen immer explizit betonen, dass wir da als IG BCE eine eigenständige Rolle haben, über die Zustimmung. Aber wenn man das rein jetzt vom Tarifvertrag her sieht, ist es ja eine nachträgliche Zustimmung. Es wird nämlich eine Betriebsvereinbarung gemacht, rein rechtlich, wobei in der Metallindustrie wird ja regelrecht ein Tarifvertrag gemacht und das hat eine andere Qualität. Und ich glaube, das System hat seine Reize aus gewerkschaftlicher Sicht.“ (Gewerkschaftlicher Betreuer)

Der einzige Fall der Metallindustrie, bei dem partizipative Verfahren nicht zur Anwendung kamen, ist Metall 4. Aber auch hier wurde die Frage gestellt, ob solche Verfahren nicht die Legitimation der Interessenvertretungen verbessert hätten. Der Verzicht auf Mitgliederpartizipation war eine bewusste Entscheidung, die sich aus dem Selbstverständnis nicht zuletzt des Betriebsratsvorsitzenden ergab. Für ihn bedeutete die Nutzung des Instruments Befragung einen *Verzicht auf Wahrnehmung der Verantwortung,* die er mit der Wahl angenommen habe. Eine Befragung bedeutete aus seiner Sicht wenig mehr als die Formalisierung eines Stimmungsbildes, auf das man auch verzichten könne, wenn man das Stimmungsbild kennt.

> „Ja, eine Befragung hat einen Charme, aber das ist so eine Grundsatzdiskussion, die wir halt jetzt in dem Fall so entschieden haben, dass wir das nicht machen, weil ich auch glaube, dass das ein Stück weit ein Abgeben oder ein Nichtwahrnehmen von Verantwortung ist. Sondern man muss die Frage so stellen, dass das Ergebnis rauskommt, was man haben will. Bedeutet in der Endkonsequenz, eine Befragung, hängt das Ergebnis einer Befragung sehr stark ab erstens von der Fragestellung, aber natürlich noch viel stärker von der Vorbereitung, von der vorbereitenden Diskussion der Befragung. So, und damit, wenn ich jetzt diese vorbereitende Diskussion führe, dann habe ich ein Meinungsbild und dann brauche ich nicht noch einen formalen Beleg dafür, dass ich jetzt ein Meinungsbild habe.“ (Betriebsratsvorsitzender)

In den Augen des Vertrauenskörperleiters wäre eine Mitgliederbefragung jedoch durchaus wünschenswert gewesen. Zwar habe eine einheitliche Stimmungslage im Werk vorgeherrscht, das ausgehandelte Ergebnis auch anzunehmen; deshalb hätte eine formale Befragung kein anderes Ergebnis hervorgebracht. Dennoch aber sei eine Mitgliederentscheidung im Prinzip der richtige Weg. Dies gelte umso mehr in weniger eindeutigen Situationen, und dann auch mit der Konsequenz, ein Verhandlungsergebnis möglicherweise nicht unterschreiben zu können.

„Also ich persönlich hätte es für sinnvoll gehalten, wenn man das dann noch mal abschließend gemacht hätte. Weil, wie gesagt, so habe ich halt die Auffassung, die Leute müssen das mittragen und wenn das, was man verhandelt hat, nichts war in den Augen der Mitarbeiter, das bei so einer Mitgliederbefragung rauskommt, dann muss man damit leben, das akzeptieren." (Vertrauenskörperleiter)

6.3 Partizipation in der Arena der Arbeitsverfassung

Partizipative Verfahren können im Zusammenhang mit der Tarifabweichung noch eine weitere Dimension haben. Partizipation ist nicht zwangsläufig auf den Entscheidungsprozess der Aushandlungen von Tarifabweichungen beschränkt. Im Rahmen der Tarifabweichung kann Partizipation vielmehr auch als Strukturelement der Arbeitsorganisation in den Betrieben eine – möglicherweise entscheidende – Stützung erfahren. Tarifabweichungen können auf der Seite der Unternehmensgegenleistungen Vorgaben zur Entwicklung partizipativer Organisationsformen enthalten und damit formalisieren und mit kollektivvertraglicher Verbindlichkeit ausstatten. Sofern dies der Fall ist, fungieren Tarifabweichungen als *Treiber partizipativer Organisationsformen* in den Unternehmen.

Diese Dimension der Partizipation ist allerdings in den Sampleunternehmen nicht weit verbreitet. Es gibt mit Metall 2 und Chemie 6 nur zwei Fälle, in denen in den abweichenden Vereinbarungen Regelungen und Impulse zu einer partizipativen Arbeitsorganisation vorhanden sind. Hinzu kommt noch der Fall Metall 6, wo der Betriebsrat Beschäftigte zur Beratung hinzugezogen hat. Dort bezog sich die Partizipation auf die gemeinsame Erarbeitung von *konkreten* arbeitsorganisatorischen Gestaltungsvorschlägen durch Betriebsräte, Vertrauensleute und Beschäftigte, die dann in die Tarifabweichung aufgenommen wurden. In den beiden anderen Fällen wurden hingegen ergebnisoffene und *allgemeine* Verpflichtungen des Unternehmens zu produktivitätssteigernden Maßnahmen definiert, die unter Beteiligung der Betriebsräte und der Beschäftigten umzusetzen sind.

Doch nicht nur die Verbreitung dieser Regelungen mit Partizipationsgehalt ist gering. Auch das Interesse der Unternehmen daran scheint nicht sonderlich ausgeprägt zu sein. Die partizipativen Organisationskonzepte in den Tarifabweichungen entspringen nicht einem strategisch denkenden Management, das von der Einsicht in die ökonomische Notwendigkeit der Beteiligung seiner Beschäftigten geleitet worden wäre. Es waren vielmehr in allen Fällen Betriebsräte und Gewerkschaften, die in den Verhandlungen darauf drangen, solche Vereinbarungen zu treffen. Dabei verfolgten sie eine doppelte Stoßrichtung. Zum einen sollten durch diese Regelungen die Mitbestimmung der Betriebsräte erweitert und Beteiligungsoptionen der Beschäftigten verankert werden. Wenn schon Konzessionen gemacht werden mussten, sollten die Beschäftigten und ihre Interessenvertreter auch einen größeren Einfluss auf die Entwicklung des Betriebs gewinnen. Und zum anderen sollten die Unternehmen zu organisatorischen Reformen gezwungen werden, die geeignet sein sollten, ihre Leistungsfähigkeit zu erhöhen und damit die Rückkehr zum Flächentarifvertrag realistischer zu machen. So plädiert der gewerkschaftliche Betreuer bei Metall 2 für die Festschreibung von Maßnahmen zur Produktivitätsentwicklung in Vereinbarungen zur Tarifabweichung, weil er ihnen eine höhere Erfolgswahrscheinlichkeit beimisst als möglichen Rückführungsregelungen, die eine Rückkehr zu den Flächentarifvertragsnormen bereits während der Laufzeit der Tarifabweichung vorsehen. Nur solche Maßnahmen würden eine nachhaltige Verbesserung der wirtschaftlichen Situation bewirken können und damit die Rückkehr zum Flächentarif ermöglichen. Die Umsetzung von Rückführungsregelungen könnte hingegen im Zweifel immer an der Zähigkeit wirtschaftlicher Probleme scheitern.

> „Das ist ja jedes Mal die Geschichte, man schließt so was ab und nach drei Jahren stehen sie wieder vor der Tür, weil sie dann den Sprung von 38 auf 35 nicht hinkriegen. Und deswegen haben wir das in diesem Fall festgemacht an Produktivitätsentwicklung, die über das geplante Maß hinausgeht. Da kann man im Grunde nur sagen, wir bringen das Gehirnschmalz der Kolleginnen und Kollegen mit ein und das bringt mehr, als wenn ihr das Ganze nur von oben vorschreibt. Ja, und ein weiterer Gesichtspunkt ist auch, dass ich das eigentlich immer anstrebe, dass ich den Betriebsrat oder auch die Mitarbeiter einbinde in diese ganze wirtschaftliche Entwicklung des Unternehmens. Man sagt, du bekommst was von uns, weil du im Augenblick Probleme hast, aber weil du etwas bekommst, wollen wir natürlich auch eine erweiterte Mitbestimmung haben und wollen uns dann mal angucken, wie das, was wir geben, wie das auch verwendet werden kann und wo Erfolge dann erzielt werden." (Gewerkschaftlicher Betreuer)

Bei Metall 2 hat die Partizipation auch im Vergleich der Fälle ihre tiefsten Spuren hinterlassen. Dort wurden die Vorgaben der abweichenden Vereinbarung zum Zeitpunkt der Untersuchung breit umgesetzt. Die Umsetzung aber wäre ohne die überaus aktive Rolle unvorstellbar gewesen, die der Betriebsrat als *Promotor der Partizipation und der Modernisierung* bei Metall 2 übernommen hat. Nach Aussage des Betriebsrates war es keine leichte Aufgabe, den Beschäftigten eine aktive Rolle in der Produktivitätsverbesserung näher zu bringen. Es habe immer wieder daran erinnert werden müssen, dass es den Änderungstarifvertrag und die darin enthaltenen Bestimmungen gibt. Dieser Aufgabe widmete sich der Betriebsrat nach eigener Aussage sehr intensiv. Dabei sei es wichtig aufzuzeigen, dass die Beschäftigungssicherung die Voraussetzung dafür biete, ohne Risiko der Rationalisierung des eigenen Arbeitsplatzes Verbesserungsvorschläge machen zu können. Allenfalls ein Wechsel der Tätigkeiten stünde zu befürchten.

> „Du musst den Leuten immer wieder suggerieren, pass mal auf, Du darfst Optimierungsvorschläge bringen, aber es passiert nichts, denn wir haben Beschäfti-

ISBN 978-3-8360-8714-8 – Presseexemplar – (c) edition sigma – 08102015

gungssicherung. Klar, es kann ein Vorschlag sein, der einen Kopf kosten könnte, in der Optimierung, im Prozess, aber der Kopf wird dann nur von Abteilung A nach B wandern." (Betriebsratsvorsitzender)

Insbesondere der Hinweis auf die Alternative der Arbeitszeitverlängerung habe gefruchtet, die gemäß der abweichenden Vereinbarung bei Metall 2 erfolgt, falls nicht in ausreichendem Maße Produktivitätssteigerungen umgesetzt werden können. Inzwischen haben sich zwischen Betriebsrat und Beschäftigten neue Kommunikationsstrukturen etabliert. Der Betriebsrat sammelt nun von den Beschäftigten Verbesserungsvorschläge, die er dann in die ebenfalls nach Tarifabweichung verbindlichen Steuerkreissitzungen mit dem Management einbringen kann. Was im Verhältnis zu den Führungskräften noch kaum funktioniert, hat sich mit dem Betriebsrat als gängige – aber sicherlich nicht durchgängige – Praxis eingespielt.

„Wir haben denen den Worst Case gezeigt, das könnte passieren, dann hätten wir eine 38-Stunden-Woche, und 35 bezahlt. Wollen wir das? Oder haben wir Ideen? Also wieder Betroffene zu Beteiligten machen, dass wir dann halt drin in den Linien durch Optimierungsprozesse Vorschläge machen konnten. Diese Vorschläge haben wir teilweise gesammelt, und in den regelmäßigen Steuerkreissitzungen dann angesprochen. Indem wir gesagt haben, hier der Vertrauensmann da, die haben sich in ihrer Gruppe hingesetzt und gesagt, hier wenn wir optimierter arbeiten und so und so, dann schaffen sie auch ein Teil mehr am Tag. Was ja letztendlich die Produktivität steigert. Wenn auch der Arbeitgeber der Meinung war, das bringt es, dann wurde dementsprechend der Prozess umgestellt." (Betriebsratsvorsitzender)

Der damit einhergehende Zugewinn an Partizipation wird in der Belegschaft noch nicht durchweg als positives Ergebnis der Tarifabweichung wahrgenommen.

„Die Bereitschaft der Beschäftigten: Als Gewinn empfinden die Leute das bestimmt nicht, Verbesserungsvorschläge machen zu können." (Vertrauenskörperleiter)

Einen gewichtigen Anteil an den Vorbehalten hat das oben bereits angesprochene Führungskräfteverhalten. Von den Arbeitnehmervertretern wird betont, dass die Führungskräfte im Betrieb noch lernen müssten, Verbesserungsvorschläge nicht als Kritik an ihrer überlegenen fachlichen Expertise zu betrachten. Hinzu kamen aus ihrer Sicht umständliche Kommunikationswege und eine teilweise geringe Qualität der eingebrachten Vorschläge sowie die fehlende Aussicht auf deutliche Kostenreduzierungen. Im Ergebnis blieben viele Vorschläge unbearbeitet und ungeprüft. Daran konnte auch die Initiative des Betriebsrats nicht immer etwas ändern, der versuchte, die Umsetzung zu unterstützen.

„Mit Verbesserungsvorschlägen, das ist eine Form, in der sie versuchen die Leute zu Wort kommen zu lassen. Aber da tut sich die Geschäftsleitung auch schwer,

ISBN 978-3-8360-8714-8 – Presseexemplar – (c) edition sigma – 08102015

das umzusetzen. Die Wand hängt voll mit Vorschlägen, und die werden nicht geprüft.“ (Betriebsrat)

„Also, der Betriebsrat kümmert sich schon drum, aber das von den Sachverständigen wiederzukriegen, da muss man immer hinterherrennen, das könnte besser laufen. Es geht ja erstmal an die Sachverständigen, das sind die Abteilungsleiter. Und die haben ja gar keine Lust dazu.“ (Vertrauenskörperleiter)

Es sind bei Metall 2 die häufig beschriebenen *Lähmschichten* im Management, die der erfolgreichen Umsetzung beteiligungsorientierter Prozesse zuwiderlaufen. Der Betriebsrat konnte seinerseits die Akzeptanz des Betriebsrates in diesem Prozess dadurch sicherstellen, dass er nicht jede Art von Verbesserungen unterstützte, sondern vornehmlich solche, bei denen sich die Arbeitsbedingungen der Beschäftigten nicht verschlechtern. So konnte er gegenüber der Belegschaft argumentieren, dass seine aktive Rolle auch dazu dient, das Schlimmste verhindern zu können und für einen *humanen Rationalisierungspfad* zu kämpfen.

„Ich halte das nicht für schwierig, dass der Betriebsrat im Steuerkreis mitmacht, der Betriebsrat wird ja kein Rationalisierer. Der versucht doch nur die Forderungen der Geschäftsleitung abzudämpfen. Da sehe ich kein Problem drin, überhaupt nicht. Im Gegenteil, wenn man sich in der Produktion gut auskennt, kann man da schon viel machen. Das ist sehr sinnvoll.“ (Betriebsrat)

Der Betriebsrat musste die Veränderungen gegenüber den betroffenen Beschäftigten legitimieren. Deshalb verwischten die vormals klaren Grenzen zwischen Interessenvertretung und Management, und deshalb musste der Betriebsrat seinerseits seine Legitimation als Interessenvertreter auf neue Füße stellen. Der Spagat zwischen Interessenvertretung und aktiver Mitwirkung an der Rationalisierung ließ sich nach Überzeugung des Betriebsrates nur dadurch auflösen, dass die Beschäftigten an der Entwicklung von Rationalisierungsmaßnahmen partizipieren. In einer Stellvertreterrolle wäre er Gefahr gelaufen, zunehmend mit dem Management identifiziert zu werden. Als *Promotor der Partizipation* jedoch habe er sich eine neue Legitimationsgrundlage verschaffen können. Dabei habe entscheidend mitgeholfen, dass in der Vereinbarung die Produktivitätssteigerung als Gegenleistung zur Beschäftigungssicherung verbindlich festgeschrieben wurde. Die Beschäftigten wussten, dass sie diesen Preis zu zahlen haben, wenn sie nicht die Verlängerung ihrer Arbeitszeiten in Kauf nehmen wollen.

„Und dann bist du auch noch derjenige, der das erklären muss den Leuten. Das war natürlich hochinteressant, da musste man sich erstmal rantasten. Und zwar wieder mit derselben Vorgehensweise: Tarifliche Kommission, Mitgliederversammlung, Betroffene zu Beteiligten machen. Leute, wir haben jetzt Beschäftigungssicherung.“ (Betriebsratsvorsitzender)

Als Promotor der Innovation ging der Betriebsrat bei Metall 2 weit über ein Interessenmanagement der Vermittlung unterschiedlicher Einzelinteressen der Beschäftigten hinaus. Er profilierte sich zugleich als Förderer der Beteiligungsansprüche der Beschäftigten. Ohne seine aktive Rolle in der Partizipation wäre die Regelung der Tarifabweichung nämlich nicht in der Breite umgesetzt worden, wie dies zum Abschluss der Untersuchung der Fall war. Die Betriebsleitung alleine hätte dies nicht geschafft. Erst in der *Modernisierungskoalition* mit dem Betriebsrat konnten sich erste Erfolge auch gegen die eigenen Führungskräfte einspielen.

Bei Chemie 6, dem zweiten Fall partizipativer Regelungen in der Tarifabweichung, hat der Betriebsrat diese Rolle bislang hingegen nicht einnehmen können. Er war zu schwach, um sich als aktiver Promotor der Partizipation in Szene zu setzen. Damit musste er sich zwar den Folgeproblemen der Partizipation nicht stellen, die darin bestehen, mögliche negative Auswirkungen der Rationalisierung abzuwenden und die Beschäftigten von der Sinnhaftigkeit der Modernisierung in Eigenregie zu überzeugen. Im Umkehrschluss aber konnten sich die partizipativen Verfahren ohne ihren wichtigsten Promotor gegen Widerstände im Management nicht durchsetzen. Der Geschäftsleiter alleine war als Promotor zu schwach. Er konnte sich nicht gegen die Lähmschichten im Management durchsetzen. So bewertet der Geschäftsführer die Beteiligung der Beschäftigten als unzureichend und weist dabei darauf hin, dass ein wichtiger Faktor dafür die Führungskulturen in den Bereichen sind. Und auch die Betriebsratsvorsitzende verortet die Probleme der Beteiligung vor allem in den Führungskulturen.

> „Probleme des Vorschlagswesens, das hat auch viel mit den Vorgesetzten und dem Vorgesetztenverhalten zu tun. Ich habe das selber erlebt, da ist eine gewisse Überalterung in der Struktur sicherlich, eine gewisse Ignoranz auch der Vorgesetzten, dass der Mitarbeiter Vorschläge einbringt, die dann einfach auf einer bestimmten Ebene nicht gehört werden, die werden einfach ignoriert. Das macht man zweimal, dreimal und dann nicht mehr. Ich habe eine Chefin, die hat ganz offiziell gesagt, ich verbrenne mir jetzt nicht mehr meinen Mund, da wird man abgewatscht, und dann hat sich das. Und dann zeigt man sich auch nicht mehr innovativ." (Betriebsratsvorsitzende)

Allerdings hat der Betriebsrat selber eine systematische Einbindung der Beschäftigten in die Umsetzung der Tarifabweichung weder gefordert noch aktiv gefördert. Zu einem Zusammenspiel von Betriebsrat und Beschäftigten bei der Entwicklung von Ideen und der Umsetzung in Reorganisationsprojekten kam es bislang nicht. Die Betriebsratsvorsitzende wertet dies als Versäumnis. Sie hätte gerne als Promotor der Partizipation gewirkt. Jedoch würden dem Betriebsrat die Ressourcen fehlen, sich mit Vorschlägen der Beschäftigten eingehender zu befassen. Aus genau diesem Grund konnte der Betriebsrat bei Chemie 6 keine tragende Rolle als Akteur im Umsetzungsprozess spielen.

> „Der Betriebsrat hat bei seinen Bemühungen im Konsolidierungsprogramm bislang nicht versucht, Ideen von Mitarbeitern aufzunehmen. Das war auch schlecht bei uns gelaufen. Aber dazu brauchen wir auch die entsprechende Zeit, sich auch mit den Leuten auseinanderzusetzen." (Betriebsratsvorsitzende)

Bei Metall 6 schließlich sind in der abweichenden Vereinbarung zwar keine Vorgaben zur Einrichtung partizipativer Organisationsprozesse gemacht worden, doch hat dort der Betriebsrat die Beschäftigten intensiv an der Erarbeitung der eigenen Verbesserungsvorschläge beteiligt, die er zusammen mit der Gewerkschaft in die Verhandlungen eingebracht hat und dort auch durchsetzen konnte. Auch bei Metall 6 lautete das Ziel der Arbeitnehmervertreter, das Unternehmen zu Verbesserungen zu verpflichten, die ihm die Rückkehr in den Flächentarifvertrag erlauben konnten.

> „Wir haben erkannt, dass es kontraproduktiv ist, alle zwei Jahre einen Sanierungstarifvertrag, also eine Abänderung des Flächentarifvertrages zu vereinbaren, ohne dass sich im Unternehmen etwas verändert, so dass wir in den Tarifvertrag auch Veränderungen des Unternehmens aufgenommen haben." (Gewerkschaftlicher Betreuer)

Der Katalog produktivitätssteigernder Maßnahmen, der in den abweichenden Vereinbarungen seit 2006 verankert werden konnte, wurde wesentlich aus den Ideen gespeist, die von den Beschäftigten vor Ort eingeholt wurden und dann vom Betriebsrat gesammelt und bewertet wurden. Diese Praxis des Betriebsrates entspricht stark den neuen Regelungen des § 80 (3) Betriebsverfassungsgesetz, denen zufolge der Betriebsrat Beschäftigte als Experten zur Beratung hinzuziehen kann. Allerdings hat sich der Betriebsrat weder explizit noch implizit auf das Gesetz gestützt, sondern ist einer beteiligungsorientierten Strategie gefolgt, die er seit langem propagiert. Nach seiner Überzeugung steht und fällt die Wirksamkeit des Betriebsrates mit den Informationen, die er nutzen kann. Der Betriebsrat deutet sich als zentrale Informationsschnittstelle im Betrieb. Seine Aufgabe bestünde vorrangig in der Bewertung und Abwägung der Informationen, und dafür benötige er zwangsläufig die Hilfe der Beschäftigten, aber auch externer Experten.

> „Wir leben von Informationen, und wenn irgendwo was ist und ich weiß das nicht, dann versuche ich überall anzurufen, und so ist das ja auch hier betriebswirtschaftlich. Ich meine, das können wir ja auch nicht verlangen. Einen Teil weiß man und einen Teil nicht, und dann versuche ich eben mir andere Meinungen zu holen. Ich gehe dann auch vor Ort und hole mir meinen Meister oder meinen Facharbeiter oder sonst wen und hole mir diese Meinungen mit ein und dann

> vergleiche ich das. Und wenn sie identisch sind ist es gut, und wenn sie abweichen, muss man schauen, warum sie abweichen." (Betriebsratsvorsitzender)

Beim Einsammeln von Anregungen im Zusammenhang mit der Tarifabweichung spielte der Vertrauenskörper eine wichtige Rolle. Die Vertrauensleute hatten in dezentralen Sitzungen vor Ort die Gewerkschaftsmitglieder immer wieder nach Ideen gefragt. Aber auch auf betriebsweiten Mitgliederversammlungen wurden Ideen der Beschäftigten gesammelt.

> „Über den Vertrauenskörper wurden Vorschläge gemacht, und dann natürlich auch über die Mitglieder. Wir haben dann auf den Mitgliederversammlungen auch gefragt, bringt Input, und dann können wir da arbeiten. Und dann konnten wir das im kleineren Kreis besprechen, und wir haben immer unsere zehn bis zwölf Punkte für die Verhandlungen gehabt." (Betriebsrat)

Ähnlich wie bei Chemie 6 zeigte sich allerdings auch bei Metall 6, dass die Normen der abweichenden Vereinbarung sich nicht automatisch in praktische Wirksamkeit übersetzen. Die in der Tarifabweichung definierten Maßnahmen der Produktivitätssteigerung wurden von der Unternehmensleitung wenn überhaupt, dann nur zögerlich in Angriff genommen. Die Konflikte, die der Betriebsrat deshalb um die Umsetzung der Tarifabweichung führen musste, zogen schließlich den Bruch der sozialpartnerschaftlichen Beziehungsmuster mit dem Management nach sich und ebneten damit den Weg in eine Konfliktkultur.

Die Bilanz der Impulse, die von der Tarifabweichung für die Entwicklung partizipativer Organisationspraktiken ausging, liest sich mithin insgesamt sehr verhalten. Nur in drei der zwölf Samplefälle wurden partizipative Verfahren für die Arena der Arbeitsverfassung in den Tarifabweichungen verankert, und nur in einem dieser drei Fälle lässt sich von einer zumindest ansatzweise erfolgreichen Umsetzung der Verfahren sprechen. Voraussetzung dafür ist eine Modernisierungskoalition zwischen Betriebsrat und Werksleitung, in deren Rahmen der Betriebsrat als Promotor der Partizipation eindeutig die treibende Kraft dieser Entwicklung ist.

6.4 Zusammenfassung

Die Ergebnisse dieses Kapitels lassen sich auf folgende Kurzformel bringen (eine Synopse der Fälle findet sich in Tabelle 7). Die Betriebsräte sahen sich am Beginn der Tarifabweichung starken Legitimationsproblemen ausgesetzt. Denn die Beschäftigten deuteten die Tarifabweichung fast durch die Bank überaus kritisch. Die Aussicht materieller Konzessionen kollidierte mit ihrem normativen Verständnis von Verteilungsgerechtigkeit. Nach langen Jahren wachsender Verteilungsungleichheiten hatten sie kein Verständnis dafür, im Rahmen einer Tarifabweichung erneut zur Kasse gebeten zu werden.

Für die Betriebsräte, die sich dem strukturellen Zwang ausgesetzt sahen, mit ihren Unternehmensleitungen in Verhandlungen zu treten, war es deshalb von vitalem Interesse, ihre Situationsdeutungen den Beschäftigten näher zu bringen und eine Deutungshegemonie im Betrieb zu erringen. Denn ohne oder sogar gegen die Beschäftigten hätten sie nicht nur eine denkbar schlechte Machtposition in den Verhandlungen gehabt, sondern auch langfristig ihre Position als gewählte Interessenvertreter gefährdet. Deshalb haben die Betriebsräte integrative oder konfrontative Strategien entwickelt, mit deren Hilfe sie das Legitimationsproblem anzugehen versuchten.

Eine entscheidende Rolle bei der insgesamt erfolgreichen Eroberung der Deutungshegemonie durch die Betriebsräte spielte die Beteiligung der Beschäftigten. Alle Betriebsräte setzten auf die umfassende Information der Beschäftigten über Betriebs-, Abteilungs- und Mitgliederversammlungen sowie schriftliche Informationen und persönliche Gespräche. Zwar verfehlte die aktive Informationspolitik der Betriebsräte nicht ihre Wirkung. Doch lässt sich festhalten, dass Mobilisierungs- und Partizipationsstrategien die Legitimation des Betriebsratshandelns bei den Beschäftigten zusätzlich erhöht haben.

Mit der Mobilisierung gelang es den Betriebsräten, die kritischen Deutungen der Beschäftigten zur Unterstützung konfliktorientierter Verhandlungsstrategien zu nutzen. Wie stark diese kritischen Deutungen bei den Beschäftigten verankert waren, zeigt sich am überschüssigen Mobilisierungspotenzial der Beschäftigten. Die Betriebsräte mussten die Beschäftigten nicht zur Mobilisierung überreden, sondern sie mussten sie eher bändigen, um nicht den formalen Rahmen zu überschreiten, der ihnen durch die Friedenspflicht auferlegt ist.

Die Partizipation der Beschäftigten schließlich wird in der Metall- und Elektroindustrie durch die Form der Abweichungen als Tarifverträge und die tarifpolitische Strategie der betriebsnahen Tarifpolitik der IG Metall entscheidend begünstigt. Dementsprechend spielt sie nur in den Metallbetrieben des Samples eine Rolle und ist dort weit verbreitet. Die partizipativen Entscheidungsverfahren beruhen auf der Initiative der Gewerkschaft und unterscheiden zwischen Mitgliedern und Beschäftigten. Die Betriebsräte unterstützen diese Verfahren zwar nach Kräften, aber selten aus eigenem Antrieb.

Zudem sind damit kaum „Spill-over“-Effekte für die Betriebsratsarbeit verbunden. Zu einer Ausbreitung partizipativer Verfahren in der Mitbestimmungspraxis der Betriebsräte haben die partizipativen Verfahren der Tarifabweichung nur in Ausnahmefällen geführt. Diese Ausnahmen finden sich in den Betrieben, in denen im Zuge der Tarifabweichung eine Partizipation in der Arena der Arbeitsorganisation Platz gegriffen hat. Tarifabweichungen können eine formale Grundlage für partizipative Formen der Arbeitsorganisation schaffen. Die entscheidende Bedingung dafür, dass entsprechende Regelungen der abweichenden

Tab. 7: Deutungsmuster und Einbindung der Beschäftigten

	Haltung der Beschäftigten	Überzeugungsarbeit des Betriebsrates	Strategie	Information[a]	Mobilisierung	Partizipation Entscheidungen Tarifabweichung[b]	Partizipation Organisation	Unterscheidung Beschäftigte/Mitglieder
Chemie 1	Eher ablehnend, Angst	Ja	Eher Integrativ	BV, AV im Pro-zess, VL	Einzelne Aktionen	Stimmungsbild, direkte Abstimmung avisiert	Nein	Nein
Chemie 2	Gemischt, Angst	Ja	Integrativ	BV, AV zum Ergebnis, VL	Nein	Nein (schlechte Erfahrung)	Nein	Nein
Chemie 3	Ablehnend	Ja	Konfrontativ	BV, AV im Prozess, VL	Brotzeit	Stimmungsbild in Verhandlungen	Nein	Nein
Chemie 4	Ablehnend	Ja	Integrativ	BV zum Er´-gebnis BR, VL	Aktionstage	Nein	Nein	Nein
Chemie 5	Ablehnend	Ja	Integrativ	BV Start mit Fragen, Brett	Nein	Nein	Nein	Nein
Chemie 6	Ablehnend	Ja	Integrativ	BV Start mit Fragen, Intranet	Nein	Nein	Nach Regelung Ja, praktisch Nein	Nein
Metall 1	Ablehnend	Ja	Konfrontativ	BV, aber v.a. MV, Mitgliederinfos	Faktischer Warnstreik	Wahl TK, Verhandlungen und Ergebnis	Nein	Ja
Metall 2	Ablehnend, Angst	Ja	Integrativ	BV, AV u. MV (mit GL), BR und Multiplikatoren	Nein	Wahl TK, Entscheidung Ergebnis	Ja	Ja
Metall 3	Ablehnung, Kritik	Ja	Konfrontativ	BV, MV, Flugblätter	Ja, MV	Wahl TK, Entscheidung Annahme	Nein	Ja
Metall 4	Ablehnend	Ja	Integrativ	BR, VL am AP, Flugblätter	Nein	Stimmungsbild für Verhandlungen, Ergebnis	Nein	Nein
Metall 5	Latente Ablehnung in repressiver Atmosphäre	Ja	Konfrontativ	BV, MV, Infoblätter	Nein	Wahl TK, Entscheidung Annahme	Nein	Ja
Metall 6	Zunehmende Ablehnung	Ja	Erst integrativ, dann konfrontativ	BV, MV, Infoblätter	Ja (durch VL, starke Stellung VL – auch aktiver Kritiker	Wahl TK, Entscheidung Annahme	Ja, bei Erarbeitung Maßnahmen	Ja

a – Betriebsversammlung (BV), Abteilungsversammlung (AV), Mitgliederversammlung (MV), Vertrauensleute (VL); b – Tarifkommission (TK)

ISBN 978-3-8360-8714-8 – Presseexemplar – (c) edition sigma – 08102015

Vereinbarungen im Betrieb auch gegen die Widerstände im Management praktisch wirksam werden, lautet, dass die Betriebsräte erfolgreich als Promotoren der Partizipation im Betrieb wirken und sie die Förderung und Verteidigung von Beteiligungsrechten zu einem eigenständigen Ziel ihrer Politik machen.

7. Die Beziehungsmuster zu den Gewerkschaften: Koordinierung und Solidaritätsprobleme

7.1 Solidaritätsfragen: Verhandlungen und Koordination

Ähnlich wie bei den Legitimationsproblemen der Betriebsräte in der Tarifabweichung ist auch bei den Solidaritätsproblemen ein recht eindeutiger Befund festzustellen. Allerdings lautet dieser nicht, dass auch im Verhältnis von Betriebsrat und Gewerkschaft Fragen der Deutungshegemonie im Vordergrund gestanden hätten. Vielmehr ist der Befund der, dass Betriebsräte und Gewerkschaften ihre Deutungsmuster und die daran anknüpfenden Strategien in der deutlichen Mehrzahl der Fälle überaus harmonisch und frei von Konflikten abgestimmt haben. Zwischen den Akteuren fanden im Anschluss an die Abweichungsanträge der Unternehmen zumeist Vorklärungen statt, in denen sie sich auf gemeinsame Deutungen der Situation und gemeinsame Handlungsstrategien einigten und festlegten, mit welchen Forderungen sie in Verhandlungen gehen und welche Verhandlungstaktiken sie dabei einschlagen.

Die folgenden Fallbeschreibungen illustrieren diese Praxis. Bei Chemie 1 betonte der Betriebsratsvorsitzende, dass er sein Verhandlungsangebot an den Arbeitgeber nicht autonom gemacht hat, sondern dass dies von Beginn an in enger Abstimmung mit der IG BCE entstanden ist. Beide gemeinsam haben die Strategie entwickelt, zumindest einen Teil des geplanten Personalabbaus durch materielle Konzessionen der Beschäftigten zurücknehmen zu können. Beschäftigungssicherung wurde als eine solidarische Lösung betrachtet, bei der die Gesamtheit der Beschäftigten materielle Opfer für den Erhalt einzelner Arbeitsplätze zu erbringen hatten.

> „Wir haben dann im Jahr 2004 in Verbindung mit dem Sozialplan eine Beschäftigungssicherungsvereinbarung abgeschlossen. Und ich sage hier deutlich noch einmal: Wenn ich sage wir, ist immer im Vorrang die IG BCE gemeint. Allein schon, weil der Betriebsrat nicht über Entgeltbestandteile verhandeln darf." (Betriebsratsvorsitzender)

Ähnlich verlief der Prozess bei Chemie 6. Dort schaltete der Betriebsrat nach der Vorstellung des Vorhabens durch die Geschäftsleitung die Gewerkschaft zur Beratung ein. Vorverhandlungen mit der Unternehmensseite gab es nicht. Der Betriebsrat betonte, mit einer solchen Situation keinerlei Erfahrung gehabt zu haben und gerade bei der Entwicklung von Bedingungen auf die Hilfe der Gewerkschaft angewiesen gewesen zu sein.

> „Da saßen wir hier zusammen mit der Gewerkschaft dann hier am Tisch und haben dann gesagt, ok, was hat man denn für eine Alternative? Wie kann es denn

besser werden? Denn das war ja das, was wir von der Geschäftsleitung fordern wollten. Dass man andere Strukturen herstellt. Nee, nee, wir hatten keine Voreinigungen mit der Geschäftsleitung. Wir haben mit der Gewerkschaft Kontakt aufgenommen und haben uns dann erstmal beraten lassen: Was tun wir? Ich meine, im Endeffekt ist es ja dann auch eine Verhandlung zwischen den Vertragsparteien, also Gewerkschaft und Arbeitgeberverband." (Betriebsratsvorsitzende)

Im Vordergrund der Gespräche zwischen Betriebsrat und Gewerkschaft stand mithin die Erarbeitung eines eigenen Forderungskatalogs. Über diesen konnte recht schnell ein Konsens erzielt werden. Er wies schließlich folgende Punkte auf: Die Tariferhöhung darf nur temporär ausgesetzt werden, aber nicht entfallen (was zu einer dauerhaften Absenkung der tariflichen Grundentgelte geführt hätte); die Beschäftigung sollte so weit möglich gesichert werden; das Unternehmen sollte Konzepte zur Verbesserung der wirtschaftlichen Situation vorlegen und mit dem Betriebsrat abstimmen, wobei auch die Vorstellungen der Beschäftigten gehört werden sollten (Konsolidierungsprogramm); und Außertarifliche und Führungskräfte sollten entsprechend der Tarifbeschäftigten zur Kostensenkung beitragen.

Bei Metall 3 hat die Unternehmensseite die erste abweichende Vereinbarung zunächst nur mit dem Betriebsrat abschließen wollen. Nachdem das Unternehmen einen Verhandlungstermin mit dem Betriebsrat festgelegt hatte, berief dieser aber als ersten Schritt mit der Gewerkschaft eine Mitgliederversammlung ein und ließ eine Tarifkommission wählen, die dann eine Verhandlungskommission bestimmt hat. Als schließlich die Mitglieder der Verhandlungskommission zum Verhandlungstermin erschienen und nicht nur der Betriebsrat, waren die Vertreter der Unternehmensseite überrascht und sagten, sie wollten nur mit dem Betriebsrat verhandeln. Daraufhin verließen alle Arbeitnehmervertreter die Sitzung mit der Bemerkung, nur die IG Metall werde den Vertrag verhandeln. Auf diese Weise habe man deutlich machen können, dass die Verhandlungshoheit bei der Gewerkschaft und nicht beim Betriebsrat liegt.

„Als sie diesen Katalog präsentiert haben, haben wir einen Termin für eine Verhandlung gemacht. Und dann kamen wir da rein, als Verhandlungskommission, von den Mitgliedern gewählt, und dann sitzen die anderen da, gucken mich an, und sagen zu den Betriebsräten: Wir würden gerne mit dem Betriebsrat alleine reden. Da sind wir dann alle rausgegangen. Ja. Wenn Sie das begriffen haben, dass wir hier nur mit der IG Metall verhandeln, dann kommen wir wieder. Und das haben sie dann." (Gewerkschaftlicher Betreuer)

Aus Sicht der meisten Betriebsräte war es selbstverständlich, über die Tarifabweichung sofort in Absprache mit ihrer Gewerkschaft zu treten und in den Verhandlungen die Verhandlungsführung der Gewerkschaft anzuerkennen. Zumeist stand die formale Verhandlungsführung ohnehin nur auf dem Papier, weil die Akteure jeweils eigene Rollenverteilungen und Taktiken entwickelt haben mit

ISBN 978-3-8360-8714-8 – Presseexemplar – (c) edition sigma – 08102015

dem Ziel, in den Verhandlungen gemeinsam erfolgreich zu sein. Ein besonders eindrucksvolles Beispiel dafür ist die in Kapitel 5 angeführte „Industrieschauspielerei“ bei Metall 2; ähnliche Interaktionsformen wurden in den meisten anderen Betrieben aber auch praktiziert. Bei Metall 2 hatten sich zwischen dem Betriebsratsvorsitzenden und dem gewerkschaftlichen Betreuer – die sich zuvor kaum kannten – schnell ein persönliches Vertrauensverhältnis und eine Beziehung wechselseitiger Wertschätzung entwickelt. Auf dieser Grundlage haben sie dann gemeinsam die Marschroute für die Verhandlungstermine festgelegt und sich in den Verhandlungen durch abgesprochene Rollenverteilungen gut ergänzen können.

> „Die beiden haben hier gesessen, das Drehbuch geschrieben, und dann sind sie losgegangen.“ (Stellvertretende Betriebsratsvorsitzende)

Insgesamt aber ist der Eindruck nicht von der Hand zu weisen, dass die Betriebsräte sich in den Verhandlungen als *Juniorpartner* der Gewerkschaft sahen. Diese Rolle werteten sie nicht etwa als Zurücksetzung oder Benachteiligung, sondern sie erschien ihnen als selbstverständlich und der Situation angemessen. Für diese Deutung gaben die Betriebsräte zwei Gründe an. Der erste Grund lautet, dass es sich bei der Tarifabweichung um Tarifmaterie handelt, und für diese sei von je her die Gewerkschaft zuständig. In den Deutungen der meisten Betriebsräte war mit der Tarifabweichung keine Verlagerung von Verhandlungsgegenständen in die *Verhandlungsarena der Betriebsverfassung* verbunden, sondern nur eine Verlagerung von Regelungsthemen auf die *betriebliche Ebene*, für deren Aushandlung im Prinzip aber nach wie vor die Gewerkschaft verantwortlich ist. Dies gilt auch weitgehend unabhängig davon, ob die abweichende Vereinbarung die Form einer Betriebsvereinbarung, wie in der Chemischen Industrie, oder die Form eines Ergänzungstarifvertrages, wie in der Metall- und Elektroindustrie, hat. In beiden Branchen hat die überwiegende Mehrheit der Betriebsräte die Verhandlung von Tarifabweichung primär als Aufgabe und Verantwortung der Gewerkschaften interpretiert. Dies hätten die Regelungen zur Tarifabweichung beschlossen, und diese sollten daher auch die damit verbundenen Probleme lösen.

Der zweite Grund für die Zurückhaltung der Betriebsräte war, dass sie die Einbindung der Gewerkschaft und deren Verhandlungsführung als *Erleichterung und als Stärkung der eigenen Position* in den Verhandlungen interpretierten. Ohne die Gewerkschaft, so lautet der fast einhellige Tenor, befände man sich gegenüber den Unternehmen in einer mehr oder weniger hoffnungslos unterlegenen Position. Erst die Gewerkschaft mit ihrer Verhandlungsroutine und mit ihrer Verhandlungsmacht könne für Waffengleichheit sorgen. In diesem Zusammenhang wurde teilweise ausdrücklich betont, dass eine gesetzliche Öffnung ohne Einbindung der Gewerkschaft für die Betriebsräte nicht zu schultern sei. Erst die Zustimmungspflicht der Gewerkschaft schaffe ein Sanktionspotenzial, das für eine annähernde Machtbalance in den Verhandlungen sorge.

Diese Begründungen werden in den Aussagen der Betriebsräte von Chemie 3 auf den Punkt gebracht. Die Rolle der gewerkschaftlichen Tarifexperten in den Verhandlungen wird dort von den Betriebsräten als uneingeschränkt positiv gewertet. Bei den Verhandlungen waren sowohl ein Vertreter der Bezirksleitung als auch ein Tarifexperte der Zentralen Tarifabteilung der IG BCE vertreten. Die positive Einschätzung der Betriebsräte betrifft zunächst die Vereinbarung inhaltlicher Leitlinien für die Verhandlungen. Die Betriebsräte begrüßten die Haltung des gewerkschaftlichen Tarifexperten, dass eine 40-Stunden-Woche mit der Gewerkschaft nicht zu haben ist. Dies habe ihnen in den Verhandlungen sehr geholfen.

> „So, und da hat er mir unmissverständlich erklärt, die anderen haben schon eine Verlängerung, aber nicht ein einziger ist dabei, der mehr hat als 39. So, und die 40, hat er gesagt, gibt es von der IG BCE nicht. Diese Position der IG BCE war für uns sehr hilfreich. Gerade auch in den Verhandlungen, weil da die IG BCE ja zustimmen muss. Aus Unternehmenssicht hat es denen nicht immer so gepasst, das muss man auch dazu sagen, dass die IG BCE hier so eine, ja, ja auch so eine dominante Rolle mit gespielt hat bei der ganzen Geschichte. Die hätten viel lieber ohne die IG BCE verhandelt, das kann man sich natürlich vorstellen." (Betriebsratsvorsitzender)

Der zweite Aspekt, der aus Sicht der Betriebsräte bei Chemie 3 die gewerkschaftlichen Tarifexperten in den Verhandlungen unverzichtbar macht, ist ihre Kenntnis überbetrieblicher Entwicklungen und Zusammenhänge. Der Horizont der Betriebsräte beschränke sich weitgehend auf den Betrieb. Eine kompetente Verhandlungsführung bei abweichenden Tarifvereinbarungen aber verlange überbetriebliche Kenntnisse und Verhandlungsgeschick, die Betriebsräte nur bedingt entwickeln können. Ansonsten drohe die Gefahr, vom Unternehmen übervorteilt zu werden.

> „So gebildet, oder sagen wir mal so verhandlungsgeschickt, bist du nicht. Das kann ja auch gar nicht sein, also da brauchst Du wirklich einen Profi von der Gewerkschaft, der die Verhandlungen leitet." (Betriebsräte im Gruppeninterview)

Dabei hat aus Sicht der Betriebsräte die Teilnahme der Gewerkschaft an den Verhandlungen auch die für die Gewerkschaft wichtige Funktion, sie als zentralen Akteur für Tariffragen im Bewusstsein der Beschäftigten lebendig zu halten und so ihre Position im Betrieb zu festigen.

> „Die gewerkschaftliche Expertise war für uns sehr wichtig. Vor allen Dingen dahingehend wichtig, damit man auch immer deutlich macht, nicht nur gegenüber dem Unternehmen, sondern auch gegenüber der Belegschaft, wie wichtig die Gewerkschaft ist, wenn es um das Entgelt geht, um Entgeltfragen geht." (Betriebsratsvorsitzender)

Die wichtige Rolle der Gewerkschaft wurde von den Betriebsräten in den Untersuchungsfällen neben ihrer Verantwortung als Tarifakteur und der Stärkung der Verhandlungsmacht noch in einem weiteren Aspekt gesehen, nämlich der *Koordinierung* unterschiedlicher Standorte in den Verhandlungen. Insbesondere bei divergierenden Standortinteressen und Standortkonkurrenz sahen sich die Betriebsräte außerstande, die Verhandlungen selbstständig zu koordinieren und die Vielzahl ihrer Interessen zum Ausgleich zu bringen und in eine gemeinsame Strategie zu bündeln. Diese Leistung, so die verbreitete Deutung, könne nur die Gewerkschaft als einigendes Band der Betriebsräte von außen vollbringen. Tatsächlich hat die Gewerkschaft eine tragende Rolle bei der Koordinierung dort spielen können, wo unternehmensbezogene Vereinbarungen abgeschlossen wurden, die jeweils mehrere Standorte umfassten (Chemie 3, Chemie 5, Metall 1, Metall 3, Metall 4, Metall 5).

Besonders beeindruckend ist in diesem Zusammenhang das Beispiel Metall 1. Dort hatte der Verhandlungsführer der Gewerkschaft einen Kunstgriff entwickelt, mit dessen Hilfe er eine Grundlage für gemeinsame Verhandlungen schaffen wollte. Er überzeugte nämlich die Betriebsräte der Standorte davon, dass sie eine *Zusammenarbeitsvereinbarung* unterschreiben sollten, die bestimmte Regeln für das Zusammenspiel der Interessenvertretungen in den Verhandlungen formulierte. Damit wollte er den Zusammenhalt der Betriebsräte trotz ihrer stark divergierenden Standortinteressen sicherstellen und zugleich die Verhandlungsführerschaft der IG Metall im Prozess sichern. Die unterschiedlichen Interessenlagen der Akteure auf Seiten der Arbeitnehmervertretungen brachte er wie folgt auf den Punkt:

> „Da haben wir eine Situation gehabt, wenn ich die betriebspolitisch zusammenfasse, die darin bestand, dass das Unternehmen ein Szenario für die vier Standorte aufbaute, wenn wir nicht verhandeln, oder da nichts bei rauskommt, das Unternehmen zwei Standorte schließt und die beiden anderen Standorte dadurch gewinnen würden. Das war die Situation. Eine Lösung über Pforzheim konnte nur funktionieren, wenn wir die Lasten über alle verteilen. Also haben wir in der Binnenstruktur ein Solidaritätsproblem. Ich habe aber dann gesagt, es geht um die Zukunft des Unternehmens, und davon sind alle betroffen. Wenn wir verhandeln, sollte es einen einheitlichen Verhandlungsprozess geben. Ansonsten hätte man ja auch getrennt für die beiden von Schließung bedrohten Standorte verhandeln können.“ (Tarifsekretär)

Durch die Zusammenarbeitsvereinbarung hat der Tarifsekretär versucht, zwei Aspekten Rechnung zu tragen: die führende Rolle der Gewerkschaft in den Verhandlungen wird von den Betriebsräten formal zugestanden, und zugleich werden die Betriebsräte als tragende Akteure des Prozesses anerkannt. Dabei bezeichnet er als Ziele der Gewerkschaft den Schutz ihrer Mitglieder – insbesondere der Produktionsbeschäftigten, die als Gruppe von den angekündigten Werkschließungen ganz besonders getroffen worden wären –, die Erzielung eines akzeptablen Ergebnisses, die Stabilisierung der Interessenvertretungen im Betrieb und schließlich die Neugewinnung von Mitgliedern.

> „Natürlich haben wir Interessen, auch als Organisation. Und die habe ich auch ganz offen ausgedrückt. Wir haben ein Interesse, dass unsere Mitglieder geschützt werden. Erster Punkt. Zweiter Punkt. Wir müssen aufpassen, dass wir nicht beschissen werden. Das dritte ist, wir müssen den Laden zusammenhalten, und zwar in einer Art und Weise, dass wenn der Prozess hier zu Ende ist, wir mit Erfolg aus der Sache rausgehen, dass dies die IG Metall und die Betriebsräte stabilisiert. Und ein weiterer Punkt ist, wir wollen Mitglieder gewinnen im Prozess.“ (Tarifsekretär)

Trotz der Zusammenarbeitsvereinbarung war die Koordination im Gesamtbetriebsrat stets schwierig. Die Vereinbarung gab schließlich nur einen Prozess vor, ohne ein Ergebnis zu präjudizieren. Ohne die gemeinsame Klammer, die durch die Verhandlungsführung durch die IG Metall gebildet wurde, wäre ein gemeinsames Ergebnis nach Überzeugung des Gesamtbetriebsratsvorsitzenden jedenfalls nicht erzielt worden.

> „Ich muss aber, das haben wir damals auch mit einem Schreiben dokumentiert, dem Verhandlungsführer der IG Metall ein hohes Maß an Lob aussprechen. Auf der einen Seite also in der Verhandlung selber, mit dem Arbeitgeber zu verhandeln und aber auch, ich sage mal, den Hummelhaufen, den Gesamtbetriebsrat darüber hinaus, die Tarifkommission zusammenzuhalten, also das Geschick muss man ihm eben wirklich ganz einfach zugestehen, das ist bei ihm sehr ausgeprägt. Das hat auch geholfen, unwahrscheinlich geholfen, sonst hätten wir das nicht hingekriegt.“ (Gesamtbetriebsratsvorsitzender)

Ähnlich war die Situation auch bei Metall 5. Dort fand die Koordination zentral in der Tarifkommission und unter Leitung des Verhandlungsführers der Gewerkschaft statt. Aus Sicht der Betriebsräte wären sie überfordert gewesen, ihre Interessen bei Verhandlungen zu Tarifabweichungen über den Gesamtbetriebsrat selbständig zu koordinieren. Bei diesem Versuch waren sie im Verlauf früherer Verhandlungen bereits von der Unternehmensseite gegeneinander ausgespielt worden. Ein wichtiger Grund dafür war, dass innerhalb des Betriebsrates keine klare Hierarchie zugunsten des Stammwerkes oder seines Betriebsratsvorsitzenden bestand; die Standorte und ihre Betriebsräte waren bei der Umsetzung von Tarifverträgen vielmehr recht autonom. Zudem plädierten die Vertreter einiger Standorte dafür, dem Unternehmen in den Verhandlungen weit entgegenzukommen, während Vertreter anderer Standorte fast strikt dagegen waren, in den Verhandlungen dem Unternehmen überhaupt Zugeständnisse zu machen.

Der gewerkschaftliche Betreuer versuchte, beide Positionen in seine Verhandlungsstrategie zu integrieren. Er fußte seine Koordinierung auf das Argument, dass das Unternehmen auf der einen Seite nach wie vor ein Sanierungsfall sei und deshalb nicht unmittelbar in einem Schritt wieder zu den Flächentarifvertragsnormen zurückkehren könne, dass es aber auf der anderen Seite einen vierten Sanierungstarifvertrag auch nur dann geben könnte, wenn dabei klargestellt würde, dass die Rückkehr zum Flächentarifvertrag in einem bestimmten Zeitraum unumkehrbar sein müsse und dass das Unternehmen in diesem Zeitraum seine Wettbewerbsfähigkeit zu verbessern habe. Dies war der Kompromiss, auf den sich schließlich auch die Tarifkommission einigen konnte. Wichtig dafür war aus Sicht des Verhandlungsführers, dass er die Betriebsräte an der Positionsbildung aktiv beteiligte und sie damit direkt mit der „harten Realität" des wirtschaftlich schwachen Unternehmens konfrontierte.

> „Die Betriebsräte müssen sich aber auch mit einer harten Realität auseinander setzen. Nämlich mit der harten Realität, dass dieses Unternehmen noch nicht auf den Beinen steht, von der wirtschaftlichen Ertragskraft her, dass es in dem Augenblick die Fläche nicht zahlen kann, aber auf der anderen Seite wir diejenigen, die dafür die Verantwortung tragen und dafür bezahlt werden, auch zwingen müssen, mit diesen harten Schritten, nämlich mit der Kostensituation, zu sagen, Freunde, dann müsst ihr eure Hausaufgaben machen, und wenn ihr eure Hausaufgaben macht, könnt ihr nicht schon wieder hinkommen zu den Beschäftigten und dann meinen, ihr könnt dort in die Tasche greifen." (Gewerkschaftlicher Betreuer)

Für die Betriebsräte, so lassen sich die Erfahrungen auch aus den anderen Fällen mit überbetrieblichem Koordinierungsbedarf zusammenfassen, ist die Koordinierungsleistung der Gewerkschaft in der Standortkonkurrenz unverzichtbar. Alleine hätten die Betriebsräte diese Ausgabe nicht stemmen können, sei es, weil die Einzelinteressen der Standortbetriebsräte zu sehr divergierten, oder sei es, weil die Stellung des Gesamtbetriebsrates als Koordinierungsgremium zu schwach ausgebaut war. Deshalb waren die Betriebsräte auch durch die Bank überaus dankbar, dass ihnen die Gewerkschaft in Person des gewerkschaftlichen Verhandlungsführers diese Aufgabe abgenommen hat.

Die Präsenz der Gewerkschaften in den Verhandlungen wird aber auch aus *Sicht der Unternehmen* im Großen und Ganzen positiv gewertet. Dies gilt unabhängig davon, ob sich die Verhandlungen auf einen Betrieb oder auf mehrere Standorte bezogen haben. Obwohl die tragende Rolle der Gewerkschaft in den Verhandlungen die Durchsetzungsfähigkeit der eigenen Forderungen eher verschlechterte, äußerten sich die meisten befragten Unternehmensverantwortlichen dennoch anerkennend über die Rolle der Gewerkschaft in den Verhandlungen. Die Gewerkschaftsvertreter hätten zwar inhaltlich hart verhandelt, seien aber konstruktiv gewesen und hätten die Verhandlungen durch ihre *Professionalität* erleichtert. So betont die Personalleitung bei Chemie 3 die unnachgiebige Haltung der Gewerkschaft, lobt aber zugleich die konstruktive Rolle der Gewerkschaftsvertreter in den Verhandlungen.

ISBN 978-3-8360-8714-8 – Presseexemplar – (c) edition sigma – 08102015

> „Also in mancherlei Hinsicht war die Funktionärin aus Hannover sehr konstruktiv, weil die sicherlich einen gewissen Überblick über die Tariflandschaft in Deutschland hat und auch wusste, was beispielsweise bei anderen Unternehmen vereinbart worden ist. Also da war durchaus ein gewisses Verständnis vorhanden, auch beispielsweise überhaupt die Frage Standortsicherung durch Investitionszusagen zu tätigen, dass war für die Gewerkschaft durchaus auch interessant, ein Bekenntnis zum Industriestandort Deutschland zu erhalten, ebenfalls sehr interessant." (Personalleiter)

Ähnlich konstruktiv wurde die Rolle des gewerkschaftlichen Betreuers auch aus Sicht der Unternehmensleitung bei Metall 2 beschrieben.

> „Aus meiner Sicht war der Gewerkschaftsvertreter, soweit ich das einschätzen kann, sehr konstruktiv. Man kennt das ja auch anders, dass da einer auftaucht und man dann einen roten Kopf oder einen Herzkasper bekommt, eine solche Atmosphäre haben wir nicht gehabt. Wir haben wirklich offen und gemeinsam versucht, dieses Ziel zu erreichen, da hing ja auch ein bisschen die Auftragsvergabe dahinter." (Personalleiter)

Diese Zitate ließen sich verlängern. Festzuhalten bleibt, dass es entgegen anders lautender Vermutungen in den Samplefällen nicht zu Formen einer „Wildcat Cooperation" gekommen ist, bei denen Betriebsräte und Unternehmensleitungen abweichende Vereinbarungen ohne Einbindung oder sogar *gegen* die Interessen der Gewerkschaften abschließen. Mit der Existenz solcher Kooperationen wird nicht zuletzt die erosionsfördernde Kraft der Tarifabweichung begründet. Probleme dieser Art waren ohne Zweifel mit dafür verantwortlich, dass in beiden Gewerkschaften die oben beschriebenen Koordinierungs- und Kontrollversuche eingeleitet worden sind. In den Fallunternehmen ist von wilden Kooperationen hingegen nichts zu spüren. Die Betriebsräte übernehmen aus den genannten Gründen freiwillig und ohne Murren die Koordinationsvorgaben, die von der Gewerkschaft gemacht werden. Sie begnügen sich mit der Rolle als Juniorpartner, weil die Gewerkschaft sie entlastet und ihre Verhandlungsmacht stärkt. Deshalb lässt sich auch mit Blick auf das Untersuchungssample weitgehend die Einschätzung des Kapitels 2 bestätigen, dass die prozedurale Kontrolle der Tarifabweichung durch die Gewerkschaften seit den Problemzeiten der Jahre 2004 und 2005 entscheidend verbessert werden konnte. Dies gilt im Großen und Ganzen sowohl für die Chemische Industrie als auch für die Metall- und Elektroindustrie. Der Unterschied zwischen Betriebsvereinbarung und Ergänzungstarifvertrag scheint an dieser Stelle keine entscheidende Rolle zu spielen. Obwohl in der Chemischen Industrie die Verlagerung der Regulierungskompetenz in die betriebliche Verhandlungsarena weiter fortgeschritten ist, deuten die Betriebsräte auch dort die Tarifabweichung als Gegenstand der tariflichen Arena und damit als Teil des Verantwortungsbereichs der Gewerkschaft.

Aus der chemischen Industrie kommt mit Chemie 4 der einzige Fall, in dem die Verhandlungsführung und die Vorrangstellung der Gewerkschaft ernsthaft in Frage gestellt worden ist. Chemie 4 gehört zu den Problemfällen der Tarifabweichung, wegen denen die Gewerkschaft schließlich Koordinierungsregeln entwickelt hat; der Fall repräsentiert mithin den Zustand vor der aktiven Koordinierung. Aus Sicht des Betriebsrates von Chemie 4 geht mit der Tarifabweichung sehr wohl eine Verlagerung von Regulierungsverantwortung in sein Aufgabengebiet einher, und diese Verlagerung sei von der Gewerkschaft auch politisch so gewollt, um die Verantwortung für Abweichungen den Betriebsräten zuschreiben zu können. Im Umkehrschluss aber, so folgert er, müsste die Gewerkschaft dann den Betriebsräten auch die Freiheit einräumen, diese Verantwortung eigenständig auszufüllen und dürfe Verhandlungslösungen nicht durch inhaltliche Vorgaben in Frage stellen.

Die Gewerkschaft hat in den Verhandlungen zur Tarifabweichung im Werk Chemie 4 nur eine geringe Rolle gespielt. Beide Betriebsparteien betonten, dass sie die Vereinbarung weitgehend ohne Hilfe von außen ausgehandelt haben. Die Arbeitgeberseite hatte keinen Vertreter des Arbeitgeberverbandes hinzugezogen, und auch der gewerkschaftliche Betreuer nahm nach Aussage des Betriebsrates nur sporadisch an den Verhandlungen teil. Dies hatte zur Folge, dass der Betriebsrat sich die Zustimmung zum Verhandlungsergebnis von der Gewerkschaft einholen musste. Letzteres geschah dann auch mit einer gehörigen Portion Druck von Seiten des Betriebsrates.

> „Bei den Gesprächen hier, die haben wir mit der Geschäftsleitung selber geführt. Da war, glaube, ich der Beauftragte seinerzeit einmal da, und ansonsten haben wir die Verhandlungen hier alleine geführt und sind dann mit unserem Entwurf nach Hannover mit der Geschäftsleitung zusammen und haben das dort entsprechend präsentiert, Und da war dann schon der Druck von unserer, von meiner Seite da auch zu sagen: so jetzt wollen wir auch Entscheidungen haben. Wir sind also nach Hannover gefahren. Und ich habe den Verantwortlichen da gesagt so, wir gehen hier heute nicht eher heraus als bis das Ding unterschrieben werden kann hier. Und das war dann auch so." (Betriebsratsvorsitzender)

Die Gewerkschaft verblieb bei Chemie 4 im Großen und Ganzen außerhalb des Verhandlungsprozesses. Es waren die Betriebsparteien, die die Verhandlung führten, und es war die Gewerkschaft, die sie im Nachhinein abzusegnen hatte. Dieses Faktum schuf zwangsläufig eine Distanz zwischen Betriebsrat und Gewerkschaft. Beide hatten die inhaltlichen Zielsetzungen nicht im Vorfeld abgestimmt und haben in den Verhandlungen nicht gemeinsam an der Erreichung dieser Ziele gearbeitet. Deshalb wurde die Gewerkschaft vom Betriebsrat als *externe Instanz* betrachtet, die eher eine mögliche Hürde darstellt, als dass sie als Unterstützer in den Verhandlungen empfunden worden wäre.

Zwar haben sich auch bei Chemie 5 starke Diskrepanzen zwischen Gewerkschaft und Betriebsrat in den Verhandlungen entwickelt, doch sind diese, anders als bei Chemie 4, nicht darauf zurückzuführen, dass der Betriebsrat sich als neuer Akteur der Tarifpolitik gesehen und dabei durch die Form der Tarifabweichung angespornt gefühlt hätte. Chemie 5 steht vielmehr für den Typus paternalistischer Arbeitsbeziehungen und eines gewerkschaftsfernen Betriebsratsvorsitzenden, der ganz unabhängig von den Regelungsformen die Gewerkschaft nicht stärker eingebunden hätte. Insofern lässt sich dieser Fall nicht für einen Branchenvergleich heranziehen; er hätte sich so auch in einem mittelgroßen Betrieb der Metallindustrie mit ähnlichen Beziehungsmustern zwischen Betriebsrat und Management darstellen können.

Beeindruckend ist bei diesem Fall vielmehr, dass es der Gewerkschaft gelang, das Ruder noch einmal herumzureißen und eine gute Vereinbarung auszuhandeln. In diesem Zusammenhang haben sich die beiden Vertreter der Gewerkschaft in den Verhandlungen, der Tarifsekretär der Tarifabteilung und der Gewerkschaftssekretär des zuständigen Bezirks, gegen den Betriebsratsvorsitzenden insbesondere mit der Forderung durchgesetzt, nicht auf Kosten der Tarifnormen betriebliche Sonderleistungen zu erhalten, sondern die betrieblichen Sonderleistungen als Verhandlungsmasse einzusetzen, um möglichst wenig von den Tarifnormen abweichen zu müssen. Dabei nutzten sie den Zustimmungsvorbehalt der Gewerkschaft als Druckmittel. Der Gesamtbetriebsratsvorsitzende setzte seinerseits darauf, die Forderungen der Unternehmensleitung nach Arbeitszeitverlängerung voll zu erfüllen und dafür möglichst viele der – teilweise nur informell – bestehenden betrieblichen Sonderleistungen zu erhalten. Dafür habe er auch den besonderen Auftrag seines Betriebsratsgremiums gehabt.

> „Mein Ziel war ganz klar, wir gehen auf die 40 Stunden. Punkt. Und damit hätte die Rahmenvereinbarung auf einen Din-A-5 Zettel gepasst. Klar, von unseren betrieblichen Leistungen hätten wir sicherlich einen Teil auch verloren, klar, 40-Stunden-Woche, hätten einen Teil der Dinge verloren, aber eben nicht alles. Wir arbeiten hier jetzt im gewerblichen Bereich nur noch auf Tarif.“ (Betriebsratsvorsitzender)

Aus Sicht der Vertreter der IG BCE hingegen stand die Prägekraft der Tarifnormen im Mittelpunkt des Interesses. Möglichst wenig von diesen abzuweichen, notfalls auch auf Kosten der betrieblichen Sonderleistungen, war ihr erklärtes Ziel, das sie auch dem Betriebsratsvorsitzenden deutlich gemacht haben.

> „Hier ist es so gewesen, der Vertreter aus Hannover hat den Kaffee eingeschenkt und hat gesagt: das ist unser Tarif. Und die Sahne obendrauf, das sind die außertariflichen Leistungen. Die interessieren uns überhaupt nicht. Uns interessiert nur die 37,5-Stunden-Woche, und wenn wir zulassen, dass wir die 40 Stunden ohne irgendwelche Klauseln bekommen, dann würden wir als Vorreiter gelten zurück

ISBN 978-3-8360-8714-8 – Presseexemplar – (c) edition sigma – 08102015

> zur 40-Stunden-Woche. Das hat sich wie ein roter Faden durch diese langen Verhandlungen, ein dreiviertel Jahr haben sie gedauert, gezogen." (Betriebsratsvorsitzender)

Der Verhandlungsverlauf selber gestaltete sich nach der schwierigen Anfangsphase durchaus sachlich. Dabei brachten die Gewerkschaftsvertreter dann auch das Kompromissmodell ein, zwar die Personalreduzierungen zu akzeptieren, dafür aber die Arbeitszeitverlängerung unter den Vorbehalt der wirtschaftlichen Entwicklung zu stellen und eine Rückzahlungsklausel zu vereinbaren.

Neben diesen beiden Konfliktfällen gab es drei Fälle, in denen es jeweils zu kleineren Unstimmigkeiten im Verhandlungsverlauf zwischen Betriebsräten und Gewerkschaftsvertretern gekommen ist, ohne dass daran aber grundsätzlichere Unterschiede der Deutungsmuster geknüpft gewesen wären. Bei Chemie 2 bestand ein wichtiges Anliegen des Betriebsratsvorsitzenden in den Verhandlungen darin, den gewerkschaftlichen Verhandlungsführer von der Notwendigkeit einer langen Laufzeit der Tarifabweichung zu überzeugen. Diese war aus seiner Sicht unvermeidlich, weil mit der Tarifabweichung Produktionszuschläge im internen Bieterkampf gewonnen werden sollten, die für die Dauer der Produktzyklen gelten. Für die Gewerkschaft allerdings waren derartig lange Laufzeiten schwer zu akzeptieren und stark begründungspflichtig, weil damit eine langfristige Tarifunterschreitung verbunden war, die Vorbildcharakter für andere Unternehmen entwickeln konnte. Deshalb musste der Betriebsratsvorsitzende längere Diskussionen mit seinem Tarifexperten der Gewerkschaft führen.

> „Denn Sie müssen ja bedenken, dass die Laufzeiten der Tarifabweichung bei uns sehr hoch sind, die sind ja so lange wie die Produktlaufzeiten, also bis zu sieben Jahre. Und eigentlich schließt die Gewerkschaft nur für kurze Laufzeiten bis zwei Jahre oder so ab. Dadurch war natürlich immer die Frage: Wollt Ihr denn das oder müsst ihr denn das tun? Aber letztendlich haben wir es immer wieder so hinbekommen. Bis dahin, dass man zu einer Tagung gefahren ist und den einen oder anderen nach der Tagung auf die Seite gezogen hat und das nochmal versucht hat zu erklären oder zu sagen, schau mal drüber. Oder auch telefonisch. Das war schon ein intensives Arbeiten." (Betriebsratsvorsitzender)

Von Seiten der Gewerkschaft wurden diese Forderungen schließlich akzeptiert und in eine Verhandlungsstrategie umgesetzt, die auf möglichst langfristige Gegenleistungen des Unternehmens abzielte.

> „Insbesondere die Frage nach der Dauer der Beschäftigungssicherung hat eine eher zentrale Rolle gespielt, ursprünglich war die Arbeitgeberseite nicht bereit, für einen so langen Zeitraum auf die betriebsbedingten Kündigungen zu verzichten und korrespondierend dazu gab es auch eine Auseinandersetzung über die Frage, für welchen Zeitraum möglicherweise dann eine Ausgleichszahlung zu leisten sei bei Arbeitnehmern, die dann eben doch gekündigt werden." (Gewerkschaftlicher Betreuer)

ISBN 978-3-8360-8714-8 – Presseexemplar – (c) edition sigma – 08102015

Bei Metall 5 und Metall 6 bestanden, ganz im Unterschied zu Chemie 2, die Unstimmigkeiten jeweils darin, dass die Verhandlungsführer der Gewerkschaft nach Meinung der Betriebsräte den Arbeitgebern zu weit entgegengekommen wären. Bei Metall 5 hat der Verhandlungsführer aus der Tarifabteilung die Verhandlungen an einem Punkt weitergeführt, an dem sie der Betriebsrat zunächst gerne abgebrochen hätte. Und bei Metall 6 hatte die zuständige Bezirksleitung ebenfalls noch Verhandlungsbereitschaft gezeigt, als die Unternehmensleitung Tarifabweichungen mit Personalabbau verbinden wollte und damit eine für die lokalen Arbeitnehmervertreter inakzeptable Position eingenommen hatte. Daran äußerte auch der gewerkschaftliche Betreuer Kritik. Dies sei wenig hilfreich gewesen, weil dadurch Betriebsrat und Verwaltungsstelle vom Unternehmen als Blockierer dargestellt werden konnten. Inzwischen aber ziehe man wieder an einem Strang in dieser Frage.

Insgesamt aber lässt sich festhalten, dass in den Verhandlungen zur Tarifabweichung Konflikte selten waren. Mehr noch, im Zuge der Tarifabweichungen wurden die Bande, die zwischen Betriebsräten und Gewerkschaften bestehen, zumindest bestätigt oder sogar deutlich gestärkt. Ein Beispiel neben anderen für die Bestätigung einer engen Zusammenarbeit ist Chemie 3. Dort betonen die Betriebsräte, ein generell enges Verhältnis zur Gewerkschaft zu haben, das durch die Tarifabweichung bestätigt worden sei. Dies wird auch vom gewerkschaftlichen Betreuer so gedeutet.

> „Es besteht auch ein enger Kontakt, dass man öfters telefoniert, als dies in anderen Betrieben der Fall ist, dass man sich kurz schließt, dass man Internas diskutiert gemeinsam, wie man damit am Geschicktesten umgeht. Das zeigt, dass man, auch wenn das eine Betriebsräte und das andere Sekretäre sind, doch eng miteinander kooperieren muss und gemeinsam miteinander arbeiten muss, um zu positiven Ergebnissen für die Betriebsräte zu kommen.“ (Gewerkschaftlicher Betreuer)

Die Liste intensiver Kooperation zwischen Betriebsräten und ihrer Gewerkschaft – sowohl während der Tarifabweichungen als auch grundsätzlich vor und nach den Verhandlungen – ließe sich fast beliebig verlängern. In allen Fällen haben die Betriebsräte betont, dass die Gewerkschaft für sie nicht nur bei der Tarifabweichung, sondern auch grundsätzlich als Unterstützer der Betriebsratsarbeit wegen ihrer fachlichen Expertise und wegen der Weiterbildungsmöglichkeiten, die sie bietet, unverzichtbar ist. In einzelnen Fällen wie bei Metall 2 wurden die Bande zur Gewerkschaft auch noch deutlich intensiviert. Grundlage dafür war das enge *persönliche Vertrauensverhältnis,* das sich zwischen dem gewerkschaftlichen Betreuer und dem Betriebsratsvorsitzenden im Verlauf der Tarifabweichung entwickelt hat. Beruhend darauf hat der gewerkschaftliche Betreuer dann auch im Betrieb eine besondere Kampagne der Mitgliederwerbung durchgeführt und beim Neuaufbau gewerkschaftlicher Organisationsstrukturen im Betrieb geholfen. Darauf ist in den folgenden Abschnitten noch einzugehen.

Die einzige Ausnahme, die aber die Regel bestätigt, bildet der Betriebsratsvorsitzende bei Chemie 5, der die Beratungs- und Qualifizierungsleistungen der Gewerkschaft nicht in Anspruch nimmt. Entsprechend überfordert zeigte er sich dann mit der Verhandlung der Tarifabweichung. Deshalb hat die Gewerkschaft auch eine Kurzschulung organisiert, in der sie den Betriebsräten des Unternehmens Grundzüge von Bilanzdarstellungen vermittelte, um ihnen zu ermöglichen, überhaupt die Daten deuten zu können, die ihnen das Unternehmen vorgelegt hatte.

> „Erst durch diese Diskussion der Öffnungsklausel haben die erstmals Jahresabschlüsse gekriegt. Also ich vermute mal, dass die Aufsichtsratsmitglieder das schon gekriegt haben, aber der Betriebsrat und der Wirtschaftsausschuss haben nichts dergleichen gehabt, und es war auch so, dass wir dann praktisch für den Gesamtbetriebsrat dann erst noch mal so eine kleine Schulung gemacht haben, damit die überhaupt was mit diesen Zahlen anfangen konnten." (Gewerkschaftlicher Betreuer)

7.2 Organisationspolitische Auswirkungen

Hatte die Tarifabweichung auch organisationspolitische Auswirkungen für die Gewerkschaften? Mit Blick auf die gewerkschaftliche Organisation der *Betriebsräte* zumindest ist diese Frage zu verneinen. Der Organisationsgrad der Betriebsräte ist in den Fallbetrieben sehr hoch und hat sich durch die Tarifabweichung auch nicht weiter verändert. Mit Ausnahme des Betriebes Chemie 5 mit dem gewerkschaftfeindlichen Betriebsrat und des Angestelltenbetriebes Chemie 6 – in beiden Fällen liegt der gewerkschaftliche Organisationsgrad der Betriebsräte jeweils bei 80% – sind jeweils alle Betriebsräte vollständig gewerkschaftlich organisiert. In manchen Fällen, wie bei Metall 6 oder Chemie 3, waren vor einigen Jahren noch andere Gewerkschaften wie die DAG im Betriebsrat vertreten. Diese konnten aber von der jeweiligen Industriegewerkschaft ganz verdrängt werden. Damit liegt der Organisationsgrad der Betriebsräte im Untersuchungssample über dem gesamtwirtschaftlichen Durchschnitt. Hauser-Ditz et al. (2008) geben als durchschnittlichen Organisationsgrad (bezogen auf die Mitgliedschaft im DGB) der Betriebsräte in der Gesamtwirtschaft einen Wert von 58% an. Nach Angaben der Hans-Böckler-Stiftung liegt der Organisationsgrad deutlich höher bei 73% (http://www.boeckler-boxen.de/1895.htm), bleibt damit aber auch hinter dem Organisationsniveau der Betriebsräte in den Fallunternehmen zurück. Der hohe Organisationsgrad spiegelt die besondere Situation der Fallunternehmen wider, zu den industriellen Kernbranchen der deutschen Wirtschaft zu gehören, in denen die Institutionen des dualen Systems der industriellen Beziehungen noch eine starke Prägekraft aufweisen.

ISBN 978-3-8360-8714-8 – Presseexemplar – (c) edition sigma – 08102015

Zwar stieg der Organisationsgrad der Betriebsräte nicht an, doch sind im Zuge der Tarifabweichung auch keine Betriebsräte in die Gremien eingezogen, die alternative Positionen vertreten hätten und nicht gewerkschaftlich organisiert sind. Dies wäre bei aufbrechenden Solidaritätskonflikten eine durchaus wahrscheinliche Entwicklung. Solche Solidaritätskonflikte aber sind im Sample die absolute Ausnahme. Bei Chemie 5 hat sich vielmehr die umgekehrte Entwicklung vollzogen. Dort ist im Verlauf der Tarifabweichung die gewerkschaftlich orientierte Fraktion sowohl im Gesamtbetriebsrat als auch im örtlichen Betriebsrat gestärkt worden. Die Stellung der Gewerkschaft im Betrieb ist dort insgesamt schwach. Der gewerkschaftliche Betreuer berichtet von insgesamt 82 Gewerkschaftsmitgliedern, was einem gewerkschaftlichen Organisationsgrad von 15,5% entspricht. Zudem hat sich der Betriebsratsvorsitzende auch bemüht, den Einfluss der Gewerkschaft auf seine Betriebsratsarbeit so gering wie möglich zu halten. Zu den – seltenen – Betriebsversammlungen ist der gewerkschaftliche Betreuer zwar gegangen, zu Betriebsratssitzungen trotz ausdrücklichen Angebots aber nie eingeladen worden. Es sei eine Politik erkennbar gewesen, die Gewerkschaft, wenn nicht aus dem Betrieb, so doch aus dem Betriebsrat heraus zu halten. Andere Standpunkte innerhalb seines Gremiums habe der Betriebsratsvorsitzende zu unterdrücken versucht.

> „Ich hab öfter gesagt, wie sieht es denn aus, Betriebsratssitzungen, da will ich mal dran teilnehmen, das hat er immer ausgesessen, also er hatte nie nein gesagt, aber man hat richtig gemerkt, da gab es keine Terminabsprache oder dass er gesagt hätte, jetzt komm mal her oder wir haben das Thema, da bräuchten wir mal deine Unterstützung. Das war immer so ein Raushalten aus der Betriebsratsarbeit und der Kontakt zu den Betriebsräten. Und man muss auch sagen, dass die Betriebsräte, die praktisch versucht haben, die Gewerkschaft dann ein Stück weit mehr einzubinden, immer unter Druck des Betriebsratsvorsitzenden kamen." (Gewerkschaftlicher Betreuer)

Die Einschätzung großer Distanz bestätigt sich in den Aussagen des Betriebsratsvorsitzenden. Er sei früher Mitglied der Tarifkommission gewesen und noch immer zahlendes Mitglied, habe aber immer mehr Zweifel an der Organisation und den Zielsetzungen der Gewerkschaft entwickelt. Deshalb unternehme er auch als Betriebsrat keine Anstrengungen zur Mitgliederwerbung in seinem Betrieb. Inzwischen fühle er sich auch als Opfer einer möglichen Intrige. Im Tochterunternehmen am selben Standort habe die Gewerkschaft bereits für eine Abwahl des Betriebsratsvorsitzenden gesorgt, und in seinem Gremium könnte sie Ähnliches auch versuchen.

> „Sie sind auch dabei, das habe ich mitbekommen, im Hintergrund oder fast im Untergrund meinen Nachfolger aufzubauen. Das verstehen die ganz gut." (Betriebsratsvorsitzender)

ISBN 978-3-8360-8714-8 – Presseexemplar – (c) edition sigma – 08102015

Unter diesen Vorzeichen wird auch verständlich, warum der Betriebsratsvorsitzende bislang wenig Unterstützung für die Neugründung eines Vertrauenskörpers geleistet hat. Schon bei der Auflösung des alten Vertrauenskörpers vor mehreren Jahren hatte er dem damaligen Vertrauenskörperleiter empfohlen, aufzugeben. Dieser war nämlich offensichtlich von der Geschäftsleitung, die eine gewerkschaftliche Organisation in ihrem Betrieb unterbinden wollte, stark unter Druck gesetzt worden. In dieser Situation hat sich der Betriebsrat nicht vor den Vertrauenskörper gestellt und um seinen Erhalt gekämpft, sondern hat dem Druck der Geschäftsleitung nachgegeben und an den Vertrauenskörper weitergeleitet. Auch eine Neugründung sieht er eher skeptisch; diese würden die Mitglieder doch nicht durchführen, weil Vertrauensleute nach wie vor mit Nachteilen zu rechnen hätten.

> „Einen Vertrauenskörper gibt es nicht mehr, die haben aufgegeben. Das hat einfach nicht mehr funktioniert; Leute, die sich eingesetzt haben, wurden bombardiert, wurden in Verantwortung gezogen, für die sie gar nichts können, wurden dann angegriffen zum Teil, spürten gewisse Nachteile durch den Arbeitgeber. Der Vertrauensmann oder -frau, die haben ein Problem, die sind halt nicht geschützt. Ich habe denen dann auch geraten: Sei so gut, schone Deine Nerven, finde Deinen Seelenfrieden wieder und tritt zurück. Weil ich habe ja gesehen, wie die Leute das belastet hat." (Betriebsratsvorsitzender)

Der gewerkschaftliche Betreuer beurteilt die Perspektiven der Neugründung des Vertrauenskörpers mittlerweile durchaus positiv. Seiner Wahrnehmung nach hat sich im Ergebnis der Tarifabweichung eine – wenn auch noch verhaltene – Stärkung des gewerkschaftlichen Einflusses entwickelt, die getragen wird davon, dass erstens die gewerkschaftlich orientierten Betriebsräte stärker geworden seien und dass zweitens auch von den Mitgliedern der Ruf nach einem Vertrauenskörper lauter wird. Außerdem habe es – wenn auch wenige – Mitgliederbeitritte gegeben, die man habe stabilisieren können. Diese Entwicklungen führt er darauf zurück, dass in der Tarifabweichung die Bedeutung von Tarifverträgen und der sie tragenden und schützenden Gewerkschaft habe verdeutlicht werden können.

> „Also erstens mal gibt es einen Wechsel im Gesamtbetriebsratsvorsitz, zweitens, es gibt jetzt durchaus Leute im Betriebsrat, die die IG BCE mehr dabei haben wollen, es gibt wirklich einen Ruf in der Mitgliedschaft nach Bildung von Vertrauensleuten, da muss man nur gucken, wie dann auch, ich sag mal, man die schützen kann, weil die werden massiv unter Druck der Firmenleitung stehen. Und man muss auch sagen, wir haben über diese Auseinandersetzung erstmals wieder Eintritte und haben im Grunde genommen dann diese Mitglieder auch stabilisiert." (Gewerkschaftlicher Betreuer)

Über diesen Fall hinaus gab es aber im Untersuchungssample keine organisationspolitisch relevanten Bewegungen in den Betriebsräten. Dies sieht auf den ersten Blick bei den *Beschäftigten* nicht viel anders aus. Auch hier dominiert bei den Organisationsgraden eher die Konstanz als die Veränderung. In den Fällen Chemie 3, Chemie 4, Metall 1, Metall 4, Metall 5 und Metall 6 hat sich der Organisationsgrad mit der jeweils untersuchten Tarifabweichung entweder nicht oder nur leicht verändert. Er beträgt in diesen sechs Fällen in der angegebenen Reihenfolge stabil 60%, 85%, 90%, 50%, 60% und 90%. Auch die beiden Fälle Chemie 1 und Chemie 2 gehören im Grunde in diese Kategorie, dort stagniert der Organisationsgrad auf dem allerdings durchaus hohen Niveau von jeweils 60%.

Allerdings verbergen sich hinter der Konstanz auf den zweiten Blick doch deutliche Unterschiede zwischen den Fällen, in denen die Mitgliederentwicklung stagniert und den Fällen, in denen sie im Zuge der Tarifabweichung zumindest leicht erhöht werden konnte. Diese Unterschiede hängen wesentlich mit Legitimationsfragen zusammen. So wird die *Stagnation* von den befragten Arbeitnehmervertretern mit der Tarifabweichung in Verbindung gebracht. Bei Chemie 1 ist diese Verbindung indirekt. Dort hat sich der Personalabbau, der zusammen mit der Tarifabweichung beschlossen wurde, vor allem auf den gut organisierten Produktionsbereich bezogen. Und die Rekrutierung neuer Mitglieder erwies sich als mühsames Geschäft. Zudem traten die entlassenen und organisierten Beschäftigten häufig aus der Gewerkschaft aus, so dass sie als Mitglieder nicht nur für den Betrieb, sondern für die Gewerkschaft insgesamt verloren gingen. Bei den Bemühungen der Mitgliederrekrutierung kam dem Nachdruck und dem gewerkschaftlichen Engagement des Betriebsratsvorsitzenden eine zentrale Rolle zu.

> „Viele derer, die das Unternehmen verlassen mussten bzw. über Transfergesellschaften das Unternehmen verlassen haben, sind sicherlich ausgetreten. Und Akquise neuer Mitglieder ist sicherlich eines der undankbarsten Geschäfte, die man auch als Vertrauenskörper hat. Auf jeder Vertrauenskörpersitzung ist das ein Thema. Es wird immer wieder angesprochen. Der Betriebsratsvorsitzende gehört ja sicherlich zu den engagiertesten, was solche Arbeit angeht, die ich kenne. Und auf jeder Vertrauenskörpersitzung kommt auch das Thema auf: Mitgliederwerbung, Austritte aus der Gewerkschaft und alles was so dazu gehört.“ (Vertrauensmann/frau)

Bei Chemie 2 hingegen wird von den Betriebsräten und Vertrauensleuten auch die Unzufriedenheit der Beschäftigten mit der Tarifabweichung für die Stagnation verantwortlich gemacht. Sie komme zu den wachsenden strukturellen Problemen der Gewerkschaft hinzu. Die Unzufriedenheit bei den Beschäftigten traf nach Aussage des Betriebsrates nicht den Betriebsrat selber, dessen Wahlergebnisse trotz der Tarifabweichung gut waren. Die Unzufriedenheit schlug sich vielmehr in der Haltung zur Gewerkschaft nieder.

> „Ich bin immer wiedergewählt worden und die anderen Kollegen auch. Das einzige wo wir merken, dass die Kollegen mit dem Betriebsrat unzufrieden sind ist,

> dass die Leute aus der Gewerkschaft austreten. Das sind dann vereinzelte Kollegen, die sich über die 40-Stunden-Woche oder die Vollkontischicht ärgern und dann sagen: So, jetzt trete ich aus der Gewerkschaft aus. Dann geht die Diskussion los, und dann muss man versuchen, es den Leuten nochmal begreiflich zu machen, und auch wenn sie es nicht einsehen.“ (Betriebsratsvorsitzender)

Offensichtlich nehmen die Beschäftigten keine klare Rollentrennung vor zwischen betrieblicher und gewerkschaftlicher Interessenvertretung. Wohl auch aufgrund der Tatsache, dass der Betriebsrat vollständig gewerkschaftlich organisiert ist, erscheinen ihnen Betriebsrat und Gewerkschaft als Handlungseinheit, auch wenn die Betriebsräte auf ihre besondere Verantwortung bei der Tarifabweichung immer wieder hingewiesen haben.

> „Es gab viele, die gesagt haben: Ich trete dann aus, wenn ihr so etwas macht, und ein paar haben es auch gemacht. Denen habe ich dann gesagt. Die Gewerkschaft hat damit nichts zu tun. Wir haben das als Betriebsrat gemacht. Die Gewerkschaft trägt es zwar mit, aber wir sind ja diejenigen, die das unterstützen. Also, die Leute können dann nicht so direkt unterscheiden zwischen Betriebsrat und Gewerkschaft.“ (Betriebsräte im Gruppeninterview)

Im Ergebnis ist der gewerkschaftliche Organisationsgrad der Beschäftigten in den letzten Jahren leicht gesunken auf einen derzeitigen Stand von noch etwa 60%. Doch weist der Betriebsrat darauf hin, dass die Unzufriedenheit der Tarifabweichung nur einer von mehreren Faktoren ist, die dabei in Rechnung zu stellen sind. Negativ beeinträchtigt worden sei der Organisationsgrad zudem durch die lang anhaltende Kündigungswelle sowie durch die Alterung und die Verrentung von Mitgliedern gut organisierter Jahrgänge. Und die Leiharbeitnehmer, über die die Personalrekrutierung mittlerweile nahezu ausschließlich läuft (in der Tarifabweichung bei Chemie 2 wurden hohe Quoten für Leiharbeit festgelegt), seien für eine Mitgliedschaft in der IG BCE kaum zu gewinnen. Denn sie sind Beschäftigte eines Unternehmens, dessen Tarifbindung nicht in der chemischen Industrie liegt, so dass die IG BCE ihnen zumindest keine tarifpolitische Interessenvertretung anbieten kann.

> „Wenn man heute zu einer Leasingkraft geht und sagt: Wie sieht es denn aus, gehst Du in die Gewerkschaft IGBCE? Dann bekomme ich als Antwort: Ja, was bringt mir das? Ich bin bei einer Verleihfirma. Die ist in keinem Arbeitgeberverband. Die hat zwar einen Tarifvertrag mit irgendeiner Gewerkschaft. Und was nutzt mir das dann, wenn ich in die IG BCE gehe? Das nutzt mir rein gar nichts.“ (Betriebsräte im Gruppeninterview)

Rückgänge des gewerkschaftlichen Organisationsgrades hat es im Zusammenhang mit den untersuchten Tarifabweichungen aber ansonsten nicht gegeben. Sofern diese auftreten, haben sie entweder andere Ursachen oder sie begründeten einen Erfahrungshorizont aus *vorherigen Tarifabweichungen*, aus dem die

ISBN 978-3-8360-8714-8 – Presseexemplar – (c) edition sigma – 08102015

Akteure gelernt haben. Bei Chemie 6 beispielsweise erodiert der gewerkschaftlichen Organisationsgrad seit den 1990er Jahren. Zwar war dort der Organisationsgrad zum Zeitpunkt der Privatisierung sehr hoch, doch fiel er im Verlauf der 1990er Jahre stetig und rapide ab. Über sein Niveau zum Zeitpunkt der Untersuchung gingen die Aussagen etwas auseinander; die Betriebsratsvorsitzende schätzte ihn auf knapp 20%, der gewerkschaftliche Betreuer sah ihn bei 30%. Wenig überraschend war er bei der größeren Gruppe der Angestellten niedriger als bei der kleineren Gruppe der Produktionsbeschäftigten.

Die Tarifabweichung hatte auf die Entwicklung des Organisationsgrads nach übereinstimmender Aussage von Betriebsrat und gewerkschaftlichem Betreuer keinen Einfluss. Der Betreuer hat sogar ausdrücklich darauf verzichtet, die Tarifabweichung zur Mitgliederwerbung zu nutzen. Dafür gab er zwei Motive an. Zum einen habe er die Lage der Beschäftigten nicht ausnutzen wollen, und zum anderen wäre in diesem besonderen Fall der kollektive Schulterschluss der Mitglieder für die Verhandlungen wenig erfolgversprechend gewesen. An der Tarifabweichung hätte, so seine Einschätzung, auch eine gestärkte Gewerkschaft wenig ändern können. Der Hinweis, nur als Gewerkschaftsmitglied überhaupt einen begründeten Anspruch auf die Tarifnormen zu haben, hat offensichtlich wenig bewirkt, zumal der Druck auf die Arbeitsplätze im Vergleich nicht so hoch gewesen sei.

> „Versuche, das zur Mitgliedergewinnung zu nutzen, das habe ich nicht gemacht. Es ist ohnehin schon nicht leicht für die Leute, dass sie weniger Geld kriegen, damit wollte ich nicht spielen. Wenn ich etwas damit hätte erreichen können und sagen können: Wenn Ihr alle Mitglieder werdet, können wir an der Situation etwas ändern, aber das war ja hier nicht der Fall. Der Auftrag kommt so und so nicht. Und: Was anderes will ich verhandeln? Das ist die Frage: Ich muss ja den Leuten auch eine Perspektive geben können: Wenn Ihr Mitglied werdet, können wir eventuell das oder das machen. Und da hatte ich nichts anzubieten." (Gewerkschaftlicher Betreuer)

Ein Blick auf zwei Fälle der IG Metall zeigt, dass die Beteiligung der Beschäftigten – genauer gesagt die Form der Beteiligung – einen entscheidenden Unterschied für die Entwicklung der gewerkschaftlichen Organisationsmacht bedeuten kann. In den Fällen Metall 4 und Metall 6 wurde berichtet, dass im Zuge früherer Tarifabweichungen durchaus Austritte unzufriedener Mitglieder zu verzeichnen waren. In beiden Fällen wird dies von den Interessenvertretungen als Grund dafür angeführt, dass dann beteiligungsorientiertere Verfahren eingeführt wurden. Die konkrete Form der Beteiligung war jedoch sehr unterschiedlich. Während sie sich bei Metall 4 auf eine umfassendere Information beschränkt, wird sie bei Metall 6 ausdrücklich als Partizipationsstrategie verstanden.

Zunächst bildeten in beiden Fällen die Austritte einen *Erfahrungshintergrund,* aus dem die Akteure bei späteren Abweichungen gelernt haben. Bei Metall 4 war es in der Lesart des gewerkschaftlichen Betreuers mit Abschluss der Vorgängerabweichung zu „massiven" Austritten gekommen, weil diese ohne Beteiligung der Beschäftigten von den Interessenvertretern ausgehandelt worden war.

> „War auch Thema, das war eine Erfahrung aus der alten Regelung, die als Betriebsvereinbarung abgeschlossen wurde. Damals hatten Betriebsrat und IG Metall verhandelt ohne die Belegschaft mit einzubinden, hatten eigentlich für die damalige Lage eine gute Regelung erreicht, wir hatten massive Austritte, weil die Leute das Gefühl hatten, es wäre vielleicht doch besser gelaufen, ihr hättet uns mit eingebunden. Und das war für uns klar, auch mit der Arbeitgeberseite so kommuniziert, wir führen keine Geheimverhandlungen, sondern wir binden die Belegschaft mit ein." (Gewerkschaftlicher Betreuer)

Trotz des positiven Stimmungsbildes, das in der Belegschaft zum Verhandlungsergebnis der Nachfolgereglung erhoben wurde, war es bei Metall 4 aber nicht gelungen, die Organisationsmacht im Betrieb zu erhöhen. Mitgliederzuwächse blieben trotz der Zufriedenheit aus. Zwar wurde versucht, das Ergebnis als Leistung der Gewerkschaft darzustellen und insgesamt die Bedeutung der Gewerkschaft für die Entwicklung tariflicher Arbeitsstandards hervorzuheben, doch war die Resonanz darauf – zumindest in Form von Mitgliedsbeitritten – gering. Der Betriebsratsvorsitzende führt dies darauf zurück, dass die Beschäftigten das gute Ergebnis möglicherweise stärker der betrieblichen Interessenvertretung zurechneten als der Gewerkschaft. Dies wiederum kann damit erklärt werden, dass bei Metall 4 Beteiligung nur in ihrer Dimension als Information interpretiert und umgesetzt wurde. Mobilisierung oder Partizipation blieben als Quelle der Legitimation der Tarifabweichung und der Gewerkschaft als Tarifpartei ungenutzt.

> „Das ist eigentlich der einzige, ich sag mal, bedauerliche Nebeneffekt. Es ist uns nicht gelungen, ich sage mal, dieses tatsächlich dann auch in Mitglieder umzumünzen, wir sind jetzt nicht schlechter geworden deswegen, aber dass man sagt, Mensch, das war jetzt eine gute Regelung, deshalb trete ich ein, das ist so nicht passiert. Und das, ich meine, da mag es unterschiedliche Erklärungsversuche geben, vielleicht, ich sage mal, werten die Mitarbeiter dieses auch nicht jetzt als Leistung der IG Metall, sondern mehr als ihrer betrieblichen Interessenvertretung unter Umständen. Und deshalb sehen sie nicht unbedingt die Notwendigkeit, aber das ist nur ein Erklärungsversuch." (Betriebsratsvorsitzender)

Bei Metall 6 hingegen wurden Mitgliederversammlungen als Partizipationsinstrument im Betrieb seit 2002 resp. 2003 eingeführt. Dafür war, neben entsprechender Vorgaben der Bezirksleitung zur Einführung partizipativer Verfahren die wachsende Skepsis der Beschäftigten gegen Tarifabweichungen verantwortlich. Vereinzelte Austritte aus der Organisation, die im Zuge der Tarifabweichungen zu verzeichnen waren, wurden von der Gewerkschaft als Warnsignal gedeutet.

ISBN 978-3-8360-8714-8 – Presseexemplar – (c) edition sigma – 08102015

„Wir haben ja, als wir diese Tarifverträge im guten Gefühl gemacht haben, haben wir ja Mitglieder verloren. Die haben gesagt: Wir bezahlen Beitrag, und dann nehmen die uns Geld weg. Und das bekommt man nur aufgebrochen und entschärft, wenn man wirklich frühzeitig beteiligt.“ (Gewerkschaftlicher Betreuer)

Als Folge habe man die früheren Austritte durch Neueintritte zumindest wieder ausgleichen können. Ein deutlicher Anstieg wäre bei einem gewerkschaftlichen Organisationsgrad von über 90% auch kaum zu erwarten gewesen.

In anderen Fällen hat sich die Partizipationsstrategie der Gewerkschaft in *steigenden* Mitgliederzahlen niedergeschlagen. Bei Metall 3 war der Organisationsgrad im Verlauf der Entlassungswelle nach der Übernahme durch die amerikanische Konzernmutter zunächst ebenfalls deutlich abgesunken. In den Auseinandersetzungen um die Tarifabweichung konnte der Organisationsgrad aber über das Ausgangsniveau hinaus gesteigert werden. Grundlage dafür war aus Sicht der Interessenvertretungen die Privilegierung der Gewerkschaftsmitglieder durch bevorzugte und umfassende Informationen, vor allem aber durch die Beteiligung am Prozess der Aushandlung und der Annahme der Tarifabweichung. Diese Privilegierung wurde gegenüber den Beschäftigten damit begründet, dass die Tarifabweichung Fragen des Tarifvertrages und damit der Handlungshoheit der Gewerkschaft betrifft, nicht aber die des Betriebsrates und der Betriebsverfassung. Anspruch auf tariflich regulierte Arbeitsbedingungen – und auf ihre Gestaltung – aber hätten nur die Gewerkschaftsmitglieder.

„Der Organisationsgrad ist hochgegangen. In der Phase 2002 und 2003 ist der wegen der Entlassungen zurückgegangen, da sind viele Mitglieder rausgeflogen. Und wir haben den dann sukzessive steigern können. Wir haben immer gesagt Leute, es geht um den Tarifvertrag und nicht um das Betriebsverfassungsgesetz. Und darauf haben Mitglieder der IG Metall einen Anspruch und niemand anders. Bei der Information wurden die Mitglieder auch anders behandelt, klar. Und dann immer wieder der Hinweis an die Nichtmitglieder: Wenn Du mitentscheiden willst über Deine Zukunft in diesem Werk, dann musst Du Mitglied werden. Alleine die Frage der Entscheidung, nicht einmal der materiellen Leistungen, alleine die Entscheidung, dass war ganz, ganz wichtig. 100% haben wir noch nicht erreicht, aber das hat den Stellenwert der IGM hier schon gewaltig erhöht.“ (Gewerkschaftlicher Betreuer)

Rekrutierungserfolge waren auch bei Metall 1 zu verzeichnen, dort aber nicht im untersuchten Werk selber, sondern in dem ostdeutschen Werk des Unternehmensverbundes. Obwohl dieser Standort von den Verlagerungsplänen nicht nur nicht negativ betroffen war, sondern sogar profitiert hätte, stieg dort der Organisationsgrad auf über 45% (von vormals gut 35%). Nach Aussage des Tarifsekretärs sei es dort erfolgreich gelungen, die solidarischen Orientierungen der Beschäftigten zu wecken.

ISBN 978-3-8360-8714-8 – Presseexemplar – (c) edition sigma – 08102015

„Und ein weiterer Punkt ist, wir wollen Mitglieder gewinnen im Prozess. Wir haben am ostdeutschen Standort ganz viele neue Mitglieder bekommen. Das war witzig, denn eigentlich war der ja überhaupt nicht bedroht. Aber die haben es irgendwie verstanden, dass es gut ist, wenn wir zusammenhalten. Also diese Strategie, dieses strategische Argument, dass wir zusammenhalten müssen, um uns nicht auseinander dividieren zu lassen, dass scheint mir bei den Menschen tief verwurzelt zu sein, dass ist ein echtes strategisches Potenzial das wir haben." (Tarifsekretär)

Der wohl durchschlagendste Organisationserfolg partizipativer Beteiligungsstrategien ist bei Metall 2 zu verzeichnen. Es lohnt sich daher, den Blick auf diesen Fall etwas länger ruhen zu lassen, zumal dort mit der Tarifabweichung auch ein Vertrauenskörper im Betrieb neu verankert werden konnte. Die ursprünglichen Probleme der Gewerkschaft im Betrieb hingen wesentlich mit der Person des alten Betriebsratsvorsitzenden, dem Vorgänger des jetzigen Betriebsratsvorsitzenden, zusammen. Dieser war ein Betriebsratsfürst alter Schule, der zwar im Betrieb großen Einfluss ausüben konnte, der aber die Gewerkschaft stets auf Distanz hielt und sie im Betrieb nicht unterstützte. Die entscheidende Wende für die Gewerkschaft wurde dann sowohl durch die Wahl eines neuen Betriebsratsvorsitzenden als auch durch die Verhandlungen zur Tarifabweichung eingeleitet. Im Zuge der sich abzeichnenden Verhandlungen zur Tarifabweichung wurde erstmals überhaupt im Betrieb eine Mitgliederversammlung durchgeführt. Sie war Ausdruck einer Wende im Verhältnis zur Gewerkschaft.

„Die erste Mitgliederversammlung hatte überhaupt zu dieser Pforzheimer Geschichte stattgefunden. Das hat es hier vorher nicht gegeben, Es gab nicht nur keine Streikkultur, es hat hier auch nie eine Mitgliederversammlung gegeben. Wir haben hier also überhaupt die erste Mitgliederversammlung in diesem Werk einberufen. Was die Leute irritiert hat: Was ist das? Was macht man da? Komm her, dann erfährst Du es. Das war die Vorstellung der Präsentation des Arbeitgebers, warum wollen wir vom Tarif abweichen?" (Betriebsratsvorsitzender)

Die Beteiligung der Mitglieder in den Verhandlungen zur Tarifabweichung wurden von Betriebsrat und Gewerkschaft als Anstoß zur Mitgliedergewinnung genutzt. Für den Betriebsrat war es wichtig, sich des Rückhalts der Beschäftigten zu versichern und die Mobilisierbarkeit zu stärken, um eine eigene Machtposition in den Verhandlungen aufbauen zu können. Denn wegen der Gewerkschaftsferne seines Vorgängers konnte er sich dessen nicht sicher sein. In diesem Zusammenhang hat er versucht, den Beschäftigten die besondere Bedeutung der Gewerkschaft und der Gewerkschaftsmitgliedschaft für die Stärke der Arbeitnehmervertreter im betrieblichen Konflikt vor Augen zu führen.

„Es wurde schon auch das Szenario dargestellt, es kann in den Konflikt gehen. Und wie stark ist man in dem Konflikt? Ist man da durchsetzungsfähig? Wir ha-

ISBN 978-3-8360-8714-8 – Presseexemplar – (c) edition sigma – 08102015

ben dann mobilisiert, indem wir gesagt haben, steht zu uns, steht hinter uns, tretet in die Gewerkschaft ein. So haben wir auch diesen Teil erledigt, der uns aufgetragen wurde. Helft uns, wir sind stark, wenn Ihr dabei seid, und wenn wir sagen kommt raus, und protestiert, dann wollen wir auch, dass alle draußen sind und Ihr sollt hinter uns stehen.“ (Betriebsratsvorsitzender)

Dabei hat der Betriebsratsvorsitzende immer wieder gegenüber den Beschäftigten auf die Perspektive hingewiesen, dass sie als Gewerkschaftsmitglieder über die Aufnahme von Verhandlungen, über Verhandlungsprozesse und Verhandlungsergebnisse mitbestimmen können, sich dort einbringen und besser informieren lassen können.

„Und zum anderen haben wir natürlich gesagt: Du hast eine Mitbestimmung, Du kannst in den Prozess einwirken, Du kannst zur Mitgliederversammlung gehen, Du kannst dort sagen, das verstehe ich nicht, oder aber kann man das nicht so uns so machen. Du kannst Dich dort konstruktiv in diesen ganzen Entscheidungsprozess einbinden. Wenn Du willst. Und das hat auch nochmal einen gewissen Schwung gebracht.“ (Betriebsratsvorsitzender)

Diese Perspektive war seiner Ansicht nach einer der wichtigsten Gründe dafür, dass sich der gewerkschaftliche Organisationsgrad im Betrieb im Verlauf der Verhandlungen von vormals knapp 20% auf etwa 40% mehr als verdoppelt hat. Hinzu trat dann ein Sog- respektive Sozialisationseffekt, der daraus resultierte, dass sich die Mitgliederzahl erhöht hat und dadurch eine *gewerkschaftliche Kultur* im Betrieb entstanden ist. Diese Erfahrung bestätigt die in der Literatur häufiger betonte Bedeutung der „Social Customs“ bei der Erklärung gewerkschaftlicher Organisationsgrade (Visser 2002). Die Gewerkschaftsmitgliedschaft muss im Betrieb eine kulturelle Selbstverständlichkeit sein, damit die Organisation stabil ist und Aussicht auf Wachstum hat.

„Da sind wir im Organisationsgrad schon so an die 40% gekommen, von vorher schwachen 16 oder 17, knappen 20% jedenfalls. Na gut, die 20% resultieren nicht alleine von dem Ding hier, da kann man die Hälfte vielleicht dazurechnen. Die andere Hälfte entstand dann schon daraus, dass sich hier eine gewisse Kultur eingebürgert hat und die Leute verstanden haben, letztendlich, was das bedeutet, Tarifverträge auch zu schützen.“ (Betriebsratsvorsitzender)

Ein wichtiger Baustein in diesem Prozess war die Verbindung der Tarifabweichung mit dem Aufbau gewerkschaftlicher Strukturen im Betrieb. Erstmals wurde eine Vertrauensleutewahl durchgeführt, ein Vertrauensleutekörper gebildet und eine Vertrauensleuteschulung angeboten. Auf diese Weise war die Gewerkschaft im Betrieb nun auch organisatorisch präsent.

„Wir haben dann in dem Zusammenhang auch eine Vertrauensleutewahl gemacht, ein völlig unstrukturierter Betrieb vorher und wir haben in dem ganzen Verfahren Mitgliederentwicklung betrieben, indem wir klar gesagt haben, es ent-

ISBN 978-3-8360-8714-8 – Presseexemplar – (c) edition sigma – 08102015

> scheiden nur Mitglieder über die Inhalte dieses Tarifvertrages. Wir haben eine Struktur geschaffen, Tarifkommission, Vertrauensleute, Vertrauensleuteschulung zum ersten Mal durchgeführt, ein Wochenendseminar." (Gewerkschaftlicher Betreuer)

Der Betriebsratsvorsitzende hat in diesem Prozess eine entscheidende Rolle gespielt, weil er den Kontakt zur Gewerkschaft wieder aufgenommen und die Gewerkschaftsstärkung im Betrieb auch zu seiner Aufgabe gemacht hat. Er hat die Gewerkschaft wieder ins Haus geholt. Rekrutierungsprobleme für den neuen Vertrauenskörper gab es nicht.

> „Der Betriebsratsvorsitzende hat einfach die Gewerkschaft wieder zu uns ins Haus reingeholt. Klar, auf Betriebsversammlungen war immer ein Gewerkschaftsvertreter da. Aber es gab keine Verbindung über Vertrauensleute zur Gewerkschaft. Die war gar nicht da, das lief immer nur über den Betriebsrat. Dann sind die Vertrauensleute in Neuwahlen neu gewählt worden. Wir haben eigentlich keine Probleme, genug Interessenten dafür zu bekommen." (Betriebsrat)

Wesentlich zum großen Mitgliedererfolg beigetragen hat die *Mobilisierungskampagne* des gewerkschaftlichen Betreuers. Aus seiner Sicht war die Mitgliederwerbung ein explizites Ziel des gesamten Prozesses der Tarifabweichung. Dieses Ziel hat er ausdrücklich auch gegenüber dem Management formuliert und dabei betont, dass ohne positive Mitgliedereffekte die Tarifabweichung von der Gewerkschaft nicht akzeptiert würde. Die Werksleitung hat diese Forderung akzeptiert. Der gewerkschaftliche Betreuer weist in diesem Zusammenhang darauf hin, dass die Werkleitung sowohl den Vertretungsanspruch der IG Metall anerkannt als auch die Gewerkschaftsmitglieder explizit um Mithilfe gebeten hat. Dies geschah im Rahmen einer Mitgliederversammlung.

> „Ich habe dem Arbeitgeber gesagt, ich mache den ganzen Tarifvertrag nur dann, wenn wir hinterher mehr Mitglieder haben als vorher. Das wurde als legitim anerkannt. Solche kaufmännischen Gesichtspunkte verstehen die eigentlich immer gut. Und der Arbeitgeber hat uns dann bei dieser Mitgliederentwicklung schon mit geholfen, indem er sich auch strikt daran gehalten hat, dass also nur mit der IG Metall eben verhandelt und gesprochen wird. Auch allein das Auftreten auf unserer Mitgliederversammlung, wo dann ein Arbeitgeber sogar dahin geht und die Gewerkschaft um Hilfe bittet, das hat natürlich auch dazu geführt, dass neue Mitglieder eingetreten sind. Gerade diejenigen, die meinen, dass ein Arbeitgeber immer strikt gegen Gewerkschaften eingestellt ist." (Gewerkschaftlicher Betreuer)

Der gewerkschaftliche Betreuer hat Metall 2 als Schwerpunktbetrieb betrachtet, den er besonders intensiv betreut hat. Das bedeutete, dass er nicht nur zu den Betriebs- und Mitgliederversammlungen kam, sondern weit häufiger als üblich im Betrieb präsent war und das Gespräch mit den Beschäftigten gesucht hat. Im

ISBN 978-3-8360-8714-8 – Presseexemplar – (c) edition sigma – 08102015

Schnitt sei er zweimal pro Woche in den Betrieb gefahren und habe mit den Beschäftigten kommuniziert. Auf der Grundlage einer intensiven Mitgliederkampagne dieser Art birgt aus Sicht des gewerkschaftlichen Betreuers die *betriebsnahe Tarifpolitik* große Potenziale für die Mitgliederentwicklung.

> „Ich sehe für uns eine sehr große Chance darin, diese betriebsbezogene Tarifpolitik birgt eben auch die Möglichkeit einer sehr guten Mitgliederentwicklung, das ist immer was anderes, wenn es um den eigenen Betrieb, um die eigenen Arbeitsplätze geht, oder es geht eben um diesen Verbandtarifvertrag." (Gewerkschaftlicher Betreuer)

Im Zusammenspiel von *Mitgliederbeteiligung* und offensiver *Mitgliederkampagne* konnte bei Metall 2 also im Zuge der Tarifabweichung sowohl der gewerkschaftliche Organisationsgrad verdoppelt als auch die Gewerkschaft im Betrieb organisatorisch verankert werden. Damit stellt dieser Betrieb zwar auf der einen Seite im Untersuchungssample einen Ausnahmefall einer organisationspolitisch erfolgreichen Praxis der Tarifabweichung dar. Ähnlich große Erfolge waren in keinem der anderen Fälle zu verzeichnen. Doch lassen sich auf der anderen Seite die positiven Folgewirkungen partizipativer Beteiligungsstrategien durchaus verallgemeinern. Die partizipativen Verfahren der Tarifabweichung haben nicht nur positive *legitimationspolitische* Effekte für die Betriebsräte, sondern ziehen auch positive *organisationspolitische* Wirkungen für die Gewerkschaft nach sich. Zwar kam es nicht in allen Fällen, in denen diese Verfahren angewandt wurden, zu einem starken Ausbau der gewerkschaftlichen Organisationsmacht. Bei Organisationsgraden von 90% oder mehr, wie in den Fällen Metall 1 und Metall 6, sind positive Organisationseffekte aber auch nur schwer zu erzielen. Auf diesem Niveau ist in der defensiven Situation der Tarifabweichung für die Gewerkschaft auch die Stabilisierung ein organisationspolitischer Erfolg; die Tarifabweichung hatte immerhin keine negativen Folgewirkungen für die gewerkschaftliche Organisationsmacht. Wichtiger ist in diesen Fällen der Umstand zu werten, dass mit den partizipativen Verfahren zugleich die *Mitgliedschaftsmotivation* der bestehenden Mitglieder tendenziell erhöht wurde. So konnte in den Augen der Betriebsratsvorsitzenden bei Metall 1 die Stellung der IG Metall im Betrieb gestärkt werden, obwohl es kaum Neueintritte gab. Den entscheidenden Grund dafür sieht sie darin, dass den Beschäftigten in der Tarifabweichung die Notwendigkeit ihrer Mitgliedschaft für eine erfolgreiche Interessenvertretungspolitik der Gewerkschaft vor Augen geführt worden sei.

> „Der betriebliche Tarifkonflikt hat der Gewerkschaft im Betrieb sicherlich genutzt, das kann man sagen, ja. Der Organisationsgrad ist zwar nicht sprunghaft angestiegen, aber es ist so, dass die Notwendigkeit der Gewerkschaft noch mal deutlicher geworden ist." (Betriebsratsvorsitzende)

Für die organisationspolitische Bedeutung beteiligungsorientierter Strategien spricht auch, dass sich der positive Zusammenhang von Partizipation und gewerkschaftlicher Organisationsmacht in den *Deutungsmustern* der Interessenvertreter, die diese Beteiligungsstrategie praktiziert haben, fest verankert hat. Sie verbinden mit der Tarifabweichung die positiven Erfahrungen einer Stärkung der eigenen Organisationsmacht und damit auch der eigenen Position in den Arbeitsbeziehungen des Unternehmens. Dies hat zur Folge, dass sie gegenüber ihren Arbeitgebern auch offensiver und machtvoller als zuvor auftreten. Die Deutung wachsender Organisationsmacht durch beteiligungsorientierte Strategien kann sich in einem Machtzuwachs der Arbeitnehmervertretungen gegenüber den Unternehmensleitungen niederschlagen, sofern diese Deutung für sie handlungsorientierend wird. An diesem Punkt zeigen sich die realen Konsequenzen subjektiv gemeinten Sinns, die in der Diskussion um das Thomas-Theorem in der soziologischen Theorie betont werden (vgl. dazu auch Esser 1999). Indem die Interessenvertretungen an den Erfolg ihrer Strategie glauben, können sie ihre Machtposition in den Verhandlungen verbessern. Auf diese Weise wird die Strukturdimension Signifikation herrschaftsrelevant.

In den organisationspolitischen Wirkungen der Partizipation tritt der Unterschied zwischen den Regelungsgrundlagen der beiden Untersuchungsbranchen nochmals zu Tage, der im Zusammenhang mit den partizipativen Entscheidungsverfahren im vorigen Kapitel bereits angesprochen wurde. Nicht nur finden sich in der chemischen Industrie keine Beteiligungsstrategien der betriebsnahen Tarifpolitik nach dem Muster der Metallindustrie. Auch sind in den Samplebetrieben der Branche keine Fälle mit ähnlich positiver Mitgliederentwicklung vorhanden wie in den Metallfällen, was den Befund der organisationspolitischen Bedeutung beteiligungsorientierter Verfahren weiter stärkt. Sofern in den untersuchten Fällen der chemischen Industrie Mitgliederversammlungen durchgeführt wurden – wie bei Chemie 5 und Chemie 6 –, fanden diese gerade in den Betrieben statt, in denen die Gewerkschaft schwach vertreten war. Der einfache Grund dafür war, dass dort die Mitgliederversammlungen als funktionale Äquivalente für die fehlenden Vertrauensleutekörper und ihre Informations- und Rückkoppelungsfunktion gesehen wurden. Die Mitgliederversammlungen wiesen aber, im Unterschied zu denen der Metallindustrie, keine partizipativen Elemente auf. Sie sollten zwar auch die Legitimation der Tarifabweichung bei den Mitgliedern erhöhen, aber als Instrumente mit organisationspolitischer Zielsetzung waren sie nicht gedacht. So wurden bei Chemie 6 die Mitglieder über das Verhandlungsergebnis in einer Versammlung gesondert informiert. Doch der Zuspruch der Mitglieder für diese Veranstaltung fiel eher gering aus.

> „Im Nachhinein haben wir das dann gemacht. Und da war auch der Zuspruch der Leute gering. Es war wenig Interesse daran zu erfahren, was sind eigentlich die Hintergründe oder so.“ (Betriebsratsvorsitzende)

Bei Chemie 5 konnte der gewerkschaftliche Betreuer es immerhin als Erfolg verbuchen, dass in den Mitgliederversammlungen die gewerkschaftliche Position in einem für die Gewerkschaft feindlichen Umfeld deutlich gemacht werden konnte. Die Mitgliederversammlungen waren verhältnismäßig gut besucht. Der Betreuer hatte dabei drei Ziele: Die Mitglieder gesondert und umfassender zu informieren als die anderen Beschäftigten, die Mitglieder von der Notwendigkeit der Verhandlungen zu überzeugen und sich schließlich ein Stimmungsbild einzuholen, das Aufschluss über die Legitimitätsgrundlagen des Handelns der Gewerkschaft bei ihren Mitgliedern geben soll. Eine echte Beteiligung der Mitglieder war damit aber nicht verbunden.

> „Wir hatten also zwei Mitgliederversammlungen, nur zu diesem Thema. Vor den Verhandlungen, wo wir gesagt haben, hier, das ist unsere Position, wie gehen wir überhaupt mit solchen Verhandlungen um, also die IG BCE. Und bevor praktisch eine Zustimmung der IG BCE und damit auch die Unterschrift unter die Vereinbarung gekommen ist, haben wir noch mal eine Mitgliederversammlung gemacht, wo wir den Sachstand dargestellt haben, was wir empfehlen, dann wurde diskutiert und auch so eine Art Feedback. Und die Mitglieder haben gesagt, jawohl, den Weg kann man gehen. Und die waren auch gut besucht, muss man sagen ... Ja, da waren rund 30 Leute, 35 Leute da, das ist knapp 50% der Mitglieder und das ist also in solchen Auseinandersetzungen durchaus viel." (Gewerkschaftlicher Betreuer)

Grundsätzlich gilt es festzuhalten, dass die Beteiligungsverfahren jeweils auf *gewerkschaftliche Initiative* hin entstanden sind. Die Betriebsräte haben diese Strategie, wo sie angewandt wurde, zwar vorbehaltlos unterstützt; ihre Initiatoren waren sie aber nicht. Mit der partizipativen Beteiligungsstrategie deutet die Gewerkschaft – faktisch beschränkt sich diese Strategie ja auf die IG Metall – die Mitgliederrekrutierung als eigene Aufgabe und überlässt sie nicht mehr ausschließlich den Betriebsräten. Damit kommt es zu einer *neuen Arbeitsteilung* in der für die Gewerkschaften vitalen organisationspolitischen Frage der Mitgliederrekrutierung.

Beteiligungsorientierte Verfahren im Rahmen der Tarifabweichung können mithin auch als eigenständige Strategie der *Revitalisierung* oder des Organizing der Gewerkschaft gedeutet werden (vgl. dazu Brinkmann et al. 2008). Sie legitimieren nicht nur die Tarifabweichung als kollektivvertragliche Regelung, sondern auch die Gewerkschaft als tarifpolitischen Akteur auf neue Weise und können auf dieser Grundlage organisationspolitische Wirkungen entfalten. In der Literatur war die Anwendbarkeit der in angelsächsischen Ländern entwickelten Strategien der gewerkschaftlichen Revitalisierung unter den institutionellen Bedingungen des deutschen Systems industrieller Beziehungen zunächst pessimistisch eingeschätzt worden Als wichtiger Grund dafür galt das traditionelle Rekrutierungsmonopol der Betriebsräte (so Frege 2000). Diese Deutung erscheint im Licht der Erfahrungen aus den Fallbetrieben dieser Untersuchung auf den ersten Blick durchaus plausibel. Träger einer gewerkschaftlichen Beteiligungsstrategie als Grundlage des Organizing sind die Betriebsräte nicht. Strategien dieser Art müssen von den Gewerkschaften selber vorangetrieben werden. Dies ist aber nur die eine Seite der Medaille. Die andere Seite der Medaille lautet, dass dies trotz der Existenz der Betriebsräte auch möglich ist. Beteiligungsorientierte Organisationsstrategien scheitern in den Fallbetrieben nicht am Widerstand von Betriebsräten, die darauf bedacht sind, die Mitgliederrekrutierung zu monopolisieren, um ihre Machtposition gegenüber der Gewerkschaft abzugrenzen. Die Betriebsräte sind vielmehr dankbar dafür, dass ihnen die Gewerkschaft einen Teil dieser Aufgabe abnimmt. Überdies werten sie Organisationserfolge der Gewerkschaft auch als Stärkung der eigenen Position in den betrieblichen Arbeitsbeziehungen zum Management. Betriebsräte initiieren gewerkschaftliche Organisationsstrategien zwar nicht, aber sie verhindern sie auch nicht. Sie nutzen sie vielmehr als Zug, der in eine von ihnen gewünschte Richtung fährt und auf den sie gerne aufspringen.

Dieser Befund impliziert überdies nicht, dass die Mitgliederrekrutierung durch die Betriebsräte damit an Bedeutung verlieren würde oder dass die Betriebsräte ihrerseits die Situation nun so definieren würden, dass sie ihre Bemühungen zur Mitgliederrekrutierung einstellen könnten. Im Gegenteil, von allen Betriebsräten – mit Ausnahme des gewerkschaftsfeindlichen Vorsitzenden bei Chemie 5 – wird die Mitgliederrekrutierung als originäre Aufgabe betrachtet, der sie mit großem Einsatz folgen. Dies gilt für beide Branchen und auch dort, wo die Rekrutierung, wie bei Chemie 1 oder Chemie 2, als mühsames Geschäft beschrieben wird, bei dem derzeit nicht viele Erfolge zu feiern sind. Bei ihren Bemühungen entwickeln die Betriebsräte aber keine neuen Strategien, sondern verlassen sich zumeist ganz auf ihre traditionellen Instrumente, die sich zum großen Teil auch bewährt haben und mit denen sie mitunter außerordentlich hohe Organisationsgrade zu stabilisieren vermögen.

Ein besonders markantes Beispiel dafür bietet die Rekrutierungspraxis bei Metall 6, wo bei den Produktionsbeschäftigten der Organisationsgrad um 98% liegt und er auch bei den Angestellten 70% erreicht. Dort beginnt die aktive Rekrutierungspraxis des Betriebsrates beim Versuch, die Beschäftigten gleich bei Neueinstellungen oder als Auszubildende zu werben, und geht bis hin zum Controlling der Mitgliederentwicklung und zu individuellen Gesprächen mit den wenigen Beschäftigten, die sich der Mitgliedschaft verweigern. Ähnlich ist der Vorsitzende auch vorgegangen, als er sich erfolgreich bemühte, die DAG, die bei den Angestellten einige Mitglieder hatte, aus dem Haus zu konkurrieren.

> „Wir verhelfen den Leuten zum Glück. Wenn die hier anfangen, erzählen wir denen gleich, wir sind eine IG Metall, wir haben einen hohen Organisationsgrad, und wir erwarten, dass er in die IG Metall hereingeht. Da warten wir gar nicht

ISBN 978-3-8360-8714-8 – Presseexemplar – (c) edition sigma – 08102015

lange, sondern machen das gleich zu Beginn. Das machen wir auch mit den Azubis. Möglichst im ersten Vierteljahr die ganzen Azubis einzufangen. Wir schauen uns dann immer wieder auch die Listen an und sehen aha, der hat sich nicht gemeldet; dann schicken wir auch mal einen Vertrauensmann hinterher oder wir gehen von mehreren Seiten an den oder diejenige ran. Das hat nicht immer Erfolg. Aber wir hatten mal eine Zeit eine DAG hier, manche Leute habe ich zwei Jahre verfolgt, bis ich sie soweit hatte. Also, man muss schon hartnäckig hinterher bleiben." (Betriebsratsvorsitzender)

Der überaus hohe Organisationsgrad im Unternehmen ist zwar zu einem guten Teil auch ein Erbe der Vergangenheit. In der Werftindustrie war der gewerkschaftliche Organisationsgrad traditionell hoch. Früher ähnelten die Unternehmen Closed Shops. Dieses Bild hat sich inzwischen, so der gewerkschaftliche Betreuer, stark differenziert. Der Closed Shop ist keine Selbstverständlichkeit mehr; Betrieben wie Metall 6 stünden immer mehr Betriebe gegenüber, in denen die Bindung zur Gewerkschaft nachlässt. Deshalb ist die aktive Rekrutierungspraxis des Betriebsrates entscheidend dafür verantwortlich, dass die traditionelle gewerkschaftliche Organisationsmacht erhalten werden konnte.

„Der hohe Organisationsgrad, das war traditionell war das so. Wenn Du eingestellt wurdest, musstest Du auch zum Betriebsrat mit deinem Laufzettel, und ohne Mitgliedschaft hast du die Unterschrift nicht bekommen. Das ist wirklich so abgelaufen auf den Werften, dass wenn Du beschäftigt werden wolltest, musstest Du Mitglied der IG Metall werden. Heute hängt das mit den handelnden Personen zusammen. Wenn ein Betriebsrat sich wirklich mit der IG Metall identifiziert und das auch nach außen deutlich macht, findet das statt; hast Du einen Betriebsrat, der eher distanziert ist, gibt es Probleme." (Gewerkschaftlicher Betreuer)

7.3 Die Rolle der Vertrauensleute

In den letzten beiden Abschnitten ist die Bedeutung, die Vertrauensleutekörper in der Praxis der Tarifabweichung haben können, mehrfach angeklungen. Ihrer Rolle ist nun genauer nachzugehen. Dabei ist zunächst einmal festzuhalten, dass Vertrauensleute im Untersuchungssample in immerhin acht der zwölf Fälle existieren, wobei bei Metall 2 ein Vertrauenskörper mit der Tarifabweichung neu gegründet werden konnte. Bei Chemie 6 hat ein Vertrauenskörper nie existiert und ist dort auch nicht in der Diskussion. Bei Metall 3 gab es ihn zwar früher, er ist dann aber Mitte der 1990er Jahre „sanft entschlafen", wie sich im Anschluss an die Äußerungen der Interviewpartner formulieren ließe. In beiden Unternehmen sind auch keine Versuche einer Neugründung zu beobachten, bei Chemie 6 nicht wegen der geringen gewerkschaftlichen Organisationsmacht im Betrieb und bei Metall 3 nicht trotz hoher Organisationsmacht, weil der Betriebsrat sich auch ohne Vertrauenskörper gut aufgestellt sieht.

Anders gelagert sind die beiden anderen Fälle, in denen es keinen Vertrauenskörper gibt. Bei Chemie 5 und Metall 5 ist die tiefere Ursache dafür eindeutig bei den Unternehmensleitungen zu suchen, die im Betrieb eine zumindest mit Blick auf die betriebliche Gewerkschaftsorganisation repressive Politik betreiben. In den paternalistischen Arbeitsbeziehungen bei Chemie 5 hatte sich zwar in der Vergangenheit ein Vertrauenskörper bilden und erhalten können. Doch war dieser der Unternehmensleitung ein Dorn im Auge. Als sie dann konkret gegen den Vertrauenskörperleiter vorging, stellte sich der Betriebsratsvorsitzende nicht schützend vor ihn. Schließlich ist der Vertrauenskörperleiter aus dem Betrieb ausgeschieden und der Vertrauenskörper aufgelöst worden. Ähnliche Konsequenzen fürchten auch die Betriebsräte im umkämpften Interessenmodell des Betriebes Metall 5. Dort würden sie zwar einen Vertrauenskörper nach Maßgabe ihrer Möglichkeiten schützen, doch sind sie der Meinung, dass ihr Gegenmachtpotenzial dafür nicht ausreicht.

In den anderen acht Fallbetrieben bestehen die Vertrauenskörper – mit Ausnahme von Metall 2 – schon seit langer Zeit. Eine *Erosion* dieser Institution ist als Breitenphänomen nicht feststellbar. Einzig bei Chemie 2 wird von zunehmenden Rekrutierungsproblemen des gewerkschaftlichen Vertrauensleutekörpers berichtet. Dort wird von den Betriebsräten und Vertrauensleuten zunächst die wichtige Rolle betont, die den Vertrauensleuten in der Kommunikation mit den Beschäftigten und in der Rückmeldung von Stimmungen und Einschätzungen an die Betriebsräte zukommt. Dies gelte auch und insbesondere bei der Vermittlung und Erläuterung komplizierter Sachverhalte wie der Tarifabweichung.

> „Wir haben versucht, den Leuten die Handlungen des Betriebsrates verständlich zu machen. Weil da doch ganz schnell die üblichen Gerüchte aufkommen, und die mussten wir halt abfedern. Und den Leuten das zu erklären, so gut wie es geht. Und dann gibt man bei Gelegenheit hier im Betriebsrat wieder das Stimmungsbarometer ab, wie es draußen aussieht. Und es ist oft so, dass die Arbeit der Betriebsräte nicht so richtig rüberkommt oder verstanden wird, und man das als Vertrauensmann den Leuten noch mal erklärt. Oder mit Beispielen etwas näher bringt. Das ist schon eine wichtige Funktion in der Vermittlung (Zustimmung)." (Betriebsräte und Vertrauensleute im Gruppeninterview)

Verantwortlich dafür war bei Chemie 2 unter den Vertrauensleuten ein harter Kern aktiver Mitstreiter. Bei dem Rest der insgesamt etwa 20 Vertrauensleute handelt es sich nach Aussage der Interviewteilnehmer um „Papiertiger". Zugleich gestalte sich die Rekrutierung von Vertrauensleuten immer schwieriger. Als ein Grund dafür wird vermutet, dass dem Aufwand der ehrenamtlichen Tätigkeit kein erkennbarer Ertrag gegenübersteht.

> „Es gibt wenig Freiwillige, das zu machen. Die wollen halt definitiv Vorteile sehen, und so als Ehrenamt, da sind die Wenigsten bereit, noch etwas zu machen.

ISBN 978-3-8360-8714-8 – Presseexemplar – (c) edition sigma – 08102015

Da ist das große Problem. Als Betriebsrat bleibt ja irgendwas Positives hängen, aber für die Vertrauensleute ja nicht. Die opfern nur ihre Freizeit. Und da ist das Problem, gerade bei den Jungen: Die sagen für was? Das ist aber auch ein gesellschaftliches Thema, und ein Thema, Verantwortung zu übernehmen." (Vertrauensleute im Gruppeninterview)

Rekrutierungsprobleme dieser Art sind im Untersuchungssample einzigartig. Wohl aber lässt sich auch in anderen Fällen feststellen, dass das ehrenamtliche Engagement der gewählten Vertrauensleute tendenziell nachlässt. Die Betriebsräte vermuten als Ursache dafür einen Wertewandel, der individuelle Orientierungen wichtiger erscheinen lässt und solidarische Deutungsmuster in Frage stellt. Bei Chemie 1 beispielsweise ist die Zahl der Vertrauensleute relativ konstant. Eine Schwächung des Vertrauensleutekörpers durch Mitgliederrückgang ist mithin nicht feststellbar. Allerdings wiesen die Interviewpartner von Betriebsrat und Vertrauensleutekörper darauf hin, dass sich das Engagement der Vertrauensleute und ihre Einsatzbereitschaft in einem schleichenden Prozess doch deutlich verringert haben. Dies zeige sich insbesondere auch an der Präsenz in den Vertrauensleutesitzungen.

„Wenn wir Vertrauensleutesitzungen haben, sind in der Regel die Betriebsräte dabei und wenige Vertrauensleute. Ich weiß nicht genau, woran das liegt. Meine Vermutung wäre, dass die denken, wir erreichen die Sachen schon. Das Interesse ist einfach nicht mehr so da. Über die Standortsicherung ist auf den Vertrauensleutesitzungen schon ganz deutlich gesprochen worden. Und auch in welche Richtungen es geht, so oder so. Dass man Personal retten kann und so. Das ist gemacht worden. Aber außer einer Handvoll Leute war sowieso niemand da." (Betriebsrat)

In anderen Fällen wird aber auch von einer Stärkung der Vertrauensleute berichtet. Ursache dieser Stärkung war jeweils die Tarifabweichung. Bei Metall 4 hebt der Vertrauenskörperleiter hervor, dass die Vertrauensleute generell eine wichtige Rolle als Scharnier zwischen Betriebsrat und Belegschaft spielen. Ihre daraus erwachsende Bedeutung hat sich in den Augen des Vertrauenskörperleiters mit der Tarifabweichung nochmals erhöht, weil sie als *Scharnier der Information* gegenüber den anderen Beschäftigten über privilegierte Wissensbestände verfügt haben und von den Beschäftigten als Quellen der Information aufgesucht worden sind. Von grundlegenderen Rekrutierungs- oder Motivationsproblemen der Vertrauensleute wurde nicht berichtet.

„Also, der Vertrauenskörper hatte vorher schon ein entsprechendes Ansehen gehabt, aber es war doch eine gewisse Aufwertung, weil nachdem wir dann als Betriebsräte, ich als Vertrauenskörperleiter, die Vertrauensleute informiert haben, die dann einen Wissensvorsprung haben, dass die Leute dann auch mitkriegen, ich kriege jetzt auch von meinem Vertrauensmann oder meiner Vertrauensfrau

ISBN 978-3-8360-8714-8 – Presseexemplar – (c) edition sigma – 08102015

relativ schnell ausführliche Informationen über die aktuellen Stände." (Vertrauenskörperleiter)

Die Rolle als Scharnier der Information haben die Vertrauensleute in allen acht Betrieben gespielt, in denen ein Vertrauenskörper existiert. Scharniere waren sie insofern, als dass sie auf der einen Seite Informationen zu Fragen der Tarifabweichungen, der Verhandlungs- und Diskussionsstände, der Strategien der Interessenvertretungen oder der Konfliktpunkte an die Beschäftigten weitergegeben haben. Die Vertrauensleute wurden von den Betriebsräten zeitnah im Zusammenhang mit Diskussionsrunden informiert und dann in ihre Abteilungen geschickt, um dort die Informationen an die Beschäftigten weiterzugeben. Die Informationen waren freilich gebunden an die Deutungsmuster, die die Betriebsräte von den Verhandlungen hatten und die sie den Beschäftigten näher bringen wollten. Auf der anderen Seite haben die Vertrauensleute in den Gesprächen aber auch Stimmungen und Orientierungen der Beschäftigten aufgenommen und an den Betriebsrat rückvermittelt. Auf diese Weise konnten sie den Betriebsräten ein umfassendes Bild über mögliche Konfliktpunkte oder Legitimationsprobleme in ihren Beziehungsmustern zur Belegschaft skizzieren, so dass diese ihre Überzeugungsarbeit bei Bedarf nachjustieren konnten.

Damit haben die Vertrauensleute für die Betriebsräte zumindest zwei wichtige Funktionen erfüllt. Sie wirkten erstens *handlungsentlastend,* weil sie den Betriebsräten viel an Informationsarbeit vor Ort abgenommen haben. Sie waren der erste Puffer für möglichen Unmut und ein wichtiger Filter der Sammlung und Verarbeitung der vielfältigen Orientierungen und Meinungen in der Belegschaft. Zweitens kommen die Vertrauensleute zumeist aus allen Abteilungen der Betriebe, so dass sie in ihrer Scharnierfunktion für eine *breite Streuung* der Information und für eine umfassende Sicht auf die Deutungsmuster der Beschäftigten sorgen konnten.

Insgesamt bestätigt sich in der Scharnierfunktion der Vertrauensleute die weit verbreitete Einschätzung, dass die Vertrauenskörper in den Betrieben weniger als eigenständige Organisationen arbeiten denn als *verlängerter Arm* der Betriebsräte in die Belegschaft hinein. Dies gilt auch für die meisten Fälle des Untersuchungssamples. Die Vertrauensleute leisten im Verlauf der Tarifabweichung wichtige Funktionen für die Betriebsräte, doch zeigen sie dabei nur wenig Eigenständigkeit. Die Homogenität der Situationsdefinitionen zwischen beiden Organisationen ist im Großen und Ganzen hoch; Unterschiede in den Einschätzungen und Deutungen sind kaum festzustellen. Eine wichtige Rolle mag dabei auch spielen, dass die Vertrauenskörper in den Betrieben nach wie vor einen *Rekrutierungspool* für die Betriebsräte bilden. Die klassischen Karrieremuster der Betriebsräte sehen den Vertrauensleutekörper als Durchgangsstation vor, weshalb sich für die Vertrauensleute eine größere kognitive Distanz zu den Betriebsräten aus Karrieregründen nicht unbedingt empfiehlt.

ISBN 978-3-8360-8714-8 – Presseexemplar – (c) edition sigma – 08102015

Allerdings sind die Orientierungen deshalb noch lange nicht in jedem Fall deckungsgleich. So waren es in den Fällen Chemie 1 und Metall 4 jeweils Vertrauensleute, die in ihren Interviews dafür plädierten, mit Hilfe von Mitgliederentscheidungen partizipationsorientiertere Strategien bei Tarifabweichungen zu verfolgen und die Gewerkschaftsmitglieder im Prozess der Tarifabweichung stärker zu privilegieren, als dies in ihren Betrieben tatsächlich praktiziert wurde. Sie haben damit die Interessen und Bedürfnisse der Gewerkschaft höher gewichtet als die Betriebsräte.

Darüber hinaus finden sich im Untersuchungssample mit Chemie 3 und Metall 6 auch zwei Fälle, in denen die Vertrauensleute eine *aktive und eigenständige Rolle* im Prozess der Tarifabweichung spielten, die weit über die eines verlängerten Armes und eines Informationsscharniers hinausging. Dazu zu zählen ist auch das Schwesterwerk des Betriebes Metall 4. Zunächst ist aber mit den eigentlichen Samplefällen zu beginnen. Bei Chemie 3 wurden die Vertrauenskörper zu einem Zeitpunkt in den Konflikt um die zweite Tarifabweichung eingeschaltet, als die Verhandlungen stockten und sogar zu scheitern drohten. In dieser Phase hatte der Gesamtbetriebsrat eine Rundreise durch die Werke zu Gesprächen mit Betriebsräten und Vertrauensleuten organisiert. Die Verhandlungsführer des Unternehmens entschlossen sich schließlich, den Gesamtbetriebsrat auf dieser Tour zu begleiten, um sich ein Bild von der Stimmung in den Werken machen zu können. In diesen Gesprächsrunden waren es die Vertrauensleute, die als Vertreter für die Beschäftigten das Management mit den Meinungen und Deutungsmustern der Belegschaften konfrontierten und so den Verhandlungen eine entscheidende Wende geben konnten. Sie konnten nämlich der Unternehmensseite als *Sprecher der Beschäftigten* glaubhaft vermitteln, dass die Beschäftigten eine Arbeitszeitverlängerung auf 40 Wochenstunden nicht akzeptieren würden und bereit wären, in den Konflikt zu gehen. Es waren vor allem die Deutlichkeit und Emotionalität, mit der die Vertrauensleute ihre Deutungen vorgetragen haben, die ihre Argumente für die Unternehmensseite so überzeugend machten. Eine nachhaltige Störung des Betriebsfriedens wollte die Unternehmensseite nämlich nicht riskieren.

> „Das war ein Signal, dass die Belegschaft hinter dem Betriebsrat steht und sich durch uns vertreten lässt. Es hieß immer, der Betriebsrat will nicht und wir, die Unternehmensleitung, haben mit der Belegschaft gesprochen und die stört das nicht. Und nach dieser Veranstaltung mit Vertrauensleuten, Betriebsräten und Unternehmensleitung, da haben sie dann wirklich verstanden, dass es nicht der Betriebsrat ist, der gesagt hat die 17 Freischichten zu streichen, das funktioniert nicht, sondern dass es die Belegschaft ist. Denn man sagt ja schnell, der Betriebsrat will ja nie mitspielen. Da war der Vertrauenskörper auch ganz wichtig. (Betriebsräte und Vertrauensleute im Gruppeninterview)

ISBN 978-3-8360-8714-8 – Presseexemplar – (c) edition sigma – 08102015

In der Selbstbeobachtung der Vertrauensleute bei Chemie 3 wird der Vertrauenskörper auch grundsätzlich als vital und handlungsfähig beschrieben. Es gibt dort keine Rekrutierungsprobleme, die Einsatzbereitschaft der Vertrauensleute ist hoch, und auf dieser Grundlage können sie als wichtiges Bindeglied zu den Beschäftigten fungieren.

> „Wir haben hier eine zusätzliche Vereinbarung mit unserer Werksleitung getroffen, dass wir unsere Vertrauensleute-Sitzungen während der Arbeitszeit abhalten können, und wenn an unseren Vertrauensleute-Sitzungen regelmäßig über 50% aller Vertrauensleute anwesend sind, dann spricht das eigentlich schon dafür, dass wir einen vitalen Vertrauenskörper haben. Und das ist natürlich für uns auch wichtig, weil unsere Vertrauensleute für uns auch Multiplikatoren sind. Und sie geben uns auch Rückmeldungen: Wie sieht es denn eigentlich vor Ort aus?" (Vertrauensleutevorsitzender im Gruppeninterview)

Bei Metall 6 waren es die Vertrauensleute, die eine kurze Arbeitsniederlegung organisierten und damit nicht nur die Geschäftsführung, sondern auch die Betriebsräte, überrascht haben. In einer der Verhandlungsrunden zur Tarifabweichung, es war die des Jahres 2006, legten die Vertrauensleute spontan ihre Arbeit nieder um zu zeigen, dass sie mit den Forderungen der Geschäftsleitung nicht einverstanden waren. Sie sind dann von ihren Arbeitsplätzen auf den Schiffen am Betriebsratsbüro vorbei zum Gebäude der Geschäftsleitung gezogen, wo gerade die Verhandlungskommission mit der Geschäftsleitung verhandelte. Dem Zug schlossen sich fast alle Beschäftigten und die Betriebsräte an. Die Arbeitsniederlegung hat großen Eindruck auf die Geschäftsleitung gemacht und konnte von den Arbeitnehmervertretern als symbolische Demonstration der eigenen kollektiven Stärke in den Verhandlungen eingesetzt werden.

> „Wir hatten eine spontane Aktion, die ist von den Vertrauensleuten ins Leben gerufen worden. Da sind wir vorne zur Geschäftsführung ins Verwaltungsgebäude marschiert. Das war eine spontane Arbeitsniederlegung. Das ging ja auch um den Tarif, mit bestimmten Vereinbarungen waren wir nicht einverstanden, und wir wollten nicht mehr geben. Und dann haben sich ganz viele Leute angeschlossen und sind spontan dahin marschiert. Das ging von den Vertrauensleuten aus; und eben von den Mitgliedern, die spontan gesagt haben so, bis hierhin und nicht weiter. Und da war doch die Geschäftsführung sehr überrascht." (Vertrauenskörperleiter)

Wie bei Chemie 3 ist auch bei Metall 6 der Vertrauenskörper überaus vital und aktiv. Der Vertrauenskörper trifft sich regelmäßig und führt eine Vielzahl zusätzlicher, themen- und aktionsgebundener Veranstaltungen durch. Diese Veranstaltungen leben nach Aussage des Vertrauenskörperleiters davon, dass die Vertrauensleute in die Arbeit einbezogen werden. Man müsse den Vertrauensleuten Aufgaben stellen und sie persönlich ansprechen, dann seien sie auch zu ehrenamtlichem Engagement bereit.

ISBN 978-3-8360-8714-8 – Presseexemplar – (c) edition sigma – 08102015

> „Das ist natürlich immer mit Arbeit und mit Freizeit verbunden; aber wenn man dahintersteht, macht man dann mit, und ohne dem geht es nicht, das hat die Vergangenheit bewiesen. Oder z.B. auch, wenn wir ein Vertrauenskörperwochenende haben, da sehen wir, dass doch eine große Bereitschaft da ist, unsere Veranstaltungen sind immer gut besucht. Aber man muss das auch immer aufrechterhalten, von selbst läuft es nicht. Man muss immer seine regelmäßigen Sitzungen durchführen, sonst denken die, mich fragt ja doch keiner. Das darf auch nicht sein. Und die Kollegen wollen dann auch, dass man sie einbezieht." (Vertrauenskörperleiter)

Dabei versteht sich der Vertrauenskörper als Bindeglied zwischen Belegschaft und Betriebsrat. Aktive Mitglieder werden immer auch mit der Perspektive geködert, eines Tages in den Betriebsrat aufsteigen zu können. Der Vertrauenskörper ist deshalb das wichtigste Rekrutierungsfeld für den Betriebsrat. Und umgekehrt entsteht daraus für die Vertrauensleute ein Anreiz, sich zu engagieren und dadurch auch zu profilieren.

> „Vertrauensleute sollen ja die Belegschaft über das, was in der Organisation IG Metall passiert, ihnen vermitteln. Das ist also ein Bindeglied zwischen der IG Metall und dem Betrieb. Oft ist das ja auch so für einen Vertrauensmann, überhaupt etwas zu machen, dass das so eine Art Sprungbrett ist, um vielleicht nachher einmal Betriebsratsarbeit zu machen. So vermitteln wir das auch manchmal den Kollegen. Also das Verhältnis zwischen Vertrauensleuten und Betriebsräten würde ich als gut bezeichnen. Aber da müssen wir eben auch immer dran arbeiten, Informationen an die Kollegen geben, die immer mit einbeziehen, das ist das allerwichtigste." (Vertrauenskörperleiter)

Die Funktion des Rekrutierungspools kann mithin auch die Motivation der Vertrauensleute fördern, ohne sie auf die Aufgabe eines Erfüllungsgehilfen der Betriebsräte zu reduzieren. Bei Metall 6 jedenfalls wird der eigenständigen Gewerkschaftsarbeit im Vertrauenskörper ein großer Stellenwert eingeräumt.

Eine große Eigenständigkeit hat der Vertrauenskörper auch im Schwesterwerk von Metall 4 entwickelt. Dies trifft insbesondere für die Person des Vertrauenskörperleiters zu. Er agierte dort in den Verhandlungen zur Tarifabweichung als Treiber für konfrontative Strategien. Der Vertrauenskörperleiter übte starke Kritik an der Tarifabweichung und machte diese auf den Betriebsversammlungen öffentlich. Dafür erhielt er von den Beschäftigten großen Beifall. Zwar war er als Mitglied der Tarif- und Verhandlungskommission in die Verhandlungen eingebunden und arbeitete dort auch konstruktiv mit, doch hat er bis zum Abschluss der Verhandlungen den Prozess insgesamt kritisiert und sich dann in der Abstimmung der Tarifkommission der Stimme enthalten. Auf der Betriebsversammlung, auf der das Verhandlungsergebnis vorgestellt wurde, erneuerte er seine Kritik, obwohl der Betriebsrat für die Annahme des Ergebnisses warb. In den Augen des gewerkschaftlichen Betreuers war diese *innere Opposi-*

tion ein wichtiger Faktor für die ausgebliebene Stärkung der gewerkschaftlichen Organisationsmacht in diesem Werk, obwohl dort nach den Regeln der Kunst beteiligungsorientierte Verfahren praktiziert worden waren. Denn die Haltung des Vertrauenskörperleiters signalisierte Uneinigkeit der gewerkschaftlichen Repräsentanten im Betrieb. Insgesamt beschränkte sich die kritische Haltung des Vertrauenskörpers aber auf den Leiter; die anderen Mitglieder des Vertrauenskörpers verhielten sich eher passiv. Eine Aufwertung des Gremiums hat offensichtlich nicht stattgefunden.

> „Die Vertrauenskörperleitung war grundsätzlich sehr kritisch. Das war auch ein Problem, das war in der letzten Betriebsversammlung, bevor es zur Abstimmung kam, da hat auch der Vertrauenskörperleiter sich noch mal gegen diesen Tarifvertrag ausgesprochen und das macht natürlich das Mitgliederwerben dann auch nicht leichter, wenn man hin- und hergerissen ist, ist das jetzt gut, was die IG Metall macht, oder ist das blöd. Das war nicht einfach. Obwohl er bei den Verhandlungen mit dabei war. Das ist eine Ein- oder Zwei-Mann-Veranstaltung gewesen, der Vertrauenskörper." (Gewerkschaftlicher Betreuer des anderen Hauptwerkes)

Insgesamt lässt sich festhalten, dass es keinen Erosionstrend der Vertrauenskörper in den Untersuchungsbetrieben gibt. In den meisten Fällen, in denen sie existieren, sind die Vertrauenskörper durchaus stabil und vitaler als gedacht. In manchen Fällen wird zwar von einer Schwächung solidarischer Orientierungen und ehrenamtlichen Engagements gesprochen. In der Tarifabweichung aber übernehmen die Vertrauenskörper allesamt die wichtige Funktion eines Informationsscharniers, womit sie die Betriebsräte entlasten, für eine breite Streuung der Informationen im Betrieb sorgen, dabei den Beschäftigten die Deutungsmuster der Betriebsräte näher bringen und die Stimmungen in der Belegschaft aufnehmen und an die Betriebsräte rückkoppeln. Generell ist die Homogenität der Situationsdefinitionen zwischen Betriebsräten und Vertrauensleuten hoch. Die Vertrauensleute verstehen sich als verlängerter Arm der Betriebsräte. Dabei behalten sie jedoch teilweise eine stärker gewerkschaftlich orientierte Perspektive, die sich in Plädoyers für beteiligungsorientierte Strategien niederschlagen kann. Und in einigen Fällen haben die Vertrauensleute auch aktiv in die Verhandlungen eingegriffen und dadurch die Entwicklung beeinflusst, sei es als Sprachrohre der Belegschaft oder in Form einer spontanen Arbeitsniederlegung.

7.4 Zusammenfassung

Die Beziehungen zwischen Betriebsräten und Gewerkschaften lassen sich wie folgt zusammenfassen (siehe für den Überblick Tabelle 8). Zunächst ist festzuhalten, dass die Entwicklung gemeinsamer Situationsdefinitionen zwischen Betriebsräten und ihren Gewerkschaften erstaunlich harmonisch verlief. Es läge nämlich nahe zu vermuten, dass Betriebsräte, die das Ziel der Beschäftigungssicherung verfolgen, konzessionsbereiter sind als Gewerkschaften, denen vor allem die Bindekraft der Flächentarifverträge am Herzen liegt. Dennoch blieben Konflikte über die Reichweite materieller Konzessionen die Ausnahme. Solidaritätsprobleme brachen mit der Tarifabweichung nicht auf. Dies lag vor allem daran, dass die Betriebsräte ihre Rolle in den Verhandlungen zumeist als die eines Juniorpartners der Gewerkschaft verstanden haben. Tarifabweichungen, so lautete die fast durchgängige Einschätzung der Betriebsräte, behandeln Tarifgegenstände und sind damit Sache der Gewerkschaft. Auf dieser Grundlage war die Erarbeitung gemeinsamer Deutungsmuster und Verhandlungsstrategien auch deshalb unproblematisch, weil beide Akteure ein Interesse daran hatten, die materiellen Konzessionen nach Möglichkeit zu begrenzen und von den Unternehmen Gegenleistungen wie Investitions- oder Produktzusagen zu erhalten, die der langfristigen Beschäftigungssicherung dienen. Insgesamt lässt sich deshalb sagen, dass die gemeinsamen Bande zwischen Betriebsräten und Gewerkschaften im Verlauf der Verhandlungen intensiviert wurden. Dies lag auch daran, dass über die Tarifabweichung die persönlichen Kontakte der Betriebsräte zu ihren gewerkschaftlichen Betreuern, aber auch zu Vertretern der Zentralen, vertieft wurden.

Eine wichtige Rolle bei den Aushandlungen spielten die gewerkschaftlichen Vertrauenskörper in den Betrieben, in denen sie existierten. Sie haben den Betriebsräten viel Arbeit abgenommen bei der Verbreitung von Informationen im Betrieb und bei der Erfassung der Stimmung in der Belegschaft. Die Vertrauensleute fungierten als wichtiges Informationsscharnier. In zwei Fällen ging ihre Praxis auch weit darüber hinaus. So haben in einem Fall die Vertrauensleute direkt mit dem Management diskutiert und ein Bild der Stimmungslage im Betrieb gezeichnet, woraufhin das Management in den Verhandlungen nachgegeben und auf Einführung der geforderten 40-Stunden-Woche verzichtet hat. In dem anderen Fall haben die Vertrauensleute eine spontane Arbeitsniederlegung organisiert und sind mit der Belegschaft – die fast ausnahmslos teilgenommen hat – vor das Verwaltungsgebäude gezogen, als dort gerade eine Verhandlungsrunde stattfand. Die Wirkung auf die Arbeitgeberseite war in beiden Fällen nachhaltig.

Ein weiterer wichtiger Aspekt der Beziehung zur Gewerkschaft schließlich ist die gewerkschaftliche Organisationsmacht in den Betrieben. Im Untersuchungssample befanden sich bis auf wenige Ausnahmen gut organisierte Produktionsbetriebe mit einem Organisationsgrad zwischen 50% und 90%. Grundsätzlich ist in den Fallbetrieben wie anderswo die Mitgliederrekrutierung Sache der Betriebsräte. Sie betreiben dieses Geschäft aktiv, abhängig von der betrieblichen Tradition in manchen Fällen etwas intensiver und erfolgreicher als in ande-

Tab. 8: Gewerkschaftliche Organisationsmacht und Beziehungsmuster

	Zusammenarbeit in Verhandlungen	Organisationsgrad Betriebsrat	Organisationsgrad Beschäftigte	Part. Rek. strat.[a]	Mitgliederrekrutierung durch Betriebsräte	Vertrauenskörper
Chemie 1	Gemeinsame Position und Verhandlung	100%	60%, stagniert	Nein	Wichtig	Ja Wichtige Rolle Information
Chemie 2	Überzeugungsarbeit durch Betriebsrat Gemeinsame Verhandlung	100%	60%, stagniert	Nein	Wichtig, aber ohne Aussicht	Ja Wichtige Rolle Information Erosion
Chemie 3	Gemeinsame Position und Verhandlung	100%	60%, konstant	Nein	Wichtig	Ja Aktive Rolle in Verhandlungen
Chemie 4	Dominanz des Betriebsrates und Kritik	100%	85%, konstant	Nein	Wichtig	Ja Wichtige Rolle Information
Chemie 5	IG BCE als Wahrer Tarifnormen – Spaltungen im Betriebsrat	80%	Unter 20%, stagniert	Nein	Keine Aktivitäten	Nein Aufgelöst wegen Repression
Chemie 6	Gemeinsame Position, Verhandlungsführung IG BCE	80%	20-30%, rasch abnehmend	Nein	Erfolglose Versuche bei Tarifabweichung	Nein
Metall 1	Gemeinsame Position und Verhandlung Zentrale Rolle IG Metall als Koordinator	100%	94% im Produktionswerk, Zunahme in anderem Werk	Ja	Wichtig	Ja Wichtige Rolle Information
Metall 2	Gemeinsame Position und Verhandlung	100%	40%, starke Zunahme	Ja	Mitgliederkampagne bei Tarifabweichung	Neu gegründet bei Tarifabweichung
Metall 3	Gemeinsame Position und Verhandlung	100%	78%, leichte Zunahme	Ja	Wichtig, auch im Zusammenhang mit Tarifabweichung	Nein Aufgelöst
Metall 4	Gemeinsame Position und Verhandlung	100%	50%, konstant	Nein	Wichtig	Ja Wichtige Rolle Information
Metall 5	Gemeinsame Position und Verhandlung	100%	60%, konstant	Ja	Wichtig	Nein Angst vor Repression
Metall 6	Gemeinsame Position und Verhandlung	100%	90%, konstant	Ja	Wichtig	Ja Aktive Rolle Information

a – Partizipative Rekrutierungsstrategie

ISBN 978-3-8360-8714-8 – Presseexemplar – (c) edition sigma – 08102015

ren. In einigen Fällen aber hat die Tarifabweichung Bewegung in die Mitgliederrekrutierung gebracht. Zum einen ist es in diesen Fällen gelungen, im Zuge der Tarifabweichung die Legitimation der Gewerkschaft deutlich zu stärken und eine Steigerung des Organisationsgrades zu erzielen. Zum anderen hat dabei die Gewerkschaft selber die Rolle des Akteurs der Rekrutierung übernommen, zumindest temporär für die Phase der Verhandlungen in den Betrieben. Die wichtigste Grundlage für beide Entwicklungen war die Einbindung der Beschäftigten in die Verfahren der Tarifabweichung. Mit Hilfe beteiligungsorientierter Verfahren konnte die Tarifabweichung als Einfallstor für gewerkschaftliche Strategien des Organizing genutzt werden. Beteiligungsstrategien haben nicht nur die Legitimation der Tarifabweichung, sondern auch die der Gewerkschaft als Tarifakteur gestärkt. Im Ergebnis konnte die Gewerkschaft Rekrutierungserfolge verbuchen, sei es, weil der gewerkschaftliche Organisationsgrad erhöht oder zumindest stabilisiert werden konnte, oder sei es, weil die Mitgliedermotivation gesteigert werden konnte. Die Existenz der Betriebsräte hat gewerkschaftliches Organizing nicht erschwert; die Betriebsräte sind im Gegenteil gerne auf den fahrenden Zug aufgesprungen, weil sie sich dadurch eine Stärkung ihrer Position in den Arbeitsbeziehungen versprochen haben. Initiator und Träger der Entwicklung war und blieb aber in allen Fällen die Gewerkschaft.

ISBN 978-3-8360-8714-8 – Presseexemplar – (c) edition sigma – 08102015

8. Mitbestimmungspraxis und Organisation der Betriebsräte

8.1 Controlling der Tarifabweichung und erweiterte Mitbestimmung

Mit der Erzielung eines Verhandlungsergebnisses ist die Arbeit der Betriebsräte an der Tarifabweichung nicht beendet. Sie setzt sich nach den Verhandlungen nicht nur fast nahtlos fort, sondern gewinnt im Gegenteil eher noch an Bedeutung. Denn nach Verhandlungsende ziehen sich die Gewerkschaften als Akteure der Tarifabweichung zumeist wieder aus dem betrieblichen Geschehen zurück. Die Bevollmächtigten oder Tarifsekretäre widmen sich dann anderen Fällen und gehen wieder zu der Standardbetreuung über, die sich auf Besuche von Betriebsversammlungen, die mehr oder weniger kontinuierlichen Treffen in der Verwaltungsstelle und konkrete Beratungsbedarfe der Betriebsräte beschränkt. Damit aber ist die Tarifabweichung nicht abgeschlossen. Denn eine abweichende Vereinbarung kann erst dann praktische Wirksamkeit entfalten, wenn sie auch getreu den Regelungsnormen umgesetzt wird. Wegen des Rückzugs der Gewerkschaften ist die Kontrolle der Umsetzung die mehr oder weniger exklusive Aufgabe der Betriebsräte, es sei denn, in der Regelung ist die Einbindung der Gewerkschaft ausdrücklich vorgesehen. Auch in diesem Sinne werden die Betriebsräte zu neuen Tarifakteuren.

Zwar gehörte die Kontrolle der Tarifverträge und ihrer Einhaltung – wie die Vornahme von Eingruppierungen oder die Überprüfung von Arbeitszeiten – zum Standardrepertoire der Betriebsratsarbeit. Doch mit der Tarifabweichung wird diese Tätigkeit weitaus komplexer. Denn nun geht es nicht mehr nur darum, Löhne und Arbeitszeiten zu kontrollieren, sondern auch darum, die teilweise komplexen Gegenleistungen der Unternehmen zu Investitionen oder Innovationen nachzuhalten. Deshalb bezeichne ich diese Aufgabe im Folgenden auch als *Controlling.* Mehr noch, mit der Umsetzung kann auch die aktive Einbeziehung des Betriebsrates verbunden sein. Zentrale Felder für diese Aktivitäten sind Maßnahmen der Produktivitätsverbesserung oder der Reorganisation. In Kapitel 6 war diese Rolle der Betriebsräte mit Blick auf die Partizipation der Beschäftigten in den Fällen Chemie 6, Metall 2 und Metall 6 bereits angerissen worden. Diese Varianten einer aktiven Einbeziehung der Betriebsräte in die Umsetzungspraxis unterscheide ich vom Controlling und bezeichne sie als *erweiterte Mitbestimmung.*

Hinsichtlich des *Controlling* lässt sich sagen, dass fast alle Betriebsräte diese Aufgabe als neues Handlungsfeld deuten und angenommen haben. In allen Fallbetrieben geben die Betriebsräte an, dass sie die Umsetzung der Tarifabweichung aktiv kontrollieren. Dabei wird häufiger betont, dass sie im Notfall auch vor einer Kündigung der Vereinbarung nicht zurückschrecken, wenn sich zeigen sollte, dass die Unternehmensseite ihre zugesagten Leistungen nicht erfüllt. Bei Chemie 3 verweist der Betriebsrat beispielsweise darauf, dass er sich stets auf eine mobilisierbare und streikfähige Belegschaft verlassen kann, die im Notfall hinter ihm stünde. Wenn das Unternehmen seine Zusagen nicht einhalte, zeige dies, dass es den Standort aufgebe, und dann hätte auch die Standortsicherung ihren Sinn verloren.

> „Und das ist dann alles aufgegliedert worden, wo für welche Jahre in welchem Umfang investiert wird. Da werden wir sehr genau draufschauen. Wenn die Gegenleistungen nicht fließen, müssen wir den Vertrag kündigen. Es kann ja sein, dass es dann heißt, auch die Standortsicherung ist hinfällig. Aber wenn man als Betriebsrat sieht, dass nicht investiert wird, dann nützt ja auch die Standortsicherung nichts. Dann machen sie das sowieso zu. Das sind dann ja Signale, da steckt ja etwas dahinter, wenn nicht mehr investiert wird." (Betriebsräte im Gruppeninterview)

Die einzige Ausnahme von der Regel, dass die Betriebsräte ein aktives Controlling betreiben, bildet der Betriebsrat bei Chemie 5. Zwar gibt auch er an, dass er die Umsetzung der Tarifabweichung kontrolliert habe. Nach Einschätzung des gewerkschaftlichen Betreuers fehlt es ihm aber schlicht an der nötigen Expertise und zudem an der Durchsetzungsfähigkeit, mögliche Unterlassungen des Unternehmens zu verfolgen. Allerdings zeigte sich in der zweijährigen Laufzeit der Vereinbarung, dass eine aktive Kontrolle auch nicht unbedingt nötig war. Denn das Unternehmen hatte von selbst seine Verpflichtungen der Rückzahlung der Arbeitszeitverlängerung übererfüllt, indem es auch für das erste Jahr der Laufzeit alle verlängerten Arbeitszeiten auszahlte, obwohl die operativen Ergebnisse die dafür in der Tarifabweichung definierte Schwelle noch nicht erreicht hatten. Damit griff die Unternehmensleitung die alte paternalistische Tradition materieller Gratifikationen wieder auf, mit deren Hilfe sie den noch immer im Betrieb herrschenden Unmut über die Tarifabweichung besänftigen wollte.

> „Aus heutiger Sicht, man sieht es, die haben ja tatsächlich Stunden dann auch bezahlt, nachher. Im ersten Jahr war es dann doch so an der Grenze, da hätten sie auch nein sagen können, haben aber gesagt, okay, aus politischen Gründen und als ein Signal an die Belegschaft zahlen wir doch, das zweite Jahr war eindeutig drüber." (Gewerkschaftlicher Betreuer)

In gut der Hälfte der Untersuchungsfälle sind bislang keine Probleme in der Umsetzungspraxis aufgetreten. Dort vermeldeten die Betriebsräte jeweils Vollzug bei den Gegenleistungen des Unternehmens. In der anderen Hälfte jedoch gab es Probleme, die teilweise Konflikte mit der Geschäftsführung nach sich zogen und die für die Betriebsräte die Frage nach der Aufrechterhaltung der Tarifabweichung mehr oder weniger dringend aufwarfen.

Verhältnismäßig harmlos waren Unstimmigkeiten bei Chemie 4. Hier hatten die Akteure unterschiedliche Deutungen über die Inhalte der Investitionszusagen. Der Grund dafür lag nach Einschätzung des Betriebsrates darin, dass die Investitionsvorhaben nicht eindeutig genug in der abweichenden Betriebsvereinbarung bestimmt worden waren. Deshalb konnte die Vereinbarung von den Betriebsparteien auf unterschiedliche Weise interpretiert werden. Die Kluft der Interpretationen entwickelte sich nicht zu einem Konflikt, weil die Höhe der Investitionen der Vereinbarung entsprach und ihre Neuausrichtung keine Abkehr des Managements vom Standort erkennen ließ.

> „Bei Schlauch, da haben wir nicht konkret genug formuliert, da haben wir uns auf Zusagen verlassen. Das ist jetzt nicht zum Nachteil, wir kriegen das Geld trotzdem, aber wir hatten eigentlich ein anderes Verständnis. Da ging es auch um eine Erweiterung, die da in den Investitionen verborgen war, und nach dem Motto, wir wissen alle worüber wir reden, und wir haben uns alle darauf verlassen. Aber nachher wurden die Investitionen umgeswitcht, wir kriegen die jetzt gleichwohl, für die Produktionsstruktur, aber für das zusätzliche Gebäude bekommen wir sie nicht. Und insofern ist das eine Lehre, einfach Dinge konkreter festzuhalten. Einen Konflikt gab es deswegen aber nicht. Entscheidend ist ja, dass die Investitionen in Maschinen und Anlagen tatsächlich erfolgen." (Betriebsratsvorsitzender)

In den anderen Fällen waren die Umsetzungsprobleme gravierender. Bei Chemie 1 hatte das Unternehmen Investitionszusagen nicht eingehalten. Vereinbarte Investitionen wurden nicht oder zumindest erst verspätet und nach Ablauf der Vereinbarung umgesetzt. Damit war für den Betriebsrat das Problem verbunden, auf die Nichteinhaltung zu reagieren. Zunächst beschränkte er sich darauf, bei der Unternehmensseite immer wieder nachzufragen und die Umsetzung der Zusagen anzumahnen. Schließlich aber, als diese Versuche erfolglos verpufft waren, stellte sich der Betriebsrat die Frage, ob er die Vereinbarung kündigen sollte, wozu ihn die Sanktionsklausel der Vereinbarung berechtigt hätte. Er hat sich schließlich dagegen entschieden, auch weil er damit die Beschäftigungssicherung gefährdet hätte, für die die Beschäftigten ihre materiellen Konzessionen gemacht haben.

> „Die Kontrolle der Vereinbarung, also, das ist ein zusätzliches Problem, das man mit solchen Verträgen hat. Dort werden Investitionen zugesagt, die dann aus begründeten Ursachen heraus, weil ein Auftrag nicht gekommen ist, der eine Investition nötig gemacht hätte, nicht vorgenommen werden. Aber man hat auch noch ein zusätzliches Problem, indem Investitionen einfach nicht umgesetzt werden, und man ja dann eigentlich hergehen und die Betriebsvereinbarung kündigen müsste. Das ist ein großes Problem. Denn während der Laufzeit hat man den Ausschluss betriebsbedingter Kündigungen. Das verinnerlichen auch die Leute draußen, die zähneknirschend auf diese 6,67% verzichtet haben. Wir hatten auch überlegt den Vertrag zu kündigen. Aber wir haben gesagt: Wenn wir das jetzt tun,

ISBN 978-3-8360-8714-8 – Presseexemplar – (c) edition sigma – 08102015

dann schmeißt der Arbeitgeber die Leute ohne Wenn und Aber raus.“ (Betriebsratsvorsitzender)

Ähnlich war die Situation bei Chemie 2. Dort hat das Unternehmen für eine neue Produktionslinie in der abweichenden Vereinbarung eine hohe Leiharbeiterquote durchsetzen können. In der Praxis wurde diese Quote aber noch überschritten. Der Betriebsrat hat daraufhin mehrfach bei der Werkleitung die Einhaltung der Vereinbarung eingefordert, jedoch ohne Erfolg. Auch innerhalb des Betriebsrates scheint die Marschroute im Umgang mit diesem Problem nicht geklärt zu sein. Während die einen eine härtere Positionierung gegenüber der Werkleitung befürworten, plädieren andere – und unter ihnen auch der Betriebsratsvorsitzende – für eine verständigungsorientierte Lösung.

> „Da waren vertraglich 40% alte und 60% Leasingkräfte vereinbart; aber die Firma hat sich dazu breitschlagen lassen, 85% Leasing-Kräfte zu nehmen. Das ist halt der Knackpunkt, der im Vertrag im Moment nicht eingehalten wird. Da lassen sie aber im Moment nicht mit sich reden. Wir haben öfters schon einmal angefragt, aber da sind sie relativ hart. Wir sind vielleicht auch nicht energisch genug, das muss man vielleicht auch sagen. Wir hätten da mit Sicherheit auch einige Druckmittel. Was im Endeffekt dann rauskommt, das ist ja eine andere Frage.“
>
> „Das stimmt aber nicht so ganz wie du das sagst. Das letzte Mal haben wir das angesprochen. Und er hat erklärt, wie das zustande kommt. 40% zu 60% standen faktisch auf dem Tisch, und jetzt sind es 15% zu 85%. Das ist eine ziemlich graue Zone das Ganze. Der Punkt ist nach wie vor unbefriedigend, das muss man sagen.“ (Betriebsräte im Gruppeninterview)

Der Konflikt um die Leiharbeiterquote zeigt zum einen, dass der Betriebsrat die Gegenleistungen des Unternehmens auf ihre Einhaltung hin überprüft und Defizite nachhält. Das Beispiel deckt zum anderen aber auch auf, dass die Möglichkeiten des Betriebsrates zur Verpflichtung des Unternehmens auf die Einhaltung äußerst begrenzt sind. Führen seine Interventionen bei der Geschäftsleitung nicht zum Erfolg, könnte er zwar mit Kooperationsverweigerung an anderen Punkten oder gar mit Kündigung der Vereinbarung drohen. Zumindest die Kündigung aber ist für den Betriebsrat hochgradig problematisch, weil er damit zugleich die Standort- und Beschäftigungssicherung in Frage stellt. Sie wurde auch deshalb bislang als Option von den Betriebsräten nicht in Erwägung gezogen.

Ein wichtiger Grund für die Zurückhaltung des Betriebsrates bei Chemie 2 ist auch, dass das Unternehmen bei dem anderen wichtigen Punkt der Gegenleistung, den vereinbarten Investitionen, bislang den Absprachen gerecht wird und diese sogar in Teilen übererfüllt. Dafür hakt der Betriebsrat bei der Geschäftsleitung auch immer wieder nach und fordert Investitionen ein, darunter vor allem solche, die seine Stellung in der Belegschaft stärken. Dazu zählt er Investitionen, die möglichst groß und aufwändig zu transportieren sind und die daher nur mit hohen Kosten wieder vom Standort abgezogen werden können. Investitionen sollten nach der Vorstellung des Betriebsrates also mit größtmöglichen „Sunken Costs" und mit geringstmöglichem Mobilitätspotenzial verbunden sein. Bei diesem letzten Punkt sieht der Betriebsrat noch Verbesserungsbedarf. Insgesamt aber ist er mit dem Umfang der Investitionen ebenso zufrieden wie mit der Informationspolitik der Geschäftsleitung, für die Investitionen ja immer auch Erfolge ihrer eigenen Standortpolitik gegenüber der Zentrale sind.

> „Wir haben natürlich auch immer geguckt, dass die Investitionen auch die Art von Investitionen war, wo wir etwas haben herzeigen können. Mit einer Investition für einen neuen Stapler, da kann ich bei den Kollegen draußen nicht punkten. Wenn die Geschäftsleitung aber neue Maschinen kauft, dann kann ich damit schon eher punkten. In den Vereinbarungen wurde nur die Investitionssumme genannt. Aber in den Verhandlungen wurde von unserer Seite klipp und klar immer wieder betont: Freunde, es kann nicht sein, dass eine notwendige Reparatur als tolles Invest bezeichnet wird. Die Informationen hat unser Geschäftsführer freudestrahlend im Voraus verkündet, wenn er irgendwas erreicht hatte. Wenn er einen Erfolg errungen hat, hat er das auch Publik gemacht." (Betriebsratsvorsitzender)

Stärkere *Konflikte* um das Controlling finden sich bei den anderen Fällen mit Kontrollproblemen. Bei Metall 5 hat der Betriebsrat am Tag der Durchführung der Interviews herausgefunden, dass das Unternehmen seine Zusage nicht eingehalten hat, bei den AT-Beschäftigten wertgleiche Beiträge durchzusetzen. Dieser Verstoß erschien ihm als so schwerwiegend, dass er bei der IG Metall für die Ausübung des Sonderkündigungsrechtes eintrat. Für die Arbeitnehmervertretungen stellten die wertgleichen Beiträge eine Gegenleistung mit großer Symbolkraft dar, sollte damit doch die Solidarität der außertariflichen mit den tariflichen Beschäftigten symbolisch erzwungen werden. Das gemeinsame Tragen der Lasten galt als wichtige Quelle der Legitimation der Tarifabweichung. Die Unternehmensleitung war ihren Verpflichtungen jedoch nicht nachgekommen, weil sie um den Verlust qualifizierter Mitarbeiter fürchtete. Denn für die AT-Beschäftigten mit knappen und nachgefragten Qualifikationen stellten die Einkommensabschläge durch die Tarifabweichung einen Anreiz dar, sich auf dem externen Arbeitsmarkt um eine neue Stelle zu bewerben. Die Sonderkündigung ist von der Gewerkschaft wegen der kurz darauf erfolgten Insolvenz des Unternehmens dann aber nicht ausgesprochen worden.

> „In der Woche, wo die Insolvenz angemeldet wurde, wollte ich diesen Brief rausschicken, denen die Drohung mitgeben, die haben mir jetzt nachzuweisen, dass sie die Regelung einhalten, und wenn nicht, dass wir dann sofort vom Sonderkündigungsrecht Gebrauch machen und den Sanierungstarifvertrag mit sofortiger Wirkung kündigen, weil gerade das ist ein Umstand, der einzuhalten ist. Es ist nicht einsehbar, dass 90% oder 95% der Beschäftigten einen Beitrag leisten und

ISBN 978-3-8360-8714-8 – Presseexemplar – (c) edition sigma – 08102015

die zehn Prozent, die eh schon über dem höchsten Entgelt liegen, dass die da feuchtfröhlich so weiter machen können wie bisher. Nein, nein, die Lasten sind schon gleichmäßig von allen zu tragen." (Gewerkschaftlicher Betreuer)

Bei Metall 6 schließlich kreiste der Kontrollkonflikt um die Nichteinhaltung der produktivitätssteigernden Maßnahmen durch die Unternehmensleitung. Der Betriebsrat hatte daraufhin die Umsetzung zwar immer wieder angemahnt. Eine mögliche Sanktionierung durch Kündigung des Vertrages hat er allerdings nicht in Betracht gezogen. Wegen der kurzen Laufzeiten der Tarifabweichungen im Unternehmen war aus Sicht des gewerkschaftlichen Betreuers eine formale Sanktionierung auch gar nicht nötig. Die Sanktionierung hat schließlich darin bestanden, keiner neuen Abweichung zuzustimmen.

„Formal hätte der Betriebsrat eine Sanktionspflicht gehabt. Wir sind damit aber immer so umgegangen, dass wir gesagt haben, wir weisen sie nochmal drauf hin, und wenn wir dann wieder Verhandlungen haben, klären wir das. Der Betriebsrat hatte eine Sanktionsfunktion dahingehend wahrgenommen, dass er der IG Metall mitgeteilt hat, dass die Punkte aus dem Tarifvertrag nicht bearbeitet werden und demzufolge wir auf Flächentarifvertrag zurückfallen. Das war einer der Gründe, keine Abweichung mehr zu machen." (Gewerkschaftlicher Betreuer)

Die Umgangsweisen mit Verfehlungen der Unternehmensseite sind in den angeführten Fällen sehr unterschiedlich. Gemeinsam ist ihnen, dass die Betriebsräte die Umsetzungsprobleme aufgedeckt und gegenüber der Geschäftsleitung angemahnt haben. Auf der ersten Eskalationsstufe stand also jeweils der Versuch der *internen Klärung* des Problems. Sofern die Mängel danach nicht behoben wurden, und in keinem der Fälle geschah dies wirklich, haben die Betriebsräte auf zwei Weisen reagiert. Entweder haben sie das Thema aufgeschoben, freilich ohne aufzuhören, die Umsetzungsprobleme zu thematisieren, oder sie haben eine zweite Eskalationsstufe eingeschaltet. Die erste Variante wurde bei Chemie 2 gewählt, und zwar unter ausdrücklichem Verweis auf die Gefährdung der Beschäftigungszusagen, die eine Kündigung der abweichenden Vereinbarung nach sich ziehen würde. Hier spielte also die Angst um die Beschäftigung eine große Rolle, wobei die Einhaltung der Investitionszusagen als Beweis genommen wurde, dass es die Geschäftsleitung mit der Standortsicherung auch Ernst meint. Die zweite Variante, die Zündung einer neuen Eskalationsstufe, bestand bei Chemie 1 und Metall 6 darin, *neuen Tarifabweichungen* nicht zuzustimmen, weil die Unternehmensseite ihre Zusagen nicht eingehalten hatte. Allerdings war die Nichteinhaltung dafür nicht der einzige Grund, sondern in beiden Fällen spielten auch die Personalabbaupläne des Managements eine große Rolle. Ob ohne diese Pläne die Betriebsräte auch Verhandlungen zu neuen Abweichungen abgelehnt hätten, lässt sich nicht mit Sicherheit sagen. Bei Metall 5 schließlich hat der Betriebsrat die Gewerkschaft aufgefordert, die Sonderkündigung auszuüben. Dazu kam es dann aber wegen der Insolvenz des Unternehmens nicht, und auch hier ist nicht bekannt, wie sich die IG Metall ohne Insolvenz tatsächlich verhalten hätte.

Die *erweiterte Mitbestimmung* als zweite Variante der Umsetzungspraxis der Betriebsräte lässt sich im Unternehmenssample nur bei Metall 2 eingehender studieren, obwohl Regelungen dieser Art in insgesamt drei Tarifabweichungen (bei Metall 2, Chemie 6 und Metall 5) getroffen worden sind. Im Fall von Chemie 6 bemühte sich der Betriebsrat zwar darum, sich in Maßnahmen zur Produktivitätsverbesserung einzuklinken, scheiterte damit aber an seinen mangelnden Ressourcen. Und im Fall von Metall 5, wo laut Vereinbarung ein paritätisch besetzter Innovationsausschuss zu gründen gewesen wäre, der sich der Untersuchung und Verbesserung der Arbeits- und Produktionsabläufe zu widmen gehabt hätte, war dieser Ausschuss zum Zeitpunkt der Untersuchung noch nicht gegründet worden – und seine Zukunft steht nach der Insolvenz des Unternehmens in den Sternen.

Daher bleibt Metall 2 der einzige Fall, bei dem in der Tarifabweichung nicht nur Regelungen zu einer erweiterten Mitbestimmung festgelegt wurden, sondern diese auch in der betrieblichen Praxis umgesetzt wurden. Zwar ist auf diesen Fall im vorangegangen Kapitel bereits eingegangen worden; es lohnt sich aber, die Mitbestimmungspraxis des Betriebsrates im Zusammenhang mit der erweiterten Mitbestimmung noch einmal genauer zu beleuchten. Die beteiligungsorientierte Strategie des Betriebsrates – genauer gesagt des Betriebsratsvorsitzenden – findet nämlich ihre Entsprechung darin, dass er gegenüber der Betriebsleitung auch für sich selber starke Beteiligungsansprüche anmeldet. In seiner Deutung sind die Partizipation der Beschäftigten und seine Politik der erweiterten Mitbestimmung zwei Seiten ein und derselben Medaille, weil sie in einem unlösbaren Wechselverhältnis stehen. Demnach kann die Partizipation der Beschäftigten nur dann nachhaltig in der Arena der Arbeitsverfassung verankert werden, wenn auch der Betriebsrat dafür sorgt, dass die Verbesserungsvorschläge der Beschäftigten für sie nicht zu Nachteilen führen. Umgekehrt findet der Betriebsrat für seine aktive Mitwirkung bei der Produktivitätsverbesserung nur dann auch genügend Legitimation bei den Beschäftigten, wenn diese auch selber an der Entwicklung von Maßnahmen mitwirken und den Betriebsrat dabei als wertvolle und unverzichtbare Unterstützung empfinden.

Co-Management lautet in den Worten des Betriebsratsvorsitzenden die neue Devise. Man müsse nun als Akteur in einem kapitalistischen Betrieb auftreten, der nicht mehr automatisch Gegner des Managements ist, sondern der mit oder statt des Managements nach Produktivitätssteigerungen sucht und die damit verbundenen Maßnahmen dann auch gegenüber den Beschäftigten vertreten muss. Das bisherige Verständnis von Interessenvertretungsarbeit ist aus Sicht des Betriebsrates in Frage gestellt, weil es nun der Betriebsrat ist, der als Promotor von

ISBN 978-3-8360-8714-8 – Presseexemplar – (c) edition sigma – 08102015

Innovationen Mitarbeiter vor neue Zumutungen stellt. Damit verbindet er zumindest zwei neue Herausforderungen für die Mitbestimmungspraxis. Die erste besteht seiner Einschätzung nach darin, tatsächlich dem Anspruch zu genügen, bei der Hebung von Produktivitätspotenzialen besser zu sein als das Management. Dies stelle hohe Anforderungen an seine fachliche Kompetenz als Kenner der Produktionsprozesse im Betrieb.

Die zweite und noch grundlegendere Herausforderung besteht seines Erachtens darin, dass der Betriebsrat die Veränderungen gegenüber den betroffenen Beschäftigten legitimieren muss. Deshalb würden die vormals klaren Grenzen zwischen Interessenvertretung und Management verwischen, und deshalb müsse der Betriebsrat seinerseits seine eigene Legitimation als Interessenvertreter auf neue Füße stellen. Der Spagat zwischen Interessenvertretung und aktiver Mitwirkung an der Rationalisierung lässt sich nach Überzeugung des Betriebsrates nur dadurch auflösen, dass er die Beschäftigten an der Entwicklung von Rationalisierungsmaßnahmen partizipieren lässt. Er müsse sich von der Stellvertreterrolle lösen. Als Stellvertreter liefe er Gefahr, zunehmend mit dem Management identifiziert zu werden. Als *Promotor der Partizipation* jedoch könne er sich eine neue Legitimationsgrundlage verschaffen. Dabei helfe entscheidend mit, dass in der Vereinbarung zur Tarifabweichung die Produktivitätssteigerung als Gegenleistung zur Beschäftigungssicherung verbindlich festgeschrieben wurde. Die Beschäftigten wüssten deshalb, dass sie diesen Preis zu zahlen haben, wenn sie nicht die Verlängerung ihrer Arbeitszeiten in Kauf nehmen wollen.

> „Dann gehst Du voll in die Mitbestimmung, voll ins Co-Management. Das ist ja eigentlich nichts anderes. Das Management hatte sich ja geoutet und gesagt, durch meine schlechte Managementleistung kriege ich hier die Kurve nicht. Da geht man dann von seinem ursprünglichen sozialistischen Gedanken weg voll in den Kapitalismus rein. Und Du sagst, mach mal Platz, ich zeige dir, wie es geht. Und das geht zu Beginn erstmal in die Hose, denn Du hast im Kopf eine Blockade und wirst dich da nicht hinsetzen und sagen, komm, nehmen wir den Leuten Verteilzeit weg. Da musst du dich um 180 Grad drehen. Und dann bist Du auch noch derjenige, der das erklären muss den Leuten. Das war natürlich hochinteressant, da musste man sich erstmal rantasten. Und zwar wieder mit derselben Vorgehensweise: Tarifliche Kommission, Mitgliederversammlung, Betroffene zu Beteiligten machen. Leute, wir haben jetzt Beschäftigungssicherung." (Betriebsratsvorsitzender)

Den Beschäftigten eine aktive Rolle in der Produktivitätsverbesserung näher zu bringen war nach Aussage des Betriebsrates keine leichte Aufgabe. Es musste immer wieder daran erinnert werden, dass es den abweichenden Tarifvertrag und die darin enthaltenen Bestimmungen gibt. Dies machte der Betriebsrat nach eigener Aussage sehr intensiv. Dabei war es wichtig aufzuzeigen, dass die Beschäftigungssicherung die Voraussetzung dafür bietet, ohne Risiko der Rationalisierung des eigenen Arbeitsplatzes Verbesserungsvorschläge machen zu können. Allenfalls stünde ein Wechsel der Tätigkeiten zu befürchten.

> „Du musst den Leuten immer wieder suggerieren, pass mal auf, Du darfst Optimierungsvorschläge bringen, aber es passiert nichts, denn wir haben Beschäftigungssicherung. Klar, es kann ein Vorschlag sein, der einen Kopf kosten könnte, in der Optimierung, im Prozess, aber der Kopf wird dann nur von Abteilung A nach B wandern. Du warst kein Jobkiller durch deinen Verbesserungsvorschlag, Du hast nur den Prozess optimiert und nur eine zukünftige Einstellung vermieden.“ (Betriebsratsvorsitzender)

Insbesondere der Hinweis auf die Alternative der Arbeitszeitverlängerung erwies sich als überzeugend. Zwischen Betriebsrat und Beschäftigten etablierten sich neue Kommunikationsstrukturen. Der Betriebsrat sammelte mehr und mehr Verbesserungsvorschläge von den Beschäftigten, die er dann in die Steuerkreissitzungen einbringen konnte. Was im Verhältnis zu den Führungskräften noch kaum funktionierte, hat sich mit dem Betriebsrat als gängige – aber sicherlich noch nicht durchgängige – Praxis eingespielt.

> „Darüber haben wir die Leute dann geholt. Wir haben denen den Worst Case gezeigt, das könnte passieren, dann hätten wir eine 38-Stunden-Woche. Wollen wir das? Oder haben wir Ideen? Also wieder Betroffene zu Beteiligten machen, dass wir dann halt drin in den Linien durch Optimierungsprozesse Vorschläge machen konnten. Diese Vorschläge haben wir teilweise gesammelt, und in den regelmäßigen Steuerkreissitzungen dann angesprochen. Indem wir gesagt haben, hier der Vertrauensmann da, die haben sich in ihrer Gruppe hingesetzt und gesagt, hier wenn wir optimierter arbeiten und so und so, dann schaffen sie auch ein Teil mehr am Tag. Was ja letztendlich die Produktivität steigert. Wenn auch der Arbeitgeber der Meinung war, das bringt es, dann wurde dementsprechend der Prozess umgestellt.“ (Betriebsratsvorsitzender)

Die Akzeptanz des Betriebsrates in diesem Prozess wurde auch dadurch sichergestellt, dass er nicht jede Art von Verbesserungen unterstützte, sondern vornehmlich solche, bei denen sich die Arbeitsbedingungen der Beschäftigten nicht verschlechterten. So konnte er gegenüber der Belegschaft argumentieren, dass seine aktive Rolle auch dazu dient, das Schlimmste zu verhindern und für einen *humanen Rationalisierungspfad* zu kämpfen.

> „Im Gegenteil, wenn man sich in der Produktion gut auskennt, kann man da schon viel machen. Das ist sehr sinnvoll. Aber der Betriebsrat macht keine Rationalisierungsprogramme. Das ist eher die Möglichkeit, Einfluss zu nehmen und das Schlimmste zu verhindern.“ (Betriebsrat)

Allerdings erklären sich die Erfolge des Co-Managements nicht nur durch die Einbindung der Beschäftigten, sondern auch und vor allem durch die starke Position, die der Betriebsrat im Unternehmen hat. Er betrieb Co-Management nicht aus einer Position der Defensive und Machtlosigkeit, sondern aus einer *Position der Stärke.* Die Betriebsleitung konnte mit der Stärke des Betriebsrates nach eigener Aussage gut leben, weil er diese nicht zum Schaden des Unternehmens, sondern konstruktiv eingesetzt hat und weil das Unternehmen von dieser Stärke auch profitieren konnte.

> „Es wird immer mal ein bisschen taktiert, aber im Großen und Ganzen sind die Hinweise auch wertvoll, die da gegeben werden. Denn nicht jeder von uns hat das Ohr so nahe an der Belegschaft wie der Betriebsrat. Der hat teilweise da die besseren Informationen als wir, und warum sollten wir diese Informationen nicht nutzen?" (Personalleiter)

Zur starken Position des Betriebsrates trug wesentlich bei, dass nun das Betriebsratsgremium viel stärker in Entscheidungsprozesse einbezogen wurde, als dies unter dem alten Vorsitzenden der Fall war. Neu war auch, dass sich seitdem der Betriebsrat immer wieder fachkundige Expertise von außen holte, wenn er diese benötigte. Auf diese Weise konnten auch die beschränkten personellen Kapazitäten der beiden Freigestellten erweitert werden. Vor allem aber erklärt sich seine Machtposition daraus, dass sich der Betriebsratsvorsitzende zu einem gewieften Taktiker in Verhandlungen entwickelt hat.

> „Der Betriebsratsvorsitzende lässt sich doch keine Butter vom Brot nehmen. Und wenn der irgendetwas nicht versteht, dann holt der sich einen Sachverständigen oder fragt so lange, bis er es verstanden hat. Und was er vor allen Dingen versteht, ist dieses Machtspiel, dass es eben darauf ankommt, auch mal auf den Tisch zu schlagen. Er ist eben eine Autorität im Betrieb." (Gewerkschaftlicher Betreuer)

Der Betriebsrat bei Metall 2 ist ohne Zweifel ein herausragendes Beispiel für eine gute Praxis des Co-Managements und die Stärkung, die der Betriebsrat dadurch als Akteur der Mitbestimmung im Betrieb erfahren kann. Ausgangspunkt dafür war eindeutig die Tarifabweichung. Dabei lassen sich auch die *Bedingungen* lehrbuchhaft aufzeigen, unter denen Co-Management erfolgreich funktionieren kann: Der Betriebsrat muss einen aktiven Gestaltungswillen sowie eigene Gestaltungskonzepte entwickeln; er muss von einem modernisierungswilligen Management als starker Verhandlungspartner anerkannt sein oder sich diese Anerkennung dadurch erwerben, dass er notfalls seine Konzepte auch gegen den Widerstand des Managements verteidigen kann; er muss für eine humane Entwicklung der Rationalisierung sorgen, die für die Beschäftigten nicht mit existenzgefährdenden Nachteilen verbunden ist; und er muss die Beschäftigten durch Partizipation in die Rationalisierungsprozesse einbinden, sie dabei unterstützen und dadurch seine eigene Politik der aktiven Mitgestaltung legitimieren. Bei Metall 2 spielte aber auch die Gewerkschaft eine entscheidende Rolle. Denn erstens war es der Verhandlungsführer der Gewerkschaft, der die erweiterte Mitbestimmung in der Vereinbarung unbedingt verankern wollte und dies auch konnte; und zweitens trägt die Stärkung der gewerkschaftlichen Organisationsmacht im Betrieb entscheidend zur Anerkennung des Betriebsrates durch das Management bei.

Diese Bedingungen sind als Zusammenspiel von Interessen- und Co-Management übrigens nicht hinreichend beschrieben. Müller-Jentsch (2007) hatte argumentiert, dass die Betriebsräte Co-Manager bei der Gestaltung der Arbeitsorganisation gegenüber dem Management und Interessenmanager der Partizipation gegenüber den Beschäftigten sind. Dagegen ist zweierlei kritisch einzuwenden. Zum einen wird in dieser Zweiteilung der Rollen die wichtige Funktion nicht erwähnt, die der Gewerkschaft als Förderer erweiterter Mitbestimmung der Betriebsräte und individueller Partizipation der Beschäftigten zukommen kann. Und zum anderen bleibt unberücksichtigt, dass der Betriebsrat nicht nur offen für Ideen der Beschäftigten sein und diese „managen“ muss, sondern dass er auch ein entscheidender Antreiber der individuellen Partizipation ist, dass er diese gegen Widerstände aus der Organisation – Stichwort Führungskräfte – immer wieder verteidigen muss und dass er insgesamt für einen humanen Weg der Rationalisierung sorgen muss, weil ansonsten das ganze Beteiligungsprojekt seine Legitimation verlieren würde.

Schließlich ist das Co-Management zumindest in den Fällen des Untersuchungssamples weit weniger verbreitet, als dies in Anlehnung an die entsprechende Literatur eigentlich hätte vermutet werden dürfen. Es gibt unter allen zwölf Fällen mit Metall 2 nur einen, der sich tatsächlich durch eine erweiterte Mitbestimmungspraxis auszeichnet. Das Co-Management ist in den Untersuchungsfällen – die ihrerseits keine bewusste Negativauswahl mit Blick auf das Co-Management darstellen – weit davon entfernt, eine „Normalform“ der Mitbestimmungspraxis zu sein. Dies gilt nicht nur hinsichtlich der Folgewirkungen der Tarifabweichung, sondern auch hinsichtlich der Verbreitung des Co-Managements generell.

Neben Metall 2 findet sich im Sample sonst nur noch ein Fall, bei dem Co-Management jemals vor oder nach der Tarifabweichung von einem Betriebsrat praktiziert worden wäre. Dieser Fall ist Metall 6. Hier verweist der Betriebsrat darauf, in früheren Zeiten einmal erweiterte Formen der Mitbestimmung mit dem Management verfolgt zu haben. Die Grundlage dafür war seine Einbeziehung in strategische Investitionsentscheidungen.

> „Co-Management ist mit den Maßnahmen der Tarifvereinbarungen nicht verbunden. Haben wir früher einmal gehabt, aber ich sage ja, das liegt an Personen. Ich hatte ja auch schon mal andere Geschäftsführer, ich habe ja schon mehrere durchlebt. Und die waren sehr offen, wenn es um neue Investitionen ging, dann hat man sich vorher hingesetzt und gefragt, in welche Richtung, was das bringt an Produktivität und was das verändern kann, so. Das ist im Moment, in den letzten Jahren hier nicht gegeben.“ (Betriebsratsvorsitzender)

Der Betriebsratsvorsitzende bedauert die Rücknahme früherer Funktionen des Co-Managements und mahnt gegenüber der Geschäftsleitung eine Stärkung seiner Einflussmöglichkeiten an. Dass dies im Unterschied zu früher nicht gelungen ist, belegt den Wandel der Arbeitsbeziehungen im Unternehmen hin zu einem Konfliktmodell. Zutrauen würde sich der Betriebsratsvorsitzende eine solche Rolle allemal. Die Grundlage dafür ist seine langjährige Kenntnis des Betriebes sowie der enge Kontakt, den die Betriebsräte im Betrieb mit den Beschäftigten pflegen. Das partizipative Moment spielt für ihn eine große Rolle. Co-Management ohne Partizipation könne nicht funktionieren, denn der Betriebsrat lebe von dem Erfahrungs- und Problemwissen der Beschäftigten. Seine Aufgabe bestünde dann vorrangig in der Bewertung und Abwägung der Informationen, die von den Beschäftigten kommen. Dafür würde er dann auch externe Hilfe und Beratung in Anspruch nehmen.

> „Unter anderen Bedingungen hätten wir keine Probleme, auch an Investitionsentscheidungen mitzuarbeiten. Ich würde mir dann auch Leute suchen im Betrieb, wo ich meine, dass die da mehr von verstehen. Das mache ich auch heute.“ (Betriebsratsvorsitzender)

Allerdings bleibt festzuhalten, dass mit dem Wandel der Arbeitsbeziehungen Ansprüche an ein Co-Management für den Betriebsrat in weite Ferne gerückt sind.

Auch in zwei weiteren Fällen haben Betriebsräte den Begriff des Co-Managements aufgenommen. Dies geschah allerdings in ganz anderer Weise als bei Metall 2. Das Co-Management hat in diesen beiden Fällen eine eigenständige Bedeutung. Bei Metall 3 und Metall 5 argumentieren die Betriebsräte zwar, dass sie Co-Management betreiben würden. Dies geschah in beiden Fällen aber nicht deshalb, weil sie sich mit einem modernisierungswilligen Management verbündet hätten und an der Gestaltung der Organisation teilhaben würden. Co-Management bedeutet in diesen Fällen vielmehr, dass der Betriebsrat als Ausputzer für Defizite des Managements fungierte. Nicht Innovationen und erweiterte Mitbestimmung standen im Vordergrund, sondern die basale Sorge darum, dass die Organisation am Laufen gehalten wird, weil das Management offensichtlich seine Funktionen nicht erfüllt. Im Zentrum des Co-Managements standen zumeist personalpolitische Aufgaben. Diese Variante des Co-Managements lässt sich als *Co-Management der Not* bezeichnen.

Der Betriebsrat bei Metall 3 betont, dass er das Co-Management der Not nicht aus eigenem Antrieb betrieben hat. Vielmehr war er dazu wegen der mangelnden Sachkenntnis eines Managements gezwungen, das aufgrund der starken personellen Fluktuation keinen tieferen Einblick in die organisatorischen Entwicklungen und Probleme des Betriebs entwickelt hat oder entwickeln konnte. In dieser Situation übernahm der Betriebsrat als bester Kenner des Betriebes die

Regie, und er tat dies zum Wohl des Betriebes und mit dem Ziel des Erhalts der Arbeitsplätze im Betrieb.

> „Das heißt, der Betriebsrat bekommt schon eine Co-Management-Funktion, um das mal so zu sagen. Also, der Betriebsrat hält den Laden hier in Schuss, das muss man so sehen. Ihr weist doch immer wieder darauf hin, was stimmt und was nicht.“ (Gewerkschaftlicher Betreuer)

> „Das kann man so sehen. Es ist sehr oft so, dass wir auf Missstände hinweisen, und auch mit Nachdruck. Das verkaufen die dann nachher wieder als ihr Konzept. Das ist uns aber hier egal. Wir müssen es tun. Wenn wir es nicht tun, geht es zu Lasten unserer Kolleginnen und Kollegen. Wir haben zwar viel mehr um die Ohren dadurch, weil wir dann als Co-Manager tätig sind, aber wir tun es. Warum? Die Notwendigkeit zum Erhalt der Arbeitsplätze bringt das mit sich. Wenn das nicht passieren würde, würde unter dieser Kommunikationsstruktur der Laden zusammenbrechen, das muss man deutlich sagen.“ (Betriebsratsvorsitzender)

Antriebskraft seines Handelns war die Erkenntnis, dass nur ein leistungsfähiger Betrieb auch die Arbeitsplätze der Beschäftigten erhalten kann. Trotz aller Konfliktorientierung zeichnete den Betriebsrat damit auch ein deutlicher Betriebsbezug aus, dies allerdings im vollen Selbstverständnis als Interessenvertreter der Belegschaft. Diese Haltung wird in der Interviewkommunikation zwischen Betriebsrat und gewerkschaftlichem Betreuer gut sichtbar.

> „Wenn der Betriebsrat hier in den letzten Jahren nicht so agiert hätte, sich faktisch ein erweitertes Mitbestimmungsrecht erkämpft hätte, dann wäre der Laden hier platt.“ (Gewerkschaftlicher Betreuer)

> „Wir müssen denen auch sagen, dann und dann ist Inventur, das haben sie nicht drauf. Das ist Co-Management; im Grunde müsste man aber sagen, das ist konsequente Interessenvertretung. Denn wir sind ja nicht die Erfüllungsgehilfen des Managements. Uns geht es ja um die Leute, wir machen es nur, damit die Leute nicht drunter leiden. Wir machen das als Arbeitnehmervertreter und als IG Metaller. Im Interesse der Leute sind wir gezwungen, das zu machen, das ist der Punkt.“ (Betriebsratsvorsitzender)

> „Da achten wir darauf, dass es dem Unternehmen gut geht, damit die Leute was vom Kuchen abkriegen. Das haben wir immer so gemacht.“ (Stellvertretender Betriebsratsvorsitzender)

Ähnlich ist die Situationsdeutung des Betriebsrates bei Metall 5. Auch für ihn standen die Schutzmotive des Betriebsratshandelns eindeutig im Vordergrund. Mit dieser Zielsetzung versuchte er seine Mitbestimmungsrechte nach Betriebsverfassungsgesetz durchzusetzen, nicht aber, diese möglicherweise noch auszuweiten. Das bedeutete, im Unterschied zum Betriebsrat bei Metall 3, aber nicht, dass er an einer stärkeren Rolle als Gestalter nicht interessiert gewesen wäre. Im Gegenteil, er wäre nur zu gerne bereit gewesen, seine Mitbestimmungsmöglichkeiten auszuweiten, auch um den Preis, dafür Verantwortung für gemeinsam getragene Entscheidungen mit der Unternehmensleitung zu übernehmen. Dies war aber nicht möglich, weil die Unternehmensleitung sich darauf nicht eingelassen hat.

> „Das beginnt schon damit, dass personelle Entscheidungen am Betriebsrat vorbei getroffen werden ...: Wir haben in der Vergangenheit immer wieder organisatorische Planungsmängel in einem bestimmten Bereich hier aufgedeckt. Da haben wir uns vom Arbeitgeber doch tatsächlich anhören müssen: ja, wir wissen, dass der Mann eine Fehlbesetzung ist, aber wir haben keine Alternative. Nennen Sie uns doch mal eine Alternative. Darauf haben wir geantwortet sinngemäß: In dem Augenblick, wo Ihr uns echt mitbestimmen lasst und mit einstellen lasst, nennen wir euch eine Alternative; solange müsst Ihr mal selber gucken, wie ihr damit klarkommt. Wenn wir mitbestimmen dürfen, und jemand schafft es dann nicht, dann sind wir mit dafür verantwortlich, und dann werden wir auch Lösungen dafür finden." (Betriebsratsvorsitzender)

Dies hielt den Betriebsrat jedoch nicht davon ab, auch Aufgaben der Personalplanung zu übernehmen, die eigentlich in das Ressort des Personalwesens gefallen wären, die dieses aber nicht kompetent ausfüllen konnte. Insofern, so argumentiert der Betriebsratsvorsitzende, habe man immer schon Co-Management betrieben.

> „Co-Management, das tun wir schon ganz lange, es wird nur nicht als Co-Management wahrgenommen. Ich will Ihnen mal ein Beispiel nennen. Wir haben ja auch schon Phasen hinter uns, wo wir Vollbeschäftigung hatten. Da ging es darum, die Fertigung so aufzustellen, dass das maximal Mögliche mit minimaler Behinderung der Fertigungslogistik erreicht werden kann. Da ist es nicht der Arbeitgeber, der die Schichtmodelle erarbeitet und die Schichtbesetzungen und die Personalkapazitäten ermittelt und errechnet hat, sondern der Betriebsrat. Wir haben immer wieder feststellen müssen, dass der Arbeitgeber, unser Arbeitgeber, nicht in der Lage ist, eine konsequente korrekte Personalbedarfsplanung durchzuführen. Das tun wir hier im Betriebsrat. Einschließlich der Berechnung von Urlaubs-, Krankheits- und Reservequoten." (Betriebsratsvorsitzender)

Diese beiden Fälle haben wenig mit dem Idealtypus des innovationsorientierten Co-Management zu tun, an das ansonsten in der Literatur zumeist gedacht wird (so Minssen/Riese 2007). Sie ändern daher auch nichts an dem Befund, dass dieser Typus im Untersuchungssample alles andere als der Normalfall der Mitbestimmung ist. Zumal in allen anderen Fällen die Betriebsräte mit dem Begriff wenig anfangen können und sie sich entweder explizit davon abgrenzen oder zumindest die Feststellung treffen, dass er auf sie nicht zutrifft. Als Beispiel dafür sei kurz der Betriebsrat bei Chemie 3 angeführt, der sich trotz seines gewachsenen Selbstbewusstseins und trotz der Anerkennung durch die Unterneh-

ISBN 978-3-8360-8714-8 – Presseexemplar – (c) edition sigma – 08102015

mensseite nicht als Co-Manager bezeichnen möchte, weil die unternehmerischen Entscheidungen nach wie vor ganz in der Hand des Managements liegen.

> „Also als Co-Manager eigentlich nicht. Letztendlich, wenn es um unternehmerische Entscheidungen geht, da sind wir nach wie vor nicht als Co-Manager gefragt." (Betriebsratsvorsitzender)

Eine Mitbestimmungspraxis des Co-Management existierte üblicherweise auch in den Betrieben nicht, in denen – wie bei Chemie 2, Chemie 4 oder Metall 4 – die Betriebsparteien ein sozialpartnerschaftliches Verhältnis pflegten und sie die Tarifabweichung als Ausdruck einer gemeinsamen *Standortkoalition* deuteten. Bei Chemie 4 beispielsweise war zwar eine wachsende Einbindung in organisatorische Entwicklungen von der Umsetzung des Qualifizierungstarifvertrages der chemischen Industrie bis hin zur Begleitung interner Prozesse festzustellen. Ein Co-Management als Impulsgeber der Reorganisation und Rationalisierung mit Blick auf die Gestaltung der Arbeitsorganisation war damit aber nicht verbunden. So sieht es auch der Personalleiter am Standort.

> „Wir beziehen den Betriebsrat in viele Dinge mit ein, wir informieren ziemlich offen viele Sachen, aus meiner Sicht jedenfalls. Ich halte das auch für wichtig. Der Betriebsrat tritt aber nicht auf und bringt Rationalisierung dann stark voran. Das ist schon mehr unser Job, die Sachen anzustoßen. Und wenn wir sie angestoßen haben, haben wir eine sehr offene Zusammenarbeit. Schließlich heißt Rationalisierung auch Standortsicherung, das ist so." (Personalleiter)

Bei Metall 4 wiederum betont der Betriebsratsvorsitzende, dass erfolgreiche Interessenvertretung nur unter Berücksichtigung der Interessen des Arbeitgebers und des Unternehmenserfolges praktizierbar wäre. Die gemeinsame Schnittmenge der Interessen bringe es mit sich, dass der Betriebsrat zuweilen auch Aufgaben des Unternehmens übernähme, die eigentlich das Management erfüllen müsste. Deshalb rege der Betriebsrat Dinge an und poche darauf, dass bei Entscheidungen die Beschäftigten mitgenommen werden müssten. Als Co-Management möchte er diese Aktivitäten aber nicht bezeichnet wissen, weil damit der originäre Charakter der Betriebsratsarbeit als Interessenvertretung verschleiert würde.

> „Von daher sagt man natürlich das eine oder andere Mal, na ja gut, also fangen wir jetzt auch noch an, deren Job zu machen, aber das resultiert dann letztendlich nur aus dem Interesse, dass man halt bestimmte Dinge einfach versucht anzuregen, auch dem Unternehmen mal letztendlich ins Gewissen redet, nehmt die Menschen mit, ihr kriegt die für euren Veränderungsprozess nur gewonnen, wenn ihr sie mitnehmt, wenn ihr sie abholt, wenn ihr ihnen zeigt, wo geht der Zug hin, oder solche Dinge, initiieren wir natürlich. Ob das jetzt dann den Begriff Co-Management verdient, weiß ich nicht, glaube ich aber eigentlich nicht, sondern das ist letztendlich unsere ureigenste Aufgabe, eben das Bestmögliche für die Leute rauszuholen. Also Co-Management, das ist ein Begriff, der, glaube ich mal, zu-

ISBN 978-3-8360-8714-8 – Presseexemplar – (c) edition sigma – 08102015

> kleistern soll, wo wir eigentlich hingehören und wir gehören zu den Mitarbeitern und deren Interessen haben wir zu vertreten und das denke ich ist unsere Aufgabe.“ (Betriebsratsvorsitzender)

Die Beispiele Chemie 4 und Metall 4 zeigen auf, dass das Co-Management auch in den großbetrieblichen und sozialpartnerschaftlichen Fällen des Untersuchungssamples und trotz der dort herrschenden Beschäftigungsbündnisse keine Normalform der Mitbestimmung ist. Auch hier treten die Betriebsräte nicht als Co-Manager auf, und zwar weder als Juniorpartner noch als Gegenmacht oder als Geschäftspartner, um die Typologie von Rehder (2003) zu bemühen. Die Annahme einer kausalen Verbindung von Sozialpartnerschaft und Co-Management oder einer Gleichsetzung des Co-Managements mit Beschäftigungsbündnissen würde die gravierenden Unterschiede überdecken, die zwischen der Mitbestimmungspraxis bei Metall 2 und der in allen anderen Fällen des Untersuchungssamples herrschen. Nur bei Metall 2 betreibt der Betriebsrat eine aktive Gestaltungspolitik, und nur dort – und bei Metall 6 – hat sich der Betriebsrat auch in erkennbarem Umfang von seiner traditionellen Praxis als Stellvertreter der Interessen gelöst und partizipative Elemente in seine eigene Arbeit aufgenommen. Der Hauptgrund für die Abwesenheit des Co-Managements in den anderen Fällen besteht darin, dass die Betriebsräte keine aktiven Gestaltungskonzepte entwickelt haben, mit denen sie das Management herausfordern oder ergänzen könnten. Sie verzichten darauf nicht deshalb, weil sie dies nicht könnten, sondern weil sie dies gar nicht wollen. Es widerspricht in vielen Fällen ihrem Selbstverständnis als Interessenvertretungen der Beschäftigten.

8.2 Interne Koordinierung der Betriebsräte

Die Koordinierung der Tarifabweichung in den *lokalen Betriebsratsgremien* zeichnet sich in den meisten Betrieben des Untersuchungssamples durch zwei dominierende Merkmale aus: Erstens war die Abstimmung über die Frage, ob Verhandlungen zu einer Tarifabweichung eingegangen werden sollten, zumeist konfliktreich. Und zweitens wurde die Mehrheitsmeinung schließlich durch das zumeist dominierende Gewicht des Betriebsratsvorsitzenden in Richtung einer Aufnahme von Verhandlungen bewegt.

In den Betriebsratsgremien waren am Ausgangspunkt des Prozesses kritische Situationsdefinitionen sehr präsent. Nicht wenige Mitglieder plädierten deshalb für eine Ablehnung von Tarifabweichungen. Fälle wie der von Metall 4 waren die Regel. Dort sollte vor den Verhandlungen – oder auch den Vorverhandlungen – mit der Unternehmensseite Einverständnis im Betriebsrat erzielt werden, wie mit der Drohung des Unternehmens umgegangen werden sollte und ob überhaupt Verhandlungen über eine Tarifabweichung geführt werden sollten.

Am Beginn des Prozesses hielten sich im Betriebsrat Befürworter und Gegner von Verhandlungen die Waage. Die Gegner von Verhandlungen verwiesen auf die gute wirtschaftliche Situation des Standorts zum damaligen Zeitpunkt. Die Befürworter wiederum, zu denen der Betriebsratsvorsitzende zählte, argumentierten, dass eine Tarifabweichung einen wirksamen langfristigen Schutz für die Beschäftigten bieten könnte, der über die aktuelle Situation hinausweise.

> „Also es war eigentlich sehr viel Überzeugungsarbeit nötig. Wir im Rollenbereich hatten eine sehr gute wirtschaftliche Situation. So, von daher war auf Anhieb die Idee jetzt eine Vereinbarung zu machen, in deren Rahmen die Mitarbeiter jetzt in dem Fall auf bezahlte Mehrarbeit verzichten, kein Selbstläufer. Sondern ganz im Gegenteil, das haben wir doch gar nicht nötig, warum sollten wir das tun, uns kann ja eh nichts passieren, in der Richtung, es gibt doch überhaupt keinen Anlass für so was. Und das war dann eigentlich irgendwo, ich sage mal, diese Einschätzung hat sich dann letztendlich irgendwann durchgesetzt, dass man einfach gesagt hat, okay, wenn es gelingt, eine ausreichende Reichweite zu bekommen, eine attraktive Reichweite der Regelung zu bekommen, dieses Schutzes zu bekommen, dann sind wir auch trotz unserer momentanen guten Auslastung für so eine Regelung." (Betriebsratsvorsitzender)

Die unermüdliche Überzeugungsarbeit des Vorsitzenden hatte schließlich dazu geführt, dass sich eine Mehrheit zugunsten der Befürworter bildete und die Betriebsratsmitglieder seiner Linie folgten, wenn auch zuweilen zähneknirschend, wie der Vertrauenskörperleiter anmerkt.

> „Es war sehr gemischt, sage ich mal, also es gab am Anfang schon, ja, viele oder einige, die nicht bereit waren, in Verhandlungen zu gehen. Es gab halt dann, möchte ich mal behaupten, genauso viele, die von Anfang an bereit waren, überhaupt zu verhandeln. Gut, was natürlich jeder einzelne im Kopf denkt, das weiß man nicht, aber zumindest, sage ich mal, ist es am Schluss so ausgegangen, dass dann die Akzeptanz im ganzen Gremium da war, vielleicht beim einen oder anderen mit ein bisschen Zähneknirschen, aber wenn die Mehrheit dann so das wünscht, dann muss man sich da halt fügen." (Vertrauenskörperleiter)

Zu der prinzipiellen Frage, ob überhaupt Verhandlungen geführt werden sollten, kommt in den Gremiendiskussionen noch die Frage hinzu, mit welchen Positionen und Forderungen man eigentlich in die Verhandlungen gehen sollte. Beispielhaft dafür lassen sich die Debatten im Betriebsratsgremium bei Chemie 3 anführen. Dort trafen Vertreter „härterer" und „weicherer" Haltungen gegenüber der Unternehmensseite aufeinander. Die unterschiedlichen Deutungen wurden dort intensiv diskutiert und schließlich zu Kompromissen geführt. Als vorteilhaft für die Verständigung erwies sich dabei die Tatsache, dass das Gremium nicht dem Druck ausgesetzt war, direkt die Verhandlungen führen zu müssen. Denn das Verhandlungsmandat hatte der Gesamtbetriebsrat.

„Eitel Sonnenschein im Betriebsrat war mit Sicherheit nicht. Gut, sicher haben wir unterschiedliche Meinungen gehabt, aber die waren jetzt nicht wirklich konträr. Die Unterschiede, was man so fordern kann. Und wie weit kann man gehen, da ist ja jeder etwas individuell. Der eine hat eine etwas härtere Ansicht, der andere eine etwas weichere Ansicht. Aber ich meine, die Richtung haben wir schon alle und gemeinsam verfolgt (Zustimmung). Sicher, da sind dann manchmal Punkte gewesen, wo der Einzelne schon gesagt hat: Schluss, vorbei, das bringt es ja alles nicht (Zustimmung). Aber fünf Minuten später ging es dann wieder weiter." (Betriebsräte im Gruppeninterview)

In allen Fällen war der *Betriebsratsvorsitzende* der wichtigste Treiber der Tarifabweichung. An ihn wandten sich die Unternehmensleitungen zuerst mit ihrer Forderung nach Tarifabweichungen, und er musste davon überzeugt sein, sollte die Forderung der Unternehmensleitung Aussicht auf Erfolg haben. Eine Zustimmung des Gremiums *gegen* das Votum des Betriebsratsvorsitzenden gab es nicht; in allen Fällen haben die Betriebsratsvorsitzenden für die Tarifabweichung plädiert. In den Gremien entwickelte sich auf dieser Grundlage ein mehr oder weniger intensiver *Kampf um die Deutungshegemonie* der Situation. Die Betriebsratsvorsitzenden haben um die Deutungshegemonie also nicht nur mit den Beschäftigten gerungen, sondern auch mit den Mitgliedern ihres eigenen Gremiums. Und wie bei den Beschäftigten ging es auch bei diesem Kampf weniger um Sieg oder Niederlage, als vielmehr um das Finden einer gemeinsam getragenen Strategie.

Der Kampf um Deutungen wurde zwar in allen Fällen durch die Autorität und das Gewicht der Vorsitzenden letztlich entschieden. Dies geschah aber typischerweise nicht autokratisch. Die Betriebsratsvorsitzenden konnten nicht einfach vorgeben, welcher Weg eingeschlagen werden sollte, sondern sie haben ihr Gremium – oder besser die Mitglieder mit anderen Meinungen – durch *Argumente* zu überzeugen versucht. Beispielhaft zeigt sich dies bei Chemie 2. Auch hier wurde die Tarifabweichung von den Betriebsräten konträr bewertet. In dieser Situation war es vor allem der Betriebsratsvorsitzende, der Kraft seines Amtes und Kraft seiner Person das Gremium zu einer einheitlichen Linie zusammenführen musste. Für ihn stand der Sinn der Tarifabweichung von Beginn an außer Frage. Er gewichtete den Nutzen des Standorterhalts und der Beschäftigung höher als den Preis der materiellen Konzessionen, die von den Beschäftigten dafür erbracht werden mussten. Und diese Deutung versuchte er den anderen Betriebsräten durch Argumente näher zu bringen.

„Da war es schon öfters mal ein bisschen emotional. Die Standpunkte waren durchaus sehr konträr. Es zog sich über Stunden hin, dass man wirklich mal auf einen Punkt gekommen ist, von dem man sagen konnte, damit kann der leben und auch der leben. Das waren ja Einschnitte, und da muss auch Überzeugungskraft von dem Verhandlungsführer gegenüber anderen Kollegen ausgeübt werden, und die Argumentation muss man auch sauber rüberbringen. Warum man das überhaupt macht. Denn es gab immer wieder die Stimmen: Ach, sollen sie uns doch zumachen, wir bekommen eine Abfindung und dann gehen wir. Nur, ich musste dann halt sagen oder mein Kollege: Freunde, das ist zwar schön und gut für Euch, aber überlegt doch mal, der Mitarbeiter XYZ da draußen, der das nicht so versteht, der sagt zwar auch, gebt mir die Abfindung, dann gehe ich irgendwo hin. Aber es gibt auch genug Leute, die sind zu alt oder in einem Alterskreis, die keine andere Arbeit bekommen. Für die haben wir ja auch Verantwortung." (Betriebsratsvorsitzender)

Die Findung gemeinsamer Positionen wurde nach Darstellung der Betriebsräte bei Chemie 2 auch dadurch stark erleichtert, dass die Alternative zur Tarifabweichung von der Geschäftsleitung klar formuliert worden war: Keine Tarifabweichung, keine Aufträge, keine Produktion, keine Beschäftigung. Vor diesem Hintergrund erschien die Tarifabweichung als das kleinere Übel. Die Meinungsverschiedenheiten, die es gab, hätten sich vor allem aus den Interessen unterschiedlicher Altersgruppen ergeben. Ältere, die kurz vor dem Ausscheiden standen, hätten gegen, Jüngere hingegen für den Abschluss einer abweichenden Vereinbarung plädiert, weil sie ein größeres Interesse am Erhalt ihrer Arbeitsplätze haben.

„Es gibt natürlich auch mal Diskussionen hier im Betriebsratsgremium. Aber im Grunde genommen ist es jedem bewusst: Wenn wir nicht zustimmen, dann ist in zwei, drei, vier Jahren, je nach Laufzeit der hier noch vorhandenen Produkte, der Laden zu. Das ist ja auch ganz klar die Ansage von der Geschäftsführung, wenn es zu solchen Verhandlungen kommt. Die Unterschiede sind hier auch altersbedingt. Dem, der jünger ist, ist sein Arbeitsplatz ja viel wichtiger als dem, der 58 oder 59 ist. So ist auch die Diskussion draußen, in der Belegschaft, ganz klar. Der Ältere sagt: Bin ich doof? Der Jüngere sagt: Na gut. Der ganz Junge sagt: Ist mir egal, Hauptsache ich bekomme überhaupt etwas. Die zwischen 35 und 50 haben ganz andere Argumente, die sagen na gut, O.K., lieber zwei Euro weniger." (Betriebsräte im Gruppeninterview)

Der Anspruch auf Deutungshegemonie wurde von den Betriebsratsvorsitzenden auch nicht selten damit begründet, dass viele der Betriebsräte im Gremium vor allem die Partialinteressen der Abteilungen im Auge hätten, aus denen sie kommen. In dieser Situation sei es die Aufgabe des Betriebsratsvorsitzenden, die Interessen des Betriebes als Ganzem und aller Beschäftigten des Betriebes im Auge zu behalten und zu wahren. So formuliert es der Betriebsratsvorsitzende bei Chemie 1.

„Aber man muss auch schauen: Man hat ein Wahlmandat, und man weiß nicht, von wem man die Stimmen bekommen hat, und man muss für alle arbeiten. Andere sagen aber auch: Ich bin durch meine Klientel, wo ich herkomme, gewählt worden, und da lege ich auch Wert drauf. Da ist es die Aufgabe, die ich habe, das zu bündeln und ein Meinungsbild draus zu machen." (Betriebsratsvorsitzender)

Nur in einem Fall, Metall 5, verlief die Konfliktlinie im Betriebsratsgremium anders. Dort gab es eine oppositionelle Gruppe, die von der Unternehmensleitung beeinflusst war und für eine weichere Haltung in den Verhandlungen plädierte. Nach ihren Vorstellungen sollte möglichst schnell eine Einigung erzielt und dafür weitgehende Konzessionen in Kauf genommen werden. Dies sollte notfalls auch ohne die Gewerkschaft geschehen. Mit dieser Gruppe fand, ebenfalls entgegen der sonst typischen Praxis in den Betrieben, kein Austausch von Argumenten statt. Der Grund dafür war, dass die Gruppe sich weitgehend der Diskussion um die Tarifabweichung im Gremium entzogen hatte. Die Existenz dieser Gruppe und das Ziel, ihren Einfluss zu begrenzen, waren für den jetzigen Vorsitzenden und seinen Stellvertreter die Hauptmotive, seinerzeit für den Betriebsratsvorsitz zu kandidieren

> „Dass es solche Elemente im Betriebsrat gibt, war klar geworden in den Verhandlungen zum dritten Sanierungstarifvertrag. Und damit Derartiges nicht erneut passiert, haben wir beide uns bei der letzten Betriebsratswahl auch klar so positioniert, dass wir bereit wären, den Vorsitz zu machen. Eine Absprache zwischen uns beiden, die verhindern sollte, dass in einem von uns beiden vorhergesehenen Konflikt auf Verhandlungswege zum vierten Sanierungstarifvertrag entsprechend gegengesteuert werden konnte.“ (Betriebsratsvorsitzender)

Die Fraktionierung des Betriebsratsgremiums war mit der Wahl der neuen Betriebsratsspitze jedoch nicht beendet, sondern spielte auch bei den Verhandlungen zur vierten Tarifabweichung eine wichtige Rolle. Denn die arbeitgeberorientierte Fraktion unterstützte den Arbeitgeber in seinem Bemühen, die Arbeitnehmer von den geforderten Konzessionen zu überzeugen. Dazu führte die Geschäftsleitung eine Belegschaftsversammlung durch, auf der sie den Beschäftigten ihre Ziele vorstellte und sie um ihre Unterschrift unter ein Schriftstück bat, mit dem sie sich mit dem Angebot der Unternehmensseite einverstanden erklären. Auch die arbeitgeberorientierten Betriebsräte schlossen sich dieser Initiative an. Bei der arbeitgeberorientierten Gruppe handelte es sich allerdings um eine Minderheit im Betriebsrat, die weder im Betriebsrat vor Ort noch in der Tarifkommission mehrheitsfähig gewesen wäre. Zudem hat die Gruppe nie den Konflikt oder die offene Diskussion gesucht. Die oppositionellen Betriebsräte kommunizierten ihre Ansichten allenfalls bilateral mit den Beschäftigten in Einzelgesprächen, nicht aber mit den anderen Betriebsräten und Mitgliedern der überbetrieblichen Tarifkommission.

> „Es gab ja nur zwei, die das auch nie offen gemacht haben, das war ja das Kuriose bei so einer Tarifkommission, die waren nicht bereit, sich mit mir anzulegen, in den Konflikt zu gehen. Ich habe pauschal in den Raum gestellt, einfach nur gesagt, das ist die Linie und Ihr könnt jetzt ganz offen hier über die Linie reden und alle diejenigen, die meinen, diese Linie ist falsch, können hier ihre Meinung sa-

ISBN 978-3-8360-8714-8 – Presseexemplar – (c) edition sigma – 08102015

> gen, kriegen keinen Kopf abgemacht, wir können uns argumentativ auseinander setzen darüber.“ (Gewerkschaftlicher Betreuer)

Insgesamt lässt sich festhalten, dass in den Betriebsratsgremien die Deutungen zunächst häufig auseinanderdrifteten, dann aber durch die Betriebsratsvorsitzenden als Treiber der Tarifabweichung geeint werden konnten. Dass dies fast immer durch den Austausch von Argumenten mit dem Ziel der Überzeugung und der Gewinnung einer Deutungshegemonie geschah, zeigt, dass die Betriebsräte diese Entscheidung nicht autokratisch umgesetzt haben. Dies hätte auch nicht den üblichen Arbeitsweisen in ihren Gremien entsprochen. Betriebsratsgremien des von Bosch (1997) definierten autokratischen Typs gab es im Untersuchungssample nicht. Selbst bei Chemie 5 betonte der Betriebsratsvorsitzende, er habe seinen Alleingang, mit der Geschäftsführung Vorabsprachen für eine abweichende Regelung zu treffen, mit seinem Gremium zuvor abgesprochen und sei damit beauftragt worden. Dies stimmt so wohl nur bedingt. Immerhin aber konnte auch er seine Position in seinem Gremium nicht einfach autokratisch durchsetzen, was sich an dem Widerstand zeigte, den dann die gewerkschaftlich orientierten Betriebsräte im Verlauf der Verhandlungen auszuüben begannen.

Der dominante Typus der Zusammenarbeit in den Betriebsratsgremien des Untersuchungssamples ist der von Bosch so bezeichnete *zentralistisch-arbeitsteilige Typ*. Bei diesem Typus werden Entscheidungen argumentativ begründet und im Konsens getroffen, wobei sich aber die Diskussionen zumeist auf eine Gruppe von Aktivisten beschränken. In nahezu allen Untersuchungsfällen ist von den Betriebsräten betont worden, dass es bei ihnen zumeist etwa eine Handvoll engagierter Betriebsräte gebe, die in Fragen wie der Tarifabweichung aktiv argumentieren und sich engagieren würden. Die übrigen Betriebsräte verhielten sich passiv und „verwalteten“ eher ihre Interessenvertretungsfunktion.

Die Größe des aktiven Kerns kann freilich stark variieren. Er kann sich auf eine relativ kleine Gruppe im Betriebsrat beschränken, er kann aber auch die Mehrheit des Betriebsrates umfassen, wie dies bei Metall 3 der Fall war. Unter den 13 Betriebsräten gab es einen großen Kern von neun aktiveren Betriebsräten, denen vier weniger aktive Betriebsräte gegenüberstanden. Die aktiven Betriebsräte teilten sich die Arbeit weitgehend auf und waren wegen ihres hohen persönlichen Engagements auch zu Mehrarbeit für den Betriebsrat jederzeit bereit, während die anderen vier eher in Ruhe gelassen wurden.

> „Ja gut, ich sage mal, diese Kernarbeiten, das machen eigentlich bei uns schon die Leute, aus dem Neuner-Gremium. Die anderen vier, die lässt man dann ein bisschen mehr in Ruhe. Das ist halt eben so, hat sich so eingebürgert.“ (Betriebsrat)

In diesem Rahmen wird die Diskussionskultur im Betriebsratsgremium als überaus offen beschrieben. Jedes Mitglied ist aufgerufen, seine Meinung zu sagen, und diese wird auch gehört. Der Betriebsratsvorsitzende treibt den Diskussionsprozess kontinuierlich an; er will ein aktives Gremium. Auch in der Frage der Tarifabweichungen wurde diese Kultur gewahrt. Letztlich aber wurde recht schnell eine einheitliche Interessenposition gefunden. Denn als das Unternehmen den Arbeitnehmervertretern in der Krise das Messer auf die Brust gesetzt hatte, wurde keine Alternative zur Tarifabweichung gesehen, und nach der Kündigung des Tarifvertrages war die einhellige Position im Gremium, so schnell wie möglich wieder zum Flächentarifvertrag zurückzukehren. Dafür waren alle Mitglieder des Gremiums bereit, sich einzusetzen und zu kämpfen.

> „Es wurde diskutiert, aber letztendlich die Interessen waren komplett geschlossen, dass wir zum Tarif zurück wollen. Das ist ja auch alleine schon jetzt für den, ich sage mal, kleinen Mann, so als normalen Arbeiter, da steckt ja Geld dahinter, was genommen werden kann, dadurch. Jetzt mit ERA zum Beispiel und so weiter und so fort. Die Ansprüche, die man hat, die werden einem dann ja genommen." (Betriebsrat)

Der Betriebsrat bei Metall 3 steht mit seinem großen Kern von Aktivisten und seiner offenen Diskussionskultur sozusagen an der Schwelle zum arbeitsteilig-dezentralen Typus. Ähnlich ist die Situation noch bei Chemie 3 einzuschätzen. Bei der Typendifferenzierung erscheint es aus der Erfahrung der Fallstudien auch wichtig, zusätzlich zwischen einer *autoritären* und einer *dominanten* Praxis des Betriebsratsvorsitzenden zu unterscheiden. Fälle autoritärer Vorsitzender nach dem Vorbild klassischer Betriebsratsfürsten gab es im Sample nicht. Wohl aber hatte in fast allen Gremien der Betriebsratsvorsitzende eine dominante Position, weil er durch seine zumeist lange Amtszeit oder durch seine besonderen Verhandlungskompetenzen, die er sich im Umgang mit dem Management erarbeitet hatte, eine von den anderen Betriebsräten allgemein respektierte Sonderrolle einnahm. Deshalb hatte seine Meinung in den internen Diskussionen besonderes Gewicht, ohne dass damit aber verbunden gewesen wäre, dass der Vorsitzende andere Meinungen unterdrückt oder die Diskussionskultur nicht gefördert hätte. Vielmehr war in den Untersuchungsfällen häufig das Gegenteil der Fall.

In diesem Rahmen kann sogar die Situation entstehen, dass der Betriebsratsvorsitzende die anderen Betriebsräte in ihrer Verantwortung stärken und ihnen eine prominentere Rolle zuordnen würde, ihm dies aber nicht gelingt. Ein Beispiel für diese Konstellation ist Metall 6. Dort besteht das Gremium des Betriebsrates aus elf Mitgliedern, von denen drei freigestellt sind. In der Außenperspektive des gewerkschaftlichen Betreuers ist die Arbeit im Betriebsrat auf den Vorsitzenden zugeschnitten, der eine starke Persönlichkeit und ein überaus kompetenter Betriebsrat ist. Damit fokussierten sich nicht nur die Konflikte zwischen Betriebsrat und Geschäftsleitung auf seine Person, sondern mit ihm stand und fiel auch die Akzeptanz durch die Geschäftsleitung. Denn die fachliche Kompetenz des Betriebsratsvorsitzenden sei hoch, und demgegenüber fiele die Kompetenz der anderen Betriebsräte in der Wahrnehmung der Geschäftsleitung stark ab.

> „Es geht so weit, die Geschäftsführung hat schon mehrfach erklärt: Wirtschaftsausschuss? Herr ... (Betriebsratsvorsitzender, T.H.), wenn Sie nicht da sind, brauchen Sie gar keinen zu schicken. Und das kennzeichnet die Situation, und wie man da auf Personen festgelegt ist. Weil sich die Leute auch wenig in die Diskussionen bringen. Wenn man einen so guten ersten Vorsitzenden hat, dann führt der auch zumeist die Diskussionen..“ (Gewerkschaftlicher Betreuer)

Der Vorsitzende, der seit fast 30 Jahren Betriebsrat und davon mehr als 20 Jahre im Amt des Vorsitzenden ist, ist zugleich noch zweiter Bevollmächtigter der Verwaltungsstelle der IG Metall vor Ort sowie Fraktionsvorsitzender der regierenden Partei im Rathaus. Er verbindet damit betrieblichen und politischen Einfluss, der für das Unternehmen in der Vergangenheit sehr nützlich war. Die dominierende Stellung des Betriebsratsvorsitzenden ist für das Betriebsratsgremium aber eine zweischneidige Angelegenheit. Auf der einen Seite profitiert das Gremium insgesamt von der hohen Kompetenz und der starken Durchsetzungsfähigkeit des Vorsitzenden gegenüber der Unternehmensleitung. Er hält das Gremium zusammen, er argumentiert mit der Unternehmensseite auf Augenhöhe, und er kann gegenüber der Belegschaft auch unbequeme Entscheidungen vertreten, ohne dadurch an Legitimation zu verlieren. Auf der anderen Seite ist damit eine hohe Abhängigkeit des Gremiums von seiner Person verbunden, und es stellt sich für das Gremium insgesamt die Frage, was geschehen würde, wenn der Vorsitzende eines Tages seinen Posten räumt. Dieser Tag ist auch nicht mehr allzu fern; der Vorsitzende ist bereits etwa 60 Jahre alt. Und bislang hat sich in seinem Windschatten niemand etabliert, der auch nur annähernd seine Rolle weiterspielen könnte.

Der Betriebsratsvorsitzende versucht deshalb zwar aktiv, die hohe Abhängigkeit des Betriebsrates von seiner Person zu reduzieren, hat damit aber bislang wenig Erfolg. So hatte er beispielsweise vor einiger Zeit einen Arbeitskreis gegründet, der sich der Vorbereitung der Betriebsversammlungen widmen und Hemmschwellen auf dem Weg zum selbständigen und selbstbewussten Präsentieren vor Publikum bei den anderen Betriebsräten abbauen sollte. Die Resonanz darauf war aber gering; die Initiative verlief im Sande. Bislang auch nicht von Erfolg gekrönt sind seine Versuche, andere Betriebsräte in die Verhandlungen mit dem Management einzubinden oder an vorderer Stelle zu positionieren.

> „Ich habe auch schon andere vorgeschickt, so dass ich auch raus bin aus dem Feuer; aber das hat auch nicht geholfen.“ (Betriebsratsvorsitzender)

Insgesamt betrachtet ist die Dominanz der Vorsitzenden in fast allen Gremien unbestritten und hat durch die Tarifabweichung auch keinen Schaden genommen. Diese Dominanz aber ist nicht mit autoritären Verhaltensmustern zu verwechseln. Sie geht vielmehr mit diskursiven Verständigungs- und Entscheidungsformen sowie mit einer arbeitsteiligen Aufgabenverteilung im Gremium einher. Deshalb lässt sich die Zusammenarbeit in den Gremien im Allgemeinen und die Koordinierung der Tarifabweichung im Speziellen als diskursive Steuerung durch dominante Betriebsratsvorsitzende charakterisieren.

Noch komplizierter als die Abstimmung der Situationsdefinitionen und Interessen in den betrieblichen Gremien des Betriebsrates ist die *Koordinierung der Betriebsräte im Gesamtbetriebsrat.* Hier treten zu den unterschiedlichen Deutungen des Sinns von Tarifabweichungen zumeist egoistische Standortinteressen hinzu, die die Erarbeitung gemeinsamer Sichtweisen und Positionen stark erschweren. Dies ist vor allem dort von Bedeutung, wo die Tarifabweichungen für die Unternehmen als Ganzes abgeschlossen werden. In diesen Fällen lassen sich zwei Konstellationen unterscheiden. Die *erste* Konstellation ist die im vorigen Kapitel anhand der Beispiele Metall 1 und Metall 5 beschriebene. Hier findet die Koordinierung faktisch nicht im Gesamtbetriebsrat statt, sondern ist die exklusive Aufgabe und Leistung der gewerkschaftlichen Verhandlungsleiter. Bei der *zweiten* Konstellation der Koordinierung überbetrieblicher Verhandlungen haben die Betriebsräte die Koordinierung ihrer Sichtweisen und Interessen stärker in die eigene Hand genommen. Beispiele dafür sind die Fälle Chemie 3, Metall 3 und Metall 4. In diesen Fällen wurde die Koordinierung durch den Gesamtbetriebsrat aber jeweils entscheidend dadurch begünstigt, dass sich die Betriebe der Unternehmen untereinander nicht in einer Situation direkter Standortkonkurrenz befanden.

Bei Chemie 3 beispielsweise bestand das Geheimnis der erfolgreichen Koordinierung unterschiedlicher Standortinteressen darin, dass der Gesamtbetriebsrat einer ausgeprägten Kommunikationsstrategie die lokalen Betriebsräte so weit als möglich in seine Arbeit einzubeziehen und Verhandlungsschritte transparent zu machen versucht hat. Zu diesem Zweck traf sich der Gesamtbetriebsrat nicht nur separat, sondern er organisierte mehrfach Rundreisen durch alle Werke, um auch alle lokalen Betriebsräte einbinden zu können. Dabei profitierte er freilich davon, dass zwischen den deutschen Werken keine unmittelbare Standortkonkurrenz existierte. Die Interessenunterschiede zwischen den Werken ergaben sich bei Chemie 3 vor allem aus dem unterschiedlichen Niveau an Bedrohung von Produktion und Beschäftigung, denen sie sich im Falle eines Scheiterns der Verhandlungen ausgesetzt sahen. Hinzu kamen noch unterschiedliche Tarifstandards zwischen den in verschiedenen Tarifregionen angesiedelten Werken. Der Gesamtbetriebsratsvorsitzende vereinte diese Problemlagen in einer Person. Er wurde im Zuge der Verhandlungen zur ersten Tarifabweichung zum Gesamtbetriebsratsvorsitzenden gewählt und stammt mit Chemie 3 aus einem Werk, das aufgrund des regionalen Flächentarifvertrages niedrigere Tarifstandards aufwies als die anderen Standorte und zudem auch im Konzernstandortvergleich relativ gut positioniert schien. Dort waren deshalb die Verhandlungen viel schwerer zu vermitteln als an anderen Standorten, und dort wurden auch die eigenen Forderungen der Betriebsräte stärker artikuliert als anderswo.

> „Wir hatten natürlich in den ganzen Verhandlungen eine sehr starke Position, weil wir, was die Kostensituation betrifft, erstens mal das billigste Werk in Deutschland sind, allein schon durch die bayrischen Tarifverträge, die niedriger sind als die anderen, und wir sind auch bei den internationalen Kosten recht gut aufgestellt, weil wir eine sehr hohe Produktivität haben. Wir haben immer gesagt, nicht nachgeben, und wir brauchen diese Öffnungsklausel nicht und so weiter, und dann musste ich plötzlich den Vorsitz übernehmen, das war natürlich äußerst schwierig.“ (Betriebsratsvorsitzender)

Aus diesem Grund hat der Gesamtbetriebsrat viel Aufwand betrieben, um die lokalen Betriebsräte in seine Positionsbildung einzubeziehen, so dass die lokalen Betriebsräte diese auch in den jeweiligen Werken mit Überzeugung gegenüber den Beschäftigten vertreten konnten. Dazu wurde regelmäßig informiert und kommuniziert, unter anderem in Form von Befragungen und von Besuchen des Gesamtbetriebsratsgremiums in den einzelnen Werken.

> „Ja, der Gesamtbetriebsrat, wir sind dann von Werk zu Werk und haben dann informiert und kommuniziert und auch, ja, diskutiert, muss man ja auch sagen, wir haben ja nicht nur informiert, sondern wir haben ja auch diskutiert. Und haben diese Geschichten dann natürlich mit einfließen lassen in die ganzen Verhandlungsrunden. Ich muss auch sagen, die Vertreter der IG BCE waren dann sehr gut, also muss ich sagen.“ (Betriebsratsvorsitzender)

Dieses Verfahren hatte sich offensichtlich in der Verhandlung zur ersten abweichenden Vereinbarung gut bewährt, denn in den Verhandlungen zur zweiten Vereinbarung wurde dann vom Gesamtbetriebsrat in ähnlicher Weise die Koordination der Interessen in Form von Befragungen und Werkbesuchen auf aktive Weise betrieben.

Ob gewerkschaftlich oder durch die Betriebsräte angetrieben, die Koordinierungsbemühungen hingen entscheidend davon ab, dass es eine für alle Standorte geltende abweichende Vereinbarung gab, die gemeinsame Deutungsmuster und Positionsfindungen erzwang. In den Unternehmen mit mehreren Betrieben hingegen, in denen die Verhandlungen separat für die Einzelbetriebe geführt wurden, herrschte bei den Tarifabweichungen eine Standortkonkurrenz ohne Einschränkungen und ohne wirkungsvollere Bemühungen der Arbeitnehmervertreter um Koordinierung. Die Standortkonkurrenz erwies sich in diesen Fällen als ausgesprochen wirkungsvolle Strategie der Unternehmen, die Deutungshoheit über den Prozess der Tarifabweichung zu gewinnen und die Betriebsräte in den strukturellen Zwang zu versetzen, miteinander um Aufträge zu konkurrieren und deshalb in einen Wettlauf der Senkung der Arbeitskosten zu treten. Chemie 2, Chemie 4 und Metall 2 sind hierfür typische Fälle.

Bei Chemie 2 beispielsweise fand eine Koordination der Verhandlungen über das eigene Werk hinaus nicht statt. Zwar existiert ein Gesamtbetriebsrat für die deutschen Unternehmensstandorte, doch wurde dort die Tarifabweichung des Standorts Chemie 2 nicht zum Thema gemacht, geschweige denn aktiv koordiniert. Die Betriebsratsvorsitzenden der beiden deutschen Unternehmensstandorte pflegten eine wechselseitige Information, aber keine Abstimmung. Die gegenseitige Information hat nicht verhindern können, dass zwischen den Standorten und auch zwischen ihren Interessenvertretungen die Standortkonkurrenz intensiver geworden ist. Den Hintergrund dieser Entwicklung bildeten Konflikte, die für das Verhältnis eines größeren Standortes mit Unternehmenssitz zu einem kleineren Standort nicht untypisch sein dürften. Am kleineren Standort beschwerte man sich darüber, dass er bei der Auftragsvergabe und bei Investitionen gegenüber dem größeren Standort benachteiligt würde und überhaupt seine Interessen dort nicht wirksam vertreten würden, und am größeren Standort wurde beklagt, dass die Tarifabweichung des kleinen Standortes den größeren Standort zum Nachziehen zwingen würde. Im Ergebnis herrscht nun eine systematische Konkurrenz der Arbeitsstandards zwischen den deutschen Standorten – und selbstverständlich auch zwischen diesen und den mittel- und osteuropäischen Werken.

> „Aber man muss auch sagen, dass sich die Kooperation verändert hat. Die Standortsicherung gilt nicht mehr wie die von 1999 für beide Standorte. Jetzt ist der Konkurrenzaspekt viel stärker. Dazu müssen sie sehen, wir hier waren immer schon die Kleinen oder das Anhängsel. Wenn es hier Probleme gibt, sagt man dort, dann soll das Werk halt geschlossen werden. Was interessieren uns die 300 bis 400 Leute? Die haben immer nur am Rande interessiert. Dadurch, dass dort auch die Geschäftsleitung angesiedelt ist, war es für den Standort auch leichter, Aufträge zu bekommen. Jetzt aber geht es ihnen wie uns. Auch sie müssen um Aufträge kämpfen, und auch sie haben dabei Probleme." (Betriebsratsvorsitzender)

Bei Chemie 4 war die Koordinationslücke bei Aushandlung der Tarifabweichungen ähnlich groß. Dort hatte sich allerdings mit dem im vorigen Kapitel beschriebenen Konflikt um die Kündigung einer Tarifabweichung die Abstimmung im Gesamtbetriebsrat merklich verbessert. Chemie 4 steht damit auch für die möglichen *Lernerfolge der Koordinierung,* die Betriebsräte in der Auseinandersetzung mit der Tarifabweichung erzielen können. Zum Zeitpunkt der Aushandlung der Tarifabweichung jedoch wurden im Gesamtbetriebsrat weder gemeinsame Verhandlungsstrategien und -ziele diskutiert, noch wurde während der Verhandlungen das Vorgehen an den einzelnen Standorten abgestimmt.

„Es hat Koordinationsversuche im Gesamtbetriebsrat gegeben, aber diese Vereinbarung bei PKW-Reifen im Werk... (das Werk des oben geschilderten Konflikts, T. H.) traf uns unvorbereitet. Es hatte zwar der Koordinationswunsch bestanden, aber richtig eingetreten ist das nicht. Also von der Vereinbarung haben wir quasi über Nacht aus der Presse erfahren.“ (Betriebsratsvorsitzender)

Der hauptsächliche Grund für die Koordinationslücke des Gesamtbetriebsrates bestand darin, dass die Betriebsräte der Werke ihre Aktivitäten eher verdeckt gehalten haben und versucht haben, individuell ihre Standortinteressen zu verfolgen.

„Als ich den Konzern übernahm, war es so, dass keiner wusste, was der andere macht, das war so eine Art Geheimdiplomatie. So nach dem Motto: Den Gesamtbetriebsrat gibt es zwar. Aber der muss ja nicht wissen, was wir hier an den einzelnen Standorten machen. Das hat keiner von den Kollegen gewusst. Auch die IG BCE hat es nicht immer gewusst.“ (Gewerkschaftlicher Betreuer)

Im Zuge der Erfahrungen mit den Koordinierungsproblemen des Gesamtbetriebsrates und der Probleme, die daraus erwachsen sind, hat sich die Situationseinschätzung der Betriebsräte allerdings deutlich gewandelt. Es war offensichtlich geworden, dass der Abschluss von abweichenden Vereinbarungen an einem Standort in einem System der wechselseitigen Standortkonkurrenz mit erheblichen Auswirkungen auf die anderen Standorte verbunden ist, die ihrerseits unter Druck stehen, Kostenreduzierungen nachzuvollziehen. Diese Erfahrung der wechselseitigen Abhängigkeit hat die Betriebsräte der Reifenstandorte dazu bewegt, innerhalb des Gesamtbetriebsrates einen Reifenausschuss zu bilden, in dessen Rahmen sie wechselseitige Treffen und eine kontinuierliche Verständigung organisieren. In diesen Ausschuss wurden auch Vertreter der konkurrierenden Reifenstandorte in Frankreich und Tschechien eingebunden. Er fungierte damit im Grunde als europäischer Ausschuss für die Reifenstandorte.

„Und aufgrund der Erfahrungen haben wir im Gesamtbetriebsrat den Reifenausschuss gebildet, wo neben dem Wirtschaftsausschuss sich die Betriebsräte untereinander treffen. Auch mit den Kollegen aus Tschechien und Frankreich. Um dort eine Zusammenarbeit auf Betriebsratsseite zu fördern.“ (Gesamtbetriebsratsvorsitzende)

Die Koordinierung auf der Ebene des Gesamtbetriebsrates erschöpfte sich aber nicht in der Einrichtung eines Reifenausschusses. Im Zuge des einschneidenden Erlebnisses im Konflikt um die Tarifabweichung hat der Gesamtbetriebsrat zumindest in zwei Punkten seine Koordinierungsanstrengungen intensiviert. So hat er im Verlauf des Konflikts erfolgreich durchsetzen können, dass für die Dauer des Konflikts weitere Vereinbarungen für die Schlauchbereiche und -standorte nicht abgeschlossen werden dürfen mit der gegenüber der Konzernleitung angeführten Begründung, dass dafür die Kapazitäten des Gesamtbetriebsrats nicht hinreichen würden. Zudem wurden im Gesamtbetriebsrat bestimmte Eckpunkte für den Abschluss abweichender Vereinbarungen entwickelt und beschlossen, die in den lokalen Verhandlungen Berücksichtigung finden sollten. Sie betrafen die Festlegung verbindlicher Verhandlungsgegenstände wie Investitionen, den Ausschluss betriebsbedingter Kündigungen oder die Altersvorsorge. Eine noch engere Einflussnahme auf Verhandlungsstrategien und Verhandlungsinhalte erwies sich als nicht durchsetzbar, zumal an den einzelnen Standorten sehr unterschiedliche betriebliche Regelungskulturen herrschten.

> „Wie gesagt, die Eckpunkte Investitionen, Altersvorsorge, Ausschluss betriebsbedingter Kündigungen, dann waren noch Sondersachen der Standorte, die es galt abzusichern, also so eine Checkliste haben wir da gemacht, und dann ging das auch. Also mehr konnten wir von der Gesamtbetriebsratsebene nicht koordinieren. Also, wir hatten auch die IG BCE dabei bei dem Workshop und wir haben dann wirklich feststellen müssen, dass die Kulturen an den einzelnen Standorten auch unterschiedlich waren, was Arbeitszeiten angeht, was die Beschreibung von Leitungsgraden betrifft, also die ganze Palette, die berücksichtigt werden muss bei bestimmten Berechnungen und Vereinbarungen, was sehr unterschiedlich war. Da haben wir gesagt, das kriegen wir nicht hin, alles unter einen Hut zu bringen. Es kann eigentlich nur ein Rahmen sein." (Gesamtbetriebsratsvorsitzende)

Die Erfahrungen mit dem Konflikt und den lokalen Abweichungsverhandlungen haben zu einer Verbesserung der Koordination und zu einer Zunahme der Transparenz und Offenheit über lokale Entwicklungen geführt. Damit einher ging ein eindeutiger Kompetenzzuwachs des Gesamtbetriebsrats als Gremium, in dem nun Verfahrensabläufe abgesprochen, materielle Inhalte diskutiert und Rahmenrichtlinien für Standorte und Einzelgesellschaften formuliert werden konnten. Aus Sicht des gewerkschaftlichen Betreuers hat der Gesamtbetriebsrat eine neuartige Fähigkeit zur Entwicklung kooperativer und langfristiger Strategien entwickelt, die so zuvor nicht bestanden hatte.

> „Auch dadurch, dass wir den Konflikt um die 40-Stunden-Woche hatten, der ja schon davor geführt wurde. Das hat dazu geführt, dass die Transparenz innerhalb des Gesamtbetriebsrates doch erheblich zugenommen hat und man intern politisch und strategisch diskutiert. Und Sachen auch gemeinsam versucht zu lösen. Und es gibt Offenheit innerhalb des Gesamtbetriebsrates. Also im Grunde genommen ist durch diese Konflikte, die es da gegeben hat, der Betriebsrat stärker geworden. Erheblich. Weil die auch langfristig jetzt denken, strategisch langfristig." (Gewerkschaftlicher Betreuer)

Chemie 4 ist auch nicht von ungefähr das einzige Unternehmen, in dem der *Europäische Betriebsrat (EBR)* erstens generell eine bedeutende Rolle für die Mitbestimmungspraxis der Betriebsräte spielt und er seine Bedeutung zweitens im Zuge der Tarifabweichung und der darum kreisenden Auseinandersetzungen noch deutlich steigern konnte. Verantwortlich dafür war zunächst seine Einbin-

ISBN 978-3-8360-8714-8 – Presseexemplar – (c) edition sigma – 08102015

dung in die Konfliktstrategie der Gewerkschaft. Es gelang der Gewerkschaft auf dem Höhepunkt des Konfliktes, ein Treffen des EBR zu organisieren, anlässlich dessen sich die Vertreter der konkurrierenden Reifenstandorte mit dem betreffenden Werk solidarisch erklärt haben.

> „Es gab ein Treffen, wo der EBR das Verhalten des Unternehmens gegeißelt hat. Selbst der Betriebsratsvorsitzende von Tschechien, der ja der Profiteur der Geschichte war, hat da mit unterschrieben. Das war schon eine Aktion, die ich auch noch nie so erlebt habe vorher, weil man es hinbekommen hat, dass alle Standorte an einem Tag, alle zu dem Thema eine Betriebsversammlung gemacht haben. Weil wir es hingekriegt haben, auch die europäischen Betriebsräte zu mobilisieren." (Gewerkschaftlicher Betreuer)

In der Folge hat der EBR aus Sicht des gewerkschaftlichen Betreuers „seine Philosophie" verändert. Als wichtiges Beispiel dafür kann der Reifenausschuss angeführt werden, der wesentlich dazu beigetragen hat, dass wechselseitige Vorbehalte und Verdächtigungen langsam abgebaut werden konnten und einem offenen Informationsaustausch zwischen den Standorten gewichen sind. Auf dieser Grundlage konnte sich Vertrauen und Verständnis entwickeln. Eine wesentliche Voraussetzung dafür war die Unterstützung, die der deutsche Gesamtbetriebsrat und die IG BCE den Interessenvertretungen an den anderen Standorten angeboten haben. So haben Gesamtbetriebsrat und Gewerkschaft ausländische Interessenvertretungen bei der Entwicklung eigener Forderungen und Handlungsstrategien beraten und so den Eindruck zumindest abgeschwächt, dass es den – im EBR zahlenmäßig am stärksten vertretenen – deutschen Interessenvertretungen nur um den Erhalt der Arbeitsplätze ihrer Standorte gehe.

> „Denn die osteuropäischen Standorte haben uns eher vorgeworfen, dass wir nur unsere Sachen verteidigen und nichts hergeben wollen und teilen wollen. Und auf der anderen Seite haben sie dann auch verstanden, was bei uns für eine Leistung den Mitarbeitern abverlangt wird, und sie dann eher gefragt haben, wie können wir bei uns die Einführung verlangsamen. Da haben wir dann gesagt, die Rahmenbedingungen müssen vergleichbar werden, auch für Euch. Jetzt in den letzten zwei Jahren die Forderungen nach zweistelligen Entgelterhöhungen, die kommen ja nicht von ungefähr. Und das alles zusammen hat eigentlich dazu geführt, dass man die jeweiligen Probleme aus den anderen Ländern lernt zu verstehen, und da ist das Euroforum ein ganz wichtiges Instrument." (Gesamtbetriebsratsvorsitzende)

Damit verbunden ist ein neues Bewusstsein der internationalen Folgen des eigenen Interessenvertretungshandelns. Anders als früher wird nun nach den Auswirkungen nationaler Interessen auf die Situation der Interessenvertretungen an den konkurrierenden Standorten gefragt. Dabei hat der EBR das Ziel verfolgt, im Unternehmen das Prinzip der Gleichverteilung der Lasten bei Kapazitätsschwankungen zwischen den Standorten zu etablieren.

> „Da wird dann z.B. plötzlich Frankreich erpresst, und Deutschland gegen Frankreich ausgespielt oder Tschechien. Trotzdem hat man es geschafft, in größeren Zusammenhängen zu denken und zu sagen: Wenn die da reduzieren oder Mehrschichten fahren oder ausgebaut ist, dass man auch gleich fragt: Zu wessen Lasten geht das? Und das Unternehmen hat jetzt auch gelernt. Wo weltweit der Absatz von Nutzfahrzeugreifen schwierig ist, da ist weltweit eine Krise da, haben sie nicht nur in Frankreich oder nur in Tschechien reduziert, sondern sie haben an allen Standorten, die LKW-Reifen produzieren, reduziert. Früher war das anders. Da haben sie nur in einem Standort reduziert, und die anderen mussten dann mehr. Das haben wir auch erreicht durch die Zusammenarbeit der Betriebsräte über die Grenzen hinweg." (Gesamtbetriebsratsvorsitzende)

Auch von Unternehmensseite wird der Europäische Betriebsrat als Gremium der internationalen Arbeitnehmervertretungen akzeptiert. Davon zeugt die Tatsache, dass zu den einmal jährlich stattfindenden Treffen von EBR und Management sowohl der Konzernvorstand als auch alle Geschäftsführer der Einzelgesellschaften und ihre Personalverantwortlichen reisen. Dafür spricht auch, dass es frühzeitig gelang, die Arbeitnehmervertreter neuer osteuropäischer Standorte in den EBR zu integrieren. Auch schätzt das Unternehmen die Vermittlungsleistung, die die deutschen Vertreter im Gremium im Fall internationaler Konflikte spielen können. Diese Vermittlerrolle diente zugleich dazu, das Vertrauen in die deutschen Interessenvertreter zu stärken.

> „Sie sehen natürlich auch, dass bestimmte Dinge auch zu ihrem Vorteil sind. Wir haben z.B. einen Standort in Spanien, der stand kurz vor der Schließung, und da sind zwei oder drei Leute von uns hingefahren und haben da auch versucht zu vermitteln und zu sagen: An der und der Ecke müsst Ihr euch bewegen, sonst seid Ihr hier weg vom Fenster, und die Information war vor Ort noch nicht angekommen. Da gab es schon teilweise starre Haltungen, da haben wir gesagt, wir kennen den Vorstandsvorsitzenden, wir wissen, wie er entscheidet, wie schnell er auch entscheidet, und wenn Ihr euch nicht bewegt, seid Ihr weg." (Gesamtbetriebsratsvorsitzende)

Trotz dieser Erfolge bei der Verbesserung des Informationsaustausches, der Koordinierung der Interessen und der Unterstützung ausländischer Standorte hat der Einfluss des EBR aber auch deutliche Grenzen. Verhandlungen oder Vereinbarungen mit dem Gremium lehnt die Unternehmensseite ab. Im Verhältnis der Unternehmensparteien ist der EBR ein reines Informationsgremium. Auch sind auf der Seite der Arbeitnehmervertretungen nicht alle Probleme ausgeräumt. Ein wichtiger Grund dafür ist die Tarifabweichung an den deutschen Standorten. Sie hat dazu geführt, dass auch andere Standorte unter Konzessionsdruck geraten sind. Wegen ihrer deutlich niedrigeren Personalkosten betraf dies nicht die osteuropäischen Standorte, wohl aber die französischen Werke, in denen schließlich eine höhere Arbeitszeit als die gesetzlich geregelte vereinbart worden ist.

ISBN 978-3-8360-8714-8 – Presseexemplar – (c) edition sigma – 08102015

„Was uns auf Gesamtbetriebsratsebene nicht gelingt, kann uns ja auf Ebene des EBR erst recht nicht gelingen. Dort war es dann auch ganz ähnlich wie bei uns in Deutschland: Die Vereinbarungen, die hier in Deutschland gemacht worden sind, haben die Kollegen in Frankreich unter Druck gesetzt, auch etwas Ähnliches zu vereinbaren. Das war für die aber viel schwieriger, weil dort die Arbeitszeit ja nicht von den Tarifparteien festgelegt wird, sondern gesetzlich geregelt ist. Erst als die Regierung die 35-Stunden-Woche gelockert hat, konnten dort ebenfalls Regelungen zur Verlängerung der Arbeitszeit – im gesetzlichen Rahmen, versteht sich – getroffen werden.“ (Betriebsratsvorsitzender)

Unabhängig von diesen Beschränkungen der solidarischen Koordinierung und der geringen Wirksamkeit gegenüber der Konzernleitung ist der EBR bei Chemie 4 unter den Samplefällen das mit Abstand stärkste und in der Koordinierung der Tarifabweichung wichtigste Gremium seiner Art. Er ließe sich in Anlehnung an die gängigen EBR-Typologien wohl am ehesten als „dienstleistender EBR“ (Lecher et al. 2001) oder als „Fürsprecher der Diaspora“ (Kotthoff 2006) einstufen, weil er vor allem ein Gremium der wechselseitigen Information und Unterstützung ist, dabei aber eine deutliche Vorrangstellung der deutschen Standorte und des deutschen Gesamtbetriebsrates aufweist, der sich als Unterstützer der ausländischen Standorte sieht.

In den beiden anderen Fällen, in denen es einen EBR gibt, kann der EBR diese Rolle nicht spielen. Bei Chemie 3 und bei Metall 2 ist der EBR nur ein „symbolisches“ (Lecher et al. 2001) oder ein „marginalisiertes“ (Kotthoff 2006) Gremium und dementsprechend auch ohne Bedeutung in der Tarifabweichung geblieben. Bei Chemie 3 beispielsweise führte die Tarifabweichung an den deutschen Standorten zu Konflikten im EBR. Der EBR war dort 1996 als freiwillige Vereinbarung nach Artikel 3 der Richtlinie der Europäischen Kommission gegründet worden. Eine Koordinierung lokaler und nationaler Standortvereinbarungen fand in diesem Gremium allerdings nicht statt. Von einer solidarischen Abstimmung der Interessenvertretungen oder gar einer einheitlichen politischen Strategie im Umgang mit der Standortkonkurrenz im Konzern konnte keine Rede sein. Vielmehr prägten die Standortkonkurrenz und der Kampf um lokale oder nationale Standortvorteile die Zusammenarbeit der Interessenvertretungen im Gremium, das entsprechend der französischen Variante des EBR vom Management geleitet wird. Nicht zuletzt darauf führt der deutsche Gesamtbetriebsratsvorsitzende, der auch einer der deutschen Vertreter im EBR ist, zurück, dass der EBR ein Informations- und Konsultationsgremium, aber kein Entscheidungsgremium ist. Erschwerend kommt aus seiner Sicht hinzu, dass die Unternehmensseite den EBR nur bedingt ernst nahm und ihn nur unzureichend in ihre Informationspolitik einbezogen hat. Das Unternehmen tat nicht mehr als das, wozu es nach europäischer Richtlinie verpflichtet werden kann, und dies geschah häufig auch nur auf Druck der Interessenvertretungen.

„Was den europäischen Betriebsrat betrifft, der ist nach dem französischen Arbeitsrecht gegründet, und das ist ein reines Informations- und Konsultationsgremium, das ist kein Entscheidungsgremium. Die Informationsstrategie, die man gegenüber dem Eurobetriebsrat hat, ist nicht gerade die Beste, ich will es mal so ausdrücken." (Betriebsratsvorsitzender)

Grundsätzlich sei, so der Betriebsratsvorsitzende, die Informationsversorgung durch die deutsche Unternehmensleitung im Rahmen des GBR weit besser als die durch die Konzernführung im Rahmen des EBR. Dies beziehe sich insbesondere auf die Darstellung und Erläuterung der Entwicklung werkbezogener Kennziffern. Dennoch aber hat aus seiner Sicht der EBR einen großen Wert auch hinsichtlich der Versorgung mit Informationen, und dieser Wert entsteht aus den wechselseitigen Berichterstattungen der Interessenvertretungen über die Entwicklungen an ihren Standorten und in ihren Ländern. Aus diesen Berichterstattungen ist dem Betriebsrat auch bekannt, dass an einigen westeuropäischen Standorten ähnliche Vereinbarungen getroffen worden sind wie die abweichenden Vereinbarungen in Deutschland. In anderen Ländern hatten die Gewerkschaften jedoch Tarifabweichungen verweigert, und das Unternehmen hat darauf mit Werksschließungen und Kapazitätsabbau geantwortet.

Trotz ihrer offensichtlichen Vorbildfunktion für andere westeuropäische Standorte – die deutschen Werke im Konzern waren die ersten, die Standortvereinbarungen auf der Grundlage der langfristigen Unternehmensstrategien abgeschlossen hatten – erntete das Vorgehen der deutschen Betriebsräte im EBR deutliche Kritik. Dies lag nicht zuletzt daran, dass von Unternehmensseite das Entgegenkommen der deutschen Belegschaftsvertretungen honoriert wurde und dass deshalb die deutschen Werke einen größeren Anteil vom Investitionskuchen abbekommen haben, den der Konzern zu verteilen beabsichtigte. Die positive Resonanz, die die deutschen Betriebsräte bei der Konzernleitung erfahren haben, war offensichtlich anderen Interessenvertretungen nicht geheuer.

„Aber da war wohl eher die Entscheidung: Deutsches Management, deutsche Arbeitnehmervertreter, Betriebsräte und Gewerkschaft sind bereit, Standorte zu stärken, sie zukunftsfähig zu machen, so dass wir auch in Zukunft etwas davon haben, und wenn die so bereit sind, das zu verhandeln, dann gibt es entsprechende Investitionen, dann werden die Standorte auch wirklich zukunftsfähig gemacht. Wir waren dann einmal in der Zentrale und haben die beiden obersten für uns zuständigen Manager gesprochen, auch was das Thema Sozialpartnerschaft angeht, wie wir es sehen, und haben da offene Ohren vorgefunden." (Gewerkschaftlicher Betreuer)

Dabei bezog sich nach Aussage des Betriebsratsvorsitzenden die Kritik der anderen Interessenvertretungen im EBR vor allem auf die Vereinbarung zur Entgeltabsenkung, weniger hingegen auf die zur Arbeitszeitverlängerung, weil die Arbeitszeiten in den deutschen Werken im europäischen Vergleich überdurchschnittlich niedrig waren. Dass sich bei Chemie 3 trotz der gemeinsamen Herausforderungen und der relativ integrierten Produktionsstrukturen bei hoher Standortkonkurrenz keine gemeinsame Strategie der Interessenvertretungen herausbildete, wird vom Betriebsratsvorsitzenden jedoch vor allem mit dem gering ausgeprägten Kooperationswillen anderer, insbesondere der südeuropäischen Interessenvertretungen, begründet.

> „Es ist eigentlich gescheitert an dem Egoismus der einzelnen Akteure. Da ist der Egoismus viel zu ausgeprägt bei den Südeuropäern. Denen geht es halt immer, wie soll ich mich ausdrücken, die sehen halt sich immer zuerst, ich will es mal so ausdrücken." (Betriebsratsvorsitzender)

Insgesamt ist festzuhalten, dass sich die Koordinierung der Betriebsräte bei Tarifabweichungen umso schwieriger gestaltet, je höher die Ebene der Koordinierung in den Betriebsratsgremien angesiedelt ist. Während die Koordinierung in den lokalen Betriebsratsgremien mit Hilfe der diskursiven Steuerung und unter dominantem Einfluss der Betriebsratsvorsitzenden noch weitgehend reibungslos verlief, traten auf der nationalen Unternehmensebene Koordinationsprobleme auf, sofern sich die Standorte in einer Situation unmittelbarer Standortkonkurrenz befinden. Zu unterschiedlichen Deutungen der Tarifabweichungen kamen unterschiedliche Standortinteressen hinzu. In dieser Situation konnte zumeist nur die Gewerkschaft als externer Koordinator helfen. Auf der Ebene der EBR aber existiert ein solcher externer Koordinator nicht, und deshalb waren die EBR als Koordinationsgremien auch kaum wirkungsmächtig.

8.3 Ressourcen und Kompetenzen der Betriebsräte

Wie steht es um Ressourcen und Kompetenzen der Betriebsräte? Waren die Betriebsräte ausreichend mit Wissen und personellen Kapazitäten ausgestattet, um ihre Rolle als Tarifakteure im Betrieb auch annehmen zu können, die ihnen mit den Tarifabweichungen auferlegt wurde? Oder haben sich Ressourcen und Kompetenzen als Engpässe erwiesen, die eine strukturelle Asymmetrie im Verhältnis zur Unternehmensseite begründet haben?

Die Antworten auf diese Fragen fallen in nicht wenigen Punkten positiver aus, als dies möglicherweise im Vorhinein zu vermuten wäre. Echte Engpässe an Ressourcen und eine deutliche Überforderung der Betriebsräte lässt sich nur für einen der Samplefälle feststellen. Dies ist der bereits häufiger ausgeführte Betrieb Metall 5. Dort hatte der Betriebsratsvorsitzende zunächst in Eigenregie versucht, Verhandlungen zur Tarifabweichung einzuleiten. Dazu genügten nach Auskunft des gewerkschaftlichen Betreuers aber weder bei ihm noch bei den anderen Betriebsräten die fachlichen Kenntnisse. In der Interpretation der Zahlen und Bilanzen taten sich erhebliche Schwachstellen auf, so dass die Gewerkschaft zunächst einmal einen Crash-Kurs in Sachen Unternehmensbilanzen mit den Betriebsräten durchführen musste.

In den anderen Fällen zeigten sich solche Defizite nicht. Eine gewisse Unsicherheit hinsichtlich der Bewertung der Unternehmensdaten war allerdings bei mehreren Betriebsräten – hierunter aber nicht bei den Vorsitzenden – festzustellen. Ein Beispiel dafür ist der Betriebsrat bei Metall 6. Dort hatten nicht wenige Betriebsräte der Unternehmensleitung Täuschungsabsichten unterstellt. Dies galt insbesondere für die vorgelegten wirtschaftlichen Daten zur Entwicklung des Unternehmens, die sich nicht durch große Planungsgenauigkeit ausgezeichnet hätten.

> „Bloß was dann kam, das war schlecht nachvollziehbar, was die Geschäftsleitung uns da unterbreitet hatte, mit Zahlen. Denn viele Zahlen wurden uns gar nicht gegeben, und wenn sie uns gegeben wurden, waren sie falsch, waren sie nicht falsch? Das ist wirklich unser Problem. Denn die haben ihre Fachleute für die Zahlen und Bilanzen, um sie so herzurichten. Das war weder richtig verständlich noch überzeugend. So dass wir zumindest in den letzten zwei, drei Jahren den Eindruck hatten, dass die uns da was unterjubeln." (Betriebsrat)

Allerdings sind dies Einzelfälle. Und die Kritik im Betriebsrat konnte in diesen Fällen auch durch die Expertise befriedigt werden, die von den Gewerkschaften durch ihre – oder die von ihnen in Auftrag gegebenen – Analysen der Wirtschaftsdaten des Unternehmens eingebracht wurde. An dieser Stelle konnten die Betriebsräte also auf Kompetenzen bauen, die ihnen von außen zugeführt wurden. Die Gewerkschaften gaben ihnen den entscheidenden Rückhalt in der Frage, ob sie mit ihren Deutungen der Lage des Unternehmens auch richtig liegen.

Ähnliches gilt für die Verhandlungen mit dem Unternehmen. In *Verbindung mit den Gewerkschaften* erwiesen sich die Betriebsräte in den Verhandlungen als kompetente Tarifakteure und konnten auf diese Weise, wie in Kapitel 5 beschrieben, nicht selten ihre relative Machtposition sogar stärken. Die Einbindung der Gewerkschaften in die Verhandlungen hat deshalb verhindert, dass mögliche Kompetenzprobleme in den Verhandlungen aufgebrochen sind. Ohne die gewerkschaftliche Unterstützung hingegen, dies ist im vorigen Kapitel auch deutlich geworden, hätten sich viele Betriebsräte mit der Tarifabweichung überfordert gefühlt.

In diesem Zusammenhang haben einige Betriebsräte auch unabhängig von der Gewerkschaft noch zusätzlich Expertise von außen hinzugezogen. Ein Beispiel dafür ist der Betriebsrat bei Chemie 1, der während der Verhandlungen zur Tarifabweichung einen externen Wirtschaftsprüfer und einen Anwalt beschäftigte. Dies geschah auf Kosten des Unternehmens und wurde von der Unternehmensseite auch kritisch hinterfragt. Denn damit wurden aus Sicht des Personalleiters die Verhandlungen für das Unternehmen in unnötiger Weise verteuert.

> „Als ich den Betriebsratsvorsitzenden dann fragte: Warum zwingt Ihr uns, so viel Geld für einen weiteren Wirtschaftsprüfer auszugeben, nur damit da noch ein weiterer neben Euch sitzt, Ihr habt doch alle Zahlen, und wir erläutern Euch die doch, und wir haben doch auch einen Wirtschaftsprüfer, da war die Antwort: Das Gesetz sieht das ja vor, und ich will mich nicht angreifbar machen. So hat man bestimmt nicht gedacht, als man das Gesetz geschaffen hat; ich sage mal, da lebt eine Branche von. Das stört mich daran." (Personalleitung)

In der Perspektive des Betriebsrates stellt sich das Problem naturgemäß anders dar. Er verweist darauf, dass mit der Anbindung des Unternehmens an die amerikanische Muttergesellschaft und die Umstellung von Bilanzierungsstandards die wirtschaftlichen Informationen so kompliziert geworden sind, dass Betriebsräte damit überfordert sind. Zwar sei die Transparenz der Information zur wirtschaftlichen Entwicklung des Unternehmens hoch, doch die Deutung und Interpretation der Zahlen dafür umso schwerer. Dies werde insbesondere dann zum Problem, wenn aus den Wirtschaftsdaten Personalplanungen und Restrukturierungsziele abgeleitet werden, zu denen der Betriebsrat Verhandlungen führen muss. In dieser Situation wird aus Sicht des Betriebsratsvorsitzenden deshalb externe Unterstützung immer wichtiger, um auf die für erfolgreiche Verhandlungen nötige Kompetenz auch zurückgreifen zu können. Denn der Betriebsrat alleine wäre dabei den Spezialisten auf der Unternehmensseite hilflos unterlegen.

> „Wir machen das hier so, wir haben ein Wirtschaftsprüfungsbüro, sobald wir die Zahlen bekommen, machen wir eine Beschlussfassung, den externen Berater zu nehmen, und der schaut dann die Sachen durch. Denn, das muss man auch deutlich sagen, es gibt immer wieder neue Bilanzierungen, nach Handelsrecht und nach US-GAP. Wenn Sie das nebeneinander halten, fehlen einem die Worte. Sie kriegen alle Informationen. Aber Sie können die als normal sterblicher Betriebsrat nicht mehr auseinanderklamüsern. Die Leute, die da sitzen und das erstellen, das sind alles Diplomkaufleute. Ich kann ja als Betriebsrat mit meinen Kenntnissen und Fähigkeiten nicht die ganzen Funktionen abdecken, die immer schwieriger und komplexer werden. Also muss man sich externen Rat holen. Das kostet zwar viel Geld, aber ich sage dem Arbeitgeber immer, wenn Sie uns in Ruhe lassen und die Belegschaft in Ruhe lassen, sind das auch weniger Personalkosten, die aus meinem Budget zu bezahlen sind. Eigentlich liegt es an Ihnen, was ich für ein Budget mache." (Betriebsratsvorsitzender)

Für diesen wie für die anderen Fälle lässt sich sagen, dass die Betriebsräte in den Verhandlungen zur Tarifabweichung durch die Sach- und Verhandlungskompetenz der Gewerkschaften eine entscheidende Stützung erfahren haben; im Einzelfall haben sie auch noch weitere externe Expertise hinzugezogen. Mögliche Kompetenzprobleme konnten auf diese Weise ausgeglichen werden.

Auch *personelle Engpässe* haben aus Sicht der Betriebsräte eine allenfalls untergeordnete Rolle gespielt. Zwar betonten die Betriebsratsvorsitzenden zu-

ISBN 978-3-8360-8714-8 – Presseexemplar – (c) edition sigma – 08102015

meist, dass sie sich einer hohen zeitlichen Belastung ausgesetzt sehen. Doch sei diese Belastungssituation für die Vorsitzenden normal. Eine deutliche Mehrbelastung durch die Tarifabweichung haben sie nicht festgestellt. Dies gilt erstaunlicherweise auch für die Gremien, in denen es nur ein oder zwei freigestellte Betriebsräte gibt. Von Überforderungen ist bei ihnen kaum die Rede. Einzig der Betriebsrat bei Chemie 1 äußerte sich in diese Richtung. Bei ihm kommt sicherlich die Erfahrung hinzu, die er als Vorsitzender eines einst viel größeren Gremiums mit mehreren Freigestellten hatte. Verglichen damit fühlt er sich nun als Einzelkämpfer, der zu wenig Unterstützung erhält.

> „Ich sage, ich habe zwei gesunde Hände, Augen und Ohren. Und mehr als arbeiten kann ich nicht. Es ist einfach nicht zu schaffen. Nicht nur von der Zeitachse her. Darunter leiden das Privatleben und auch die Gesundheit. Man wird nur bombardiert mit Problemen, man bereitet die Arbeit der Gremien alleine vor, inklusive der Terminplanung, das mache ich alles selbst. Also, mit dem Kleinerwerden ist das schon ein Problem, Mitbestimmung umzusetzen und zu leben. Und das ist auch im eigenen Gremium so, das ist immer wieder ein neues Einfordern zu sagen: Ihr könnt nicht alles auf mich abwälzen und sagen, Ihr seid abends kaputt oder habt keine Zeit.“ (Betriebsratsvorsitzender)

Die anderen Betriebsräte mit kleinen Gremien waren aber deutlich weniger pessimistisch. Sie verwiesen auf die Praxis, sich zusätzliche interne Personalkapazitäten dann organisieren zu können, wenn sie erforderlich sind. Die Tarifabweichung wurde üblicherweise als Erfordernis dieser Art gewertet. Bei Chemie 2 beispielsweise machte sich zwar negativ bemerkbar, dass das Werk wegen der niedrigen Beschäftigtenzahl mit dem Betriebsratsvorsitzenden nur noch einen freigestellten Betriebsrat hat und dass zudem die meisten der anderen Betriebsräte aus den Reihen der Facharbeiter kommen, die in den indirekten Bereichen häufig vor Ort gebraucht würden. Insgesamt aber kann sich der Betriebsratsvorsitzende die Nicht-Freigestellten bei Bedarf heranziehen.

> „Unser Problem als Betriebsrat resultiert daraus, dass ein großer Teil des Betriebsrats sich aus Handwerkern rekrutiert. Die müssen bei Störungen aber immer vor Ort sein, um die Maschinen zu reparieren. So kommt es relativ häufig vor, dass ich zu einer Sitzung auch mal ein Ersatzmitglied bestellen muss. Nur bei so wichtigen Themen wie der Standortsicherung stellen wir sicher, dass auch alle Kollegen zu den Sitzungen anwesend sein können. Die Kollegen vor Ort haben dafür auch Verständnis.“ (Betriebsratsvorsitzender)

Ähnlich ist die Praxis auch bei Metall 3. Der Betriebsratsvorsitzende fühlt sich den Herausforderungen der Tarifabweichung gewachsen. Es gebe im Betriebsratsgremium eine funktionsfähige Arbeitsteilung, durch die der Betriebsratsvorsitzende entlastet wird. So übernimmt ein anderer Betriebsrat die operativen Aufgaben der Koordination des Gesamtbetriebsrates, dessen Vorsitzender der

ISBN 978-3-8360-8714-8 – Presseexemplar – (c) edition sigma – 08102015

Betriebsratsvorsitzende ist, der Stellvertreter ist der Arbeitnehmervertreter im drittelparitätisch besetzten Aufsichtsrat, und auch die anderen, nicht freigestellten Betriebsratsmitglieder würden sich sehr einsetzen. Dies betrachtet der Vorsitzende auch als Teil seiner persönlichen personalpolitischen Strategie. Die Jüngeren sollen bewusst in die Verantwortung genommen werden, damit sie ihn ersetzen können, wenn er aus Altersgründen aus dem Unternehmen ausscheidet. Auch sei es jederzeit möglich, bei Bedarf die Ressourcen auszuweiten, indem Betriebsräte temporär freigestellt werden. Dies sei gängige Praxis und unproblematisch zu handhaben; die Grundlage des § 37 im Betriebsverfassungsgesetz – der eine Freistellung der Betriebsräte von der beruflichen Tätigkeit vorsieht, wenn diese zur ordnungsgemäßen Durchführung ihrer Aufgaben nötig ist – wird im Unternehmen respektiert und praktiziert.

Personelle Engpässe lassen sich für die Betriebsräte also durch temporäre Freistellungen lösen. Auch hängen die Handlungsressourcen des Betriebsrates entscheidend davon ab, wie viele Betriebsräte zum aktiven Kern gehören, auf den sich die Aufgaben aufteilen lassen. Je größer dieser Kern, desto größer die Entlastung für den Betriebsratsvorsitzenden. Im Ergebnis jedenfalls lässt sich festhalten, dass auch kleine Gremien die Anforderungen der Tarifabweichung durchaus schultern können. Die Befunde des Fallstudiensamples stützen die Hypothese, dass die zentrale Schallmauer für die Handlungsfähigkeit der Betriebsräte auch bei so komplexen Problemen wie der Tarifabweichung nicht durch die Zahl der freigestellten Betriebsräte bestimmt wird, sondern dass sie damit entschieden wird, ob es überhaupt einen freigestellten Betriebsrat gibt (dazu Wassermann/Rudolf 2007). In fast allen Untersuchungsfällen ist die Professionalität des Betriebsratsvorsitzenden ein wichtiges Pfund, das in den Verhandlungen zur Tarifabweichung – und auch der Praxis ihrer Umsetzung – stark zum Tragen kommt. Die Professionalität aber ist vor allem auch ein Ergebnis der Freistellung und der Erfahrungen, die der Betriebsrat sammeln kann, wenn er sich ganz auf seine Interessenvertretungsaufgabe konzentriert.

Im Umkehrschluss folgt daraus, dass dort, wo diese Erfahrungsgrundlage fehlt, der Betriebsrat auch deutliche Ressourcen- und Kompetenzprobleme aufweisen dürfte, die sich gerade bei Gegenständen wie der Tarifabweichung geltend machen. Ein Beispiel dafür im Untersuchungssample ist der Betriebsrat bei Chemie 6. Dort ist die Vorsitzende nicht freigestellt. Zwar konnte das daraus erwachsene Kompetenz- und Ressourcendefizit während der Verhandlungen durch die führende Rolle der Gewerkschaft noch ausgeglichen werden. Bei der Umsetzung der Vereinbarung hingegen kam es, wie im vorigen Kapitel ausgeführt, voll zum Tragen. Der Betriebsrat zeigte sich unfähig, seine eigenen Partizipationsansprüche umzusetzen, weil ihm dafür Kompetenzen und Ressourcen fehlten.

Zur Handlungskompetenz des Betriebsrates tragen seine *Weiterbildungsaktivitäten* bei. Diese sind in den Einzelfällen sehr unterschiedlich ausgeprägt. Generell lässt sich sagen, dass dort, wo die Weiterbildung intensiv betrieben und auf möglichst viele Schultern verteilt wird, auch die Kerngruppe der Aktivisten besonders groß ist und dass dort, wo dies nicht der Fall ist, sich die Arbeit mehr auf den Betriebsratsvorsitzenden konzentriert. Ein Beispiel für die zweite Konstellation ist Chemie 2. Dort hält die Unternehmensseite aus Kostengründen die Mittel für Betriebsratsschulungen knapp und Maßnahmen werden kritisch hinterfragt. Dabei ist es sogar schon zu Streichungen von Schulungen gekommen. Diese scheint der Betriebsrat auch hinzunehmen.

> „Die Weiterbildung wird sehr unterschiedlich gehandhabt. Als Vorsitzender und Verantwortlicher für das Geld muss ich auch sagen: Wenn wir mehr ausgeben, kommt gleich mein Personalleiter und sagt: Sie haben ja dieses Jahr mehr ausgegeben, war das notwendig? Musste das ein? Das kam ab und zu vor. Sein Vorgänger hatte auch einfach Schulungen für unsere Mitglieder gestrichen." (Betriebsratsvorsitzender)

Bei Metall 6 wiederum haben sich die Weiterbildungsaktivitäten durch die Belastungen der Tarifabweichungen verringert. Zwar konnten diese aus Sicht des Betriebsratsvorsitzenden geschultert werden; dafür habe er aber in andere Themenfelder weniger Arbeit investieren können. Zudem schränkt seines Erachtens die Angst vor Arbeitslosigkeit die Bereitschaft zur Weiterbildung stark ein.

> „Wir sind hier zwar zu dritt, aber wir sind pausenlos immer in Krisen gewesen, von 1996 an, das fordert soviel Manpower, dass da nicht mehr so viel Zeit übrig ist, noch groß auf Seminare zu fahren. Auf der anderen Seite, wenn es hier wieder von Arbeitslosigkeit bedroht ist, finden wir auch keinen, der dann freiwillig fährt. Die Angst ist ja ein schlechter Berater, aber sie ist da, die kann man nicht einfach so wegdiskutieren." (Betriebsratsvorsitzender)

Diesen Beispielen stehen aber auch zahlreichere Positivbeispiele gegenüber. In einigen Gremien ist die Weiterbildung Gegenstand einer *strategischen Planung* in der Regie der Vorsitzenden. So hat bei Chemie 3 der Betriebsratsvorsitzende die Weiterbildung in Form einer jährlichen Weiterbildungsplanung systematisiert, in der persönliche Weiterbildungsziele und -seminare bestimmt werden. Diese wird dann als Planungsgrundlage auch an die Personalabteilung weitergegeben, die sich bei der Kostenübernahme sehr kooperativ zeigt.

> „Jedes Jahr legen wir im Dezember, Anfang Januar, legen wir einen so genannten Bildungsplan auf für die Betriebsräte, indem wir dann schon zum Jahresanfang die Seminare belegen, wo wir der Meinung sind, dass jemand hingehen sollte, wenn er in einem bestimmten Ausschuss ist oder auf einem bestimmten Gebiet tätig ist. Diesen Bildungsplan stellen wir jedes Jahr auf und den bekommt bei uns auch die Werksleitung, damit sie auch was die Kosten betrifft einigermaßen mit planen können." (Betriebsratsvorsitzender)

Ähnlich verfährt auch der Vorsitzende des Betriebsrates bei Metall 4. Er verfolgt eine integrierte Qualifizierungs- und Personalplanung. Dabei achtet er auch langfristig darauf, dass strategische Qualifikationen und Personen mit solchen Qualifikationen in die Betriebsratsarbeit eingebunden werden und auf den Wahllisten dann auch entsprechend positioniert werden. Dieser Prozess ist allerdings langfristig angelegt, weil er nicht durch die kurzfristige Ersetzung von Personen erfolgen könne, sondern nur durch den Austausch von Personen im Rahmen von Generationswechseln.

> „Die, wo man glaubt, die haben vielleicht Schwierigkeiten mit den neuen Anforderungen, die kegeln wir nicht raus, das ist nicht unser Stil. Aber das ist dann eine Frage der Nachfolge, des Generationenwechsels. Also das ist schon etwas, was auch mich persönlich, klar, in der Verantwortung als Vorsitzender, natürlich sehr stark beschäftigt, dass man einfach sagt, okay, aus welchen Bereichen brauche ich Nachfolge, wer wäre denn unter Umständen da oder dort geeignet, und wen muss ich dann entsprechend positionieren, dass das vom Gremium getragen wird und so weiter.“ (Betriebsratsvorsitzender)

Nicht von ungefähr finden sich die Fälle einer langfristigen Qualifizierungs- und Personalplanung der Betriebsräte vor allem in den Großunternehmen des Samples. In den kleineren und mittelgroßen Betrieben lebt man insgesamt in diesen Fragen deutlich mehr „von der Hand in den Mund“. Gerade hier stellt sich auch das Problem, viel versprechende Kandidaten für den *Betriebsratsnachwuchs* zu finden. Dabei stehen die Betriebsräte in dauernder Konkurrenz zum Management, das auch seinerseits die jüngeren Beschäftigten nach geeigneten Kandidaten für den Führungskräftenachwuchs durchkämmt. Es kann dann zu einem „Kampf um Köpfe“ zwischen den Betriebsparteien kommen, wie es der Betriebsratsvorsitzende bei Metall 4 formuliert. Denn die Beschäftigten, die für die Rekrutierung des Betriebsrates interessant sind, weil sie sein Qualifikationsniveau verbessern könnten, sind zumeist auch für das Unternehmen interessant. Ähnliche Probleme wurden von mehreren Betriebsräten beschrieben.

Diese Probleme der Qualifizierung und Rekrutierung aber reichen weit über die Tarifabweichung und ihre Folgen hinaus. Für die Bewältigung der Tarifabweichung durch die Betriebsräte waren sie nicht entscheidend. Dafür scheint die wichtigste Voraussetzung die zu sein, dass es einen freigestellten Betriebsratsvorsitzenden gibt, der ein Mindestmaß an fachlicher Kompetenz und Verhandlungsgeschick vorweisen kann und der ansonsten weiß, wie sich temporäre Kompetenz- und Ressourcenlücken so schließen lassen, dass auch große Kraftakte wie die Tarifabweichung vom Betriebsratsgremium geschultert werden können. Nicht zu vergessen dabei ist die zentrale Unterstützungsleistung durch die Gewerkschaften, der sich die Betriebsräte bei Tarifabweichungen in den Untersuchungsfällen sicher sein konnten.

8.4 Zusammenfassung

Die Mitbestimmungspraxis und Organisation der Betriebsräte in der Tarifabweichung weist zusammenfassend folgende Charakteristika auf (siehe als Synopse auch Tabelle 9). Das Controlling der Umsetzungspraxis der Tarifabweichung wird von fast allen Betriebsräten als wichtige Aufgabe gedeutet und dementsprechend intensiv betrieben. In fast der Hälfte der Fallbetriebe konnten die Betriebsräte Umsetzungsdefizite bei den Gegenleistungen der Unternehmen feststellen. Dabei bezogen sich die Unterlassungen der Unternehmen teilweise auf kleinere Probleme wie Deutungsfragen einzelner Investitionsprojekte, teilweise hatten sie aber auch einen schwerwiegenderen Charakter. In diesen Fällen waren die Reaktionen der Betriebsräte unterschiedlich. Sofern die Beziehungen zu den Unternehmens- oder Werkleitungen sonst gut und die Umsetzungsprobleme nicht als Infragestellung des Standortes zu interpretieren waren, hielten die Betriebsräte trotz der Umsetzungsdefizite an den abweichenden Vereinbarungen fest, zumal in ihren Situationsdefinitionen teilweise die Angst vor dem Ende der Beschäftigungssicherung mitgeschwungen ist. Wo aber die Arbeitsbeziehungen zum Management weniger intensiv waren oder die Betriebsräte Legitimationsdruck aus der Belegschaft verspürten, haben die Umsetzungsprobleme auch als Begründung dafür gedient, keine neuen Tarifabweichungen auszuhandeln oder bei der Gewerkschaft die Kündigung der Vereinbarungen zu verlangen.

Gegenüber der verbreiteten Praxis des Controllings spielt die erweiterte Mitbestimmung als zweite Variante der Umsetzungspraxis nur eine untergeordnete Rolle bei den Betriebsräten des Untersuchungssamples. Ein Co-Management der Betriebsräte ist nur in einem Fall der Sampleunternehmen beobachtbar. Angestoßen durch die Tarifabweichung zeigt diese Praxis vielfältige Chancen für eine innovative Mitbestimmungspolitik der Betriebsräte auf. Sie ist aber kein Normalfall der Mitbestimmung, weder generell noch als Mitbestimmungsform in sozialpartnerschaftlichen Arbeitsbeziehungen oder in Standortkoalitionen.

In den Betriebsratsgremien waren die Deutungsmuster zu Beginn der Verhandlungen zumeist sehr heterogen, konnten dann aber in einem Kampf um Situationsdefinitionen von den Betriebsratsvorsitzenden in Richtung Zustimmung zu Verhandlungen zusammengebunden werden. Die Vorsitzenden haben diesen Prozessen zwar aufgrund ihrer Anerkennung und ihrer Kompetenz dominiert. Dies geschah aber nicht mit autoritären, sondern mit diskursiven Mitteln. In den meisten Gremien herrscht der zentralistisch-arbeitsteilige Typus der Kooperation vor, wobei der aktive Kern der Betriebsräte enger oder weiter gezogen sein kann. Betreffen die Tarifabweichungen mehrere Standorte, treten zur Heterogenität der Situationsdefinitionen unterschiedliche Standortinteressen hinzu und erschweren die Koordinierung. Bei direkter Standortkonkurrenz muss die Gewerkschaft als externer Koordinator einspringen. Ist die Standortkonkurrenz ge-

ISBN 978-3-8360-8714-8 – Presseexemplar – (c) edition sigma – 08102015

ring, kann die Koordinierung auch erfolgreich über das Gesamtbetriebsratsgremium erfolgen. Sofern Verhandlungen zwar parallel laufen, aber betriebsbezogen durchgeführt werden, findet faktisch keine wirksame Koordinierung auf überbetrieblicher Ebene statt. Die Ebene der Europäischen Betriebsräte spielt mit einer Ausnahme keine Rolle. Hier erschwert die Tarifabweichung im Zusammenspiel mit Standortkonkurrenz und dem Fehlen eines externen Koordinators gemeinsame Positionierungen und solidarisches Handeln. Generell gilt die Faustregel, dass die Koordinationsprobleme der Betriebsräte umso größer sind, je höher die Koordinationsebene angesiedelt ist.

Mögliche Kompetenz- und Ressourcenprobleme der Betriebsräte in den Verhandlungen konnten durch die Fach- und Verhandlungskompetenz der Gewerk-

Tab. 9: Mitbestimmungspraxis und Organisation der Betriebsräte

	Controlling Umsetzungspraxis	Erweiterte Mitbestimmung	Betriebsratsgremium und Situationsdefinitionen[a]	Überbetriebliche Koordinierung[b]	Kompetenzen und Ressourcen
Chemie 1	Ja Probleme Verweigerung neue Vereinbarung	Nein	Heterogene Deutungsmuster Überzeugungsarbeit und Dominanz des BRV	Keine überbetrieblichen Ebenen	Kompetenz BRV Ressourcen strapaziert
Chemie 2	Ja Probleme Diskussion	Nein	Heterogene Deutungsmuster Überzeugungsarbeit und Dominanz des BRV	GBR: Standortkonkurrenz ohne Koordinierung	Kompetenz BRV Aktivisten
Chemie 3	Ja Keine Probleme	Nein	Heterogene Deutungsmuster Überzeugungsarbeit des BRV	GBR: Koordination durch Betriebsräte EBR: Verstärkung Standortkonkurrenz	Kompetenz BRV Aktivisten (breit)
Chemie 4	Ja Probleme Diskussion	Nein	Heterogene Deutungsmuster Überzeugungsarbeit und Dominanz des BRV	GBR: Zunächst Standortkonkurrenz, dann Lerneffekte EBR: Solidaritätserklärung und Standortkonkurrenz	Kompetenz BRV Aktivisten (breit)
Chemie 5	Nein	Nein	Heterogene Deutungsmuster Überzeugungsarbeit des BRV Defizitäre Kommunikation/Bruch	GBR: Konflikte und Bruch Abwahl des Gesamtbetriebsratsvorsitzenden	Kompetenzdefizite
Chemie 6	Ja Überforderung	Nach Tarifabweichung Keine Praxis	Homogene Deutungsmuster	Keine überbetrieblichen Ebenen	Ressourcendefizite

ISBN 978-3-8360-8714-8 – Presseexemplar – (c) edition sigma – 08102015

Tab. 9: (Fortsetzung)

	Controlling Umsetzungspraxis	Erweiterte Mitbestimmung	Betriebsratsgremium und Situationsdefinitionen[a]	Überbetriebliche Koordinierung[b]	Kompetenzen und Ressourcen
Metall 1	Ja Keine Probleme	Nein	Heterogene Deutungsmuster Überzeugungsarbeit des BRV	GBR: Konflikte durch Standortkonkurrenz Koordinierung durch Gewerkschaft	Kompetenz BRV Aktivisten
Metall 2	Ja Keine Probleme	Nach Tarifabweichung Praxis des Co-Management	Relativ homogene Deutungsmuster	GBR: Keine Koordinierung EBR: Ohne Bedeutung	Kompetenz BRV Aktivisten
Metall 3	Ja Keine Probleme	Nein	Heterogene Deutungsmuster Überzeugungsarbeit und Dominanz des BRV	GBR: Intensive Koordinierung durch die Betriebsräte KBR: Koordinierung durch die Betriebsräte und die Gewerkschaft	Kompetenz BRV Aktivisten (breit)
Metall 4	Ja Keine Probleme	Nein	Heterogene Deutungsmuster Überzeugungsarbeit und Dominanz des BRV	GBR: Koordinierung, aber Differenzen	Kompetenz BRV Aktivisten
Metall 5	Ja Probleme Antrag auf Sonderkündigung	Nach Tarifabweichung Keine Praxis	Heterogene Deutungsmuster Spaltung durch Unternehmensfreundliche Fraktion	GBR: Unterschiedliche Standortinteressen Koordinierung durch die Gewerkschaft	Kompetenz BRV und Stellvertreter
Metall 6	Ja Probleme Verweigerung neue Vereinbarung	Nein Früher Praxis	Heterogene Deutungsmuster Überzeugungsarbeit und Dominanz des BRV	Keine überbetrieblichen Ebenen	Kompetenz BRV Aktivisten

a – Betriebsratsvorsitzender (BRV); b – Gesamtbetriebsrat (GBR); Europäischer Betriebsrat (EBR)

schaft ausgeglichen werden. Auch zeigten sich die Betriebsräte kreativ bei der Erweiterung ihrer personellen Ressourcen in den Belastungsphasen der Tarifabweichung. Zwar ist die Weiterbildungspraxis der Betriebsräte sehr heterogen; für die personellen und fachlichen Kompetenzen in der Tarifabweichung scheint es aber ohnehin wichtiger zu sein, dass in den Gremien mit dem Vorsitzenden zumindest ein freigestelltes Mitglied vorhanden ist, das über fachliche Kompetenz und Verhandlungsgeschick verfügt und das zudem weiß, wie es Kompetenzlücken schließen kann.

ISBN 978-3-8360-8714-8 – Presseexemplar – (c) edition sigma – 08102015

9. Schlussbetrachtung: Betriebsräte als neue Tarifakteure – drei Blickwinkel

Im Folgenden sollen die Befunde der Untersuchung aus drei unterschiedlichen Blickwinkeln zusammengefasst werden. Jeder dieser Blickwinkel betont jeweils eigene Facetten der Betriebsräte als Tarifakteure in der Tarifabweichung. Im ersten Abschnitt werden die Betriebsräte unter dem Aspekt der Strukturierung sozialen Handelns betrachtet. Dabei wird die Frage verfolgt, ob und auf welche Weise die Betriebsräte als Tarifakteure im Zuge der Tarifabweichung ihre Mitbestimmungspraxis aktiv strukturieren und welche Zusammenhänge zwischen den Strukturdimensionen der Signifikation, der Herrschaft und der Legitimation bestehen. Im zweiten Abschnitt werden die Beziehungsmuster der Betriebsräte als Grenzinstitution oder Grenzgänger zu Management, Belegschaft und Gewerkschaft eingehender ausgeleuchtet. In diesem Zusammenhang wird vor allem der Frage nachgegangen, welche Veränderungen für die bestehenden Beziehungsmuster und die damit verbundene Mitbestimmungspraxis von der Tarifabweichung ausgegangen sind. Der dritte Abschnitt schließlich widmet sich der Frage, welche Auswirkungen von der Dezentralisierung der kollektivvertraglichen Regulierung und ihrer Arenen für die Flächentarifverträge und ihre Bindekraft zu erwarten sind und wie in diesem Rahmen die Mitbestimmungspraxis der Betriebsräte als Tarifakteure einzuschätzen ist.

9.1 Der Betriebsrat als Akteur der Strukturierung in der Tarifabweichung

Die Strukturierung der Mitbestimmungspraxis steht in der Tarifabweichung zunächst unter den Vorzeichen der Defensive und des strukturellen Zwangs. Es sind in allen Fällen des Untersuchungssamples die Unternehmensleitungen, die Verhandlungen zu Tarifabweichungen erzwingen und dabei zunächst eine *hegemoniale Deutungsmacht* über das Thema gewinnen. Das Sample enthält keinen Betrieb, in dem die Unternehmensleitungen Tarifunterschreitungen nur aus einer Situation der eigenen Not heraus einfordern würden. „Reine" Sanierungsfälle, in denen die Forderung nach Tarifabweichung ausschließlich mit einer wirtschaftlichen Krisensituation begründet worden wäre, gibt es im Unternehmenssample nicht. Zwar spielen in mehreren Fällen Sanierungsmotive eine nicht unerhebliche Rolle. Doch sie sind immer auch verbunden mit anderen Motiven und Begründungen, die vom Management angeführt werden und die ihrerseits *Konstruktionen* des Managements sind.

ISBN 978-3-8360-8714-8 – Presseexemplar – (c) edition sigma – 08102015

Die Konstruktionen des Managements kreisen um die *Globalisierung* und *Finanzialisierung* der Unternehmensorganisationen. Als konkrete Weil-Motive der Unternehmensleitungen sind mit der Globalisierung die interne Standortkonkurrenz sowie Verlagerungs- und Schließungsszenarien verbunden, mit der Finanzialisierung ein wachsender Renditedruck durch finanzwirtschaftliche Steuerung und die damit verbundenen Konsequenzen von Auslagerungen und Kostensenkungsvorgaben. Auch die vor allem für Automobilzulieferer bedeutsame Reorganisation der Wertschöpfungskette setzt sich aus Elementen der Globalisierung und Finanzialisierung zusammen, jedoch gepaart mit einer zunehmenden Durchsetzungsmacht der Endherstellerinteressen gegenüber Zulieferinteressen, die zudem entlang der Wertschöpfungskette stark differieren können. Globalisierung und Finanzialisierung stehen für eine neuartige Mobilität der allokativen Ressourcen in Unternehmen zwischen unterschiedlichen Standorten und Unternehmensteilen sowie zwischen unterschiedlichen Anlageformen. Diese Mobilität zieht eine Verschiebung der Machtressourcen zugunsten der Unternehmen und zuungunsten der Arbeitnehmer und ihrer Vertreter nach sich.

Entscheidend für die Bewertung der Interaktionsdynamik in den betrieblichen Arbeitsbeziehungen ist jedoch, dass weder Globalisierung noch Finanzialisierung abstrakte Systemzwänge sind, sondern dass sie als strukturelle Zwänge auf die Betriebsräte nur *durch die Motive und das Handeln* der Unternehmensleitungen wirken. Die Verschiebung der Machtressourcen wird nur handlungsrelevant, wenn sie auch in soziales Handeln umgesetzt wird. Die Voraussetzung dafür lautet, dass Globalisierung und Finanzialisierung von den Unternehmensleitungen jeweils aktiv konstruiert werden müssen. Erst dann stellen sie für die Betriebsräte soziale Tatsachen dar, mit denen sie sich auseinanderzusetzen *gezwungen* sind.

Die Konstruktionsleistung der Unternehmensleitungen besteht aus zwei Schritten. Der erste Schritt ist die Reorganisation der Betriebe und Unternehmen in Richtung eines markzentrierten Kontrollmodus, der interne Unternehmenseinheiten mit anderen Einheiten oder externen Anbietern im In- und Ausland systematisch in Konkurrenz setzt und der zugleich eine Bewertung dezentraler Einheiten nach ihrer (finanz-)wirtschaftlichen Leistungsfähigkeit erlaubt. Unter diesen Bedingungen können dann die Unternehmensleitungen in einem zweiten Schritt die von ihnen geschaffenen marktzentrierten Organisationsstrukturen gegenüber den Betriebsräten als *strukturellen Zwang* deuten, der Unterschreitungen der Arbeitsstandards zum Erhalt von Standorten und Arbeitsplätzen erfordert.

Diese doppelte Konstruktion der Unternehmensleitungen lässt sich gut als Zusammenhang zwischen den drei von Giddens unterschiedenen Strukturdimensionen analysieren. Zunächst einmal erwächst den Unternehmensleitungen aus der marktzentrierten Reorganisation eine potenzielle Stärkung ihrer Machtpositionen (Herrschaft). Diese kann in einen strukturellen Zwang für die Arbeitnehmervertreter konkretisiert werden, sofern die Unternehmen damit eine Re-Definition der herrschenden Deutungsmuster vornehmen können, die von den Interessenvertretungen anerkannt wird (Signifikation). Weil die Arbeitnehmervertreter auf dieser Grundlage die Tarifabweichung als notwendig akzeptieren, können die Unternehmensleitungen nun mit ihnen Verhandlungen über Unterschreitungen der geltenden Arbeitsnormen (Legitimation) führen, die ohne ihre doppelte Konstruktionsleistung sonst kaum Aussicht auf Erfolg gehabt hätten. Genau dies ist in allen Fällen des Untersuchungssamples mit unterschiedlichen Variationen und Schwerpunktsetzungen der Motive auch geschehen. Teilweise haben die Unternehmen ihre Deutungen noch mit sinnstarken Symbolen wie Fotos neuer Werkhallen im Ausland untermalt. In allen Fällen haben die Betriebsräte dann die Deutungsmuster der Unternehmensseite zumindest so weit übernommen, dass sie Tarifunterschreitungen und die Verhandlungen dazu als unvermeidbar interpretiert haben und diese auch eingegangen sind.

In zwei Betrieben lehnten die Betriebsräte allerdings Verhandlungen zu einer Folgevereinbarung ab. Verantwortlich dafür war in beiden Fällen, dass die Unternehmen zuvor einige der von ihnen vertraglich zugesagten Gegenleistungen nicht eingehalten hatten. Als weiterer entscheidender Grund kam für die Betriebsräte hinzu, dass die Unternehmen Tarifunterschreitungen mit Personalabbau koppeln wollten. Damit hatten sie aus Sicht der Betriebsräte die Grenzen des Zumutbaren überschritten. Die Grenzen des Zumutbaren definierten sich für die Betriebsräte durch ihre *Reziprozitätserwartungen*, die sie an den sozialen Austausch mit dem Management stellten. Obwohl aus der Defensive und unter strukturellem Zwang verhandelt, werden Tarifabweichungen von den Betriebsräten doch im Sinne eines sozialen Tausches interpretiert, weil sie nicht aus einseitigen Konzessionen bestehen, sondern komplexe Gebilde aus Leistungen der Beschäftigten und Gegenleistungen der Unternehmen sind. Die Gegenleistungen haben die Betriebsräte in den Verhandlungen erfolgreich erstritten, und in manchen Fällen konnten sie auch eine Absenkung der von den Unternehmen geforderten materiellen Konzessionen durchsetzen.

Tarifabweichungen waren trotz des gewachsenen Machtgefälles in den betrieblichen Arbeitsbeziehungen keine einseitigen Konzessionen. Sie wurden jeweils von beiden Verhandlungsparteien strukturiert, und darauf beruhte ihre Akzeptanz durch die Betriebsräte. Damit wird die Frage aufgeworfen, wie die Betriebsräte auf den strukturellen Zwang reagiert haben, dem sie von ihren Unternehmensleitungen ausgesetzt wurden und welche Möglichkeiten sie in diesem Rahmen haben, sich neue Machtressourcen zu erschließen, die ihre Position in den Verhandlungen verbessert. Zunächst gilt es festzuhalten, dass es in allen Fällen die Betriebsratsvorsitzenden waren, die zunächst die Motive der Unternehmensleitungen als strukturellen Zwang gedeutet haben, der Verhandlungen zu Tarifabweichungen notwendig macht. Auf dieser Grundlage hatten sie dann

Kämpfe um Definitionen und Deutungen zu führen, die auf zwei Akteursgruppen ausgerichtet waren.

Die erste Akteursgruppe waren die Betriebsräte im eigenen Gremium, die sich der Situationsdefinition ihrer Vorsitzenden nicht sofort anschließen wollten. In nahezu allen Betriebsratsgremien waren die Tarifabweichung und die damit verbundene Frage der Verhandlungen stark umstritten. Ebenso heterogen zeigten sich viele Gremien in der Festlegung eigener Forderungen und Strategien. In dieser Situation haben die Betriebsratsvorsitzenden ihre dominante Stellung, die Anerkennung, die sie genießen und die Kompetenzen, die sie einbringen können, nutzen können, um ihre Deutungen in den Gremien durchzusetzen. Die gelang in allen Fällen auf diskursive Weise; autoritäre Mittel wurden dazu nicht eingesetzt. Nur in zwei Fällen hielten sich Minderheitenpositionen, wobei die unternehmensfreundliche Fraktion bei Metall 5 marginalisiert werden konnte, die zunächst in der Minderheitenposition gefangene gewerkschaftliche Fraktion bei Chemie 5 jedoch zunehmend die Oberhand gewann und schließlich den Gesamtbetriebsratsvorsitzenden stürzte. Ansonsten aber gelang die Findung homogener Deutungen und Positionen in den Gremien doch sehr weitgehend.

Die zweite Akteursgruppe, mit der die Betriebsratsvorsitzenden – und mit ihnen auch ihre Gremien – um die Deutungen der Situation gerungen haben, sind die Beschäftigten. Die Haltung der Beschäftigten zur Tarifabweichung war in den Untersuchungsbetrieben zumeist durchgängig kritisch. Die Tarifunterschreitungen entsprachen nicht ihren Reziprozitätserwartungen und Gerechtigkeitsnormen, zumal diese durch die langen Jahre der Lohnzurückhaltung bereits vor der Tarifabweichung verletzt worden waren. Die Vorsitzenden aber brauchten die Beschäftigten, so wie sie auch ihre Gremien brauchten, um mit Aussicht auf Erfolg in die Verhandlungen zur Tarifabweichung gehen zu können. Ohne die zumindest potenzielle Unterstützung der Belegschaft wäre ihre Position in den Verhandlungen zu schwach gewesen, um Verhandlungsergebnisse zu erzielen, die von den Beschäftigten akzeptiert worden wären. In dieser Situation setzten die Betriebsräte auf Einbindung der Beschäftigten, die sie durchgängig auch im Sinne kontinuierlicher *Information* und Verbreitung eigener Deutungsmuster interpretierten. Nicht selten ging die Einbindung aber auch weiter. In immerhin der Hälfte der untersuchten Fälle fand eine temporäre *Mobilisierung* der Belegschaften während der Verhandlungen statt. Mit ihrer Hilfe konnte der Unmut der Beschäftigten über die Tarifabweichungen in eine Kritik an den Forderungen des Managements kanalisiert werden. Die Beschäftigten wurden fester in die Situationsdefinitionen der Betriebsräte eingebunden, was zugleich zur Stärkung der Machtposition der Betriebsräte in den Verhandlungen beitrug. Die Mobilisierung konnte sich dabei auf eine hohe – und teilweise sogar überschüssige – Konfliktbereitschaft der Beschäftigten stützen. Schließlich wurden in fünf der sechs Metallbetriebe *partizipative Verfahren* eingesetzt, in denen die Beschäftigten – genauer gesagt die Gewerkschaftsmitglieder – an den Entscheidungen zu Verhandlungen, zur Wahl von Tarifkommissionen und zur Annahme des Ergebnisses auf Mitgliederversammlungen aktiv beteiligt wurden. Diese Verfahren hatten einen hohen Legitimationseffekt nach innen und auch einen Machteffekt nach außen, konnten so die Betriebsräte in den Verhandlungen doch stets auf die Notwendigkeit verweisen, dass die kritisch eingestellten Gewerkschaftsmitglieder einem Verhandlungsergebnis auch zustimmen müssen.

Mit der Mobilisierung und vor allem den partizipativen Verfahren rückt die wichtige Rolle in das Zentrum der Betrachtung, die den Gewerkschaften in den Tarifabweichungen generell und als Machtquelle für die Betriebsräte im Besonderen zukommt. Denn die Mobilisierung wurde zumeist zentral durch die Gewerkschaft als Verhandlungsführer oder dezentral von den gewerkschaftlichen Vertrauensleuten organisiert. Die partizipativen Verfahren wurden sogar ausschließlich von der Gewerkschaft eingeführt und umgesetzt. Sie gründen sich in der Metallindustrie auf den Status der abweichenden Vereinbarungen als Tarifverträge und auf die betriebsnahe Tarifpolitik. Letztere hatte in der Gewerkschaft im Zuge der Tarifabweichung als tarifpolitische Strategie an Bedeutung gewonnen und stützt sich wesentlich auf partizipative Beteiligungsformen. Doch darin erschöpft sich die Rolle der Gewerkschaften bei weitem nicht. Zumindest ebenso bedeutsam war, dass sie in allen Unternehmen beider Branchen in die Verhandlungen zur Tarifabweichung unverzichtbare Fach- und Verhandlungskompetenz eingebracht haben, ohne die es den Betriebsräten kaum gelungen wäre, den Unternehmensleitungen Paroli zu bieten. Dies gilt darüber hinaus auch für die wichtige Koordinationsfunktion, die von den Gewerkschaften dort übernommen wurde, wo die Verhandlungen überbetrieblich für ein ganzes Unternehmen geführt wurden und wo die Standortkonkurrenz eine effektive Koordinierung durch die Betriebsräte verhindert hat. Zu Konflikten um Situationsdefinitionen zwischen Betriebsräten und ihren Gewerkschaften ist es übrigens so gut wie gar nicht gekommen, mit Ausnahme des gewerkschaftsfeindlichen Betriebsrates bei Chemie 5 und des auf seine Selbständigkeit pochenden Betriebsrates bei Chemie 4. Bis auf kleinere Deutungsprobleme haben beide Akteure jeweils sehr schnell gemeinsame Situationsdefinitionen entwickelt und gemeinsame Verhandlungspositionen und -taktiken festgelegt. Zumeist haben sich in diesem Prozess die Bande zwischen Betriebsrat und Gewerkschaft weiter verfestigt.

Die Klärung der Situationsdefinitionen und der Rückhalt für die eigenen Deutungen im eigenen Gremium, bei den Beschäftigten und vor allem bei den Gewerkschaften haben in der Summe entscheidend dazu beigetragen, dass die Betriebsräte als Tarifakteure in den Verhandlungen stark auftreten konnten. Die Machtverschiebungen zwischen Unternehmen und Betriebsrat sowie die Deutungshoheit der Unternehmensleitungen haben nicht dazu geführt, dass die Betriebsräte zwangsläufig die unterlegene Partei gewesen wären. Im Gegenteil, die

Betriebsräte und ihre Gegenüber auf Unternehmensseite betonen fast durch die Bank, dass die Machtposition der Betriebsräte im Unternehmen im Zuge der Tarifabweichungen zumeist gestärkt worden ist. Der Grund dafür liegt darin, dass die Betriebsräte, nachdem sie die Weil-Motive der Unternehmensseite einmal als strukturelle Zwänge akzeptiert haben und sich auf die Tarifabweichung eingelassen haben, so viel Unterstützung bei der Gewerkschaft und den Belegschaften einholen konnten, dass sie in diesem Rahmen eine machtvolle Verhandlungsposition aufbauen konnten. Mit deren Hilfe konnten sie den Unternehmensleitungen zumeist zahlreiche Gegenleistungen abtrotzen, die ihnen die weitere Zustimmung der Beschäftigten sicherten.

Dabei aber haben die Betriebsräte, zusammen mit den Gewerkschaften, unterschiedliche Verhandlungsstrategien eingeschlagen. Eher sozialpartnerschaftlichen Strategien standen eher konfliktorientierte Strategien gegenüber; quer dazu wurden aber auch beteiligungsorientierte Strategien verfolgt, die auf eine Erweiterung der Mitbestimmung abzielten. Mit Blick auf die Verhandlungsergebnisse lässt sich zwar sagen, dass die Betriebsräte insgesamt mit allen Strategien durchaus gute Ergebnisse haben erzielen können. Mit Blick auf die Deutungsmuster jedoch liegt ein gewichtiger Unterschied zwischen den Strategien darin, dass bei den sozialpartnerschaftlichen Strategien die Übernahme der manageriellen Deutungsmuster sehr weitgehend ist, während bei den anderen Strategien die Notwendigkeit der Konfrontation und des Kampfes oder das Ziel erweiterter Mitbestimmung als eigenständige Deutungselemente fungieren. Damit ließen Letztere nicht nur die Unterschiede zwischen Interessenvertretungen und Unternehmensleitungen für die Beschäftigten deutlicher hervortreten, sondern sie führten auch zu stärkeren Veränderungen in den Arbeitsbeziehungen. Durch die konfliktorientierten Strategien haben sich nämlich die Arbeitsbeziehungen grundsätzlich in Richtung konfliktgeprägter Muster verschoben, sofern diese nicht im Vorhinein bereits konfliktgeprägt waren.

Wichtig ist aber festzuhalten, dass in beiden Fällen die Betriebsräte nicht passive Opfer übergreifender Systemzwänge waren, sondern dass sie als *Akteure der Strukturierung* der betrieblichen Beziehungen und ihrer eigenen Mitbestimmungspraxis aufgetreten sind. Nachdem sie ihre betriebliche Position gestärkt hatten und in die Verhandlungen eingetreten waren, konnten sie nicht wenige ihrer eigenen Forderungen durchsetzen und damit die Tarifabweichung zu einem für sie akzeptablen sozialen Tausch machen. Hier zeigt sich erneut der Zusammenhang der Giddensschen Strukturdimensionen: Die Betriebsräte haben die Deutungsmuster der Unternehmensleitungen zumindest teilweise akzeptiert (Signifikation), haben dann aber in diesem Rahmen ihre vorhandenen Machtressourcen aktiviert sowie neue Machtressourcen erschlossen und auf diese Weise ihre Machtpositionen in den Verhandlungen gestärkt (Herrschaft) und konnten so die Tarifunterschreitungen begrenzen oder zumindest zahlreiche Gegenleistungen aushandeln (Legitimation).

9.2 Auswirkungen der Tarifabweichung auf die Beziehungsmuster und Mitbestimmungspraxis der Betriebsräte

Welche Auswirkungen hatte die Tarifabweichung für die Beziehungsmuster der Betriebsräte und ihre Mitbestimmungspraxis in den Fallbetrieben? Welche Lösungen haben die Betriebsräte für möglicherweise aufgekommene Integrations-, Solidaritäts- oder Legitimationsprobleme gefunden? Sind mit diesen Lösungen auch Veränderungen der Beziehungsmuster verbunden, oder ist vielmehr alles beim Alten geblieben?

Mit Blick auf die *Beziehungsmuster der Betriebsräte zum Management* ist festzustellen, dass durch die Tarifabweichung unterschiedliche Entwicklungen ausgelöst wurden. Die Entwicklungspfade reichen von der Kontinuität und Intensivierung bestehender Muster bis hin zum Bruch der vorgängigen Logik der Arbeitsbeziehungen. Eine Zuordnung aller Fälle zu diesen beiden Pfaden ist aber nicht möglich, denn dazwischen liegen Fälle, in denen es zu Aktivierungen der vormals bestehenden Beziehungsmuster oder zu Brüchen kam, die unterhalb der Oberfläche fortbestehender Muster gären.

Der Entwicklungspfad der Kontinuität findet sich sowohl in den sozialpartnerschaftlichen als auch in den nicht-partnerschaftlichen Arbeitsbeziehungen. So haben sich in drei Fällen sozialpartnerschaftliche Beziehungen dadurch intensiviert, dass sie im Zuge der Tarifabweichungen von den Akteuren ausdrücklich als Standortkoalitionen neu definiert wurden (Chemie 2, Chemie 4, Metall 4). Bei Chemie 1 und Metall 1 wurde jeweils das Interessenmodell mit und ohne Konfliktorientierung weitergeschrieben. Sofern es, wie in den Fällen Chemie 3, Metall 3 oder Metall 6 zu eindeutigen Brüchen in den Beziehungen zum Management kam, lag dies daran, dass die Betriebsräte in der Tarifabweichung neue Handlungsstrategien des Konflikts eingeschlagen haben. Teilweise verfolgten die Betriebsräte diese Strategien bewusst, teilweise fehlten aber einfach auch glaubwürdige Integrationsangebote der Unternehmensleitungen. Unschärfen der Zuordnung ergeben sich in den Fällen Chemie 5, Chemie 6, Metall 2 und Metall 5. Diese Fälle nehmen eine Zwitterstellung ein. Bei Chemie 6 und Metall 2 kam es im Zuge beteiligungsorientierter Strategien der Betriebsräte zu einer Aktivierung der sozial- oder konfliktpartnerschaftlichen Beziehungen. Abhängig davon, wie erfolgreich und umfassend die Beteiligungsorientierung umgesetzt werden konnte, fiel die Aktivierung schwächer (Chemie 6) oder stärker (Metall 2) aus. Bei Metall 5 wiederum ist eine Verschärfung der Anerkennungskämpfe des Betriebsrates zu verzeichnen, die es zuvor zwar auch schon gab, die aber vom Be-

ISBN 978-3-8360-8714-8 – Presseexemplar – (c) edition sigma – 08102015

triebsrat bei weitem nicht so entschieden geführt wurden. Und bei Chemie 5 lässt sich ein Aufbrechen der Unterwürfigkeit des Betriebsrates feststellen, wobei sich dieser Prozess aber – zumindest noch – unter dem Deckmantel eines nach wie vor bestehenden paternalistischen Beziehungsmusters vollzieht.

Von einem durchgängigen Einzug von Konflikten in die betrieblichen Arbeitsbeziehungen lässt sich mithin im Zusammenhang mit Tarifabweichungen ebenso wenig sprechen wie von einer allgemeinen Stärkung sozialpartnerschaftlicher Beziehungsmuster in Standortkoalitionen. Tarifabweichungen wirken weder in die eine noch in die andere Richtung determinierend. Es kommt für die Entwicklung der Arbeitsbeziehungen sowohl auf ihre vorgängige Verfassung als auch auf die Strategiewahl der Betriebsräte an. Sofern durch die Verlagerung der Regulierungsebenen im Zuge der Tarifabweichung *Verteilungskonflikte* prägenden Einfluss auf die Arbeitsbeziehungen genommen haben, zeichneten sich zumeist die Handlungsstrategien der Betriebsräte dafür verantwortlich. Allerdings ist dabei zu bedenken, dass die Betriebsräte damit nur auf die Konfliktstrategien reagierten, die zuvor von ihren Unternehmensleitungen im Zuge der Konstruktion struktureller Zwänge eingeschlagen worden waren. Zumeist waren die Unternehmensleitungen darüber auch alles andere als überrascht; sie haben die betrieblichen Verteilungskonflikte billigend in Kauf genommen.

Ein weiterer wichtiger Effekt der Tarifabweichung besteht darin, dass dort, wo eine *defiziente Mitbestimmungspraxis* vorherrscht, die Verhältnisse langsam, aber wohl unaufhaltsam aufbrechen, sei es, weil sich eine Opposition im Betriebsrat bildet, die auf Veränderung drängt (Chemie 5), oder sei es, weil der Betriebsrat insgesamt neue Ansprüche an sich stellt, die er mit den bis dahin aufgebauten Bordmitteln nicht mehr bewältigen kann (Chemie 6). In der Tarifabweichung werden die Nachteile und Probleme einer defizienten Praxis so schonungslos aufgedeckt, dass Kräfte des Wandels – freilich in Form von Akteuren des Wandels – fast zwangsläufig freigesetzt werden und die Bühne betreten.

Im Vergleich zu den Befunden der Literatur lässt sich zunächst festhalten, dass auch in den Samplefällen Entwicklungen wie das Vordringen einer wirksamen Mitbestimmungspraxis oder die Versachlichung der Arbeitsbeziehungen inzwischen weit verbreitet sind und wohl zu den Normalformen der Mitbestimmung gezählt werden dürfen. Asymmetrien im Argumentationskampf mit dem Management oder Konflikte um des Konflikts willen spielen keine größere Rolle in den Beziehungsmustern. Ähnlich verbreitet wie die wirksame Mitbestimmung ist auch der zitierte *Ökonomismus* der Betriebsräte. Die Tarifabweichung ist wohl eine der handgreiflichsten Formen, in denen dieser Ökonomismus auftritt. Denn ohne eine ausgeprägte Orientierung an der wirtschaftlichen Entwicklung des Betriebes und ohne die Überzeugung, dass das wirtschaftliche Überleben des Betriebes und der Beschäftigung im Betrieb materielle Opfer rechtfertigen kann, wäre wohl kein Betriebsrat bereit, Tarifabweichungen abzuschließen. Daraus folgt allerdings nicht, dass die Entwicklung der Beziehungsmuster zum Management bei Tarifabweichungen zwangsläufig in Richtung der integrationsorientierten Kooperation als Normalform weisen würde. Im Untersuchungssample tut sie dies mitnichten; sozial- oder konfliktpartnerschaftliche Konstellationen finden sich nur in der Hälfte der untersuchten Fälle. In der anderen Hälfte dominiert das Interessenmodell, das sich zwar durch die wechselseitige Anerkennung der Akteure auszeichnet, bei dem Integration und Partnerschaft aber nicht zu den Handlungsorientierungen der Akteure gehören.

Unabhängig von den Beziehungsmustern stellen Tarifabweichungen ohne Zweifel am Ausgangspunkt des Verhandlungs- und Umsetzungsprozesses *interessenpolitische Rückschritte* für die Betriebsräte dar. Im weiteren Verlauf der Entwicklung sind sie aber typischerweise in den Samplefällen auch mit einer *Stärkung der Machtposition* der Betriebsräte verbunden. Es darf als eine der zentralen Erkenntnisse dieser Studie betrachtet werden, dass die Betriebsräte aus einer Position der Schwäche und der Defensive heraus im Rahmen der Tarifabweichungen auch neue Machtressourcen erschließen und sich neue Handlungsoptionen erarbeiten können. Dieser Prozess könnte auf den ersten Blick als Dialektik gedeutet werden. Er wäre damit aber nur unzureichend analysiert. Denn die Dialektik ist ein logisches Prinzip des Denkens und kein historisches Prinzip sozialer Entwicklung. Der Prozess hat keine Zwangsläufigkeit. Dass die Betriebsräte eine Stärkung erfahren haben, liegt ausschließlich an ihren Handlungsstrategien und der Mobilisierung sowie dem Einsatz von Ressourcen, mit deren Hilfe sie die Tarifabweichung haben entscheidend strukturieren können. Und unterschiedliche Strategien haben dabei typischerweise unterschiedliche Konsequenzen. Dies gilt, wie später noch aufzuzeigen ist, vor allem für die organisationspolitische Seite der Tarifabweichungen.

Die in der Literatur angesprochene Beziehungsasymmetrie zwischen Betriebsräten und Management schließlich, die sich aus der Abkehr des Managements von seiner sozialen Verantwortung speist, hat im Untersuchungssample einige Bedeutung. Mit Chemie 4 befindet sich einer der wohl klassischen Fälle dieser Konstellation unter den Untersuchungsbetrieben. Hier herrschte im Betriebsrat Wehmut, weil die Konzernleitung den partnerschaftlichen Pfad verlassen hat. Zugleich aber macht sich beim Betriebsrat langsam die Erkenntnis breit, dass die Konzernleitung mit sozialpartnerschaftlichen Mitteln nicht dazu zu bewegen sein dürfte, zu den alten Beziehungsmustern zurückzukehren. Deswegen nimmt die Konfliktorientierung zumindest im Gesamtbetriebsrat zu. Häufige personelle Wechsel im Management verstärkten auch in anderen Fällen die Tendenzen einer Abkehr vom partnerschaftlichen Model. Die Betriebsräte deuteten diese Entwicklung als bedauerlichen Verlust eines Kooperationspartners. Doch sind damit, wie beispielsweise der Fall Metall 3 zeigt, umgekehrt für die Betriebsräte auch Chancen verbunden, in die Kompetenzlücke zu stoßen, die dabei im Management zwangsläufig entsteht. Auf diese Weise können die Betriebsräte ihre Machtposition im Betrieb sogar weiter festigen.

Die *Beziehungsmuster zu den Beschäftigten* sind für die Betriebsräte in der Tarifabweichung von großer Bedeutung. Dies ist aber nicht etwa deshalb der Fall, weil sich in den Betrieben zwischen Beschäftigten und Betriebsräten *Koalitionen der Tarifabweichung* gebildet hätten, die darauf drängten, mit dem Management Vereinbarungen zur Beschäftigungssicherung zu schließen und die dafür notfalls auch vor wilden Formen der Kooperation gegen die Tarifverträge nicht zurückschreckten. Dieses Bild *triadischer* Beziehungsmuster im Betrieb, das in der politischen Debatte um betriebliche Öffnungsklauseln häufiger gezeichnet wurde, deckt sich nicht mit der betrieblichen Wirklichkeit der Untersuchungsfälle. Die Beschäftigten fühlten sich nicht durch die Tarifverträge in ihrem Recht geknebelt, mit Hilfe von Tarifunterschreitungen in betrieblichen Bündnissen ihre Beschäftigungssicherheit zu erhöhen. Vielmehr war es fast durchgängig so, dass die Beschäftigten Tarifunterschreitungen als Verletzung der Lohngerechtigkeit interpretierten und sie Verhandlungen zu Tarifabweichungen deshalb zunächst überaus skeptisch gegenüberstanden. Dazu hat entscheidend beigetragen, dass das Gerechtigkeitsgefühl der Beschäftigten durch die überaus geringen Reallohnanstiege der letzten Dekade bei gleichzeitigem Wachstum von Managergehältern und Unternehmensgewinnen bereits systematisch verletzt worden war. Tarifabweichungen wurden von den Beschäftigten als weiterer, aber qualitativ neuer Schritt in diese Richtung gedeutet. Sie wurden daher allenfalls dann im Vorhinein unterstützt, wenn die Geschäftslage des Betriebs nachweislich kritisch war und schon Erfahrungen mit betriebsbedingten Kündigungen in größerem Umfang gemacht worden waren. Ein wichtiger Faktor für die Skepsis der Beschäftigten neben den Gerechtigkeitsnormen dürfte zudem auch die Unsicherheit über das Maß an Sicherheit sein, das eine temporäre Beschäftigungssicherung überhaupt bieten kann.

Die kritischen Deutungen der Beschäftigten stellten die Betriebsräte vor ein *Legitimationsproblem.* Denn ohne die Unterstützung oder zumindest die passive Akzeptanz der Beschäftigten wäre die Tarifabweichung für die Betriebsräte mit unübersehbaren Nebenfolgen verbunden gewesen, die bis hin zu ihrer Abwahl hätten führen können. Bei Chemie 5 hat die Tarifabweichung den Betriebsratsvorsitzenden fast die Karriere gekostet, und er hatte seinen Verbleib auf dieser Position nur seinem Stellvertreter zu verdanken, der sich geweigert hatte, ihn zu stürzen. Die Legitimationsprobleme wurden von allen Betriebsräten gesehen. Deshalb haben sie auch durchgängig versucht, die Beschäftigten auf neue Weise *einzubinden.* In allen Fällen geschah dies durch eine Informationsoffensive, die auf unterschiedlichen Instrumenten wie Betriebsversammlungen, Abteilungssitzungen, Aushängen oder Informationsblättern beruhte.

In manchen Fällen ging die Einbindung aber auch weiter. Zum einen wurde, in unterschiedlicher Form und in unterschiedlichem Ausmaß, in immerhin der Hälfte der Fälle die Belegschaft mobilisiert. Dies wurde zumeist dort praktiziert, wo die Betriebsräte eher konfrontative Verhandlungsstrategien verfolgten. Die Mobilisierung aktualisierte das Drohpotenzial, das die Beschäftigten in Verhandlungen gegenüber den Unternehmensleitungen darstellten, und stärkte deshalb den Betriebsräten den Rücken in den Verhandlungen. Sie steigerte zugleich aber auch die Legitimation des Betriebsratshandelns bei den Beschäftigten. Zum anderen wurden partizipative Verfahren eingeführt, in denen die Beschäftigten an den Entscheidungen über die Aufnahme von Verhandlungen oder die Annahme eines Verhandlungsergebnisses beteiligt wurden. Partizipative Verfahren weisen einen starken Branchenbezug auf. Sie existieren nur in den Samplebetrieben der Metallindustrie –- und dort in fünf von sechs Fällen –, weil sie erstens durch den tarifvertraglichen Status der Tarifabweichungen begünstigt werden und weil zweitens nur die IG Metall derzeit Konzepte wie die betriebsnahe Tarifpolitik verfolgt, in denen Partizipation als strategisches Mittel der Tarif- und Organisationspolitik vorgesehen ist. Im Umkehrschluss bedeutet dies, dass die partizipativen Verfahren nicht für alle Beschäftigten eines Betriebes geöffnet sind, sondern nur für die Gewerkschaftsmitglieder. Dennoch aber hatten sie auch für die Betriebsräte, die ja alle Beschäftigte ihres Betriebes repräsentieren, ausgesprochen positive Legitimationseffekte, weil die Beschäftigten eine Tarifabweichung viel eher akzeptieren konnten, wenn sie als Gewerkschaftsmitglieder selber dafür gestimmt haben.

Allerdings ist einschränkend festzuhalten, dass trotz Mobilisierung und Partizipation sich die Mitbestimmungspraxis der Betriebsräte gegenüber ihren Beschäftigen mit der Tarifabweichung weder entscheidend noch durchgängig verändert hat. Die Betriebsräte verstehen sich weiterhin und zumeist als Stellvertreter. Die Einbindung durch Information war zwar für manchen Betriebsrat schon ein neuer Schritt seiner Mitbestimmungspraxis, sie löste aber die in der Literatur kritisierte Marginalisierung der Belegschaften nicht auf. Die Betriebsräte sind im Großen und Ganzen noch immer „Gesamtarbeiter", von denen die Interessen der Beschäftigten stellvertretend definiert und vertreten werden. Die Informationsstrategie diente den Betriebsräten nicht von ungefähr vor allem dazu, ihre Deutungsmuster zur Tarifabweichung im Betrieb zu verbreiten. Daran ändert auch die Mobilisierung der Beschäftigten – bei allen positiven Wirkungen auf die Verhandlungsposition und Legitimation der Betriebsräte – nichts Entscheidendes, weil bei dieser Form der Einbindung die Beschäftigten zwar kurzfristig und temporär aktiviert werden, aber Definitionen und Entscheidungen nach wie vor stellvertretend vom Betriebsrat entwickelt und vorgegeben werden.

Einzig die Partizipation stellt deshalb einen echten Paradigmenwechsel dar. Denn nur hier können die Beschäftigten tatsächlich Einfluss auf tarifpolitische

Entscheidungen nehmen. Das Stellvertreterprinzip wird durch das Prinzip der direkten Beteiligung freilich nicht ersetzt, aber doch ergänzt und damit verändert. Kollektive Interessenvertretung bedeutet für die Betriebsräte nicht mehr in erster Linie die zentrale Selektion und Definition von Interessen, sondern konzentriert sich mehr und mehr auf die Absicherung und Ausweitung individueller Partizipationsansprüche der Beschäftigten gegenüber der Unternehmensseite. Auf diese Weise kann, wie das Beispiel Metall 2 zeigt, der Betriebsrat eine neue Legitimation auch für die Untermauerung eigener Ansprüche einer Erweiterung seiner Mitbestimmungsmöglichkeiten gewinnen.

Derart nachhaltige Effekte sind mit den Beteiligungsstrategien im Rahmen der Tarifabweichung aber nur selten verbunden. Die Partizipation wurde in den Untersuchungsfällen von der Gewerkschaft eingeführt, und sie verließ zumeist auch mit dieser die Betriebe wieder, sobald die Verhandlungen abgeschlossen wurden. Nur in zwei Fällen, bei Metall 2 und Metall 6, haben die Betriebsräte die partizipativen Verfahren in ihre Mitbestimmungspraxis übernommen, sei es als Promotor einer partizipativen Arbeitsorganisation, sei es durch Einbindung partizipativer Verfahren in Verhandlungen von Betriebsvereinbarungen. Immerhin aber lässt sich auch festhalten: In beiden Fällen war es die Tarifabweichung, die entscheidende Impulse für die Partizipation gesetzt hat. Ohne die Tarifabweichung und die Initiative der Gewerkschaft wären solche Verfahren im Unternehmenssample gar nicht vorhanden.

Abschließend ist mit Blick auf die Beziehungsmuster zu den Beschäftigten festzuhalten, dass auch die partizipativen Verfahren wenig daran geändert haben, dass sich die Betriebsräte in den Produktionsbetrieben vor allem als Vertreter der Produktionsbeschäftigten definieren. Die Angestellten spielten in der Vertretungsarbeit eine nur untergeordnete Rolle; häufig war eine nicht unerhebliche interessenpolitische und kulturelle Distanz zwischen den Betriebsräten und dieser Beschäftigtengruppe zu Tage getreten. In den Produktionsbetrieben lag dies zumeist daran, dass die Angestellten tatsächlich nur eine Minderheit der Beschäftigten stellten. Aber auch im Angestelltenbetrieb Chemie 6 war eine stärkere Anbindung der Angestellten an die Interessenvertretungsarbeit der Betriebsräte nicht geglückt. Dies lag dort aber vor allem an den Ressourcenproblemen der Betriebsräte. Möglicherweise hätten die Betriebsräte an Legitimation bei den Angestellten stärker gewonnen, wenn sie die Partizipationsansätze, die ihnen die Tarifabweichung bot, auch wirkungsvoll hätten unterstützen können. Sofern solche Ansätze bestehen, könnten sie nämlich von den Betriebsräten dazu genutzt werden, die neuartigen leistungspolitischen Probleme der Angestellten zu bearbeiten, die sich aus ihrer Einbindung in markt- und ergebnisorientierte Steuerungsformen ergeben. Partizipation könnte dann nämlich bedeuten, dass die Angestellten stärker als bislang die Rahmenbedingungen ihrer Arbeit mitgestalten können, die ihnen ansonsten in der marktorientierten Steuerung als externe Daten – als Markt, Kunde oder Kennziffer – vorgegeben werden (Haipeter/Lehndorff 2004). Und sofern die Betriebsräte sie dabei wirkungsvoll unterstützen können, wäre ihnen – und möglicherweise auch der Gewerkschaft – eine gesteigerte Wertschätzung wohl gewiss.

Bei den *Beziehungsmustern zur Gewerkschaft* überrascht die geringe Bedeutung des Solidaritätsproblems im Untersuchungssample. Weil Tarifabweichungen Unterschreitungen der Tarifnormen bedeuten, die Gewerkschaften sich vorrangig als Garanten der Flächentarifverträge definieren und Betriebsräte zumeist die Gewerkschaften um abweichende Vereinbarungen ersuchen, wäre zu erwarten gewesen, dass Verhandlungen von Tarifabweichungen nahezu zwangsläufig Konflikte zwischen gewerkschaftlicher und betrieblicher Interessenvertretung hervorrufen. Solche Konflikte aber waren erstaunlicherweise nur in zwei Betrieben des Samples zu beobachten. Einer dieser Betriebe hatte einen gewerkschaftsfeindlichen Betriebsrat, so dass schon deshalb Konflikte vorprogrammiert waren. Und in einem anderen interpretierte der Betriebsrat die Tarifabweichung als Verhandlungsgegenstand der betrieblichen Arena und fühlte sich deshalb von der Gewerkschaft in seiner Verhandlungsfreiheit eingeschränkt.

In allen anderen Fallbetrieben aber geschah genau dies nicht. Dort deuteten die Betriebsräte Tarifabweichungen als *originäres Handlungsfeld der Gewerkschaften*. Sicher, die Betriebsräte waren darin auf neuartige Weise einbezogen, sei es als Ansprechpartei der Geschäftsleitung, sei es bei der Organisation der Verhandlungen, sei es als Akteur der Verhandlungen oder sei es als Kontrolleur der Umsetzungspraxis. Aber das Verhandlungsmandat auf Arbeitnehmerseite lag nach ihrem Verständnis eindeutig bei den Gewerkschaften, und deshalb haben sie ihnen dieses auch willig übertragen. Die Betriebsräte bewiesen ein feines Gespür dafür, dass sie ohne die Gewerkschaft in Verhandlungen zu Tarifabweichungen auf verlorenem Posten gestanden hätten. Sie brauchten die Gewerkschaften daher als unentbehrlichen Macht- und Kompetenzfaktor in den Verhandlungen. Aus diesen Gründen fiel den beiden kollektiven Akteuren die Vorabstimmung ihrer Deutungen und Strategien leicht, und deshalb haben sich auch im Verhandlungsverlauf kaum ernsthaftere Meinungsverschiedenheiten entwickelt. Eine Tendenz zu betrieblichen Kooperationen gegen Tarifvertrag und Gewerkschaft gab es mithin ebenso wenig wie die Forderung nach mehr Freiheit in den Verhandlungen mit dem Management. Diese Freiheit wäre von den Betriebsräten im Gegenteil als *Unfreiheit* gegenüber den strukturellen Zwängen verstanden worden, die ihnen das Management auferlegte.

Auf diese Weise konnten die Bande zwischen den – im Untersuchungssample überdurchschnittlich gut gewerkschaftlich organisierten – Betriebsräten und den Gewerkschaften weiter vertieft werden. Die Betriebsräte erlebten die Gewerkschaft als unentbehrliche Rückendeckung, mit der sich gut kooperieren ließ. Bei unternehmensbezogenen Verhandlungen und intensiver Standortkonkurrenz zwischen den Betrieben erwies sich zudem die Koordinierung unterschiedlicher Standortinteressen durch die Gewerkschaften als unverzichtbar. Sollte es einen Trend des Loyalitätsverfalls zwischen Gewerkschaften und Betriebsräten geben, würde dieser nach den Ergebnissen dieser Studie durch die Tarifabweichung nicht weiter verschärft; vielmehr böte die Tarifabweichung eine gute Gelegenheit, diesen Trend zu stoppen und in sein Gegenteil zu verkehren.

Für die Gewerkschaften wiederum bedeutet im Umkehrschluss die Tarifabweichung eine Chance, aus ihrer Rolle als Service- und Beratungsinstanz herauszutreten, auf die sie nicht selten auch in den Fallbetrieben reduziert worden war. Im Zuge der Tarifabweichung stieg die Bedeutung der Gewerkschaften als Akteur im Betrieb unverkennbar an, weil sie sich als starke und schützende Verhandlungspartei gegenüber dem Management präsentieren konnte. Dies gilt übrigens sowohl mit Blick auf die Betriebsräte als auch mit Blick auf die Beschäftigten. Im schlechten Fall könnte der Gewerkschaft dann natürlich auch die Verantwortung für unbefriedigende Verhandlungsergebnisse zugeschoben werden. Im Untersuchungssample spielte diese Möglichkeit aber keine Rolle, weil die dort abgeschlossenen Regelungen zur Tarifabweichung allesamt einen hohen Qualitätsstandard aufwiesen und diesen letztlich auch die Beschäftigten anerkannt haben.

Ein eindeutiger Befund in diesem Zusammenhang lautet auch, dass die betrieblichen Organisationen der Gewerkschaften, die *Vertrauensleute* – in den zwei Dritteln der Untersuchungsbetriebe, in denen sie existierten – zumeist in ihrer Bedeutung aufgewertet und gestärkt wurden. Dafür verantwortlich war zum einen, dass sie als Informationsschnittstelle die Beschäftigten mit aktuellen Informationen versorgen konnten und die Vertrauensleute ein offenes Ohr für die Deutungen und Sorgen der Beschäftigten hatten. In manchen Fällen aber haben sie zum anderen auch eine aktive Rolle in den Verhandlungen übernommen, sei es als Initiatoren von Streikaktionen oder unmittelbar als Akteure der Verhandlungen. Die in der Literatur angeführte Erosion der Vertrauenskörper ließ sich nur in einem Fall (Chemie 2) beobachten; in den anderen Fällen waren die gewerkschaftlichen Betriebsorganisationen durchaus vital, und ihre Vitalität nahm in der Tarifabweichung auch deutlich zu. Allerdings blieben die Vertrauenskörper in den meisten Fällen verlängerte Arme der Betriebsräte. Doch auch als solche haben sie sich als wichtige Stütze in den Verhandlungen und in der Abstimmung der Deutungsmuster der Betriebsräte mit denen der Belegschaften erwiesen.

Darüber hinaus lässt sich festhalten, dass die Tarifabweichung für die Gewerkschaften auch positive *organisationspolitische* Konsequenzen haben kann. Die wichtigste Voraussetzung dafür ist nach den Erfahrungen des Untersuchungssamples die Einführung partizipativer Verfahren in die Prozesse der Tarifabweichung. In Mitgliederentscheidungen dürfen die Gewerkschaftsmitglieder direkt mitbestimmen, und sie erfahren durch die Privilegierung gegenüber

Nichtmitgliedern zumeist erstmals hautnah den Unterschied, den die Mitgliedschaft in der Gewerkschaft als Tarifpartei machen kann. Organisationspolitische Folgen beteiligungsorientierter Strategien waren ein Anstieg der Mitgliedermotivation und Mitgliedergewinne – oder aber zumindest Stabilisierungen – der gewerkschaftlichen Organisationsmacht. Dies ist in der tarifpolitischen Defensive, die Tarifabweichungen ohne Zweifel für die Gewerkschaften darstellen, alles andere als eine Selbstverständlichkeit. Partizipative Verfahren bieten deshalb für die Gewerkschaften eine Möglichkeit, in der Defensive ihrerseits offensiv zu werden.

Mit Hilfe der betriebsnahen Tarifpolitik hat die Gewerkschaft in der Tarifabweichung eine eigenständige Rolle als *Akteur der Mitgliederrekrutierung* übernommen und trat damit neben die Betriebsräte, deren klassisches Feld die Mitgliederrekrutierung war und als das sie von ihnen auch noch immer verstanden wird. Kompetenzkonflikte brachen in diesem Zusammenhang aber nicht auf. Vielmehr waren die Betriebsräte dankbar für die Initiativen der Gewerkschaft und sprangen gerne auf den fahrenden Zug auf, weil sie Mitgliedergewinne immer auch als Stärkung ihrer eigenen Position in den betrieblichen Arbeitsbeziehungen interpretieren. Insgesamt wurde damit in der Tarifabweichung zumindest temporär die strukturelle Asymmetrie aufgebrochen, die darin gesehen wird, dass die Betriebsräte ohne die Gewerkschaften, die Gewerkschaften aber nicht ohne die Betriebsräte leben könnten. Zudem entwickelten sich *triadische* Beziehungsmuster zwischen Betriebsräten, Gewerkschaften und Beschäftigten je mehr, umso weitreichender die Einbindung der Beschäftigten war. Nicht *Betriebskoalitionen* zwischen Betriebsräten, Beschäftigten und Management gegen die Tarifpartei Gewerkschaft, wie in der Diskussion um gesetzliche Öffnungsklauseln unterstellt, waren die vorherrschenden triadischen Beziehungsmuster, die sich in den Untersuchungsfällen im Rahmen der Tarifabweichungen gebildet haben, sondern *Arbeitnehmerkoalitionen* zwischen Betriebsräten, Gewerkschaften und Beschäftigten.

Hinsichtlich der *Organisation und Mitbestimmungspraxis* der Betriebsräte lässt sich der Befund voranstellen, dass durch die Tarifabweichung relativ wenige Veränderungen hervorgerufen wurden. Mögliche Befürchtungen, die Tarifabweichung offenbare Ressourcen- und Kompetenzdefizite der Betriebsräte, bewahrheiteten sich im Großen und Ganzen nicht. In den Fällen einer *defizienten* Mitbestimmungspraxis allerdings wurden die Unzulänglichkeiten der Betriebsräte gnadenlos aufgedeckt. Hier wurde ein Prozess des Wandels angestoßen, dessen Ende jeweils noch offen ist, der aber wohl eine Rückkehr zu dem Mauerblümchendasein, das die Betriebsräte dort vor der Tarifabweichung geführt haben, ausschließt. In den anderen Fällen, die sich allesamt durch eine *wirksame* Mitbestimmungspraxis der Betriebsräte auszeichnen, ist es den Betriebsräten erstaunlich gut gelungen, in der Hochphase der Verhandlungen personelle Ressourcen zu mobilisieren und mögliche Kompetenzdefizite vor allem Dank der gewerkschaftlichen Unterstützung, aber auch durch Heranziehung externer Expertise, auszugleichen. Insgesamt half den Betriebsratsvorsitzenden entscheidend, dass sie „Produkte" des Professionalisierungstrends der betrieblichen Mitbestimmung sind und deshalb, und mit der genannten Unterstützung, ihre neuen Aufgaben als Tarifakteure zumeist schultern konnten, auch wenn dadurch teilweise und temporär anderen Mitbestimmungsthemen weniger Augenmerk gewidmet werden konnte. Eine starke Spezialisierung im Betriebsrat und viele Freigestellte Betriebsräte erwiesen sich dafür nicht als notwendige Bedingung. Zumeist genügte der freigestellte Vorsitzende, der in einer zentralistischen Arbeitsteilung auf einen aktiven Kern von Mitstreitern im Gremium bauen konnte, die ihm einen Teil der Arbeit abnahmen und ihn unterstützten. Diese Unterstützung war übrigens keineswegs im Vorhinein gesichert, weil in den Betriebsratsgremien sich zunächst zahlreiche Betriebsräte gegen die Tarifabweichung ausgesprochen hatten. Ihre Deutungshoheit gewannen die Betriebsratsvorsitzenden nicht mit autoritären Mitteln, sondern in *diskursiven* Verfahren durch Argumentation. Dies dürfte stark dazu beigetragen haben, die Mitarbeit des aktiven Kerns zu sichern.

Auch als die Gewerkschaften nach den Verhandlungen die Ebene des Betriebes als Verhandlungsakteur wieder verließen, haben die Betriebsräte ihre neue Rolle als Akteure der Tarifabweichung weitergespielt. In fast allen Fällen haben sie die *Umsetzung* der Tarifabweichungen aktiv kontrolliert, und in der Hälfte der Betriebe konnten sie auch Umsetzungsprobleme aufdecken, die in der Nichteinhaltung von Gegenleistungen durch die Unternehmensleitungen bestanden. Diese Probleme haben sie unterschiedlich interpretiert. Dort, wo ihnen die Partnerschaft zum Management intakt schien und sie trotz der Umsetzungsdefizite nicht an der Ernsthaftigkeit zweifelten, mit der das Management die Standortsicherung betreibt, haben sie die Probleme zwar thematisiert, aber nicht sanktioniert. Dort, wo beides nicht gegeben war, haben sie entweder Verhandlungen zu neuen abweichenden Vereinbarungen verweigert (Chemie 1, Metall 6) oder, so zumindest in einem Fall, auch die Gewerkschaft um Sonderkündigung gebeten (Metall 5).

Während das Controlling also sowohl weit verbreitet war als auch aktiv betrieben wurde, gingen hingegen von der Tarifabweichung kaum Impulse für eine *erweiterte Mitbestimmung* der Betriebsräte aus. Nur in drei Fällen fanden sich Ansatzpunkte dafür in den Regelungstexten (Chemie 6, Metall 2, Metall 6), und in nur einem Fall entwickelte ein Betriebsrat auf dieser Grundlage eine Praxis des *Co-Managements* als Promotor der Innovation gegenüber der Werkleitung und als Promotor der Partizipation gegenüber den Beschäftigten (Metall 2). Dieser Betriebsrat ist ein Beispiel guter Praxis des Co-Managements, weil er Stärke gegenüber dem Management mit einer aktiven Unterstützung der Partizipationsansprüche der Beschäftigten verbindet und zugleich als Promotor humaner Innovationen dafür Sorge trägt, dass Verbesserungen nicht zum Nachteil der Beschäftigten ausfallen.

Allerdings ist das Co-Management dieses Betriebsrates ein singulärer Fall. Die Mitbestimmungspraxis des Co-Managements ist, zumindest nach den Befunden des Untersuchungssamples, weit davon entfernt, als Normalform der Mitbestimmung bezeichnet werden zu können. Dies gilt auch mit Blick auf die Fälle von Standortkoalitionen (Chemie 2, Chemie 4, Metall 4). Zu groß sind die Unterschiede zwischen diesen Fällen und dem innovations- und partizipationsorientierten Co-Management bei Metall 2. In den Standortkoalitionen sind keine Anhaltspunkte für eine derartige Mitbestimmungspraxis erkennbar. Weder Standortkoalitionen im Speziellen noch Beschäftigungssicherungsvereinbarungen im Allgemeinen sind daher mit einem Co-Management der Betriebsräte gleichzusetzen. An diesen Einschätzungen ändern auch die beiden anderen Fälle wenig, in denen Betriebsräte ein *Co-Management der Not* entwickelt haben, um damit Defizite des Managements auszugleichen und ihre Betriebe am Laufen zu halten (Metall 3, Metall 5). Sowohl in der Zielsetzung als auch in den Themen haben sie wenig mit dem innovationsorientierten Co-Management der Arbeitsorganisation gemein, auf das in der Literatur vorrangig Bezug genommen wird.

9.3 Erosion des Flächentarifvertrages durch Tarifabweichung?

Die Frage, ob Tarifabweichungen zur Erosion des Flächentarifvertrages beitragen oder nicht, lässt sich auf der Grundlage der Ergebnisse dieser Studie sicherlich nicht abschließend beantworten. Zu gering ist die untersuchte Fallzahl und zu kurz sind auch die zur Verfügung stehenden – und aufgrund der „Jugend“ der Tarifabweichung überhaupt existierenden – Zeitreihen zur Verbreitung der Abweichungen und der Abweichungsgegenstände. Mehr als tendenzielle Aussagen sind deshalb nicht möglich. Insbesondere die Folgewirkungen der aktuellen Krise auf Inhalte und Verbreitung der Tarifabweichung lassen sich noch kaum absehen. Deshalb stehen die nun folgenden Aussagen gewissermaßen unter Vorbehalt; nichtsdestotrotz sind sie durch die Befunde der Studie als Einschätzung der vergangenen Praxis der Tarifabweichung gestützt.

Diesen Befunden zufolge erscheint es kaum möglich, aus der bloßen Tatsache, dass es Tarifabweichungen gibt, zu folgern, dass damit zwangsläufig eine Entwicklung der inneren Erosion der Flächentarifvertragsnormen verbunden wäre. Diese Sichtweise würde die Bedeutung der *Kontrollpraktiken* unterschätzen, die von den Gewerkschaften entwickelt und auch durchaus erfolgreich umgesetzt wurden. Zweifelsohne ist die Feststellung richtig, dass die Tarifabweichung die weitestgehende Form der Dezentralisierung ist, die im Tarifsystem der beiden Untersuchungsbranchen bislang eingeführt wurde. Anders als die

ISBN 978-3-8360-8714-8 – Presseexemplar – (c) edition sigma – 08102015

Verbetrieblichung der Arbeitszeitregulierung oder betriebliche Beschäftigungsbündnisse zielt die Tarifabweichung nämlich nicht auf die betriebliche *Ausgestaltung* von Tarifnormen, sondern auf die betriebsbezogene *Unterschreitung* dieser Normen. Der Betrieb wird erstmals als zweite tarifliche Regelungsebene offiziell legitimiert mit der logischen Konsequenz, dass eine Normenkonkurrenz zwischen beiden Ebenen ausbricht. Deshalb ist zumindest die Möglichkeit nicht von der Hand zu weisen, dass damit ein Flächenbrand entfacht wird, der dazu führt, dass abweichende Vereinbarungen zur Regel werden und die umfassende Geltung der Flächentarifverträge zur Ausnahme wird.

Diese Entwicklung ist aber zumindest bislang nicht eingetreten. Es gab im Übergang der Jahre 2004 und 2005 zwar eine Phase, in der der Eindruck begründet gewesen wäre, dass die Tarifabweichung einem solchen Pfad folgt. In dieser Phase schnellte in beiden Branchen die Zahl der abweichenden Vereinbarungen hoch, und insbesondere gegen die von den Unternehmen zumeist geforderte Verlängerung der Arbeitszeiten schien kein Kraut gewachsen. Doch letzten Endes brach diese Phase nach 2005 dann auch wieder ab. Die Zahl der Tarifabweichungen ging in den beiden Folgejahren merklich zurück, und zumindest öffentlich wurde das Thema Arbeitszeitverlängerung wieder deutlich weniger heiß gekocht. Die Abweichungsquote, also die Zahl der Betriebe mit Tarifabweichungen bezogen auf alle tarifgebundenen Betriebe hat sich in beiden Branchen auf etwa 10% eingependelt und dort stabilisiert. Damit ist die Tarifabweichung zwar inzwischen ein kaum mehr wegzudenkendes Element der Tarifwirklichkeit in beiden Branchen. Ein Flächenbrand ist aber nicht ausgebrochen; sofern er im Anmarsch war, konnte er von den Gewerkschaften erfolgreich verhindert werden.

Dabei hat sicherlich die konjunkturelle Erholung der Jahre 2006 bis 2008 eine durchaus erhebliche Rolle gespielt. Der entscheidende Grund für die Eindämmung der Tarifabweichung aber ist in den Koordinierungsbemühungen zu suchen, die in beiden Gewerkschaften unter dem Eindruck der über sie hereinbrechenden Probleme eingesetzt haben. Nicht nur die Verbreitung der Tarifabweichung und ihre Entwicklung weisen in beiden Branchen erstaunliche Parallelen auf, sondern auch die Abweichungspraxis der beiden Industriegewerkschaften. Es waren vor allem symbolträchtige Abweichungsfälle wie die Siemens-Handystandorte in der Metallindustrie oder Continental in der chemischen Industrie, mit denen die Kontrollprobleme der Tarifabweichung offen zu Tage traten und die in den Gewerkschaften für ein Umdenken gesorgt haben. Vorher ging man nämlich in beiden Gewerkschaften davon aus, dass die tariflichen Regelungen zur Abweichung ausreichend wären und sich daran schon eine gangbare Praxis anschließen würde. Nach diesen Fällen jedoch, in denen die Unternehmen die Betriebsräte offensichtlich erpressten und die Gewerkschaften vor vollendete Tatsachen stellten – sei es durch nicht mehr rückholbare Arbeitszeitverlängerungen oder sei es durch die unternehmensseitige Kündigung von Tarifabweichungen –, war klar, dass dem nicht so ist. In beiden Gewerkschaften wurden daher Koordinierungsregeln für den Umgang mit Tarifabweichungen entwickelt, die auf eine Zentralisierung der Kontrolle, auf Transparenz und auf wechselseitige Kommunikationsflüsse zwischen den Verbandsebenen setzten. Diese Maßnahmen zur Steigerung der prozeduralen Kontrolle der Tarifabweichung in den Gewerkschaften erwiesen sich als durchaus erfolgreich. Sie können als *Lernprozess* der Gewerkschaften im Umgang mit Problemen der Tarifabweichung interpretiert werden. Mit der Verbesserung der prozeduralen Kontrolle konnten dann auch Verbesserungen der inhaltlichen Kontrolle bei der Zahl der Abweichungen, den materiellen Konzessionen und vor allem auch bei den Gegenleistungen erzielt werden.

In den Fallstudien findet sich die aktive prozedurale Kontrolle der Gewerkschaften bestätigt. Die Anträge der Unternehmen auf Tarifabweichung wurden jeweils ordnungsgemäß an die Gewerkschaften weitergereicht. Sie wurden dort den zentralen Ebenen zugeführt, auf denen sie hinsichtlich ihrer wirtschaftlichen Begründungen und ihrer tarif- und organisationspolitischen Auswirkungen überprüft wurden. Die Gewerkschaften haben dann Verhandlungsmandate erteilt, und in den Verhandlungen übernahmen die Gewerkschaften zumeist die Verhandlungsführerschaft. Die einzigen Ausnahmen davon waren die Fälle Chemie 4 und Chemie 5, in denen die Betriebsräte versuchten, gegen oder weitgehend ohne die Gewerkschaft zu verhandeln. Insgesamt aber war das Ausmaß an gewerkschaftlicher Koordinierung hoch, vor allem gründend darauf, dass ohne die Zustimmung der Gewerkschaften kein Verhandlungsergebnis erzielbar ist.

Der Geltungsbereich von Tarifabweichungen ist die *betriebliche Ebene der Regulierung.* Aus diesem Sachverhalt folgt aber nicht, dass Tarifabweichungen damit auch gänzlich in die *betriebliche Arena* der Konfliktaustragung überführt worden wären. In der Metallindustrie wurde dem bereits dadurch vorgebeugt, dass die abweichenden Vereinbarungen den Status von Ergänzungstarifverträgen haben und damit in den Kompetenzbereich der überbetrieblichen Gewerkschaft fallen. Die Vorherrschaft der tariflichen Arena lässt sich aber auch für die Chemische Industrie feststellen, obwohl dort die Tarifabweichung die Form einer Betriebsvereinbarung hat und damit formal Gegenstand der betrieblichen Aushandlungsarena ist. Hier schuf die Zustimmungspflicht die Voraussetzung dafür, dass die Gewerkschaft Herr des Verfahrens bleibt. Damit unterscheiden sich die Tarifabweichungen beider Branchen deutlich von dem Verfahren, das in der politischen Diskussion um gesetzliche Öffnungsklauseln seinerzeit diskutiert worden war. In diesem Verfahren gäbe es eine solche Zustimmungspflicht nicht, und es wäre unklar, auf welcher Grundlage Gewerkschaften dann ihre Koordinierungsbemühungen bauen könnten oder die Betriebsräte die Gewerkschaften mit ins Boot nehmen könnten, wenn sie dies denn wollten.

Dass sie dies wollen, erscheint nach den Befunden der Untersuchung außer Frage zu stehen. Die Betriebsräte des Untersuchungssamples deuten in ihrer überwiegenden Mehrheit die Tarifabweichung als Aufgabe der Gewerkschaften und damit als Gegenstand der tariflichen Arena. Sie fühlen sich zwar bereit, ihre neue Rolle als Tarifakteure zu spielen, aber möchten dabei *Juniorpartner* der Gewerkschaften bleiben. Deshalb sind Solidaritätsprobleme in den Beziehungsmustern beider Interessenvertretungen die Ausnahme. Damit fügen sich die Betriebsräte als gewerkschaftsexterne Institution nahezu nahtlos in die verbandlichen Koordinierungsregeln der Gewerkschaften ein, obwohl diese formal nur für die Beziehungen zwischen den Gewerkschaftsebenen Geltung beanspruchen können. Dass Betriebsräte eine von den Gewerkschaften gesonderte Institution sind, erweist sich für die Kontrollpraxis der Gewerkschaften als weitgehend unproblematisch. Für diesen Befund spricht auch, dass die Betriebsräte ihre Aufgaben als Tarifakteure durchaus zuverlässig erfüllen, sobald die Gewerkschaften die betriebliche Verhandlungsbühne nach Abschluss der Vereinbarungen wieder verlassen. In fast allen Fällen haben die Betriebsräte die Umsetzung der Tarifabweichungen aktiv kontrolliert und damit ihre Funktion als Tarifpolizei im Betrieb auf die Tarifabweichungen ausgeweitet.

In einem Punkt allerdings spielen, trotz aller Gemeinsamkeiten der Kontrollpraxis, die unterschiedlichen Regelungsformen beider Branchen doch eine systematischere Rolle. Dieser Punkt betrifft die Verbreitung *partizipativer Entscheidungsverfahren* in der Tarifabweichung. Weil in der Metallindustrie die Tarifabweichung als Ergänzungstarifvertrag ausgehandelt wird, ist dort im Vorhinein klar, dass auf betrieblicher Ebene mit der Konstituierung von Tarif- und Verhandlungskommissionen die Verfahren der Tarifverhandlungen in Anschlag zu bringen sind, die auch auf überbetrieblicher Ebene angewandt werden. Diese Verfahren können partizipativ gestaltet werden, beispielsweise indem die Wahl betrieblicher Tarifkommissionen durch die Mitglieder erfolgt. Zudem verschafft die Regelungsform der Tarifverträge der Gewerkschaft die Möglichkeit, weitere Verfahrensvorgaben zu machen und einzuführen. So sind in fünf der sechs Fälle aus der Metallindustrie Mitgliederentscheide zu Verhandlungen oder Verhandlungsergebnissen als partizipative Verfahren zur Anwendung gekommen. Diese dienten dem erklärten Ziel, die Legitimation der Tarifabweichung zu steigern und zugleich die Attraktivität der Gewerkschaft dadurch zu erhöhen, dass Mitglieder in den Verfahren privilegiert mitentscheiden können.

In der Chemischen Industrie kann die Gewerkschaft solche Vorgaben nicht machen, weil die Abweichungen formal nach dem Muster der Betriebsvereinbarungen abgeschlossen werden. Zwar hätten die Betriebsräte ihrerseits partizipative Verfahren einbauen können, doch geschah dies nicht, und es wäre nach Lage der Dinge auch in der Metallindustrie nicht geschehen, wenn dort nicht die Gewerkschaft die Verfahrenshoheit gehabt hätte. Dagegen spricht vor allem die

ISBN 978-3-8360-8714-8 – Presseexemplar – (c) edition sigma – 08102015

geringe Verbreitung partizipativer Verfahren in der Mitbestimmungspraxis der Betriebsräte, sei es mit oder ohne Tarifabweichung.

Dies wiederum bedeutet nicht, dass deshalb in der Chemischen Industrie in Konzessionen und Gegenleistungen der Unternehmen schlechtere abweichende Vereinbarungen abgeschlossen worden wären. Dies ist nicht der Fall. Die Zustimmungspflicht der Gewerkschaft sichert ihr offensichtlich einen hinreichend großen Einfluss auf die Gestaltung der Verhandlungsergebnisse. Insofern führen mit Blick auf die materiellen Ergebnisse der Tarifabweichungen mehrere Wege nach Rom.

Allerdings legen die Befunde dieser Untersuchung die Schlussfolgerung nach, dass mit partizipativen Verfahren sowohl in legitimations- als auch in organisationspolitischer Hinsicht *neue Chancen* für die Gewerkschaften und die Betriebsräte verbunden sind. Tarifabweichungen können, trotz ihrer für die Interessenvertretungen defensiven Ausgangslage, eine wichtige Funktion bei der Entwicklung *offensiver* Instrumente zur Motivierung und Rekrutierung von Mitgliedern und damit zur Stärkung der gewerkschaftlichen Organisationsmacht haben und auf diese Weise auch entscheidend zur Weiterentwicklung einer wirksamen Mitbestimmungspraxis beitragen. Diese Funktion besteht darin, die betriebsnahe und beteiligungsorientierte Tarifpolitik als Strategie sowohl der Tarif- als auch der Organisationspolitik im Sinne einer aktiven gewerkschaftlichen Organisierung zu verbreiten und zu einem neuen Standard in den Gewerkschaften reifen zu lassen.

Die Existenz formal gewerkschaftsunabhängiger Betriebsräte ist dafür nach den Befunden dieser Studie jedenfalls kein Hindernis. Die Betriebsräte begrüßen im Gegenteil die Initiativen der Gewerkschaft in diese Richtung und werten sie als Instrument der Stärkung ihrer eigenen Position. Betriebsnahe Tarifpolitik scheint daher eine neue Win-win-Konstellation für Gewerkschaften und Betriebsräte zu eröffnen. Vor dem Hintergrund der aufgezeigten organisationspolitischen Erfolge, die mit Hilfe der betriebsnahen Tarifpolitik in der Tarifabweichung erzielt werden konnten, stellt sich für die Gewerkschaften deshalb nicht mehr die Frage, ob solche Strategien bei Tarifabweichungen überhaupt sinnvoll sind. Die eigentliche Frage für die Gewerkschaften lautet vielmehr, ob sie beteiligungsorientierte Strategien nicht auch über Tarifabweichungen hinaus anwenden sollten und wie eine solche Anwendung aussehen könnte. Diese Frage aber liegt jenseits des Erkenntnisinteresses dieser Studie.

Literatur

Artus, Ingrid (2003): Die Kooperation zwischen Betriebsräten und Gewerkschaften als neural - gischer Punkt des Tarifsystems. Eine empirische Analyse am Beispiel Ostdeutschlands. In: Industrielle Beziehungen 10 (3), S. 250–272

Artus, Ingrid/Böhm, Sabine/Lücking, Stefan/Trinczek, Rainer (Hg.) (2006): Betriebe ohne Betriebsrat. Informelle Interessenvertretung in Unternehmen. Frankfurt/M., New York

Artus, Ingrid/Schmidt, Rudi/Sterkel, Gabriele (2000): Brüchige Tarifrealität. Der schleichende Bedeutungsverlust tariflicher Normen in der ostdeutschen Industrie. Berlin

Becker, Karina/Brinkmann, Ulrich/Engel, Thomas (2009): „Hybride Beteiligung" im Betrieb? Sachkundige Beschäftigte und Arbeitsgruppen. In: WSI-Mitteilungen (6), S. 305–311

Behrens, Martin/Kädtler, Jürgen (2008): Betriebliche Restrukturierung und Antizipation. Wie viel Teilhabe erlauben unterschiedliche Rationalisierungsansätze? In: Industrielle Beziehungen 15(1), S. 76-100

Bergmann, Joachim (2001): Betriebsräte im Shareholder-Kapitalismus: ratlos. Einige Befunde aus einer Befragung von Betriebsräten und Vertrauensleuten. In: Abel, Jörg/Sperling, Hans Joachim (Hg.): Umbrüche und Kontinuitäten. Perspektiven nationaler und internationaler Arbeitsbeziehungen. München, Mering, S. 101–112

Bergmann, Joachim/Müller-Jentsch, Walther (1975): Cooperative Unionism and Dual Bargaining System Challenged. In: Barkin, Solomon (ed.): Worker Militancy and Its Consequences 1965–75. New York, Washington, London, S. 235–276

Bispinck, Reinhard (2005): Betriebsräte, Arbeitsbedingungen und Tarifpolitik. In: WSI-Mitteilungen (6), S. 301–307

Bispinck, Reinhard (2004): Tarifliche Öffnungsklauseln. Eine Analyse von rund 30 Tarifbereichen. Düsseldorf

Bispinck, Reinhard/Schulten, Thorsten (2003): Verbetrieblichung der Tarifpolitik? Aktuelle Tendenzen und Einschätzungen aus Sicht von Betriebsräten und Personalwesen. In: WSI-Mitteilungen (3), S. 157–167

Blau, Peter M. (2008): Exchange and Power in Social Life. New Brunswick, London

Bormann, Sarah (2007): Angriff auf die Mitbestimmung. Unternehmensstrategien gegen Betriebsräte – der Fall Schlecker. Berlin

Bosch, Aida (1997): Vom Interessenkonflikt zur Kultur der Rationalität. Neue Verhandlungen zwischen Management und Betriebsrat. München, Mering

Bosch, Aida/Ellguth, Peter/Schmidt, Rudi/Trinczek, Rainer (1999): Betriebliches Interessenhandeln. Band 1: Zur politischen Kultur der Austauschbeziehungen zwischen Management und Betriebsrat in der westdeutschen Industrie. Opladen

Bosch, Gerhard/Haipeter, Thomas/Latniak, Erich/Lehndorff, Steffen (2007): Demontage oder Revitalisierung? Das deutsche Beschäftigungsmodell im Umbruch. In: Kölner Zeitschrift für Soziologie und Sozialpsychologie 59 (2), S. 318–339

Braun, Wolf Matthias (2002): Strategisches Management der industriellen Beziehungen. Zur Empirie und Theorie des Verhältnisses zwischen Management und Betriebsrat. München, Mering

Brinkmann, Ulrich/Choi, Hae-Lin/Detje, Richard/Dörre, Klaus/Holst, Hajo/Karakayali, Serat (2008): Strategic Unionism: Aus der Krise zur Erneuerung? Umrisse eines Forschungsprogramms. Wiesbaden

Crouch, Colin (1993): Industrial Relations and European State Traditions. Oxford

Dahrendorf, Ralf (1959): Class and Class Conflict in Industrial Society. Stanford

Dörre, Klaus (2002): Kampf um Beteiligung. Arbeit, Partizipation und industrielle Beziehungen im flexiblen Kapitalismus. Wiesbaden

Dybowski-Johannson, Gisela (1980): Die Interessenvertretung durch den Betriebsrat. Eine Untersuchung der objektiven und subjektiven Bedingungen der Betriebsratstätigkeit. Frankfurt/M., New York

Ellguth, Peter/Kohaut, Susanne (2008): Tarifbindung und betriebliche Interessenvertretung: Aktuelle Ergebnisse aus dem WSI-Betriebspanel 2007. In: WSI-Mitteilungen (9), S. 515–519

Esser, Hartmut (1999): Soziologie. Spezielle Grundlagen, Band 1: Situationslogik und Handeln. Frankfurt/M., New York

Förster, Gottlieb (2008): Stabilisierung des Flächentarifvertrags durch Flexibilisierung. Tarifpolitische Konzepte und Erfahrungen der IG BCE. In: Bispinck, Reinhard (Hg.): Verteilungskämpfe und Modernisierung. Aktuelle Entwicklungen in der Tarifpolitik. Hamburg, S. 151-158

Frege, Carola (2000): Gewerkschaftsreformen in den USA. Eine kritische Analyse des „Organisierungsmodells“. In: Industrielle Beziehungen 7 (3), S. 260–280

Fürstenberg, Friedrich (2000): Der Betriebsrat – Strukturanalyse einer Grenzinstitution (1958). In: Fürstenberg, Friedrich: Arbeitsbeziehungen im gesellschaftlichen Wandel. München, Mering, S. 19–30

Funder, Maria (1999): Mitbestimmungsforschung der Gegenwart. Erosion oder Stabilität? – Zum Wandel der betrieblichen Interessenvertretung. In: Nutzinger, Hans G. (Hg.): Perspektiven der Mitbestimmung. Historische Erfahrungen und Entwicklungen vor europäischem und globalem Hintergrund. Marburg, S.169-192

Giddens, Anthony (1991): Die Konstruktion der Gesellschaft. Grundzüge einer Theorie der Strukturierung. Frankfurt/M., New York

Giddens, Anthony (1987): The Nation-State and Violence. Volume Two of a Contemporary Critique of Historical Materialism. Berkeley, Los Angeles

Giddens, Anthony (1979): Central Problems in Social Theory. Action, Structure and Contradiction in Social Analysis. London, Basingstoke

Haipeter, Thomas (2009): Tarifabweichungen und Flächentarifverträge. Eine Analyse der Regulierungspraxis in der Metall- und Elektroindustrie. Wiesbaden

Haipeter, Thomas (2009a): Erosion der industriellen Beziehungen? Die Folgen der Globalisierung für Tarifsystem und Mitbestimmung in der deutschen Automobilindustrie. In: Lehndorff, Steffen (Hg.): Abriss, Umbau, Renovierung? Studien zum Wandel des deutschen Kapitalismusmodells. Hamburg, S. 47–80

Haipeter, Thomas (2000): Mitbestimmung bei VW. Neue Chancen für die betriebliche Interessenvertretung? Münster

Haipeter, Thomas/Lehndorff, Steffen (2007): Gewerkschaften und andere Akteure der Arbeitszeitpolitik: Wer bestimmt über die Zeit? In: WSI-Mitteilungen (4), S. 181–187

Haipeter, Thomas/Lehndorff, Steffen (2004): Atmende Betriebe, atemlose Beschäftigte? Erfahrungen mit neuartigen Formen betrieblicher Arbeitszeitregulierung. Berlin

Haipeter, Thomas/Schilling, Gabi (2006): Arbeitgeberverbände in der Metall- und Elektroindustrie: Tarifbindung, Organisationsentwicklung und Strategiebildung. Hamburg

Hauser-Ditz, Axel/Hertwig, Markus/Pries, Ludger (2008): Betriebliche Interessenregulierung in Deutschland. Arbeitnehmervertretung zwischen demokratischer Teilhabe und ökonomischer Effizienz. Frankfurt/M., New York

Heidemann, Winfried (2000): Weiterentwicklung von Mitbestimmung im Spiegel betrieblicher Vereinbarungen. Auswertung von Betriebs- und Dienstvereinbarungen. Düsseldorf

Huffschmid, Jörg (2007): Internationale Finanzmärkte: Funktionen, Entwicklungen, Akteure. In: Huffschmid, Jörg/Köppen, Margit/Rohde, Wolfgang (Hg.): Finanzinvestoren: Retter oder Raubritter? Neue Herausforderungen durch die internationalen Kapitalmärkte. Hamburg, S. 10–50

Huber, Berthold/Burkhard, Oliver/Wagner, Hilde (Hg.) (2006): Perspektiven der Tarifpolitik. Im Spannungsfeld von Fläche und Betrieb. Hamburg

Joas, Hans (1992): Die Kreativität des Handelns. Frankfurt/M.

Joas, Hans/Knöbl, Wolfgang (2004): Sozialtheorie. Zwanzig einführende Vorlesungen. Frankfurt/M.

Kädtler, Jürgen (2006): Sozialpartnerschaft im Umbruch. Industrielle Beziehungen unter den Bedingungen von Globalisierung und Finanzmarktkapitalismus. Hamburg

Kädtler, Jürgen/Hertle, Hans-Hermann (1997): Sozialpartnerschaft und Industriepolitik. Strukturwandel im Organisationsbereich der IG Chemie-Papier-Keramik. Opladen

Korsch, Karl (1973/1922): Arbeitsrecht für Betriebsräte (1922). Frankfurt/M.

Kotthoff, Hermann (2006): Lehrjahre des Europäischen Betriebsrats. Zehn Jahre transnationale Interessenvertretung. Berlin

Kotthoff, Hermann (2005): „Call me Barney“. In: Faust, Michael/Funder, Maria/Moldaschl, Manfred (Hg.): Die „Organisation“ der Arbeit. München, Mering, S. 73–107

Kotthoff, Hermann (1998): Mitbestimmung in Zeiten interessenpolitischer Rückschritte. Betriebsräte zwischen Beteiligungsofferten und „gnadenlosem Kostensenkungsdiktat“. In: Industrielle Beziehungen 5, S. 76–100

Kotthoff, Hermann (1994): Betriebsräte und Bürgerstatus. Wandel und Kontinuität der Mitbestimmung. München, Mering

Kotthoff, Hermann (1981): Betriebsräte und betriebliche Herrschaft. Eine Typologie von Partizipationsmustern im Industriebetrieb. Frankfurt/M., New York

Kotthoff, Hermann/Reindl, Josef (1990): Die soziale Welt kleiner Betriebe. Wirtschaften, Arbeiten und Leben im mittelständischen Industriebetrieb. Göttingen

Lehndorff, Steffen/Voss-Dahm, Dorothea (2006): Kunden, Kennziffern und Konkurrenz. Markt und Organisation in der Dienstleistungsarbeit. In: Lehndorff, Steffen (Hg.): Das Politische in der Arbeitspolitik, Ansatzpunkte für eine nachhaltige Arbeits- und Arbeitszeitgestaltung. Berlin, S. 127–153

Lecher, Wolfgang/Platzer, Hans-Wolfgang/Rüb, Stefan/Weiner, Klaus-Peter (2001): Verhandelte Europäisierung. Die Einrichtung Europäischer Betriebsräte – Zwischen gesetzlichen Rahmen und sozialer Dynamik. Baden-Baden

Lengfeld, Holger (2003): Mitbestimmung und Gerechtigkeit. Zur moralischen Grundstruktur betrieblicher Verhandlungen. München, Mering

Markovits, Andrei S. (1986): The Politics of the West German Trade Unions. Strategies of Class and Interest Representation in Growth and Crisis. Cambridge u.a.O.

Minssen, Heiner/Riese, Christian (2007): Professionalität der Interessenvertretung. Arbeitsbedingungen und Organisationspraxis von Betriebsräten. Berlin

Müller-Jentsch, Walther (2008): Arbeit und Bürgerstatus. Studien zur sozialen und industriellen Demokratie. Wiesbaden

Müller-Jentsch, Walther (2007): Strukturwandel der industriellen Beziehungen. ‚Industrial Citizenship' zwischen Markt und Regulierung. Wiesbaden

Müller-Jentsch, Walther (1998): Der Wandel der Unternehmens- und Arbeitsorganisation und seine Auswirkungen auf die Interessenbeziehungen zwischen Arbeitgebern und Arbeitnehmern. In: MittAB 31 (3), S. 575–584

Müller-Jentsch, Walther (1995): Auf dem Prüfstand: Das deutsche Modell der industriellen Beziehungen. In: Industrielle Beziehungen 1 (1), S. 11–24

Müller-Jentsch, Walther/Seitz, Beate (1998): Betriebsräte gewinnen Konturen. Ergebnisse einer Betriebsräte-Befragung im Maschinenbau. In: Industrielle Beziehungen 5 (4), S. 361–386

Nienhüser, Werner/Hoßfeld, Heiko (2008): Verbetrieblichung aus der Perspektive betrieblicher Akteure. Betriebs- und Dienstvereinbarungen. Frankfurt/M.

Promberger, Markus/Rosdücher, Jörg/Seifert, Hartmut/Trinczek, Rainer (1997): Weniger Geld, kürzere Arbeitszeit, sicher Jobs? Soziale und ökonomische Folgen beschäftigungssichernder Arbeitszeitverkürzungen. Berlin

Rehder, Britta (2006): Legitimitätsdefizite des Co-Managements. Betriebliche Bündnisse für Arbeit als Konfliktfeld zwischen Arbeitnehmern und betrieblicher Interessenvertretung. In: Zeitschrift für Soziologie 35 (3), S. 227–242

Rehder, Britta (2003): Betriebliche Bündnisse für Arbeit in Deutschland. Mitbestimmung und Flächentarif im Wandel. Frankfurt/M., New York

Schmidt, Rudi/Trinczek, Rainer (1999): Der Betriebsrat als Akteur der industriellen Beziehungen. In: Müller-Jentsch, Walther (Hg.): Konfliktpartnerschaft. Akteure und Institutionen der industriellen Beziehungen. München, Mering, S. 103–129

Schroeder, Wolfgang (2000): Das Modell Deutschland auf dem Prüfstand. Zur Entwicklung der industriellen Beziehungen in Ostdeutschland. Wiesbaden

Schütz, Alfred (1960): Der sinnhafte Aufbau der sozialen Welt (2. Auflage). Wien

Schulz, Hartmut/Teichmüller, Frank (2001): Betriebsnahe Tarifpolitik. Die IG Metall stärken – den Flächentarif verteidigen. In: Wagner, Hilde (Hg.), Interventionen wider den Zeitgeist. Hamburg, S. 194–208

Schumann, Michael (1998): Frißt die Shareholder-Value-Ökonomie die Modernisierung der Arbeit? In: Hirsch-Kreinsen, Hartmut/Wolf, Harald (Hg.): Arbeit, Gesellschaft, Kritik. Orientierungen wider den Zeitgeist. Berlin, S. 19–30

Seifert, Hartmut (2002): Betriebliche Bündnisse für Arbeit – Beschäftigen statt entlassen. In: Hartmut Seifert (Hg.), Betriebliche Bündnisse für Arbeit. Rahmenbedingungen – Praxiserfahrungen – Zukunftsperspektiven. Berlin, S. 65–86

ISBN 978-3-8360-8714-8 – Presseexemplar – (c) edition sigma – 08102015

Sterkel, Gabriele (1997): Beteiligungseuphorie und Emanzipationsbarrieren. Probleme mit betrieblicher Partizipation. Münster

Streeck, Wolfgang (1979): Gewerkschaftsorganisation und industrielle Beziehungen. In: Politische Vierteljahresschrift 20, S. 241–257

Thelen, Kathleen (2000): Why German Employers cannot bring themselves to dismantle the German Model. In: Iversen, Torben/Pontusen, Jonas/Soskice, David W. (eds.): Unions, Employers and Central Banks. Cambridge, S. 138–172

Tietel, Erhard (2006): Konfrontation – Kooperation – Solidarität. Betriebsräte in der sozialen und emotionalen Zwickmühle. Berlin

Traxler, Franz/Blaschke, Sabine/Kittel, Bernhard (2001): National Labour Relations in Internationalized Markets. A Comparative Study of Institutions, Change and Performance. Oxford

Trinczek, Rainer (2004): Management und betriebliche Mitbestimmung. Eine interessentheoretisch fundierte Typologie kollektiver Orientierungsmuster. In: Artus, Ingrid/Trinczek, Rainer (Hg.): Über Arbeit, Interessen und andere Dinge. Phänomene, Strukturen und Akteure im modernen Kapitalismus. München, Mering, S. 181–212

Turner, Ralph H./Kilian, Lewis M. (1972): Collective Behaviour (2. Auflage). Englewood Cliffs

Verband der Chemischen Industrie (VCI) (2008): Chemiewirtschaft in Zahlen. Frankfurt/M.

Visser, Jelle (2002): Why Fewer Workers Join Unions in Europe: A Social Custom Explanation of Membership Trends. In: British Journal of Industrial Relations 40 (3), S. 403–430

Walton, Richard E./McKersie, Robert B. (1965): A Behavioural Theory of Labour Negotiations. An Analysis of a Social Interaction System. New York u.a.O.

Wassermann, Wolfram/Rudolf, Wolfgang (2007): Kleine Betriebsräte. Ergebnisse einer Befragung von Betriebsräten in Klein- und Mittelbetrieben aus dem Organisationsbereich der IG Metall (Abschlussbericht für die Hans-Böckler-Stiftung, www.boeckler.de). Kassel

Weber, Hajo (1981): Soziologie des Betriebsrates. Managementstrategien und Handlungssituationen betrieblicher Interessenvertreter. Frankfurt/M., New York

Weltz, Friedrich (1977): Kooperative Konfliktverarbeitung. In: Gewerkschaftliche Monatshefte 28, S. 291–301

Windeler, Arnold/Sydow, Jörg (2001): Strukturationstheoretische Analyse der industriellen Beziehungen – Soziale Praktiken der Arbeitsregulation im Fokus. In: Abel, Jörg/Sperling, Hans Joachim (Hg.): Umbrüche und Kontinuitäten. Perspektiven nationaler und internationaler Arbeitsbeziehungen. München, Mering, S. 31–48

Yin, Robert K. (1988): Case Study Research. Design and Methods (2. Auflage). Newbury Park u.a.O.

Verzeichnis der Abbildungen und Tabellen

Abbildungen

Tabellen

Ebenfalls bei edition sigma – eine Auswahl

Thomas Haipeter, Steffen Lehndorff
Atmende Betriebe, atemlose Beschäftigte?
Erfahrungen mit neuartigen Formen betrieblicher Arbeitszeitregulierung
Forschung aus der Hans-Böckler-Stiftung, Bd. 57
2004 230 S. ISBN 3-89404-988-X € 14,90

Guido Becke
Soziale Erwartungsstrukturen in Unternehmen
Zur psychosozialen Dynamik von Gegenseitigkeit im Organisationswandel
2008 437 S. ISBN 978-3-89404-557-9 € 27,90

Heinz-J. Bontrup, Ralf-M. Marquardt
Kritisches Handbuch der deutschen Elektrizitätswirtschaft
Branchenentwicklung – Unternehmensstrategien – Arbeitsbeziehungen
Forschung aus der Hans-Böckler-Stiftung, Bd. 112
2010 475 S. ISBN 978-3-8360-8712-4 € 29,90

Sarah Bormann
Angriff auf die Mitbestimmung
Unternehmensstrategien gegen Betriebsräte – der Fall Schlecker
Forschung aus der Hans-Böckler-Stiftung, Bd. 85
2007 148 S. ISBN 978-3-8360-8685-1 € 12,90

Norbert Huchler (Hg.)
Ein Fach wird vermessen
Positionen zur Zukunft der Disziplin Arbeits- und Industriesoziologie
2008 222 S. ISBN 978-3-89404-561-6 € 17,90

Hermann Kotthoff
Lehrjahre des Europäischen Betriebsrats
Zehn Jahre transnationale Arbeitnehmervertretung
Forschung aus der Hans-Böckler-Stiftung, Bd. 71
2006 184 S. ISBN 3-8360-8671-9 € 14,90

Steffen Lehndorff (Hg.)
Das Politische in der Arbeitspolitik
Ansatzpunkte für eine nachhaltige Arbeits- und Arbeitszeitgestaltung
2006 279 S. ISBN 3-89404-534-5 € 19,90

Nadine Müller
Reglementierte Kreativität
Arbeitsteilung und Eigentum im computerisierten Kapitalismus
2010 341 S. ISBN 978-3-8360-3571-2 € 24,90

– bitte beachten Sie auch die folgende Seite –

FSC
www.fsc.org
MIX
Papier | Fördert gute Waldnutzung
FSC® C083411

Kolibri 360 GmbH
Ferdinand-Jühlke-Straße 7
99095 Erfurt, Deutschland
produktsicherheit@kolibri360.de